JN316227

いのちと
ライフコースの
社会学

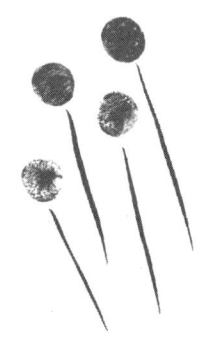

藤村正之 編

弘文堂

いのちとライフコースの社会学　目次

序　いのちとライフコースの社会学——2011年の日本において　藤村正之　1
　1……〈生〉とグローバルが直結する時代
　2……東日本大震災のただ中で——4つの事態の連動として
　3……大災害と〈生〉とのかかわり
　4……本書の位置づけと構成

I　生命　11

第1章　医療の社会学　樫田美雄　12
　1……対象と方法と発見——社会としての病院、医療の場としての家庭
　　1-1．社会としての病院
　　1-2．病院内フィールドワークからの発見
　　1-3．医療の場としての家庭
　　1-4．家庭内フィールドワークからの発見
　2……健康増進法と医療の現在——現代社会と医療
　　2-1．医療とは何か
　　2-2．健康増進法の意味
　　2-3．メタボ検診の実際
　　2-4．高齢化の進展・疾病構造の変化
　3……まとめ——社会変動の最前線としての医療

第2章　出産の社会学　白井千晶　28
　1……はじめに
　2……科学的まなざしの芽生え：江戸後期
　3……国家による管理
　4……出産場所の施設化
　5……出産の消費化
　6……グローバルな画一化
　7……断片化する人生経験：出産の社会学を手がかりに
Column　命名の社会学　片瀬一男——40

第3章　病いの社会学　株本千鶴　41
　1……疾患としての病い
　　1-1．生物医学的モデルからみる病人
　　1-2．逸脱行動の生物医学的な説明
　　1-3．病いと社会的要因
　2……社会が病いや苦しみを生む？
　　2-1．社会の医療化が生む病い
　　2-2．癌の社会的イメージが生む苦しみ
　　2-3．エイズの社会的イメージが生む苦しみ
　3……病いを経験するということ
　　3-1．闘病記による病いの自己表現
　　3-2．病いの経験の物語
　　3-3．病いを／と生きる
Column　エイジズム　小坂啓史——54

第4章　先端医療の社会学　　　　　　　　　　　　皆吉淳平　55

1 ………「先端医療」とは何か
2 ………先端医療の定着と衰退
　　　2-1．かつての先端医療と現在
　　　2-2．社会に定着した先端医療
　　　2-3．衰退した先端医療
　　　2-4．先端医療と実験
3 ………先端医療の社会的側面
　　　3-1．「最新の医療」と先端医療
　　　3-2．体外受精の先端性
　　　3-3．生殖技術のさらなる先端性
4 ………臓器移植と生／死の境界
　　　4-1．臓器移植とドナーの存在
　　　4-2．「脳死」問題と生／死の境界
　　　4-3．臓器移植の先端性と社会
5 ………先端医療と社会

第5章　生命保険の社会学──生命保険の買い取り業と生前給付型生命保険をめぐって
　　　　　　　　　　　　　　　　　　　　　　　　　久木元真吾　67

1 ………生命保険と「古典的な生命保険像」
2 ………生命保険の買い取り業の出現──アメリカ合衆国
3 ………古典的な生命保険像の二つの条件
4 ………末期疾病型の生前給付保険の登場──アメリカ合衆国
5 ………末期疾病型の生前給付型生命保険の導入──日本
6 ………生命保険の買い取り業をめぐる展開──日本
7 ………生命（保険）と社会の関係

第6章　葬送の社会学──ライフエンディング・ステージの創出と葬儀における消費
　　　　　　　　　　　　　　　　　　　　　　　　　玉川貴子　84

1 ………はじめに
2 ………死にかかわる社会的な変化
　　　2-1．死亡人口の年齢的な偏りと家族の変化
　　　2-2．先行する社会関係と葬儀──地域的な相互扶助とその変化
3 ………死にかかわるサービスと政策的な視点
　　　3-1．葬儀消費の特徴──死に対する価値判断
　　　3-2．経産省におけるライフエンド調査という営み
　　　3-3．死の前後における消費主体と消費者意識のずれ
　　　3-4．「死」から「生」の中のリスクへ
4 ………リスクと消費
5 ………おわりに

Column　献体と献体供養　　　樫田美雄　　　100

第7章　看護職の仕事　　　　　　　　　　　　　　三井さよ　101

1 ………はじめに
2 ………患者の状況と専門職制度
3 ………専門職の枠からはみ出るもの──看護職の葛藤や迷い
4 ………相互行為としてのケア

5………おわりに
Column　介護労働　　石田健太郎――― 109

II　生涯　　　　　　　　　　　　　　　　　　　　　　　　　　　　111

第8章　ライフコース論の現在　　　　　　　　　　　嶋﨑尚子　112
　　1………21世紀を生きる私たち
　　　　1-1．少子高齢化と生涯時間の長期化
　　　　1-2．私たちが直面している社会の変化
　　　　1-3．ライフコース論の登場
　　2………ライフコース社会学の視点
　　　　2-1．多元的時間枠組み
　　　　2-2．個人の人生と社会とのインターフェース：年齢
　　　　2-3．個人の人生と社会とのインターフェース：コーホート
　　3………ライフコース論の現在
　　　　3-1．ミクロ社会学的接近
　　　　3-2．マクロ社会学的接近
　　　　3-3．ライフコース論の課題
Column　自分史　　小林多寿子――― 125

第9章　家族写真と人生の物語　　　　　　　　　　　角田隆一　126
　　1………家族写真と物語としての人生
　　2………人生をノスタルジックに物語化する家族写真
　　3………近代的制度としての家族写真の物語
　　　　3-1．制度としての家族写真の物語
　　　　3-2．近代における写真と家族の物語の遭遇
　　4………家族写真と人生の物語における現代的様相
　　　　4-1．家族写真と物語の個人化
　　　　4-2．記号化する物語とスライドする人生
　　5………家族写真と人生の物語・再考
Column　貧困の世代的再生産　　小渕高志――― 139

第10章　音楽と世代のライフコース　　　　　　　　南田勝也　140
　　1………音楽に夢中になる世代
　　　　1-1．音楽消費の中心は若者世代
　　　　1-2．音楽に熱中する人生上の時期
　　2………若者層が好む音楽ジャンル
　　　　2-1．音楽ジャンルの80年代
　　　　2-2．音楽ジャンルの90年代
　　　　2-3．音楽ジャンルの00年代
　　　　2-4．音楽ジャンルの現在
　　3………コーホートとしての音楽ジャンル
　　　　3-1．聴きつづけられる青年期の音楽
　　　　3-2．「演歌」の言説と現在
　　　　3-3．音楽とともに年を取る
　　4………音楽のテイスト
Column　団塊世代・団塊ジュニア世代とライフスタイル　　二方龍紀――― 153

第11章　年金と世代　　　　　　　　　　　　　　　　　　田渕六郎　154
　　1………はじめに
　　2………年金とライフサイクル・ライフコース
　　3………年金制度とそのバリエーション
　　4………年金の「再分配」機能
　　5………世代会計の視点
　　6………世代会計の問題点
　　7………おわりに
Column　贈与関係と時間幅　　山本 馨────165

第12章　最終講義の社会学──知識人の老後　　　　　　藤村正之　166
　　1………知識人と知の変容
　　2………大学教員の就職と退職
　　3………「最終講義」という表現スタイル
　　4………最終講義──清水幾太郎「オーギュスト・コント」
　　5………最後の授業──阿部謹也「自画像の社会史」
　　6………知の世代リレー

第13章　メンタルヘルスケアの社会学　　　　　　　　　山田陽子　183
　　1………社会現象としてのメンタルヘルスケア
　　　　1-1．若者言葉としての「ウツ」
　　　　1-2．鬱病患者数の増加
　　　　1-3．メンタルヘルスケアを社会現象として考察する
　　2………過労自殺という物語
　　　　2-1．電通事件──「心の健康リスク」の発見
　　　　2-2．「心の健康」問題としての労働問題
　　　　2-3．自殺の医療化
　　3………ビジネスパーソンのメンタルヘルスケアをめぐる専門職
　　　　3-1．産業医
　　　　3-2．メンタルヘルスケアのフロンティア
　　　　3-3．経営コストとしての鬱病と自殺──EAP
　　4………人的資源管理の医療化
　　　　4-1．「怠慢社員」から「鬱病患者」へ
　　　　4-2．インフォーマル・グループの空洞化とメンタルヘルスケア
　　　　4-3．「仕事＝自己実現」の文化とメンタルヘルスケア
Column　不登校という経験　　朝倉景樹────194

Ⅲ　体験を生きる　　　　　　　　　　　　　　　　　　　　　　195

第14章　戦争体験の社会史　　　　　　　　　　　　　　野上 元　196
　　1………はじめに
　　2………戦争体験とは何か？
　　　　2-1．ライフコースと戦争体験
　　　　2-2．生き延びた者による語り
　　　　2-3．国家という共同体と個人の戦争体験
　　　　2-4．戦争体験の共有・継承と社会／国家
　　3………戦争体験の「社会史」

3-1．言説としての「戦争体験」
　　　3-2．総力戦と「戦争体験」
　　　3-3．「市民の戦争体験」の卓越
　　4……「戦争体験の社会学」の課題と可能性
Column　歴史と記憶　　翁川景子────210

第15章　低成長時代を生きる若者たち──〈満足する若者〉の可能性とその行方
　　　　　　　　　　　　　　　　　　　　　　　　岩田　考　211
　　1……はじめに──不幸な日本人と幸福な若者？
　　2……若者は何に満足しているのか？──生活満足度の規定要因
　　　3-1．経済的豊かさと幸福感
　　　2-2．多くを望まない若者たち？
　　　2-3．若者は何に満足しているのか？──人間関係に満足する若者
　　3……〈つながり〉の可能性──〈満足する若者〉の友人関係と公共性
　　　3-1．若者は内閉化しているのか？──濃密化する友人関係
　　　3-2．重層化する〈つながり〉の可能性──友人関係の重層化と公共性
　　4……おわりに──〈満足する若者〉の行方
Column　震災体験　　遠藤惠子────225

第16章　わたしが「あなたと〈ある〉」ために──認知症の人の「語り」
　　　　　　　　　　　　　　　　　　　　　　　　出口泰靖　226
　　1……はじめに
　　2……「認知症」とされる人が「語る」
　　　2-1．本人が「つぶやく」
　　　2-2．「語り」はじめた「認知症の本人」
　　　2-3．本人が「もの忘れ」を恥じる
　　　　　──「そういうことがあったんですか、格好悪いですね」
　　3……「語れなくさせられてきた」人たち
　　　　　──記憶する能力を重んじ、認知症を忌避する社会
　　　3-1．「語ることができない」とみなされてきた人たち
　　　3-2．認知症フォビア──認知症を忌避する社会
　　　3-3．「病識の欠如」という思い込み
　　　3-4．「語り」と「同一性のある自己」と「記憶」
　　4……聴き手の存在──「語る」こととは「聴く」こと
　　　4-1．〈聴き手〉という存在の切実さ
　　　4-2．相手との相互行為で生成される「記憶」「自己」そして「語り」
　　　4-3．本人と聴き手との共同作業である"つぶやき"
　　5……わたしが〈わたしである〉ために
　　　　　──「認知症」と〈なる〉、〈される〉ことによる存在証明の危機
　　　5-1．身心状態の変化に対する不安と恐怖──「花に話しかけていた」
　　　5-2．「社会」とつながりたい──「認知症」とされる人が「語る」理由の一つ
　　　5-3．「語る」ことではじめて「当事者」となる
　　　5-4．「認知症」と〈なる〉ことによる存在証明の危機
　　　5-5．「認知症」と〈される〉ことによる存在証明の危機
　　6……わたしが〈あなたとある〉ために
　　　6-1．最期まで活かそうとする「語り」
　　　6-2．「語りえぬ」時──「ある」という〈存在そのもの〉
　　　6-3．わたしが〈あなたとある〉ために

Column　中途障害　　　**玉置佑介**―――243

第17章　ハンセン病者の半生――ある盲人の経験に見る身体と共同性
坂田勝彦　244
1‥‥‥‥‥はじめに
　1-1．ハンセン病療養所で盲人として生きるということ
　1-2．身体から開かれる共同性
2‥‥‥‥‥二重の疎外――ハンセン病療養所における「失明」の負荷
3‥‥‥‥‥療養所の内外で生起する共同性
　3-1．障害を起点とした繋がりを模索する試み――「盲人会」の活動から
　3-2．共鳴する身体――「青い鳥楽団」の活動を中心に
　　3-2-1．「青い鳥楽団」の活動と試行錯誤
　　3-2-2．園外で初めて行われた演奏会でのある出来事
4‥‥‥‥‥おわりに

IV　社会背景　　　257

第18章　少子高齢化社会
岩澤美帆　258
1‥‥‥‥‥当たり前ではない私たちの「生」
2‥‥‥‥‥死の脅威から人口爆発、そして少子化へ
3‥‥‥‥‥少子化の定義、経過、要因
4‥‥‥‥‥超低出生力
5‥‥‥‥‥人口転換・少子化による高齢化
6‥‥‥‥‥死亡率の改善と長寿化
Column　福祉国家　　　**金　成垣**―――270

第19章　健康化社会と不安
柄本三代子　271
1‥‥‥‥‥不安な社会を生きている
2‥‥‥‥‥健康化する社会について考えてみよう
3‥‥‥‥‥ライフコース全般に広がる不安感
4‥‥‥‥‥社会学者たちはこのあいまいな不安と不確実性をどうとらえたか
5‥‥‥‥‥合理的判断の錯綜
Column　3・11以後の身体の社会学に向けて　　　**山本敦久**―――281

索引―――282
著者紹介―――285

序

いのちとライフコースの社会学
―2011年の日本において

藤村正之
Masayuki Fujimura

1 ……………〈生〉とグローバルが直結する時代

　シンプルに考えるならば、社会学は社会の中を生きる人間を研究する学問分野だといえる。ここでいう社会は、時代や地域などが違えば異なる人間の生き方や営みが存在するがゆえに多様であり、多様な社会があるがゆえに社会学が存在する意義もあることになる。そして、いまや空間たる地域は、国家を超えて世界・地球にいたるグローバル化の方向が顕著であり、他方、**グローバル**な地球上のどこかでおこった事象が、明日の私たちの日常的な生き方に影響を与えるということも珍しくなくなってきている。それは世界経済や大災害であったり、新種の伝染病やスポーツ・イベントであったりする。人々の〈生〉とグローバルが直結する時代を私たちは生きている。それは、社会学の分析において対比される概念が、その成立期の「個人と社会」から20世紀の「行為とシステム」に、そして、それが21世紀に入り、具体性と現実の変容を盛り込んだ「〈生〉とグローバル」とでもいうべき関心へと展開していこうとしていることでもある。それは、〈生〉へ向かう求心性とグローバルに向かう遠心性へと引き裂かれつつ交錯する問題設定でもある。

　私は、人間の〈生〉が支えられ構成される要素であり、社会学がこれまで研究対象としてきたものを、〈生命〉〈生活〉〈生涯〉の3つとしてとらえてみてはどうかと考えている。〈生〉は直接的には〈死〉と対比される。その中で、ひとりひとりの個々人の生から死までの時間域が〈生涯〉であり、それを物理的に支えるのが〈生命〉としての身体である。〈死〉によって〈生命〉と〈生涯〉は終わりをつげる。そして、その区切られた時間域の中で、〈生命〉を通じて描かれる、瞬間・瞬間のスナップショットが〈生活〉であるといえるだろう。すなわち、〈生〉とは、身体の活動としての〈生命〉を媒体に、日々の活動経験（〈生活〉）と時間経験（〈生涯〉）を私たちが達成していく軌跡であると考えられる。翻っ

て考えれば、英語 life はひとつでありながら、翻訳語としては、〈生命〉でもあり、〈生活〉でもあり、そして〈生涯〉でもある（藤村 2008, pp.264-265）。

21世紀初頭の日本社会は、**格差社会**論の関心の高まりに示されるように、生活保障への関心や、人々の〈生〉や生きづらさへの問いかけが切実に感じられる時代となっている。そこには、自己決定・自己実現・自己責任という形で、問題の観点が「自己」にのみ閉じられ、自らの関心が個人の生活の範囲にとどまってしまう「**個人化**」(Beck 1986=1988)という社会的動きも底流に存在していよう（藤村 2009）。私たちは、まさに「個人化」に向けて社会化されるという事態を生きている。

そのような社会背景の下で、私たちは2011年3月11日をむかえることになった。

2………東日本大震災のただ中で──4つの事態の連動として

歴史の転換点だったということは、本来は一定の時間が経過してからわかるのだろうが、2011年を生きる私たちは、今年がそのような年になるのだろうという思いを深くもちながら生きている。

2011年3月11日午後2時46分、東北地方太平洋沖に巨大地震が発生した。その後生起した巨大津波とあいまった**東日本大震災**は、戦後最大の死者・行方不明者を出す大災害となった。この大震災において、実際には次の4つのことが時間的に順次連動して起き、それぞれ個別的に問題の質や広がりがありつつ、それが一気に重なるように起こったと考えられる。その4つとは、地震被害、津波被害、原発被害、そして、東北・関東だけでなく全国で経験しつつある電力不足である。それぞれの被害の重なりや違いを意識したうえで、問題点の認識や対策の検討が必要になってくるだろうと判断される。それらの被害に遭遇した私たちは、その被害の直接の当事者の人たちも、また、同じ時代・同じ社会を生きる日本の人たちにとっても、社会のあり方やひとりひとりの生き方の問い直しを迫るものとして感じられている。

4つの連動する事態のまず最初に起こったのが、3月11日午後の東北地方太平洋沖の巨大地震であった。東北に限らず、関東を含む各地で長く大きな揺れが経験された。この地震によって起こったのが東北地方を中心とする新幹線や在来線、高速道などの交通網の寸断、火力発電所や送電線の被害による停電、水道管の被害での断水、さらには千葉での地盤液状化などである。東北の高速交

通網の寸断はその後の支援者や物流の停滞を招き、救援に少なからぬ影響をおよぼした。首都圏でも鉄道網がマヒし、帰宅困難者があふれかえることになった。これらの地震被害は地震による問題として、阪神・淡路大震災などと比較して検討する必要があるであろう。

　次におこった事態が、沖合での巨大地震によって連動的にひきおこされた巨大津波である。今回の震災の性格や被害を大きく決める要因となったのが、この巨大津波であった。戦後最大の死者・行方不明者を出した災害となったわけだが、そのほとんどが地震ではなく、津波の被害によるものであったと言える。地震の後、高台へ、屋上へと人々は逃げた。しかし、津波の高さを計算して建設されたはずの堤防を軽々と越えてきた濁流が、人や家屋や自動車を流していった。大津波に飲みこまれた岩手・宮城の沿岸部の市町村の街並みや景観が見たこともないようなながれきの山と化し、町や港は壊滅状態となった。ぶっちぎれた木造家屋や鉄筋の建物の残骸は、戦場のイメージであったとも評される（長谷川 2011, p.254）。百年に一回とも、千年に一回とも言われる、経験をしたことのない想定外の津波被害が私たちを襲ってきたのである。

　そして、地震と津波の被害から電源停止に追い込まれ、冷却装置の機能不全によって発生したのが、原発事故であった。対応の一手によって状況がむしろ深刻になったり、分刻みで刻々と事情が変わっていったりした。政府や東京電力の対応は世界的注視の下におかれ、外国人の関東以西や海外への退避もあいついだ。付近の住民の人たちには放射線被曝を避けるべく収束時期の見えない避難が政府から求められ、各種の風評被害もあれば、農作物や畜産品、水や土壌の放射線量が社会的注目をあびている。ただちに影響はないとされ、放射線の人体への長期的影響については極度の不安は除かれつつも、実際には経過を見てみないと判然としない状況となっている。長年続いてきた原発安全神話の幕が引かれる瞬間が、地震と津波によってもたらされたのだった。

　原発もからんでいるがゆえになのだが、今回の震災の特徴として、これら3つの被害の累積した結果が全国に波及していったこともあげられる。集合消費のインフラが崩壊し、個人消費として買い占め現象もおこったのだが、特に遠く離れて被災していない都市部でのそれは、個人的生活防衛のはずが被災地の物資不足に拍車をかけることになってしまった。買い占めは一時的なものとして終息したが、震災被害の連動の重要な帰結のひとつが、東京電力などでの電力不足であった。地震で火力発電所がやられたところに、原発事故での電力供給停止が決定的な追い打ちをかけることとなり、電力不足の急場をしのぐため、3

月下旬から関東圏では計画停電が実施され、地域ごとの時間停電や鉄道網の部分運休・間引き運転を経験することとなった。夏の電力使用制限令まで発動されたこの節電は、電力に多くを頼るライフスタイルの再考をうながすものとなったし、他方、産業界にとっては度重なる円高とのダブルパンチの大打撃で、安定した電力環境を求めて国内工場の海外移転がささやかれ、国内から海外に発注先を変える企業が出る事態にもいたっている。福島の原発事故を見てしまった日本国民にとって、電力確保とはいえ、点検後の原発の再開有無は全国各地の政治的焦点となっている。

　戦後日本が**高度経済成長期**を経て達成してきた、モノであったり、価値観であったりしたものが、音をたてて崩れはじめた瞬間が3月11日の午後2時46分だったということにおそらくなるのであろう。**明治維新**から**太平洋戦争**の敗戦までが約80年、そして、戦後から今回の東日本大震災までが約70年。各々の時期で、日本は離陸・成長・衰退を経験することになったといえるのではないだろうか。したがって、今回の復旧・復興には、東北の被災地の再建にとどまらず、日本近代化の第3局面として日本新生のあり方の議論が求められている。また、論者によっては、ユーラシア大陸の日本とちょうど反対側にあるポルトガルが、大航海時代に海上帝国として発展した後、**リスボン大地震**によって衰退が決定的となったことに重ねあわせ、日本を「東洋のポルトガル」と見ることができるかどうか、**世界システム論**の観点から評する見方もある（川北 2011）。

　東日本大震災を日本史や世界史の大きな流れの中においてみる必要性、同時に今回の事態が被害規模だけでなく、「大震災」と呼ばれるにふさわしい4つの事象の連動性としても稀な事態だったことを確認する必要性があるであろう。

3 ………… 大災害と〈生〉とのかかわり

　歴史に残る事態となった東日本大震災は、東北地方沿岸部の壊滅的な津波被害と福島の原発事故によって特徴づけられる。しかし、同時に、この夏の段階において、1万5,800人の死者、4,500人の行方不明者、今なお8万人におよぶ避難者がおり、さらにはそれらの難は逃れたものの生活の再建に向けて苦悩している人々が多数いる。それらの、ひとりひとりの〈生〉において、この大震災は決定的な刻印を残すものとなるであろう。

　今回の大震災によってひとりひとりの〈生〉におよぼされる事態は、〈生命〉〈生活〉〈生涯〉の個々の側面において見られると共に、災害に巻き込まれた人々の

〈生〉の営みの問題が〈生命〉〈生活〉〈生涯〉の順に課題として浮上し、解決が求められていくことにも改めて気づかされることになった。

災害によって真っ先に問題となったのは、言うまでもなく人々の〈生命〉である。津波によって、その日の朝、その日の昼まで、普通に生きていた人たちの〈生命〉が一瞬のうちに奪われていった。しかも、津波の濁流に飲み込まれてわずか数センチだけ手を建物にかけて生き残ることができたり、あるいは追いかけてくる津波から数秒の差で屋上や高台に逃げ切れたりなど、わずかなところで人の生き死にが決まっていった。そのような生死を分ける瞬間が、どの人々にもあったと想定される。三陸地方には、津波に遭った場合は家族全員で助かることは難しいかもしれないので、逃げられるときにはそれぞれが「てんでんばらばらでも逃げろ」という「**津波てんでんこ**」という言い伝えがあるとされる。災害で生死のかかった瞬間は、どの人にもその瞬間が襲ってくるのであり、必ずしも誰かが助けてくれる保証があるわけではない。本来なら、助けに回るはずのその人も生死の瀬戸際に立たされているのだから。自分の生命は瞬間・瞬間自分自身で守らなければならないということが、今回の災害でよりいっそう明らかになったと言える。災害のまさに生起するその瞬間に限れば、行政の救援が間に合うことはない。自らの判断が問われ、そのための事前の学習やその瞬間での情報入手が重要となってくる。他方で、それが必ずしもかなわないことの多い高齢者・障害者・子どもたちへの対応が課題ともなってくる。

次に、命からがら逃げ切り、〈生命〉を保ちえたとして、そこから始まるのが災害後の〈生活〉の維持・再建である。まずは避難所にたどりつけ、居場所が確保できるのかどうか、さらにそこでの衣食の生活が確保できるのかどうかがある。避難所での心身のストレスや**生活不活発病**で亡くなる高齢者もいる。高齢者などでは、〈生活〉が維持できない事態は〈生命〉を維持できない事態にいたる。次に**仮設住宅**に場所を変えての生活があり、やがて復興住宅などに居を構えての新たな生活の開始となっていく。その過程において、初期の1日24時間をどう生活していくのかの段階があり、それが軌道に乗れば、次は雇用を中心とする経済生活の立て直し、家族や近隣の人間関係の再構築が必要になっていく。

個々人や世帯の〈生活〉の再建と共に、それを支えるであろう地域の再建も求められる。被災地の再建に関して新しい方法や工夫が必要な一方、地元で長らく生活をしてきた人々にとって、震災前も震災後も継続される生活の、身体に染みこんだ文化や習慣との整合性をどう調整していくのかが課題となってい

く。ある意味で合理的で理想を含んだ復興プランが提示されるとしても、例えば、住居の高台移転など、人々の〈生活〉の観点からして受け入れ可能なものとなっていくかどうか。復興の基本プランをしめす政府と住民の双方の意見を聞く立場で、中間に入る県や市町村の果たす役割が大きいことになろう。

　災害の難を逃れて〈生命〉を保ち、〈生活〉の再建が達成されていく過程で、時間の経過とともに次第に〈生涯〉にかかわる事象が浮上してくる。多くの人々が自分自身の生き死にの瞬間に関わる経験をしており、その体験を自らの人生の過程において落ち着いて位置づけられるまでには一定の時間が必要であろう。多くの人たちが、災害死の難を逃れたことを、「自分が生かされている」という受動的な摂理として声にし、死生観や社会観の変容を語る。また同時に、自らの〈生涯〉の伴走者であった家族・親族・友人などを理不尽な形で亡くした経験を多くの人々が有している。自分は生き、なぜ彼・彼女は死んだのか。この経験と思いを人はおそらく〈生涯〉かかえて生きなければならない。さらに、死にいたる事態の経験によっては、生き残ったものに罪悪感が感じられるというう**サバイバーズ・ギルト**の心理状況にさいなまれるものもいるであろう。実際に津波など災害が来たときに、例えば子どもをおいて親が逃げられるだろうかと考えればそれは難しく、先にふれた「津波てんでんこ」の言い方もてんでんに逃げることに焦点があるというよりも、むしろ家族の犠牲者を出してしまったことに自らがふんぎりをつける自分自身への説明の方法として考えることも可能なのではないだろうか。

　今回の震災において、東北地方の過去の津波経験が文書や口頭など何らかの形で伝承され、それが今回の避難においても有効だったという例があった。そのことは、今回の経験を、街づくりや堤防といったハード面だけでなく、ひとりひとりの避難の指針としても後世に向けてしっかり伝承していくことが重要になってくることをしめしている。それが、数多くの人々の死と生き残ったものの瀬戸際の体験を意義づけることの一端となっていく。

　加えて、今なお事故の収拾にあたり。その拡大を防いでいる多数の原発労働者は、日々いのちを削って作業にあたっており、また、福島で生活をする多くの大人や子どもたちの心身の問題とそれへの不安も想像にあまりある。ともに、自らの体内外の放射線被曝と長期にわたる後遺症や死の不安にさいなまれていると推測する。〈生涯〉にわたる不安が再び〈生命〉の問題へと接点をもって迫ってくる。そういう事態が毎日続いていく。**リスク社会**とは、日々の生活を見えない不安が覆っていく日常のことなのであろう。

6

今回の震災では、阪神淡路大震災のときよりも家族写真が報道の話題になることが多いように見受けられる。阪神の際は地震被害であり、火災におそわれなければ、遺体も写真もつぶれた家屋のところにそのままあるということだったのだが、今回は津波により、家屋や家財道具は流出し、場合により家族自身が行方不明となっている。流された家族写真が発見され手元に戻ってくるのは奇跡的であり、またその家族写真が明確な映像記憶として生きているものと死者・行方不明者との、そして生きているもの同士の貴重な接点になっていくということであろう。同じことは、原発事故により避難を要請されている原発近隣の人たちの一時帰宅において、家族写真と先祖の位牌・遺影を重要なものとして持ち帰ろうとする人たちにも言え、つながりの記憶となる媒体を求める同様の心性と考えられよう。その人たちにとって、原発による放射線被害の長期化が予想される中、自らの土地や家に戻れるかどうかは、〈生涯〉をかけた、さらには世代をかけた問題となりつつある。

　大災害の発生により、私たちは〈生命〉の危険にさらされ、その難を逃れたとして、避難から再建にいたる〈生活〉の長いプロセスがあり、それらの事情を〈生涯〉の経験や記憶として、〈生〉を営んでいかざるをえないのである。今回は〈生涯〉にわたる〈生命〉の不安という事態もかかえこみつつある。災害は私たちの〈生〉の諸側面を如実に感じさせ、自省的に考えさせるものとなる。

4　本書の位置づけと構成

　本書『いのちとライフコースの社会学』の各章の原稿が執筆されている中、東日本大震災が発生した。各々の論述の範囲で、それにふれた論考もある。他方、今回の事態の大きさと本書の主題に鑑み、なんらかの整理をすることが必要であろうと考え、この序をそれにあてることにした。大災害がまさに人々のいのちを奪い、人々のライフコースに今も、そして今後も大きな影響をおよぼすと考えられたからである。社会学徒として、現在進行形で、さらに犠牲者や被害程度もまだ定まらない事態について論を整理することにはためらいもあった。しかし、後からふりかえればそれは違っていたということだとしても、それでも2011年の時点で書き記しておく意味は充分あり、本書はそういう性格をになうべき趣旨をもっているのではないかと考えることにした。私たちも、被災された方々とともに2011年の日本を生きる同時代人でもあるのだから。

　本書は、人々の〈生〉のうち〈生命〉と〈生涯〉に焦点をあて、いのちとライフコー

スの2つを主題に、現代社会と人々の生き方とのかかわりを社会学的に論じようとするものである。〈生命〉には身体の切実性・根源性が、〈生涯〉には経験の蓄積性や時間性が内包されている。しかし、核や環境、今回の災害といった問題や医療技術の進展が私たちの〈生命〉への考え方をゆさぶり、高齢化による長寿が実現したにもかかわらず家族の変容などにより私たちの〈生涯〉が予定調和的なものとはなりえなくなっている。他方で、〈生命〉と〈生涯〉にかかわる問題関心は接近してきている。高齢化社会の進展は、慢性疾患の増加を通じて、無病息災ではなく一病息災というように、私たちの〈生涯〉の後半が病と共に、すなわち〈生命〉の衰退と共に歩むものであることを明らかにしてきている。また、〈生命〉を支える医療領域において cure から care へと目標の転換が起こり、医療や福祉の諸実践の効果的達成には、クライアントひとりひとりの人生の歩みを個別の生活史・人生史として理解することが必要であるという認識が高まっており、〈生涯〉への視点が不可欠のものとなってきている（藤村 2008, pp. 269-270）。

　本書は4部19章・14コラムによって構成されている。〈生命〉たるいのちについては、第Ⅰ部で医療社会学や文化社会学などの観点を基礎に、医療・出産・病・先端医療・生命保険・葬送の各主題を扱う。〈生涯〉たるライフコースについては、第Ⅱ部でライフコース論そのものや世代論・老年社会学などの観点を基礎に、ライフコース・家族写真・音楽・年金・知識人の各主題を論じる。また、2つの部の各々の領域の仕事に携わる人々の動向として、看護職と心理職を取り上げる。第Ⅲ部では、それぞれの時代や事象のただ中で生きざるをえない人たちの視線や語りを、戦後体験・若者・認知症・ハンセン病に着目して検討する。そして、第Ⅳ部では、これらのいのちとライフコースの主題が浮上する社会背景を、少子高齢化社会と健康化社会として論ずることとする。これらの4つの各部には、部の間で重なるような要素もありながら、いのちとライフコースを考える素材となる視点や事象をコラムとして配置した。

　20世紀末から21世紀へ向けて、いのちとライフコースにかかわる社会的関心が浮上してきている。高度経済成長期を経て、「ゆたかな社会」を達成してきた日本であるが、それは必ずしも「ゆたかな生」の実現に結びついてきたとはいいきれなかった。そのような中で、00年代には格差社会の進展がいっそうとりざたされ、さらに、今回の東日本大震災によって私たちの〈生〉の不確実性とはかなさが際立って印象づけられた。いのちとライフコースの社会学は人々の〈生〉への関心を反映した主題であるともいえるし、その背景にある個人化の進

行という社会の変容・変質によって、それらを考えることなしに社会学自身が立ち行かなくなる主題になりつつあるともいえる。社会学が社会の中を生きる人間の研究だとするならば、時代の要請を受けて、いのちとライフコースの研究を進展させていく必要性も増してきているであろう。

　最後にひと言ふれておきたい。本書は、〈生命〉と〈生涯〉に関心を寄せる、私と同世代の友人たちならびに若い友人たちにご執筆をお願いした。長きにわたる交流のある方から今回初めて仕事のお願いをさせていただいた方まで、私自身のつたない企画にご快諾をいただき、力作の論考をお寄せいただいたことにお礼を申し上げたい。自分ひとりでは作れなかったであろう本を、皆さんのお力添えによって完成させることができた。いのちとライフコースという主題の下に、皆さんと時間と仕事を共有できたことを心からうれしく思っている。あわせて、企画から出版まで粘り強く編集作業にあたっていただいた弘文堂編集部の中村憲生さんに感謝を申し上げることとする。

【文献】
- Beck,U., 1986, *Risikogesellschaft*,Suhrkamp（東廉・伊藤美登里訳, 1998,『危険社会』法政大学出版会）.
- 藤村正之, 2008,『〈生〉の社会学』東京大学出版会.
- 藤村正之, 2009,「福祉社会のゆくえ——社会的包摂と公正」『学術の動向』14-1, 日本学術会議, pp.36-41.
- 長谷川公一, 2011,「廃墟からの新生」内橋克人編『大震災のなかで』岩波新書, pp.254-261.
- 川北　稔, 2011,「歴史のいま」『朝日新聞』2011年4月7日朝刊.

I

生命

第 1 章

医療の社会学

樫田美雄
Yoshio Kashida

1　対象と方法と発見――社会としての病院、医療の場としての家庭

　医療の社会学とは、どのようなものだろうか。医療は、学問分野でいえば、医学の対象なのではないか。医療が社会学の対象であるとはどういうことなのだろう。本章はこの問いに、まずは、**フィールドワーク**的研究を参照しながら、答えていくことにしよう。医療現場がどのようになっているかを子細に見ていけば、医療もまた、社会学の対象であることが、よくわかるはずだ。

1-1.　社会としての病院

　筆者は4年前、ある病院に入院した。そして、『療養日記』をつけた。

　旅先で急病。救急搬送されて大部屋に入院。廊下での会話のほとんどは方言で聞き取れないのに、ところどころの医療専門用語だけは聞き取れて、耳に残る。そうかあなたも肝機能が悪いんですね。お大事に。食事時間が終わった（私は絶食）。夜が来る。消灯。苦しがって咳を繰り返す夫を一晩中看病する妻。離島の夫婦。病者のベッドの下から引き出される簡易ベッド。別の人の携帯の声。引かれたカーテンの向こうで明滅するテレビ。眠れない人の気配。やっとまどろんだと思うと、やってくる朝。病院は慣れるまでは、よく眠れないし、療養に向かない場所だ。検温。朝のお茶。検査を、食事を、点滴を、いろいろなものを待ち続ける日中の時間。同室者の退院と入院。食事。看護師さんがやってきて「あの人は風邪で咳をしているんじゃないんですから、安心して下さいね」と説明していく。なるほど。なぜか3回連続してお茶のコップを倒してしまった。まったく責められない不思議。居心地の悪さ。素早く交換されるシーツ。廊下を吹き抜ける風。明日は手術だ。

病院の病室は変なところである。休む場所なのに、休みにくい。待つ場所なのに、くつろぎにくい。病院で入院治療を受けるということは、このような理不尽と**非日常**を生きる、ということだ。
　ところで、この理不尽さと非日常性は「医療」からやってくるのだろうか。そうとも言えるかも知れない。「医療機器」は高く、「専門医」は少ない。「医療」は稀少な資源を、多数者で分かち合う**システム**である[1]。それゆえ、待たされることが常態になりやすい。少々の理不尽があっても、患者は、病院から離脱できない。しかし、少なくとも「医療」にのみ、原因を帰責できない部分があるはずだ。みてのとおり、病室で体験する非日常的経験のほとんどは、直接的な医療実践以外の要素からできあがっている。すくなくとも、直接の医療実践だけをみていては、病院の日常は見えてこない、とは言えそうだ。医学だけでは、医療の研究を包括できないといえよう。

　　検査結果をもらう。驚くほど鮮明な、カラーの胃カメラ画像。これだけお腹の中がきれいに見えているのなら、手術を任せても大丈夫だろう。手術は予定通り。血液検査の数値は悪いのに気分は爽快。不思議がられる。比較的静かな場所にある公衆電話を見つけた。階段を1段飛ばしで登る。退院に備えて、鍛えておこう。

　体調の主観的評価が、医師の評価と食い違うことはよくある。医療的推論、医療的判断の社会学が可能であろう。また、多くの入院患者は、外部とつながっている。仕事の調整をし、復帰後の段取りを組んでいる。これらのことが、病院からどれぐらいサポートされたり、されなかったりするかも、社会学的探求の対象になるだろう。現場の状況の詳細な把握から研究は始められなければならない。多くの社会学者はそのように考えた。
　医療の社会学の主要な潮流には、医療現場におけるフィールドワークがある。医療現場も社会である。人は病院で、テレビを見て、会話をして、食事をして、生きている。病院は、治療がなされている場所であるだけではない。医療専門職でない人を含む多数の関係者が、非医療的目的をも含んだ、多様な目的で社会的交流をしている場所でもある。医療の社会学は、医療技術や医療組織を、文献学的に、制度的に解明してきただけでなく、フィールドワークの手法を用

1　医療資源の稀少性とその相互行為的意味については、(樫田 2010a) を参照せよ。

いて、医療現場で医療とともにある人々の生き方を明らかにしてきた[2]。

1-2. 病院内フィールドワークからの発見

　以下は、いずれも、海外の研究であるが、医療社会学の古典的研究である。

　たとえば、グラウンデッド・セオリーの創始者としても知られる、グレイザーとストラウス（1965＝1988）は、フィールドワーカーでもあった。彼らは、もはや治療が困難で「することがない段階」になった患者の病室には、医師があまり近寄らなくなることを「発見」した。ベテランの看護師も、病室で忙しそうに動き回り、声をかけられないようにする。患者が会話に誘い込もうとしたら、無言の微笑という「**専門家的拒絶**」で対応する。このようにして、しばしば、死期が近づいた患者は、"肉体的死"より前に、"**社会的死**"に至ることになる。

　たとえば、エスノメソドロジーの草創期を担った一人である、サドナウ（1967＝1992）は、救急病院での死亡告知の現場に立ち会う。看護師は、電話では結末までは告げず、「とにかく医師が会いたがっているので、来て下さい」とだけ話す。個室での医師による**死亡告知**の会話は、定型をもっている。「まったく苦しい思いはしていないと保証します」「私たちはできる限りの手立てを尽くしました」等々、の言い方が具体的な状況と関係なくなされていることをサドナウは「発見」する。**患者家族**からの反論はない。会話は淡々と進み、解剖や献体の打診があり、葬儀屋への連絡についての助言がなされる。これらの会話を通じて「死」と「日常」が連続したものになっていく。

　グレイザーらの研究から、我々は、死が社会的に達成されるものでもあることを知る。また、サドナウの研究からは、死が、相互行為的に、日常と結びついており、かつ、会話的に達成される面をも持っていることを知る。生物医学的側面だけが、医療の実践現場で起きていることではない。社会学は、さまざまな方法で、医療の現場を研究してきたし、今後もしていくべきだろう。そこに、医学が扱い得ない対象があるからだし、医学とは違う方法があるからだ。

1-3. 医療の場としての家庭

　ふたたび、筆者のフィールドワークから、こんどは、**在宅医療**の現場を紹介

---

[2] 筆者は、2007年1月に、神戸からの機中で胆嚢胆管炎の発作を起こし、沖縄の民間病院に緊急入院し16日間滞在した。その際のフィールドノーツが、この報告のベースとなっている。なお、この入院体験については、（樫田 2007）で報告した。病院内フィールドワークには、国内外に大量の蓄積がある。本文中でも一部言及したが、（Glaser & Strauss 1965=1988）（Sudnow 1967=1992）（山田富秋 1991）（Ikeya & Okada 2007）等をみよ。

しよう[3]。97歳の女性在宅療養者Aさんは、脳血管障害の後遺症で半身に麻痺がある。歩行はできず、言語障害と嚥下（飲み込み）障害もある。意志は首や手足を振ることで表示している。4世代8人で暮らしているこのご家庭（Aさん宅）では、1階の東南角の一番明るい小部屋が、この女性の療養室となっていた。大きな電動ベッドとポータブルトイレと仏壇との共存、そして、頻繁な人の出入りが、この和室の特徴だった。1日3回の**胃瘻**栄養[4]と日常的な介護は家族（とりわけ、Aさんの実の息子とその配偶者）が、担当していた。入浴介助と爪切りはヘルパーが、週に2回来て行っていた。**褥瘡**（床ずれ）防止を含めた全身の健康管理は訪問看護師が週に1回来て行っていた。2時間から3時間おきの体位変換は、床ずれ防止講習を受けた家族が交代で行っていた。その際、病院の中のように、専門職が、担当者と時間を決めて実施しているやり方とは、違った、在宅の環境にふさわしい方式がとられていた。壊れた時計の針を手で動かし、併置された正確に動いている時計と見比べて、前回の体位変換から2時間たっているかどうかを判断する、工夫された方法がとられていたのである。この事例以外にも、家族は、療養に関する諸業務を、家庭の環境と道具に合わせて創意工夫して行っていた。たとえば、体位変換を「転体」と名付け、「家族内専門用語化」していた。また、胃瘻栄養チューブを2本つないで延長し、ベッドから離れた既存の木の棚に延ばし、そこに掛けた流動食バッグと繋いでいた（「日常的家具の医療器具化」）。病院のように専用設備が装置されていない在宅医療では、このような工夫（イノベーション）が大量に実践されていた。

　台所には、消毒薬（ミルトン）が常備され、胃瘻関連の道具が殺菌されていた。療養室の押し入れは、紙おむつやその他の資材・医薬品で満杯だった。その一方で、生活の全てが医療で覆い尽くされている訳ではなかった。療養者の息子は、朝の胃瘻栄養[5]のセッティングが終わると、近隣にある自家の畑に野良仕事に出ており、療養者の息子の配偶者は、他の多様な家事をこなしながら、鼻歌交じりに昼と夜の胃瘻栄養を担当していた。

　この療養室は、病室であると同時に、療養方針を話し合う家族会議の場でもあり、また、家族と療養者の生活の場の一部でもあった。しばしば、CDは鳴っ

3　より詳しくは、齋藤・樫田（2011）を見よ。
4　経管栄養の一種。腹部の皮膚と胃壁に穴をあけて、流動食をチューブで流し込む方法であり、栄養供給や水分補給を行う。
5　胃瘻チューブからの流動食の流れ込みスピードが速すぎると、胃から食道に流動食が逆流して危険なため、2～4時間かけて、ゆっくりと流し入れることになっている。したがって、セッティング後は、ときどき様子をみつつ、他の仕事を行うことになる。

ていたし、学校から帰宅後の子供たちが遊んでいた。

1-4. 家庭内フィールドワークからの発見

在宅医療には、在宅医療らしい**社会的秩序**がある。それを検討する際に、西欧近代医療の視線で見ていたのでは、見えないものがある。医療的基準からの逸脱の程度でしか、対象の位置づけをしないのならば、発見できないものがある。

たとえば、上記とは別の例になるが、名古屋市内のマンションで「**要介護度5**」の妻を見ていたKさん（70代）は、「癖になるので、頻繁には痰の吸引を行わないようにしている」と筆者に語ってくれた。このKさんの発言は、後日の「医学教育セミナー」[6]で発表された際には、大変危険なものとして、出席の医師から、修正が必要な態度としての指摘をされていた。しかし、筆者の観察によれば、Kさんのこの発言は、以下の3つのKさんの実践と結びつけて、考えていくべきものであった。

第一にKさんは、入浴時間を短縮するために、シャワーしか浴びていなかった。第二にKさんは、一日3回の胃瘻栄養では、長時間過ぎて、単身での介護の持続が困難であると判断し、それを2回に減らしていた。最後に、Kさんは、睡眠時の妻の急変に対処するために、妻のベッド脇にマットレスを敷いて寝ていた。本人曰く「本当に調子がわるければ、横で寝ているので気がつく。だから、吸引の回数を減らしている」とのことだった。すなわち、在宅という状況において、24時間付き添っている介護者がただ一人という状況を考えたとき、そのぎりぎりの維持可能性からみた合理的な選択として、Kさんの選択はあった、と言えそうなのである。在宅医療の状況分析において、社会学ができることは、まだまだ多いといえよう[7]。

在宅医療に関するフィールドワークも、国内外で大量に行われている。たとえば、天田や井口の認知症者研究を例に挙げるならば、その成果は、医療実践者と方向を共有したものばかりではない。社会学者は、治療促進的な発見とは異なった、社会学的発見というしかない発見をも、多く成し遂げてきている。

一例だけ、挙げておこう。井口（2007）によれば、**認知症者の家族は、誰よりも認知症者のことをよく知っている（と信じることができる）がゆえに、認知症の症状を、医師を含めた他者とは違った形で認識しがちだ**という。家族にだけわかる文脈があるという家族の信念は、他の第3者にとっては、認知症の症状

---

[6] 2010年8月28日～29日。岐阜大学医学教育開発研究センター主催。
[7] この部分は、より社会学の可能性に照準した形で（樫田 2010c）でも報告した。

と見えるものを、(家族にとっては) 理解可能な合理的な行為であると見なしてしまう (「正常な人間像の持続」)。もっとも近しいものが、陥る罠、とこのことを言うこともできるかも知れない。しかし、これは罠だろうか。そのような、(第3者と近親者との) 理解の食い違いの確認の果てに、「認知症」の一面的硬直的な医学的定義とは異なった、多様でモザイク的な認知症理解の可能性が開かれてくるのではないか。

　在宅に関しては、海外にも多くのフィールドワークがある。ヘリテージとスフィ (1992) は、新生児のいる家庭に対するイギリスの保健師派遣についての研究から、母親が、「専門家としての保健師」に対して、「母親であること」を持ち出して対抗していくことがあることを「発見」した。助言は、助言を受け入れ可能にする枠組の受け入れと同時に達成される。「素人」が「素人」に助言しても聞き流されてしまいかねないが、「専門家である保健師」からなされる場合、助言は聞き流されない。しかし、「専門家」からの助言は「母」を「無能化」する。しかし、「母親」は「子ども」に対して特権的に振る舞うことができる。神妙に専門家である保健師からの指示を聞く態度を取り始めた夫を抑制しながら、「妻」は「母親」として「専門家」に対抗していく。

2 健康増進法と医療の現在 ——現代社会と医療

　前節では、「医療」の定義をすることなく、「医療の社会学」について、それが可能であることを、フィールドワーク的方法によった諸研究を例示することで示してきた。しかし、それらはどういう意味で「医療」の研究なのだろうか。現代社会において、「医療の社会学」を研究することには、どのような意味があるのだろうか。

2-1. 医療とは何か

　「医療」とは、『大辞林』によれば、「医術で病気を治療すること。」(松村明編 p.173) とされている。とすると、定義上の問題は、「医術」にどの範囲の行為までが含まれるのか、という点に存することになるだろう。たとえば「おまじない」は、「医術」に含まれるのだろうか。"やけどにアロエ"の民間療法」は、「医術」に含まれるのだろうか。これらのことが「医療とは何か」を考える際の課題になるだろう。

　大きく分けて、2つの立場が、存在する。「おまじない」や「民間療法」のみ

ならず、「カイロプラクティック」のような**代替補完医療**までをも医療に含めない、少なくとも正統な医療とは認めない立場、「近代医療のみが医療であるという立場」が一方に存在する。逆に言えば、そのような立場からは、「鍼灸」などは、正規の医療ではない、「代替補完医療」と定義される、ということだ。西洋医学だけが正統であとは非正統である、という立場、すなわち、唯一の正統性を西洋医学にのみ認める立場がこれだ。

　もう一方には、「医療システムの多元的併存を当然のこととして承認する立場」がある。**東洋医学**は、西洋医学に拮抗する正統な医療だ、という主張は、論理的には、「正統な医療と非正統な医療には、根本的な違いがある」という主張としては前者と同類だが、西洋近代医療の圧倒性のもとでは、この後者の立場の仲間であるといえるだろう。「民間療法」と「西洋医学」の対等性を主張する立場はもちろん後者だ。さらには、今、西洋医学とされているものには、モザイク的に多様な技術・科学が流れ込んでいるので、西洋医学は可変的で、地域と時代と社会でも異なるアドホックなものだ、という立場の人もこの後者の立場となろう。かなり雑多なものが、この後者には入ってくる。この立場からみれば、鍼灸、マッサージ、カイロプラクティック、瞑想法等々、みなそれぞれ、西洋医学と対等であり得る「医療」のそれぞれであって、これらが、並列的に同時的に存在し得る可能性を十分認めるいろいろな立場が、後者の立場としてあり得ることになる。そういう立場としての後者の立場がもう一方にあるといえよう。多くの医療社会学者や医療人類学者は、この後者の立場に包含される形で、さまざまな立論を展開している。

　上で見てきた通り、これら2つの立場は、論理的にきれいに対立するものではない。後者の方が、扱いうる範囲が広い、いろいろ考えることができる、というだけである。すなわち、病気と健康にかかわることがらの全体は、さまざまに考えることができるし、すべきだ、という多様性容認の態度が、医療社会学の態度なのである。多様性の中身は問わない。筆者もこの後者の立場に原則的には、立っている[8]。

---

[8] 医療および医療の社会学の現状と定義問題については、佐藤純一（1999）、黒田浩一郎（2001）を参照せよ。中川輝彦（2006）の4象限の対比構図も有用だ。さらに、社会医学やソーシャルキャピタル論等の隣接領域との関係については藤澤由和（2011）を参照せよ。古典的には、Straus(1957) が重要である。ただし、次項以下に書くように、もはや「医療における社会学 (sociology in medicine)」対「医療についての社会学 (sociology of medicine)」という対比は、重要性を失っている。官僚制支配や専門職支配問題への示唆は、いまや、医療社会学の主要意義ではなくなっているからである。「専門職支配・官僚制支配　対　市民」という対比構図が、in と of の対比構図に仮託されていた面があるように思われるのだが、その対比の重要性は、社会の変化につれて、今や薄れてきている。現在の医療社会学の主要な意義は、リスク社会論あるいは再帰的近代化論に実例と展望を与えることの方にシフトしてきているといえるだろう。

とはいえ、もう一つ、重要な視点がある。上記の定義は、医療を、**専門職**が（西洋医学を修めた医師だけを正当なものと認めるか否かは別にして）実施するもの、として扱っている。また、病気や健康を個人の体を調べればわかる状態として扱っている。医学を基本的には、「からだの科学」として扱っている。しかし、いまや、医療の主体は、療養者や療養者家族の方にシフトしてきているのではないだろうか[9]。そして、病気や健康の少なくとも一部は、人間一般に関する統計的事実を経由して始めて理解可能な、確率論的なものになってきているのではないだろうか。医療は、「からだの科学」であることをやめて「社会の科学」としての性質を帯び始めているのではないだろうか。

　言い方をかえよう。いまや、プロフェッショナルが実施する部分を中核とした「医療」の時代は終わって、プロフェッショナルが提供する「情報」や「選択肢」をもとに、みずからのからだの将来の状態を、確率論的なものとして把握して対処することを中核とした「医療」の時代がやってきているのではないだろうか。もはやこの『大辞林』の「医術」という用語を用いた定義の暗黙の前提（専門職の領域としての医療）を超えた現象（**自己決定**の領域としての医療）が、広く生じ始めているのではないだろうか。

　起きていることは、予防医療の浸透といって済ませることができるようなことではないようである。「病気」と「健康」の社会的な意味の大きな変化のなかで、「医療」そのものが変わって来ている。近代が深化し、自分の暮らしを統御するのに、伝統にも、専門家にも、頼り切ることができなくなってきているなかで、人々は、日々、自分のからだを含めた諸環境をモニターし、情報を集め、判断することを強いられるようになってきている。「専門家」（医師たち！）に頼ることを前提に、高度に分業化された社会を作っていく構想はもう人気がない。分散処理の時代、分権化の時代なのである。ろくに情報も集まっていない一人（医師）に「判断負荷」を大きく掛けるシステムが、批判にもろく、脆弱であることを人々は学んでしまったのである。誰もが、その場その場の現場的情報をもとに、みずからの脳を働かせて、自主的に判断することを強いられる世の中になったのである。以下、「**健康増進法**」の内容を検討しながら、その点に焦点をあてて、事例的考察をすすめていくことにしよう。

---

[9]　人々の知識と対応が変化するなかで、誰が当事者なのか、という問題も変化する。このような思考法を、私は（酒井・浦野・前田・中村編 2009）から学んだ。とりわけ、その第2章のハンチントン病に関する前田論文から学んだ。遺伝学の知識を学びつつ家族会活動をすることでハンチントン病者家族が当事者になっていくように、たとえば、樫田は、本節後半で述べるように、検診結果と統計的事実を示され、ダイエットをすることで、「虚血性心疾患」の当事者となっていったのである。

2-2. 健康増進法の意味

2002年に成立し、2003年から施行されている「健康増進法」は、全部で8章40条の法律である。その第1条には、法律の目的が以下のように記されている。

　第1条　この法律は、我が国における急速な**高齢化**の進展及び**疾病構造**の変化に伴い、国民の健康の増進の重要性が著しく増大していることにかんがみ、国民の健康の増進の総合的な推進に関し基本的な事項を定めるとともに、国民の栄養の改善その他の国民の健康の増進を図るための措置を講じ、もって国民保健の向上を図ることを目的とする。[傍点太字での強調は引用者]

傍点部が重要である。しかし、この第1条の重要性には後で戻ることにし、先行して、国民の責務を規定した、次の第2条を取り扱うことにしよう。

　第2条　国民は、健康な生活習慣の重要性に対する関心と理解を深め、生涯にわたって、自らの健康状態を自覚するとともに、健康の増進に努めなければならない。

筆者は、この第2条に対して、徳目の強制忌避の観点からの批判をしない。近代個人主義擁護の観点から、問題視する立場も取らない。たしかに、「健康の増進が個人に義務づけされていること」だけをみれば、そのような非難にも当たるところがあるようにはみえるが、たぶん、そこは重要ではない。筆者が注目したいのは、この第2条を支えるために、その後の諸条が書かれているようにみえる点だ。すなわち、「国の及び地方公共団体の責務」(第3条)、「健康増進事業実施者[10]の責務」(第4条) などが、この第2条の「国民の健康増進義務」に奉仕するために続いているように見える点である。個人は義務として、健康の増進に努めなければならず、その範囲での自由と自己選択を、いろんな手段で社会や国家は支援するのだ、と条文編成上は読めるのである。一人では自分の健康の増進に充分取り組めない個人をアドボケイト（支援）する国家と社会。そのような新しい人間観、社会観が、本法には、描かれているようなのである。伝染病の蔓延から社会防衛するために国家が衛生に介入するというような「社会防衛観」でもなく、強兵をつくるために国家が体力作りに介入する、「総動員体

10　健康増進事業実施者とは、法の第6条によれば、各健康保険組合とその連合体等である（市町村を含む）。

制国家観」でもない[11]。個人の健康の増進のために、みずから努力する個人に国家と社会が力を添える。そこに、各種の専門職も団体もみな協力する。そういう新しい医療と社会のイメージがここから読み取れるのではないだろうか。

2-3. メタボ検診の実際

またまた筆者自身の例で恐縮だが、筆者は、過日「特定健康診査」(略称はメタボ検診)と「特定保健指導」を受けた。40歳～74歳の公的健康保険加入者は、2008年以降、この「特定健康診査」(**メタボリックシンドローム**に着目した検診)を受けることになっており、その検診結果にしたがって、スクリーニングされた対象者が、「特定保健指導」を受けることになる(この全体は、「健康増進法」によってプログラムされたものだ)。筆者は2010年度の検診で、腹囲が、91.5cmであった。BMI[12]は、26.8で、肥満を示す境目である25の値を超えていた。その他の項目でもいくつか問題視されるものがあって、「虚血性心疾患」等の将来における罹患を恐れるべき、要注意状態である。

けれども、腹囲もBMIも、それ自身は、痛さの指標でも苦しさの指標でもない。つまり、本人は痛くも苦しくもないけれども、この指標を含めた諸指標をチェックした健康保険組合は、筆者を要対処者としてマーキングし、筆者を運動療法と食事療法に促すのである。促された筆者は、諸統計を示されて、納得させられて、未来の健康のためにダイエットを開始することになる。継続的な体重記入グラフ(計るだけダイエット用)を渡され、運動メニュー等を相談する面談日がセットされる。BMIが25を少し超えた位では、寿命が短くなるわけではないが、老後の医療費は多くかかっている、つまり、様々な生活習慣病リスクが現在は高い状態だから、BMIの値を小さくし、リスクを縮減する必要があるんだ、と説得されてしまうのである。

このように現在ではなく、未来に基づいた指導がなされ、**統計を経由した自己認識**を強いられる、ということがメタボ検診では当たり前に起きている。現在の自分の「病気」の有無を知るためではなく、未来の確率的状態を知るための検診。自己選択を前提としつつも、様々な手段で促されるものとしての「健康」。

---

11 1938年に設立された厚生省は、陸軍省がその設置を強く求めたものであった。新省設置の必要性の根拠としては、壮丁(徴兵された兵)の体力低下問題があったが、その立論には、フレームアップの側面があった(樫田1993)。なお、陸軍省の主張の背後に、東北人的体格を理想としていた当時の軍幹部の不満があっただろうことを、高岡裕二(2011)は述べている。高岡の議論は、軍による国民健康問題への介入の背景を、多面的に解析したものであり、医療の歴史社会学に新境地を開くものだと評価できよう。
12 ボディマス指数(Body Mass Index)の略。ヒトの肥満度を表す体格指数。〔体重(kg)〕÷〔身長(m)の2乗〕。

現在、「病気」と「健康」に関して起きていることはこのようなことなのである。かなり不思議なことが起きているのである。

しかし、この病気と健康で起きていることは、現代社会において、他の領域で起きていることと相似形の事態なのではないだろうか。たとえば、就活の際の心理テストや自己分析もまた、今の自分の問題ではなく、将来の統計的可能性を知るための自己把握実践なのではないだろうか。とするならば、医療の現場で起きていることは、現代社会の各領域で起きていることの一モデルケースとして研究・分析していける事柄なのではないだろうか。

2-4. 高齢化の進展・疾病構造の変化

『健康増進法』の第1条に戻ろう。政府は、この法律の背景として「疾病構造の変化」と「高齢化の進展」を挙げている。それぞれ、どのようなことなのだろうか。図1〜図3をもとにまずは概略を確認し、ついで、その社会学的意味を読み解いていこう。

まず、「疾病構造の変化」を表す図1から。これは、「主な死因別にみた死亡率の推移」[13]である。大きな変化としては、感染症から生活習慣病へ、という変化が見て取れる。結核の死亡率は、1950年には、諸疾患のトップであったが、その後急速に下がり、こんどは1980年までは、脳血管疾患が、死亡率のトップとなっている。しかし、1980年にトップになり、その後30年間トップを続けているのは、悪性新生物（いわゆるガン）である。トップはこのように入れ変わっているものの、「脳血管疾患」「心疾患」「悪性新生物」の3死因が、20世紀後半以降の重要な死因で有り続けていることには変わりがない。

図2は「日本の人口ピラミッド」である[14]。いわゆる団塊の世代（第一次ベビーブーマー世代）が高齢者になり始めていることがわかる。高齢者の有訴率（病気やけがなどで自覚症状のある者の率）が、若年者の有訴率より高いこと、高齢者の通院者率が、若年者の通院者率より一般的に高いことはよく知られているので、図2の事態は、医療費の将来予測を大きく上昇させる事態であると言えよう。その一方で、図3「年齢階級別に見た受療率の年次推移」[15]のようなことも知られている。すなわち、近年、65歳以上にしろ、70歳以上にしろ、受療率は漸減しているのである。医療機関数が減っている訳ではない。医療が行き渡ったあと

---

13 財団法人厚生統計協会編（2010）『国民衛生の動向』の48頁掲載の図6を改変。
14 総務省統計局HP（http://www.stat.go.jp/data/jinsui/2009np/img/05k21-p.gif、2011年8月28日確認）の図2を改変。
15 財団法人厚生統計協会編（2010）の75頁掲載の図7を改変。

図1　主な死因別にみた死亡率の推移（1947年〜2008年）

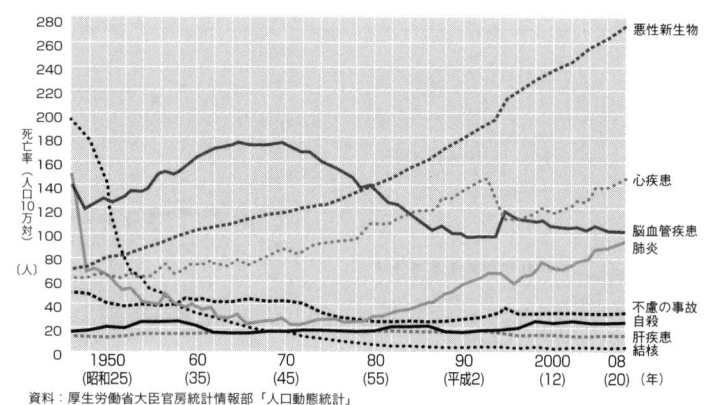

資料：厚生労働省大臣官房統計情報部「人口動態統計」
(注)：1. 死因分類等の改正により、死因の内容に完全な一致をみることはできない。たとえば、1994年の心疾患の減少は死亡診断書における「死亡の原因欄には、疾患の終末期の状態としての心不全、呼吸不全等は書かないでください」という新注意書きの事前周知によるものと考えられる。
2. 2008（平成20）年は概数である。

図2　日本の人口ピラミッド（2009年10月1日現在）

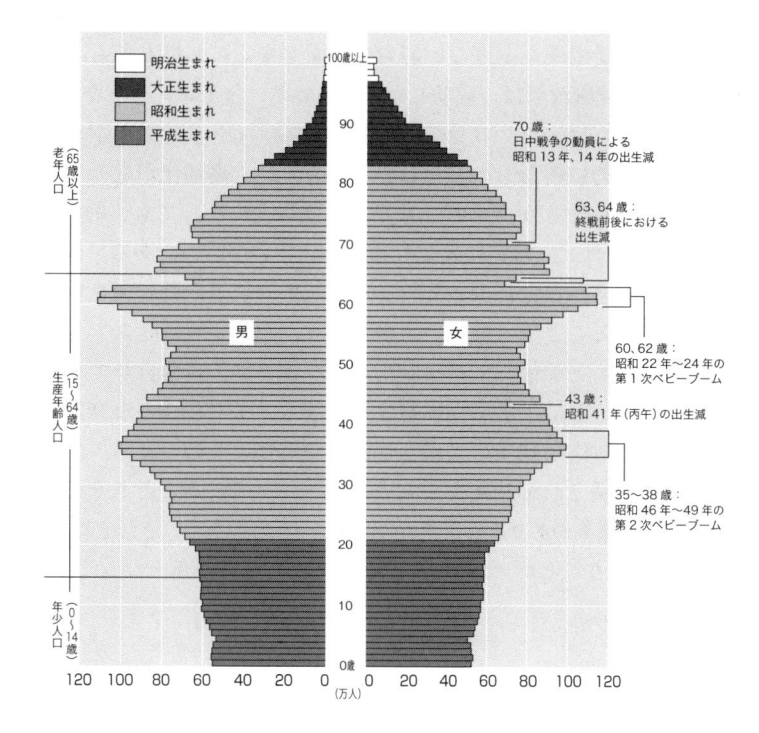

70歳：
日中戦争の動員による
昭和13年、14年の出生減

63、64歳：
終戦前後における
出生減

60、62歳：
昭和22年〜24年の
第1次ベビーブーム

43歳：
昭和41年（丙午）の出生減

35〜38歳：
昭和46年〜49年の
第2次ベビーブーム

第1章　医療の社会学　23

図3 年齢階級別にみた受療率の年次推移（1965年〜2008年）

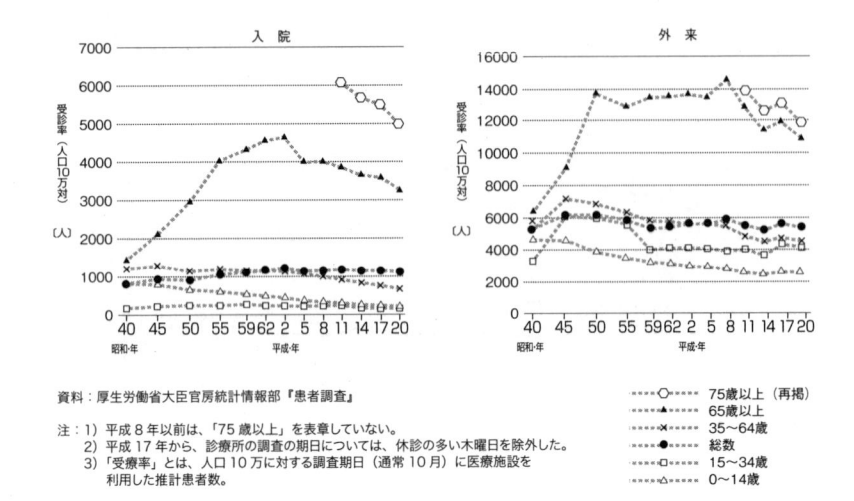

資料：厚生労働省大臣官房統計情報部『患者調査』

注：1）平成8年以前は、「75歳以上」を表章していない。
　　2）平成17年から、診療所の調査の期日については、休診の多い木曜日を除外した。
　　3）「受療率」とは、人口10万に対する調査期日（通常10月）に医療施設を利用した推計患者数。

　　　─○─　75歳以上（再掲）
　　　─▲─　65歳以上
　　　─×─　35〜64歳
　　　─●─　総数
　　　─□─　15〜34歳
　　　─△─　0〜14歳

　でこのように、受療率が低下しうるものならば、人口構成全体の高齢化に抗して、国民全体の受療率を上げない努力が功を奏する可能性もあるのではないだろうか。政府の健康政策は、成功しかかっている、ともいえそうなのである。
　もちろん、これは、マクロな統計の話である。マクロ統計が示すものは、個人の未来を確定的に縛るものではない。たしかに、高齢化が進行すれば、受療率が上がるとはいえるが、その一方で、75歳以上になっても、約8割の日本国民は、ある秋の日の24時間に入院も通院もしていないのである。個人に関心の焦点を当てたとき、自分自身がどのような状態になるかは、マクロ数値から自動的に決定されることではない。このことを、不確定性と呼んでもよいし、努力の余地がある、と評価してもよいだろう。我々は、自分自身でも未来を予期して活動する。そして、医療保険組合や政府も、また、彼らなりに、未来を予想して、現在の対応と我々への働きかけを決めていくのである。上記のような諸統計が広く公開されて施策や議論の基盤となっていることこそが、現代社会がリスク社会（未来のありようを多数のアクターが予想して、それぞれが対策を立てる社会。そのようなことが、ありとあらゆる事態において常態となった社会）であることを表している。

3 ………… まとめ ── 社会変動の最前線としての医療

　医療の世界には、「病院から在宅へ」、「お任せ医療の受動的患者から、自己決定できる賢い患者へ」、という大きなトレンドがある。1970年頃を境に、死亡場所としての「病院」比率が、死亡場所としての「在宅」比率を追い越していたが、遠からず、この関係が再逆転するだろうとも言われている[16]。医療の分野は変動が激しい分野なのだ。いまや、インフォームド・コンセント（情報を理解した上での同意）が、実質的に法定化され、セカンド・オピニオンを積極的に担当すると公言する病院も増えてきた。これは、「リスク社会化」とそれに対応した「自己決定権の尊重」であると理解できよう。つまり、現代社会の変動の最前線に「医療」の分野はあるのである。

　「医療の社会学」は、この**社会変動**の最前線を探求する社会学として、重要性を増しつつある。もちろん、それは、ちまたに飛び交っている言説をそのまま追認したり、解説したりするような営為ではない。社会学は、「近代」および「現代（後期近代）」に強い関心を持っているので、「医療」を扱っても、そこに「近代性」や「現代性」を見いだそうとすることになる。そして、逆に、そのような社会学的関心から「医療」をみることが、むしろ、「医療」の実相を明らかにする近道にもなっているのである。

　たとえば、第1節前半で、筆者が、胃カメラ画像の鮮明さに驚いたとき、その背景となっている「医療のビジュアル化」こそは、上で述べた、医療の自己決定化、患者自身が、伝統に従うのでもなく、専門職の決定に従属するのでもなく、自分自身の情報収集に依存して、自分のことを決めていく、という現代医療の傾向の影響した結果だった、といえるのである。

　人々が強い関心を持って、大量の資源を投入している医療の世界は、変化が激しいが、その変化の激しさの中にこそ、現代社会がある。現代社会の動向を我々は、「医療の社会学」を通して、知ることができる。そして、さらには、その現代社会の動向に対応して、人々がどのように対処しようとしているのか、あるいは、なんとかかんとか工夫しながら対処というほどのことはできないけれども、やり過ごそうとしているのか、という、人間の実践の様相もまた、「医療の社会学」を通して考えていくことができるのである。

　したがって、「医療の社会学」は、一種の「社会変動の社会学」として、およ

16　在宅と病院の相対比の歴史的変化に関して、ここで指摘したのと同様の変化が、看護においても起きていることを主張した興味深い文献として、（野村拓・藤崎和彦 1997, p.3）を挙げておこう。

び、「社会変動に対処したり、やり過ごしたりする諸個人の、**生活実践の社会学**」として、考えていくことができるだろう。そして、それは、いわゆる医療専門職の研究にも、医療専門機関の研究にもとどまらない、現代社会学の主要領域となっていくことになるだろう。

【文献】

- 天田城介, 2003,『〈老い衰えゆくこと〉の社会学』多賀出版.
- 藤澤由和, 2011,「グローバリゼーションとローカライゼーション—保健医療社会学と国際化」社会学系コンソーシアム（http://www.socconso.com/symposium/Sympo2010_Fujisawa.pdf　2011年5月24日確認）.
- Giddens, Anthony, 1990, *The Consequences of Modernity*, Stanford University Press.（1993, 松尾精文・小幡正敏訳,『近代とはいかなる時代か？―モダニティの帰結』而立書房）.
- Giddens, Anthony, Ulrich Beck and Scott Lash, 1994, *Reflexive Modernization: Politics, Tradition and Aesthetics in the Modern Social Order*, Polity Press.（1997, 松尾精文・小幡正敏・叶堂隆三訳『再帰的近代化—近現代における政治、伝統、美的原理』而立書房）.
- Glaser, Barney G., Anselm L. Strauss, 1965, *Awareness of dying*, Aldine.（1988, 木下康仁訳『死のアウェアネス理論と看護—死の認識と終末期ケア』医学書院）.
- Heritage, John, Sue Sefi, 1992, 'Dilemmas of advice: aspects of the delivery and reception of advice in interactions between Health Visitors and first-time mothers'. In: Drew, P., J. Heritage, eds. *Talk at work: interaction in institutional settings*., Cambridge University Press, pp.359-417.
- 井口高志, 2007,『認知症家族介護を生きる—新しい認知症ケア時代の臨床社会学』東信堂.
- Ikeya, Nozomi and Mitsuhiro Okada, 2007, "Doctors' practical management of knowledge in the daily case conference". in D. Francis and S. Hester(eds.), *Orders of ordinary action : Respecifying sociological knowledge*, Hampshire, Ashgate Publishing Company, pp.69-90.
- 樫田美雄, 1993,「2. 衛生行政・社会行政」,『戦後日本における社会保障制度の研究—厚生省史の研究（平成3・4年度科学研究費補助金〈総合A〉研究成果報告書　研究代表者副田義也』pp.52-66（http://web.ias.tokushima-u.ac.jp/social/kasida/ronbun/Kouseisyoushinokenkyu_soeda.kaken_in1993.10.pdf にて、公開中）.
- 樫田美雄, 2007,「救急搬送傷病者および胆管炎患者としての参与観察報告—沖縄での16日間」,『第18回死の社会学研究会（副田義也金城学院大学教授主宰）』（2007年3月25日）配付資料（ミメオ）.
   樫田美雄, 2010a,「病院に行く」串田秀也・好井裕明編『エスノメソドロジーを学ぶ人のために』世界思想社, pp.133-153.
- 樫田美雄, 2010b,「施設で暮らす」串田秀也・好井裕明編『エスノメソドロジーを学ぶ人のために』世界思想社, pp.154-170.
- 樫田美雄, 2010c,「周辺への／周辺からの社会学—社会学の新しい基盤としての市民教育ニーズと専門職教育ニーズ」『社会学評論』61(3), pp.235-256.
- 黒田浩一郎, 2001,「医療社会学の前提」黒田浩一郎編,『医療社会学のフロンティア—現代医療と社会』世界思想社, pp.2-52.
- 黒田浩一郎編, 2001,『医療社会学のフロンティア—現代医療と社会』世界思想社.
- 黒田浩一郎編, 1995,『現代医療の社会学—日本の現状と課題』世界思想社.
- 松村明編, 1988,『大辞林』三省堂.
- 森真一, 2011,「心理主義化社会のニヒリズム」,『社会学評論』61(4), pp.404-421.

- 中川輝彦, 2006, 「医療の社会学的アプローチの比較にむけて」, 『龍谷大学社会学部紀要』第 29 号, pp.39-49.
- 中川輝彦・黒田浩一郎編著, 2010, 『よくわかる医療社会学』ミネルヴァ書房.
- 野村拓・藤崎和彦, 1997, 『わかりやすい医療社会学』看護の科学社.
- 奥村隆, 2009, 「選べる私 / 選べない私―生きることの意味と社会」, 高校生のための社会学編集委員会・水上徹男・是永論・砂川浩慶・福永真弓・本田量久編『高校生のための社会学―未知なる日常への冒険』ハーベスト社, pp.2-12.
- 重田園江, 2003, 『フーコーの穴―統計学と統治の現在』木鐸社.
- 齋藤雅彦・樫田美雄, 2011, 「医療化する家庭・家庭化する医療―在宅医療のビデオ・エスノグラフィー」, 『徳島大学社会科学研究』24 号, pp.13-56.
- 酒井泰斗・浦野茂・前田泰樹・中村和生編, 2009, 『概念分析の社会学―社会的経験と人間の科学』ナカニシヤ出版.
- 佐藤哲彦, 1999, 「医療化と医療化論」, 進藤雄三・黒田浩一郎編, 『医療社会学を学ぶひとのために』世界思想社, pp.122-138.
  佐藤純一, 1999, 「医学」, 進藤雄三・黒田浩一郎編, 『医療社会学を学ぶひとのために』世界思想社, pp. 2-21.
- 佐藤純一・黒田浩一郎編, 1998, 『医療神話の社会学』世界思想社.
- Straus, R., 1957, "The nature and status of medical sociology", *American Sociological Review*, 22, pp.200-204.
- Sudnow, D., 1967, *The Social Organization of Dying*, Prentice-Hall.(1992, 岩田啓靖・志村哲郎・山田富秋訳『病院でつくられる死―「死」と「死につつあること」の社会学』せりか書房).
- 高岡裕之, 2011, 『総力戦体制と「福祉国家」―戦時期日本の「社会改革」構想』岩波書店.
- 高城和義, 2002, 『パーソンズ　医療社会学の構想』岩波書店.
- 山田富秋, 1991, 「精神病院のエスノグラフィー」, 山田富秋・好井裕明編, 『排除と差別のエスノメソドロジー〈いま―ここ〉の権力作用を解読する』新曜社, pp.179-212.
- 財団法人厚生統計協会編, 2010, 『厚生の指標　増刊　国民衛生の動向　2010/2011』57(9), 財団法人厚生統計協会.

第 2 章

出産の社会学

白井千晶
Chiaki Shirai

1 ………… はじめに

　妊娠して、出産するという生物学的メカニズムは普遍的、だから**出産**だって古今東西変わらない、と思っているだろうか。答えは否。「お産は社会の窓」と言えるほど、出産のありようは、社会の仕組み、身体観、家族・地域関係、医療、ジェンダーを写し出している。

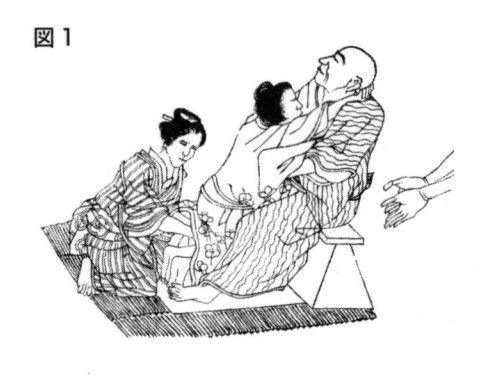

図1

　図1は、江戸後期1849年に記された座産の様子である。むしろが敷いてあるおそらく自宅か産家（産前産中産後のために設営された仮設の出産用の家）で、普段着のまま、四つばいになり、人につかまっている。

　私たちが知っている「出産する場所」といえば、分娩室ではないだろうか。陣痛が始まったら、病院に行き、診察を受けて診てもらう。産まれそうになったら分娩室に移動して、分娩台にあがる。医師が赤ん坊を受け取るために分娩台の端で待ちかまえ、分娩台に足台が設置されていれば「仰臥位」以外の姿勢は考えられないだろう。分娩室で、医療者と医療機器の助けを借りながら安全に出産がおこなわれる一方で、「患者」として日常から隔絶される。

　たった150年で出産もそれを取り巻く環境も大きく変化した。本章では①科学的まなざしの芽生え、②国家による管理、③出産場所の施設化、④出産の消費化、⑤出産のグローバルな画一化、の5点から出産の歴史と現状を見てみよう。

　その前に、先ほどの江戸期の出産をもう少し紹介したい。図1と同時期に書かれた妊娠中の母胎の胎児の絵図である（図2）。下段の優美な絵は、貴族のお産

図2

が書かれている。身体を起こして「産椅」という椅子に座って過ごしていることがわかる。上段には妊娠中の胎児が描かれている。(1) 各月ごとの胎児は仏と対応していると考えられている（＝仏教的生命観）、(2) 胎動があって胎内の人間を感じられる時期になってから人の形が描かれている（＝経験的身体知）、の2点が大きな特徴としてあげられる。

この**仏教的生命観**は、避妊や人工妊娠中絶によって人口調節ができなかった時代、世界各地で出生後の新生児を窒息等によって「**間引き**」したことが報告されているが、日本で「**子返し**」（子どもをあちらの世界にいったん返す）と呼ばれたことと関連している。（ちなみに「間引き」せず、乳幼児を捨てたり流したりして天命に任せることも世界各地で見られたことである。）

2……科学的まなざしの芽生え：江戸後期

こうした生命観の転機の一つとなったのが解剖学である。妊婦の解剖によって、胎内を「近代科学的」に捉えるまなざしも登場した。江戸後期に「胎児は仏ではない」ことが明らかになったのである。図3では、胎盤や臍帯が描かれ、胎児は「正常位」（頭が下）で身体を丸めている。

ただし、識字や学校教育などの知識伝達網に階層差があった時代には、解剖学的知識やそれに基づいた生命観が民衆にただちに普及浸透したわけではない。そこで図4のような引き札（広報）が、文字が読めない民衆にも「子返し」をしないように戒めるために出された。胎児はあの世とこの世を行き来する仏では

図3　　　　　　　　図4

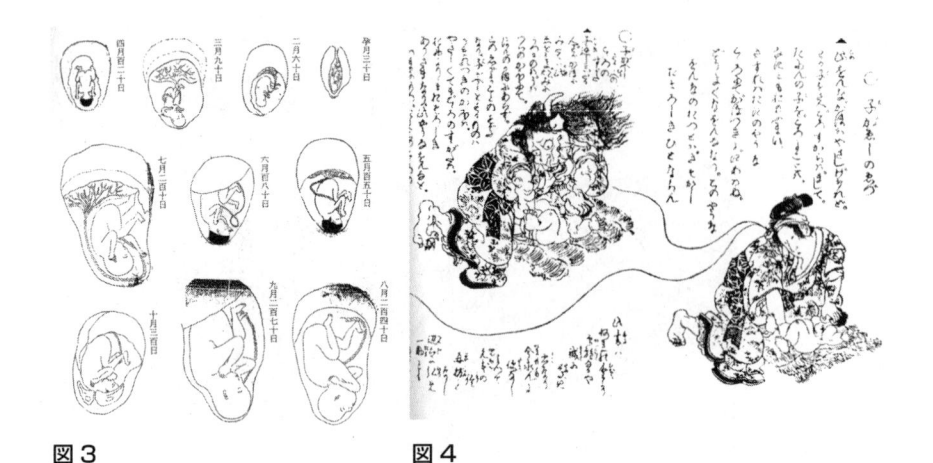

なくて唯一無二の胎児なのだから、いったん返すなんていうのは「鬼」がすることのように残酷なことだ、ということを絵でもって啓蒙しようとしたのである。

　ところで、現代社会では、出産のさいに赤ん坊を取りあげるのは、医師や助産師などの専門家であることが当然のように思われている。しかし、日本の多くの農山村では、何度か取りあげたことがある近所の人が取りあげた、家族が取りあげた、あるいは「一人で産んだ」という証言が昭和初期まで登場する。

　何度か経験して取りあげに長けた人は「**取り上げ婆さん**」と呼ばれ、産育習俗を執り行う一員であった。九州では「コズエババ」（＝子を座らせる、子をこの世の仲間にする女性）、中国から四国では「ヒキアゲババ」（この世の者として引き上げる女性）と呼ばれたように、民俗的役割が分娩介助や医学的知識と同じくらい、あるいはそれ以上に期待されていたようである。江戸後期には、それを生業にする者もあらわれた。例えば今の静岡県富士市で活動していた明石てふ（チョウ）は、鎖国中で一民衆が西洋医学を学べず、また賀川流などの産科術が部外秘だった時代に、オランダ医書を手に独学し、鉤を使って難産時に胎児を掻き出して母体を救ったという。静岡東西、山梨にまで駕篭を馳せたと伝えられており、没後はチョウを祀る堂と木像・賽銭箱が設けられ、子孫によって今も守られている（写真1）。

写真1

30

他にも全国各地に取り上げ婆さん、**産婆**を讃える「助産碑」がある。

3 ………… 国家による管理

　地域の文化や慣習に根ざしてきた出産だったが、明治期の近代国家化に伴い、出産もまた国家によって管理されるようになる。国家による管理は、(1) 出産の担い手の管理、(2) 出産する者の管理、(3) 医療の管理、に分けられる。(1) は、分娩介助を職業とする者を国家が資格付与し、掌握するということである。1874年、東京、京都、大阪の三府に医制が公布され、医学教育が制度化され、医師開業免許制度、産婆資格に関する規定と免許制度、薬舗制度がしかれた。国家によって教育制度が規定されて資格付与される制度は徐々に各都道府県に広がった。医師は正常産と異常産を、産婆は正常産を扱うことができる者となった。医師、産婆の免許を取得する経路も資格も複数あったが、第二次世界大戦後に一元化した。産婆は看護婦免許を取得後に規定の修学・試験合格をした者が取得できる**助産婦**（nurse-midwife）になった（現在は助産師）。

　(2) は出産する者の管理である。江戸期にも藩によっては間引きの禁止や妊娠の届出義務が通達されたことがあったが、近代国家の法律によって出産する者の管理が一元化した。1880年には刑法が制定されて、堕胎が犯罪となった（旧刑法第212条〜216条および現刑法第212条〜216条）。第二次世界大戦中の1942年、妊娠の届出による妊産婦手帳制度が確立した。妊娠を届出させることにより、人工妊娠中絶を抑制するとともに、妊婦に配慮することによって流早死産を抑制することが期待された。特別に配給を上乗せする配給切符が妊産婦手帳についていたために、妊娠届と妊産婦手帳は爆発的に普及したと言われている。1965年に公布された**母子保健法**では、妊娠の届出が義務とされ（別の法律で人工妊娠中絶、死産、出産も届出義務がある）、妊産婦手帳は**母子健康手帳**となって現在も引き継がれている。国家に妊娠を届け出ることによって、妊婦健診や検査等の無料受診券が配布されて、サービスが受けられる制度になっている。他に届出や申請と同時にサービスが受給できるものとして、出産一時金の受給（加入している健康保険から最低42万円（2011年現在）支給される制度）、助産制度（経済的理由により病院での出産が困難な妊産婦を対象に、各地方自治体が指定の助産で出産するさいの費用を援助する制度）などがある。

　(3) は医療の管理である。薬事法によって、医薬品、医療用具、医療機器等は安全性と有効性の確保のために許可を受けなければならない。その取り扱いに

関する法律など関連法が整備されている。

1874（明7）	東京、京都、大阪三府に医制公布
1880（明13）	刑法制定
1899（明32）	産婆規則
1942（昭17）	妊娠の届け出と、妊産婦手帳制度
1947（昭22）	保健婦助産婦看護婦令公布
1948（昭23）	医療法、医師法、歯科医師法、保健婦助産婦看護婦法
1965（昭40）	母子保健法

4 ………… 出産場所の施設化

　図5は、第二次世界大戦後に生まれた新生児がどこで生まれたか、誰が立ち会ったか（取りあげたか）を、年次推移で示した図である。
　棒グラフを見てわかるように、1955年（昭和30年）には、82％が自宅で生まれていたが、わずか10年後の1965年には、16％にまで急減している。出産が自宅から、病院、診療所、助産所などの施設でおこなわれるようになることを出産の「施設化」という。アメリカでは（地域差、階層差が大きいがおしなべてみると）1870年代から1940年までにゆっくりと施設化が進み、1940年の段階ですでに56％が施設分娩で、1965年に97％になった。日本は非常に急激に施設化が進んだことがわかる。社会の「医療化 medicalization」とともに出産もまた病院の中でおこなわれるようになる傾向があるが、オランダは1955年に24％だった施設分娩率が、1992年には69％までしかあがっておらず、3分の1は自宅分娩である。出産の施設化には、その国・地域の医療体制の影響も大きい。
　「施設化」は、出産や周産期（産前産後）を、どのように変えるのだろうか。ここでは、①分娩室と立会者〜産み方、②新生児室と調乳指導〜育児の始まりの2期に分けて見てみよう。
　まず、病院の「一般的な」分娩室を思い浮かべていただきたい。出産が施設化し日常生活の中でおこなわれなくなった上、分娩室はその施設のさらに扉の向こうだから、読者の多くは、分娩室に入ったことがなく、テレビドラマなど

図5

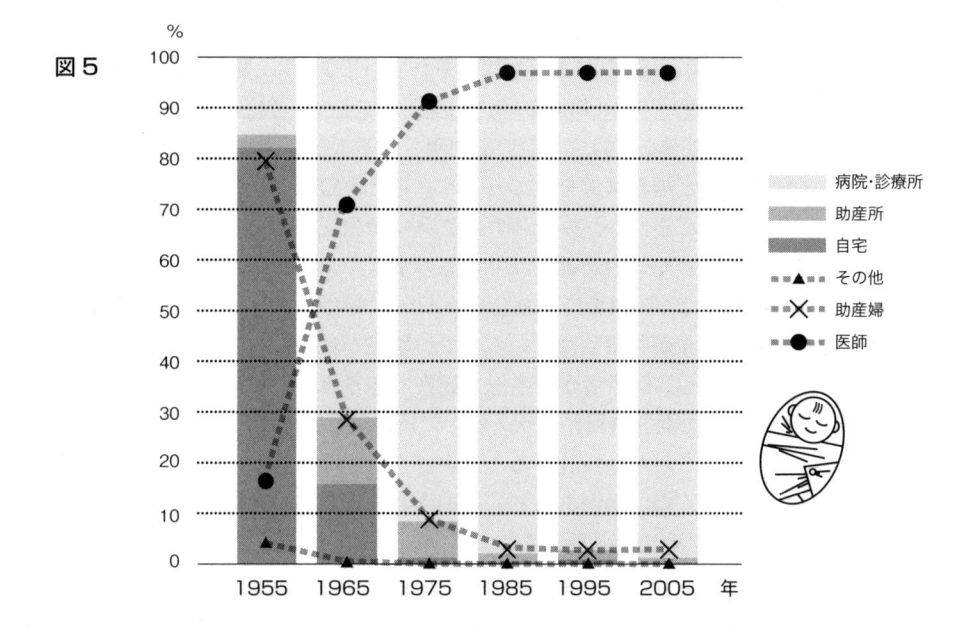

凡例:
- 病院・診療所
- 助産所
- 自宅
- その他
- 助産婦
- 医師

でしかイメージすることができないかもしれない。そこで見る分娩室は、手術室のような部屋だろう。多くの医療者が四方から処置ができ、いつでも手術に移れるように、広い空間に分娩台がおかれている。天井には無影灯があり、酸素マスク等がすぐに使えるようになっている。分娩台には足台があり、仰臥位以外の姿勢をとることは難しそうだ。空間はカーテンで仕切られ、ストレッチャーが入ったり、新生児の保育器が出入りしたり、複数の産婦の出産ができるようになっている。こうした施設では、出産直前の処置として、分娩監視装置の装着、血管確保のための持続的点滴などがおこなわれることが多い。病院施設での出産は、医療者が分娩異常になりそうではないかを観察し、異常時にはすぐに対応できる一方で、出産時の快適性が損なわれたり、家族や親しい人と隔絶されなければならないということも指摘されている（「妊娠・出産の安全性と快適性の評価に関する研究」久繁哲徳、厚生科学研究費補助金．「妊娠・出産に関する安全性と快適さの確保と不妊への支援」健やか親子21事業．「助産所における安全で快適な妊娠・出産環境の確保に関する研究」．「快適な妊娠・出産を支援する基盤整備に関する研究」中村好一、厚生科学研究費補助金．「科学的根拠に基づく快適な妊娠・出産のためのガイトラインの開発に関する研究」島田三恵子、厚生科学研究費補助金．「妊娠・出産の快適性確保のための諸問題の研究」橋本武夫、厚生科学研究費補助金．）。また、病院・診療所で産むということは、誰が出産の時にそばにいるか、とい

うことも変える。図5の折れ線グラフに示されているように、施設化が進むほど、出産立会者は、助産婦（現：助産師）から医師へとうつっている。自宅では立ち会えた家族も、病院施設では立ち会いを制限されることが少なくない。

次に②新生児室と調乳指導を見てみよう。先と同様に、新生児室を思い浮かべることはできるだろうか。ガラスの向こうに新生児用のベッドが整然と並べられ、枕元に分娩日や氏名が書かれているのがよくある風景だろうか。出産が終わると、新生児は、医療者による全身チェックを受け、新生児室に移される。新生児室は立ち入りが制限されているので、防犯が保たれ、感染症が持ち込まれるリスクを減らし、医療者が新生児を観察できるとされている。一方で、家族などは決められた面会時間にガラス越しに新生児と対面することになったり、母親が自由に抱っこしたり授乳することができないなど、親子関係・家族関係の構築には望ましくない面があるとも指摘され、近年では母児同室・母児同床の良さが取りあげられている面もある。

出産の施設化が進むと同時に、育児の「マニュアル化」が進行したと言われている。決められた時間に母親は新生児室に行って授乳をする。人工乳（粉ミルク）会社が病医院に入って人工乳の作り方を説明する「調乳指導」という言葉が登場したのもこの頃だ（人工乳会社による調乳指導は営業行為であり、母乳の確立を妨げるため、母乳代用品の販売流通に関する国際基準（WHOコード）では禁止されている）。

施設化以前は、女性は婚家から生家に帰って「里帰り分娩」し、床上げまで過ごしてから婚家に戻った（経産婦は婚家で出産することも多かったという）。生家や婚家で数々の祝い事をおこなった（命名とお披露目のお七夜、床上げで客を招いて祝うオビヤ明け・産屋あけ、お宮参り等は産育儀礼とよばれる）。施設化すると、出産してから、（日本の場合）出産後約1週間入院して、帰宅することになる。核家族化によって、親や親族の世話を受けない女性も少なくない。

このように見てみると、「施設化」は、出産が日常・家族・地域社会から切り離されて「非日常化」したことと密接に関連していることがわかる。

かつて生死は、地域社会・親族・家族に見守られ、多くの人によって冠婚葬祭をはじめとする人生儀礼が執り行われていた。出産にも、地域・文化に根付いた多くの儀礼があった。今や、人生の始まりと人生の終わりである生死は、家族や親族・友人知人などのネットワークから切り離され、病院という施設の扉の向こうで、医療機器と医療専門家に取り囲まれて迎えられるようになった。死亡よりも予測がしやすい出産の方が、施設化が早く、また施設化の割合も高い。

同じ頃、産婦人科用の超音波画像診断装置（エコー）が病院・診療所に普及した。写真2は、立体（4D）エコーである。図2（江戸期）は、胎内を想像し、図3は解剖によって胎内を描きとったものだった。エコーが登場するまでは、触診によって胎児の位置や大きさ等が確かめられていた。それと比較すると、エコーは、胎内をのぞいて、画面に映し出すことができるテクノロジーである。エコーは、妊婦より先に医療者が胎児を見て診断することになるため、妊婦が独占的に胎児を感じてきた感覚を明け渡すことになる、妊婦はモニターを通して胎児と会うようになる、身体感覚と神秘性が遥減する、胎児医療には欠くことのできない素晴らしいテクノロジーである、などさまざまな評価がされている（Mitchell 2001）。

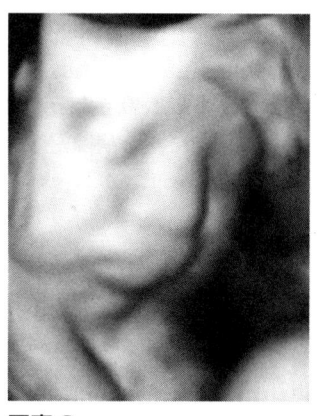

写真2

5………出産の消費化

　そして現代。現代日本の出産の見取り図は、図6のようになっている（菊地栄2011, 松岡他編所収）。医療重視派は、リーズナブル系とブランド系のグラデーションに分かれる。リーズナブル系は、近い、安い、便利、などの合理性を求める系列であるが、そもそも出産場所を選ぶことができない地域も含まれる。2000年代に入り、少子化、産科医の減少、医師一人しか在勤できない産科・産院の出産取り扱い停止、事故防止のためのセンター化、等により、出産の受け入れ先がない「**お産難民**」が顕在化し、「産科医療の崩壊」が叫ばれた。

図6

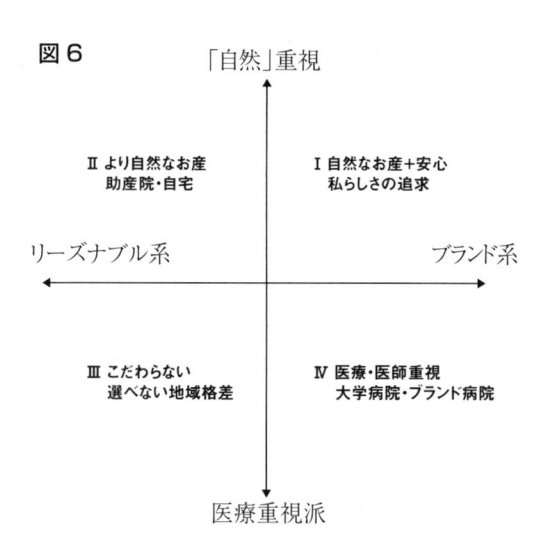

「自然」重視

Ⅱ より自然なお産
　助産院・自宅

Ⅰ 自然なお産＋安心
　私らしさの追求

リーズナブル系　　　　　　　　　ブランド系

Ⅲ こだわらない
　選べない地域格差

Ⅳ 医療・医師重視
　大学病院・ブランド病院

医療重視派

第2章　出産の社会学　35

ブランド系は、医療・医師を重視したもので、NICU（新生児集中治療室）のある大学病院や周産期医療センターでの出産を希望したり、「ブランド病院」を希望したりするものである。ブランド病院は、経済階層が高い人が出産場所として選ぶ傾向にある病院だったり、ネームバリューなどの「ブランド力」がある病院だったりする。各種サービス（豪華な料理、ホテル並みの個室、エステやマッサージ等のホスピタリティや、エコー動画のプレゼント等）で差別化し、サービスを提供しようとする病産院もある。硬膜外麻酔等の無痛分娩など、医療的な処置を選択できることも、医療重視派のブランド系の一つのありようだろう。不妊・不育症治療を経た妊娠・出産、「晩産化」と相まって、"NICUのある病院"で産むこと（経過がよく自然分娩が予想されていても、万が一のさいに転院・搬送されるのではなく、あらかじめ最新の医療体制のもとで産むこと）を希望する人が増えているようだ。

　一方で、前節では触れなかったけれども、医療化が進んで10〜20年後には、例えば陣痛促進剤による医療事故等、医療化の弊害や問題が指摘された（藤田1988）。また、ウーマンリブやフェミニズムと相まって、**ラマーズ法やアクティブバース**等、「主体的な出産」を目指す消費者運動・女性運動も見られるようになった。この動きは、現代の自然な出産（**ナチュラル・バース**）へとつながっている。図6の「自然」重視派は、助産院や自宅などで助産師や家族と産む自然分娩や、病院内の助産師外来や「院内助産院」を利用したり、病院内でできるだけ「自然」な出産を求める系列である。例えば分娩室に畳が置かれて自由な姿勢で出産することができたり、母児同床で自由・自律的に授乳することができたりするところがある（院内助産院とは正常経過の助産を、助産師外来とは妊婦の健診や保健指導を助産師が自律しておこなうもの。2008年厚労省は「院内助産所・助産師外来施設設備整備事業」を開始した。母児同床は、母親が同じベッド・床で新生児に添い寝して授乳・哺育をおこなうもの）。

　インターネットで「LDR」「水中出産」「自宅出産」などのキーワードで検索をしてみてほしい。例えば、NICUが併設されており非常に分娩件数が多い病院の分娩室にも、水中出産ができるバスタブが設置されていたりする。そこでは、バスタブの向こうに分娩台、床で産めるマットやクッションがある。こうした分娩室の向かいには帝王切開できる手術室もある。

　「**自宅出産**」では、開業助産師が自宅に訪問して健診や分娩介助をおこなう。助産師は正常分娩の取り扱いをすることができ、日本をはじめ多くの国で医師と同じように開業権がある。助産師は、日常空間の中に助産師がいることにお

兄ちゃん・お姉ちゃんになる子どもが馴染むよう妊婦の自宅に通い、胎児や子ども自身の心音を聴かせたりする。陣痛が始まったら助産師を呼び、いつもの自分の居場所や浴槽などで出産し、家族や新生児とともに産後を過ごし、そしてまた日常生活をはじめる。ただし、有床助産所を開設する開業助産師には嘱託医療機関と嘱託医の届出が義務づけられており、妊婦もまた医師の診察や検査等を受けている。「自然分娩」もまた、「医療」の安全網の中にあるという点では、「自然分娩」もまた、医療化・消費化した出産のグラデーションの中で「自然に近いことを志向する」系であると言えるだろう。別の見方をすると、現代日本における出産は、施設化、**消費化**とともに、**私事化**（privatization）しているとも言える。出産は、みんなの出産から家族の出産、ひいては「私の出産」（私らしい出産）になった。産まれた子もまた、地域社会の・共同体の子から、「私の子」になっているといえるだろう。

6……グローバルな画一化

ここまで、日本の出産の歴史つまり縦軸で、私たちの人生の始まりである出産がどのように変化してきたかを見てきた。写真3、4を見てほしい。似たような写真であるが、これがどこかわかるだろうか。写真3はイギリス・ノッティンガム大学病院、写真4はブエノスアイレスの医大公立病院の分娩室である。医療化に伴って、世界中の分娩室が、同じような風景になっているようだ。出産もまた、近代化に伴って画一化している。そこでされるケアも、医療行為も、交わされる会話も、画一化していくのだろうか。世界中の人が、同じような人生経験をしつつあるのかもしれない。

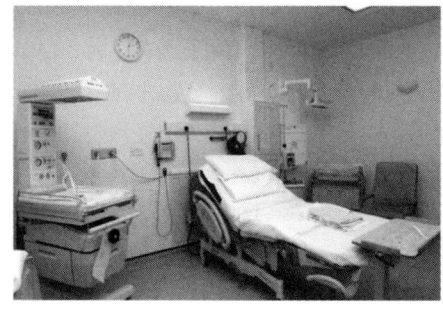

写真3

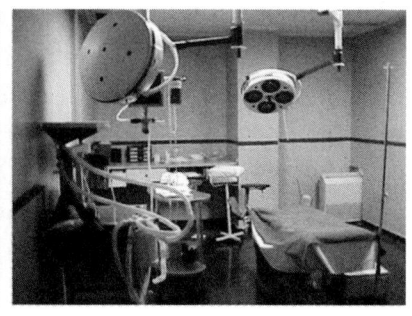

写真4

出産の「望ましさ」もまた、世界規模で**画一化**している。WHO（世界保健機構）は1985年に「出産のための適切な科学技術についての勧告」を出して、「望ましい周産期ケア」を提示している（ワーグナー 2002）。出産する女性の主体性の尊重、商業主義への警告、根拠に基づく評価の必要性、不要な処置の排除などの勧告は評価できるだろうが、公的機関による引導とも言えるかもしれない。また、WHOとユニセフ（国連児童基金）は1989年に母乳育児の促進・支援のために、「母乳育児成功のための10箇条」を実践する病院を認定することにした。認定病院は「ベビー・フレンドリー・ホスピタル（BFH）」「赤ちゃんに優しい病院」と呼ばれ、日本でも2010年までに64施設が認定されている。

7………断片化する人生経験：出産の社会学を手がかりに

ある90歳代の元開業助産師に聞き取り調査をした時に、次のような証言があった。「産まれた赤ちゃんの養子縁組紹介に関わったことは何度もある。ある女性が、人工妊娠中絶したいって産婦人科の先生に言ったら、あなたはもう5回目だから危険で駄目だって。安心して産みなさい、私がなんとかするからってお産を介助して、それで私が養親候補に話をしたのさ」。人工妊娠中絶したいと女性が訴えているのに、断るなんてひどい産婦人科医だ、と思う読者もあるかもしれない（日本では経済的理由で人工妊娠中絶することが母体保護法によって認められている）。しかしここで重要なのは、女性が4度の中絶を経験していることをその土地の産婦人科医が知っていて、この女性のために産むことを勧める、ということである。町の産婦人科医、助産師、この女性は既知の関係で、トライアド関係を築いている。助産師はまた、養子とその家族に継続的につながりをもち、その後の成長も現況も知っている。

これが現代社会ならば、女性はその医師と話し合うことなく、ドクター・ショッピング doctor shopping して人工妊娠中絶を施術してくれるところを探すかもしれない。現代社会では、妊娠・出産・育児という人生経験、医療・保健・育児支援の各サービス、人間関係や生活はすべて断片化して、上述例のようにトータルに関わることがほとんどなくなっているのではないだろうか。

本章を読み終わったら、してほしいことが2つある。1つは、あなたの母親と祖母に、どんな出産をしたか（どこで、誰と、どのように）聞いてみること。もちろん、親戚や知人の中年・高年の方でもよい。もう1つは、検索エンジンで分娩室（delivery room）や出産（childbirth）の画像検索をしてみること。古今東西、

出産がどうであるか、リアルに感じることができるだろう。

【出典】
- 図1　「坐草術」水原三折著『醇生庵産育全書』1849年（嘉永二年）（『日本産科叢書』所収）
- 図2　高井蘭山著『絵入日用女重宝記』1847年（『女重宝記』は江戸期の女性向き教訓書で、同名の書が種々刊行された。ちなみに本図より約150年前に刊行された『女重宝記』の胎内十月の図も同様である。）
- 図3　山田久尾女著『孕家発蒙図解』1851年
- 図4　江戸後期・作者不明『子孫繁盛手引草』順天堂大学蔵（酒井シヅ『絵で読む日本の病と養生』講談社2003年、所収）
- 写真1　筆者撮影
- 図5　出産の場所と出産立会者（『母子保健の主なる統計』『母子保健の主なる統計』厚生省児童家庭局母子保健課監修・財団法人母子衛生研究会編集より白井千晶作成）
- 図6　消費行動の類型（出典：菊地栄「ファッション化する出産―日本」『世界の出産』p.17）
- 写真2　筆者提供
- 写真3　ノッティンガム大学病院の分娩室（イギリス）
  （http://www.nuh.nhs.uk/citymaternity/VirtualTour.aspx　2011年3月20日取得）
- 写真4　ブエノスアイレス医大にある公立病院の分娩室（アルゼンチン）
  （http://www.gfmer.ch/International_activities_En/Hospital_Posadas_Buenos_Aires.htm　2011年3月20日取得）

【もっと学びたい人に】
- 沢山美果子,1998,『出産と身体の近世』勁草書房.
- 新村拓,1996,『出産と生殖観の歴史』法政大学出版.
- 落合恵美子,1989,『近代家族とフェミニズム』勁草書房.
- 松岡悦子・小浜正子編,2011,『世界の出産』勉誠出版.
- マースデン・ワーグナー著,井上裕美,河合蘭監訳,2002,『WHO勧告に見る望ましい周産期ケアとその.根拠』メディカ出版.
- 藤田真一,1988,『お産革命』朝日新聞社.
- Mitchell, Lisa M,,2001,*Baby's first picture : Ultrasound and the Politics of Fetal Subjects*, University of Toronto Press.

命名の社会学

片瀬一男

『万葉集』には、相聞歌(男女間で交わされる恋歌)が数多く収められているが、そのなかに男性が女性に名前を尋ねる歌がある。というのも、この当時「娘は生まれてから恋愛に至るまで母の管理下にある。娘の名も母が付け、その名は外に公表されることはなかった。名には魂が篭っているので、名を明らかにすると魂を奪われる、つまり結婚承諾を意味することになった[1]」からである。日本においては古来、名前は魂(言霊)が宿っていると同時に、個人の固有性を表すものであるから、実名を公開すること(名乗り)は社会関係の成立の重要な契機となった。したがって、男女が名乗りあえば恋愛が成立したが、戦場で武士が名乗りあうことは戦闘の開始を意味した[2]。

こうした日本人の名前は、近代以降、時代の影響を強く受けるようになる。まず女性名についてみれば、明治後期から「子」のつく名前が庶民階級でも増加する。「子」のつく名前は、現在の皇族の女性名にみられるように、上流階級において女性性を表示するコードであった。そこで、戦前期は、教育メディア(教科書や小説など)をつうじて、この上流階級の文化が民衆文化に浸透し、「子」のつく女性名を増加させた、と推測される。いわば皇民教育の結果、「子」のつく名前が増加していったのである。

これに対して、戦後はマスメディア(テレビなど)をつうじてアメリカ文化が大衆文化に浸透していった。その結果、「子」のつく女子名が減少した、と考えられる。その一方で、大衆文化の影響を受けにくい上層階層においては、依然として「子」のつく名前が選好された。こうした上層階層は大衆文化よりも正統的文化を子どもに伝達する(子どもにゲームよりも本を買い与え、カラオケよりもクラシックコンサートに連れていく)ので、結果的に子どもの高い教育達成を可能にする[3]。その意味で、名前は親から子どもに相続される家族の階層文化、すなわちP.ブルデューらのいう**文化資本**[4]を表すものである。

同様のことは、男性名についてもいえる。すなわち、戦中期に生まれた男性には、勝、勇、勲など戦勝や武運を意味する名前が多く、軍国主義の風潮の影響がみられたが、戦後の団塊の世代になると、学、聡、賢など今度は学歴の達成を願う学歴主義的な名前が増えたことが指摘されている。しかし、こうした「教育命名ブーム」は、学歴社会が飽和状態になった1980年代に終わり、男女とも自然志向(男子では陸海空、女子では植物名)の名前が増えたとされる[5]。この点で、命名は時代を反映すると同時に、依然として親の願いが込められた言霊としての性格をもっているといえる。

1　大森亮尚, 1993, 『風呂で読む万葉恋歌』世界思想社.
2　市村弘正, 1996, 『増補「名づけ」の精神史』平凡社ライブラリー.
3　片瀬一男, 2003, 『ライフイベントの社会学』世界思想社.
4　Bourdieu, P. et J-C. Passeron, 1970, *La Reproduction*, Minuit.(=1991, 宮島喬訳『再生産』藤原書店.)
5　吉川徹, 2009, 『学歴分断社会』ちくま新書.

第 3 章
病いの社会学

株本千鶴
Chizuru Kabumoto

1 ……… 疾患としての病い

1-1. 生物医学的モデルからみる病人

　わたしたちは一生に何度か病いを経験する。それが、自己の病いの場合もあれば、他者の病いの場合もある。軽度な病いの場合もあれば、重度な病いの場合もあるし、身体的な病いの場合もあれば、精神的な病いの場合もある。

　厚生労働省の調査によると、日本における主な傷病の推計患者数は、「高血圧性疾患」約797万人、「歯及び歯の支持組織の疾患」約600万人、「糖尿病」約237万人、「悪性新生物」約152万人、「脳血管疾患」約134万人となっている[1]。社会の近代化とともに結核のような感染症は減少し、現在では高血圧や糖尿病など生活習慣病と呼ばれる慢性疾患が増えてきている。

　これらの病いにかかった人にとって、その状態は望ましいものではない。ほとんどの人がその状態を改善するために、服薬や受療という行動をとり、学校や職場、家庭における日常生活に支障をきたさないように努力をするだろう。そして、薬局や病院でうける説明は、かならずと言っていいほど医学的根拠に基づくものである。

　専門家である医師の診断によって医学的根拠に基づく病名を与えられた人は、病人あるいは患者として扱われる。この病人とはどのような社会的特徴をもった人なのかに注目したのがパーソンズであった。彼は、病人には期待される社会的役割があると考え、それを**病人役割**と名づけた。病人役割には4つの側面があり、(1) 病気という状態に対して責任を取らなくてもよい、(2) 正常な社会的役割の義務を免除される、(3) 他の人々と協力して病気を治すように努める義務がある、(4) 病人は、援助を求める義務があると同時に、医師等の援助者

1　厚生労働省，2010，「平成20年患者調査」(http://www.mhlw.go.jp/toukei/list/10-20.html).

に協力する義務がある。そしてこれらは一時的なものとされる[2]。

　病人役割にみられる病人は、自己の能力では解決できない身体状態にあるので、本人が病気の責任をとることはできない。したがって、仕事や学業など通常の義務の不履行を許容される。しかし、病人であることは望ましくないことであるので、専門家の助けをかりて治ろうと努力する義務がある。

　この病人役割の特性は、病人であることの権利を認めてくれる存在として、また、病いを治す義務を援助してくれる存在として、医療専門職のような専門家の存在を前提条件としていることである。そして医療専門職は、病人の診断と治療において、客観的な生物学的要因によって引き起こされる身体の故障を病いとみなす**生物医学的モデル**に根拠をおく。ところが現実には、医療専門職による診察や治療をうけることがない、あるいはうけられない人たちがいる。これらの人たちに病人役割の概念が当てはまらないということは、病人役割概念の欠点といえるだろう[3]。

1-2. 逸脱行動の生物医学的な説明

　病いとは医療専門職による客観的かつ科学的な専門知識の裏づけによって定義される疾患（disease）であるという認識は、すでにわたしたちには馴染みのある常識のようなものになっている。しかし、疾患と定義されていなかった行為までもが、生物医学的モデルの視点から疾患と認定されるようになってきていることについては、あまり気づいていないかもしれない。その行為とはさまざまな**逸脱行動**である。

　逸脱行動とは、非難される否定的行動であり、社会規範からはずれていると判断される行動である。コンラッドとシュナイダーは逸脱行動が生物医学的モデルによって説明されるようになる過程を研究したが、そこで取り上げられた事例のひとつが、子どもの多動症である[4]。これは不注意や衝動性、多動などを主症状とする行動の発達障害、つまり逸脱行動とみなされていたが、現在では注意欠陥多動性障害という医学の診断名がつけられている。

　1957年、「多動症的衝動障害」と特定の診断名が付与され、1966年、アメリカで「脳微細損傷」という用語が採用されてもいる。50年代の半ばには、新薬

---

[2] T.パーソンズ，1974，「社会構造と動態的過程―近代医療の事例」T.パーソンズ，佐藤勉訳『現代社会学体系第14巻　社会体系論』青木書店．T.パーソンズ，2001，「健康と病気の規定―アメリカ社会の価値と社会構造に照らして」T.パーソンズ，武田良三監訳『新版　社会構造とパーソナリティ』新泉社．
[3] エリオット・フリードソン，進藤雄三・宝月誠訳，1992，『医療と専門家支配』恒星社厚生閣．
[4] P.コンラッド・J.W.シュナイダー，進藤雄三監訳，2003，『逸脱と医療化―悪から病いへ』ミネルヴァ書房．

メチルフェニデート（中枢神経刺激剤）が開発され、これ以降、子どもの行動障害に対する薬物療法の宣伝が始まったことや、その活用が増えたこと、児童精神衛生、児童精神医学への関心が急速に増大したこと、行政が関与するようになったことなどが重なり、子どもの行動問題が医療の管轄のもとに入ることになった。

　逸脱行動とされていた障害に医学的診断名が与えられるということは、新たな疾患が作られるということでもある。これはすなわち、逸脱行動が医学的視点からあらたに定義され、医療的社会統制のもとにおかれるようになることを意味する。その結果、病人となった子どもとその親たちは逸脱行動をする問題児というレッテルから解放され、疾患の責任を負わない存在、あるいは責任を減じられた存在とみなされるようになった。病人である子どもにおいては、服薬が不注意の減少や学習の促進などのよい効果を及ぼすということも認められている。これらは当事者にとって良い結果といえる。

　しかし、問題の責任がどこにあるのかがあいまいになる可能性も生じる。それは、生物医学的モデルの要因が強調されると、問題の個人的要因が重視されるようになり、それ以外の社会的要因が見えにくくなるからである。注意欠陥多動性障害の要因には、子どもを取り巻く家庭環境やライフスタイルの変化、それらから引き起こされるストレスなどがあるともいわれているが、生物医学的モデルの観点からはこれらのことは見落とされがちになる。これは問題解決にとっては悪い結果といえるだろう。

1-3. 病いと社会的要因

　生物医学的モデルによる説明を重視する傾向に対する批判は、一般の疾患についてもされているが、現実に社会的要因との因果関係を把握することが難しいこともあり、その事実はあいまいなまま覆い隠されてしまうことも多い。

　学歴や所得、職業、社会的地位などであらわされる社会階層と健康や疾患との関連は強く、心臓病、がん、外傷、アルコール依存症、自殺などは社会経済状態が低い層で多いことがわかっている。西欧ではこのような社会階層間で**健康格差**が拡大してきていることがいくつも報告されている[5]。また、カナダやアメリカの研究では、低所得層の子どもの健康が悪化の傾向にあり、子どもに対する医療サービスが整備されている先進国でも子どもの健康格差が存在するこ

5　近藤克則，2005，『健康格差社会―何が心と健康を蝕むのか』医学書院．

とがわかっている[6]。

　日本でも、親の生活水準が子どもの健康に影響を与えていることを示すいくつかのデータがある。たとえば、東京23区の小学校6年生男女の虫歯の状況と23区の平均所得の関係をみると、所得の低い区ほど子どもの虫歯の状況は悪い。また、国民健康保険の保険料が未納のため「資格証明書」を交付された世帯に、中学生以下の子どもが全国で約3万3,000人いることが確認されている。証明書によって医療機関で受診をするといったん治療費の全額を負担しなければならないため、受診率は低くなりがちである。すなわち、事実上無保険の状態にある親の貧困が、子どもの健康に悪影響を与える原因になっているのである[7]。このような断片的な事実は知られているが、日本では健康格差に関する社会学的研究は緒についたばかりである。

　以上のように、疾患には生物医学的な要因以外の社会的要因が影響することもあるため、わたしたちはそれらにも目を向けなければならない。言いかえれば、人間が経験する身体の健康でない状態は、疾患の概念のみでは理解することができないのであって、複数の要因を包含する病い（illness）として理解することが必要なのである。

2………社会が病いや苦しみを生む？

2-1．社会の医療化が生む病い

　健康や病気をテーマにしたテレビ番組や製薬会社の広告をみて、そこで取り上げられている症状が自分にもありそうだ、自分は病気なのだ、治すために治療をしなければならないのだ、と思ったことはないだろうか。少しの身体的異常にも医学的な説明が必要なのだと強迫観念をもっている人もいるのではないだろうか。医学による説明を求め、その説明が得られればほっと安心する人もいるだろう。医療情報が氾濫している現在、人びとがこのような医学的説明を欲する傾向はさらに強化されてきているようである。

　従来、他の社会領域（宗教、家族、法など）に属するとされていた事象が医学の管轄下に置かれていくことを**医療化**というが、はっきりと説明しづらいすべての事象を医学的に説明したいという人間の欲求が、医療化の現象を招き、拡大させているようにもみえる。科学的、価値中立的、客観的であるとされるため、

---

[6] 阿部彩，2008，『子どもの貧困―日本の不公平を考える』岩波新書．
[7] 駒村康平，2009，『大貧困社会』角川SSC新書．

医学的な説明は他の領域における説明よりも説得力がある。だから、宗教や家族、法の領域で扱われていた社会的なもの、文化的なものが医学的説明のもとに扱われるようになったのである。

イリイチは**医原病**という言葉を用いて社会の医療化現象についてかんがえ、医療や医療専門職の行為が逆説的に病いを生みだしていると指摘した[8]。そして、医原病を臨床的医原病、社会的医原病、文化的医原病の3つに分類した。

臨床的医原病とは、治療法、医師、病院が病原になっておこる臨床的状態で、薬物による副作用や医療過誤など、過度の治療的副作用のことである。

社会的医原病とは、人々の生活をことごとく医療化する社会的な過医療化現象によって、社会の健康をコントロールする能力が弱まることをいう。社会生活は医療化され、教育や労働、犯罪など社会的事象が医学的な説明を付与されて、医療システムのコントロール下におかれる。また、医療専門職は治療だけでなく、疾患の早期発見、予防治療にまで手を広げ、疾患をもたない人びとまでも対象にするようになり、すべての社会生活を営む人びとが医療化されるようになった。これらの結果、社会のもつ能力は弱化した。

文化的医原病とは、痛みや損傷、老衰、死といった個人が直面する問題が医療化されることで、それらに対する人間の受容能力が衰えることである。これらはどれも人間にとって苦しい経験であるが、従来これらの苦しみには文化的な意味があり、受苦の技術は文化が教えていたことであった。それが医学の対象とされるようになったことで、文化を活用した人間の自律的活動は弱められてしまった。

社会的なものや文化的なものまでが医療化される現象は、医療専門職の専門性による社会や文化の支配現象ともとらえられる。いっぽう、医療専門職の権威が強まるのと比例するかのように、社会や文化は人間のもつ様々な問題に対する自律的な対処能力を弱めてしまう。医療的な管理のもとにおかれ、医療に依存することで、人間は脆弱な存在になるのである。

このような医療化された社会や文化、そのなかで生きる人間のあり方は、はたして望ましいといえるだろうか。イリイチは、「現在の医原的流行病を阻止するためには、医師ではなく素人が可能なかぎり広い視野と有効な力とをもつべきだ」という。そのためには、科学主義の立場にたつ専門家の独占を批判し、管理されることに抵抗することが必要である。健康というのは、自律的な個人

8　イヴァン・イリッチ，金子嗣郎訳，1979，『脱病院化社会』晶文社．

の責任対処能力が発揮されるときに高まるのだから、その能力を奪うものは排除されるほうが望ましいのである。

2-2. 癌の社会的イメージが生む苦しみ

　社会の医療化には、人間の医療への依存を増し、自己コントロールの能力を減じさせる側面があることがわかったが、社会がつくる病いのイメージも人間の生活や人生に大きな影響を及ぼしている。

　病いのイメージが病人を苦しめ、その健康状況を悪くするという現象に注目したのがソンタグである[9]。彼女は、結核、癌、エイズ、これら3つの病いを取り上げ、それらの疾患としての特徴ではなく、それぞれにまつわる隠喩やイメージについて探究した。結核と癌は19世紀と20世紀を代表する死と関連の深い病いである。しかし、この2つのイメージは対照的で、結核のイメージは繊細さ、感受性、悲しみ、弱々しさ、癌のイメージは非情さ、容赦なさ、略奪などであった。また、19世紀と20世紀の経済における負の活動状況も、2つの病いの描写に反映された。すなわち、結核には消費、浪費、生命力の消耗といったイメージが、癌には抑制のきかない異常成長のイメージが投影されたのである。そしていまエイズが、産業汚染やグローバルな金融市場システムと同じように、特定の地域に限定されない世界的な病いとして描出されている。

　結核は治療可能な病いとなったが、癌はまだそこまで至っていない。だからこそ、癌の患者をめぐる差別と偏見も残っている。ソンタグは、その背景には隠喩がらみの病気観があり、それらに抵抗し、病気にたいして正しい対処法をとることが必要であると論じている。

　ここであえて「癌」と記すのは、この漢字自体が疾患の怖さを表しているからである。近年はそのイメージをなくすために「がん」や「ガン」と表記されることが多い。しかし、怖い、治らない、痛い、死ぬ、といった癌の否定的イメージは、表記法を変えるだけで消えるものではない。

　癌についてのイメージが拡散したのは、マスコミやジャーナリズムなどをつうじて癌についての情報が大量に流され、その中で死のイメージが強化されていったからだと波平はいう。癌は「人が死ななくなった時代の死に至る病」の代表とされているのである[10]。そして癌にかかった人は、疾患の苦しみに加えてそのイメージによっても苦しめられる。

9　スーザン・ソンタグ, 富山太佳夫訳, 1992, 『隠喩としての病い　エイズとその隠喩』みすず書房.
10　波平恵美子, 1990, 『病と死の文化─現代医療の人類学』朝日新聞社.

また、癌は軍事的隠喩を用いても表現される。たとえば、癌細胞が増殖することは「癌細胞に侵される」、免疫力を高めることは「癌と闘う」というように。これらの表現によってイメージされる癌は悪であり、かつ闘う敵である。
　しかしソンタグに言わせれば、癌は悪でも敵でもない、ただの疾患である。軍事的隠喩によって、病いにある人に、悪をかかえた人間、それと闘う人間というイメージを植え付けることは、かれらに否定的なアイデンティティの烙印である**スティグマ**を負わせることになる。避けられるべきは、病いにある人にそのスティグマによる苦しみを与えることである。

2-3. エイズの社会的イメージが生む苦しみ

　現在では癌の治療法は格段に進歩し、治癒や余命の延長が可能になってきたため、癌にたいする否定的なイメージも以前よりはやわらいだようである。しかし、ソンタグが論じたもうひとつの疾患であるエイズ（後天性免疫不全症候群）については、派生するイメージが現在でも色濃く社会に浸透していて、それが偏見や差別の原因にもなっている。
　男性同性愛者の間でエイズ患者が出ていることを示す症例が初めてアメリカで報告されたのは1981年で、日本では1985年に初めて男性同性間性的接触によって感染したエイズ患者が発見されている。
　世界では2009年の時点で、エイズの原因ウイルスであるHIV（ヒト免疫不全ウイルス）の感染者数は3,330万人、もっとも感染者数の多い地域はサハラ以南アフリカで2,250万人である[11]。日本では2010年12月26日時点でHIV感染者数は12,623人、HIV感染症の末期段階の症状を発症しているエイズ患者は5,783人、血液凝固因子製剤による感染者は1,439人である。また感染経路別のHIV感染者数は、同性間の性的接触による者は6,648人、異性間の性的接触による者は3,838人となっている[12]。
　アメリカでは、エイズ患者を隠喩的に社会における道徳的審判の対象とみなす傾向がある。そのため、「罪の病気」であるエイズにかかりやすいというレッテルが男性同性愛者やハイチ人、麻薬の常用者に対して与えられた。しかし現実には、ハイチ人グループからの患者の発生はゲイグループに比べて少ない。また、実際には少ないにもかかわらず、ホモセクシュアルな傾向があるとされ

11　国連合同エイズ計画, 2010,「UNAIDSレポート：世界のエイズ流行2010年版」（エイズ予防情報ネット http://api-net.jfap.or.jp/status/index.html, 2011年4月29日取得）
12　エイズ動向委員会, 2011,「第124回エイズ動向委員会報告」（エイズ予防情報ネット http://api-net.jfap.or.jp/status/index.html, 2011年4月29日取得）

て、ハイチ人はエイズにかかりやすいと認識された[13]。男性同性愛者について
も、最初の症例の報告から時間がたっても「エイズ患者の原型は黒人の同性愛者」
とされ、かれらを「社会の周縁的成員というエイズを抱えて生きる人々の最初
のステレオタイプ」とする威力が強く残っている[14]。

　日本の状況はどうだろうか。日本で初めてエイズ患者が報告された当時はパ
ニックにはならなかったが、1987年に松本市で異性間性的接触によるフィリピ
ン人女性感染者が、つづいて神戸市で日本人女性の感染者が、そして高知市内
で出産をひかえた主婦の感染者が報告されるに及んでエイズパニックがおこっ
た[15]。当時、マスメディアの報道のせいもあって、風俗営業で働く女性や外国人
がHIVに感染している可能性が高いと認識された。またアメリカと同様、異性
間の性的接触による例も増えてはいるが、実際に感染者の6割が同性間の性的接
触によって感染していることから、同性愛者の病気というレッテルが与えられ
やすくなっている。

　HIV感染症には怖い、治らない、死ぬ、感染する疾患、性行為によって感染
する疾患というイメージ、感染者にはそのような恐ろしい疾患をもち同性愛的
な性癖がある、エイズを生み出す危険な行為をした人というイメージが付与さ
れ、感染者はそれらをスティグマとして引き受け、苦しむ。

　HIV感染者やエイズ患者、そしてその家族はスティグマを表面化させないた
めに、病名を隠したり、人づきあいを避けがちになる。女性感染者にたいしては、
妊娠するべきでない、妊娠して出産するばあい子どもへの感染予防を優先する
のが道徳的に正しい、という考え方が日本にはあるという。したがって、出産
する時は感染予防のために自然分娩でなく帝王切開が勧められる。女性HIV感
染者の性と生殖の権利は認められにくく、医療従事者、行政関係者の理解を得
ることも難しい[16]。

　血友病患者がHIVで汚染された非加熱濃縮血液製剤を使用したことが原因で
HIVに感染することがあるが、日本でこのような経路で感染した人びとは厚生
省の判断の誤りによって感染したため、薬害HIV感染被害者といわれる。そして、
この被害者たちに対してもHIV感染やエイズのイメージが付与され、苦しい経
験を強いている[17]。

13　波平恵美子，1990，『病と死の文化―現代医療の人類学』朝日新聞社．
14　サンダー・L. ギルマン，本橋哲也訳，1996,『病気と表象―狂気からエイズにいたる病のイメージ』ありな書房．
15　池田恵理子，1993，『エイズと生きる時代』岩波新書．
16　池上千寿子・川名奈央子，2007，「女性のライフサイクルとジェンダーの視点からの考察」『日本エイズ学会誌』
　　9 (1)．

エイズ発症を予防したり遅らせたりする治療法や薬剤の開発、HIV 感染やエイズに関する情報・教育の機会の増加によって、エイズに対する否定的なイメージは少しずつ薄れてきているが、差別や偏見の意識が社会から全くなくなったわけではない。

　社会でつくられた病いのイメージは文化として定着し、それが生み出すスティグマは病いにある人にさらなる苦しみを与える。その苦しみは是認されるべきものではない。わたしたちは、病いにある人が適切な治療に専念でき普通の日常生活を送れるように、罪や悪を想像させる病いの隠喩やイメージに敏感に対処し、現実の病いとそれらを切り離すよう努力すべきだろう。

3⋯⋯⋯⋯病いを経験するということ

3-1. 闘病記による病いの自己表現

　病いについて多くの文芸作品があり、作家による**闘病記**も数多く書かれてきた。しかし 1970 年代以降は、作家だけでなく、ジャーナリスト、医師、学者、音楽家、芸能人、ビジネスマン、主婦など、多様な背景をもつ人びとが自分自身や家族の闘病記を書くようになり、そのような作品が増加している[18]。

　闘病記とは、闘病者が闘病経験を叙述した日記、手記等で、広く公表されて読まれる時はノンフィクション作品として扱われる。最近ではインターネットを媒体としたブログなどの新しい形式で表現されることも増えた。闘病記を書く行為は苦悩の癒し、死の受容、自分が生きたことの証しの確認、肉親や友人へのメッセージ、同じ闘病者への助言や医療界への要望の表明といった意味をもっている[19]。

　病いにある人が病いの経験を自分の言葉で表現する行為は昔から誰もが行ってきたことで、とりたてて珍しいことでもないが、それが社会に公表されるようになったことは新しい現象であり、病いの経験が社会化される時代が到来したといえるだろう。人間の自律性を取り戻すようにというイリイチの主張や、

17　井上洋士・伊藤美樹子・山崎喜比古編，2010，『健康被害を生きる─薬害 HIV サバイバーとその家族の 20 年』勁草書房．山崎喜比古・井上洋士編，2008，『薬害 HIV 感染被害者遺族の人生─当事者参加型リサーチから』東京大学出版会．
18　国立国会図書館東京本館のホームページの蔵書検索で「闘病記・看病記」を検索すると、3,961 件がヒットする（http://www.ndl.go.jp/，2011 年 4 月 29 日取得）。また、NPO 法人連想出版が運営する、闘病記を専門に収蔵したインターネット上の図書館「闘病記ライブラリー」のホームページでは、700 冊の闘病記の表紙や目次などの内容を画像で見ることができる。
19　柳田邦男，1997，『人間の事実』文藝春秋．

病いの隠喩を除去するようにというソンタグの主張が、闘病記の多産と社会化といった手段によって表出されているかのようである。

病いにある本人だけでなく、その周囲の人びとが看病の経験を表現することも増え、社会的な注目を集めるようになっている。

1981年に日本の死因の第1位ががんになってから、がんはより社会問題化され、それへの対策が必要とされるようになった。その一環として厚生省は1992年に悪性新生物による死亡者の遺族を対象とした調査を行ったが、調査では自由回答形式でがん患者家族の声も収集された。その内容は、告知や医師の説明、治療の在り方など、医療に関するものが多いが、「介護者の感想」として看病者の苦労や達成感なども記されている[20]。

「がんであることを隠しても、体力の衰えと痛みで察していたと思います。亡くなる一週間前から暴れて、子どもと私で押さえるのに苦労しました。そのころ「お前に俺の苦しみがわかるか」と言っていたものですが、私も知っていても言えない私の苦しみもわかって欲しいと思ったものです」

「看護している時は、1日中そばでお世話できたので良かったと思っているし、死ぬなんて信じられないので、一生懸命の1日だった。／他の人が「大変ですね」と言う言葉がきらいで、何回も言われると腹が立った。「私は身体も悪くないので、大変なのは夫です。病人が一番大変なんです。」と答えた事もある。」

遺児への奨学金貸与事業を行っているあしなが育英会のガン遺児家庭の調査でも、看病者の経験が明らかにされた[21]。調査対象者たちは、看病中の不安、葛藤、怒り、疎外感などの感情や、心身に不調をきたしながら家事・育児・仕事との両立に奔走した経験を赤裸々に記述している。

「看病している間、世間との隔たりを強く意識させられた。こんなに苦しんでいるのにテレビをつければ笑い声があふれ、外に出ればみんな楽しそうに歩いている。太陽はいつものように昇り、小鳥はさえずり、町には相変わらず車と人々があふれている。こんな当たり前のことがものすごく腹立たしく、恨めしかった。」

「主人が入院中、小五の長男が友達とお花見に行くのに私が看病で作ってやれなかったものだから自分で冷蔵庫にあるものを詰めていったと聞いて、もう涙が止まらなかった」

「昼間は家政婦についてもらったが仕事に行こうとすると主人が「行くのか」

---

20 厚生省大臣官房統計情報部編、1994,『働き盛りのがん死―患者家族の声と統計』南江堂.
21 あしなが育英会編、1997,『お父さんがいるって嘘ついた』廣済堂出版.

と寂しそうな顔をしていたのが今でも焼き付いている」

3-2. 病いの経験の物語

闘病記の多産に呼応するように、社会学でも病む人の主観的な経験世界にたいするアプローチが見られるようになった。

病む人が自己の経験をもとに創出する**物語**に注目し、その特徴を考察したのがフランクである[22]。彼は近代と脱近代での病いの経験の違いについて、近代においては医学的語りが優先されたが、病いの脱近代的な経験は「医学的物語によって語りうる以上のものが自己の経験に含まれると病む人々が認識するところから始まる」という。この認識によれば医学的物語、回復の物語を前提としていたパーソンズの病人役割は、脱近代では部分的にしか採用できないということになる。完全な回復を望めない寛解者や近年増大している慢性疾患を抱える人びとにとっても、近代における病いの経験の語り方は満足できるものではないだろう。先にみた闘病記の書き手が増加したことの背景には、このような時代的変化がある。

フランクは、病む人は病いを物語へと転じることによって、運命を経験へと変換するとみなす。自己の人生の物語の一部として病いの経験を組み込み、納得のゆく人生の物語を再構築するともいえるだろう。ここでの病いの経験は主として病む人の苦しみであり、物語はこの苦しみを基盤とするが、語られた物語には他者を癒す力も備わっている。語り手には常に聴き手が存在し、聴き手という他者との間には共感が生まれ、他者はさらに語る者になり、経験の輪が広がる。

このように、物語は自分自身に対して語られるものであると同時に、他者のために語られるものでもある。しかし、フランクは語りを媒介とした関係性の構築を道徳的理想として掲げながらも、「物語の共有」にもとづく「単一の共同体」を追求してはいない。物語には語り手と聴き手が存在するが、自己と他者の「全面的な分かち合い」の可能性は想定されていない。聴き手にとって物語は、あくまでも個別の他者の物語であるからである。

近代において病いが医学の物語としてのみ語られたこと、そのことで医療化が進み社会や文化の自律性が弱まったこと、疾病の苦しみに社会がつくる病いのイメージが加わることで病む人に二重の苦しみが与えられたこと。これらの

---

22 アーサー・W.フランク、鈴木智之訳, 2002, 『傷ついた物語の語り手―身体・病い・倫理』ゆみる出版.

負の状況から脱却するためには、病む人の個別の自己表現からなる病いの経験の物語が尊重され、他者はそれら多様な経験を個性あるものとして理解し、自己、他者ともに自らの経験の物語を創出していくことが望ましいと、フランクの研究は示唆しているように思える。

3-3. 病いを／と生きる

　病者がいて看病者がいるように、語り手がいて聴き手がいるように、病いの経験は自己と他者との関係性のなかで展開される。脳卒中という病いを経験した人を対象に、病いと障害をになった人びとが他者の支えを受けながら、また自らが支える人になりながら、試行錯誤の体験をへて「新しい自分」を見出していく過程を描いた細田の研究も、そのような関係性のなかから生まれるものに注目している[23]。

　脳卒中にかかった人は完全に回復せず、後遺症を抱えて生きる場合がある。後遺症をもつことになった人びとにとって、脳卒中にかかる前後で人生は様変わりする。細田はその〈生〉を生命、コミュニケーション、身体、家庭生活、社会生活の5つの位相から把握し、病いを〈生きる〉個々人の具体的で多様な経験を理解することに努めている。

　「病いを生きる」という言い方がよく使われるようになったが、これは病いを常に内在した生活や人生を生きることを表すのに適している。似たような言い方に「病いと生きる」があり、「病いを生きる」と同じく病いとの共存を表しているが、こちらの言い方では病いは外在しているという感じがする。しかし、病の外在化は否定されるべきものでもない。病いを外在したものと認めることで、病いとなんとかつきあいながら、それと共に生きる生活や人生を紡ぎ出している人びともいるのである。

　北海道浦河郡浦河町にある「べてるの家」では精神障害者を中心とした100人から150人の人たちが生活をしている。かれらは精神疾患の当事者として、苦労を抱えた当たり前の人間として、当事者性を大切にしながら生きている。かれらの使う言葉のひとつに「幻聴さん」がある。幻聴に「さん」をつけてよぶのは、幻聴を丁ねいに扱い、仲よくしたいという目的から編みだされたかれらなりの対処法であるが、日本でも世界でも他に例がない方法だという[24]。

　治ることが望めない終わりのない苦しい病いの現実と向きあいながら、かれ

---

[23] 細田満和子, 2006,『脳卒中を生きる意味──病いと障害の社会学』青海社.
[24] 斉藤道雄, 2010,『治りませんように──べてるの家のいま』みすず書房.

らは「自らの抱える苦労がなんであり、自分がその苦労にどうかかわっているかを語り、あるいは伝えようとする。周囲の仲間やスタッフは、そのような当事者の苦労を日々の暮らしのなかで見つめ、語りあい、苦労に意味を与え、ときには応援しながら、そしてまた同時にそこに自らの苦労を見いだそうとしながら、それぞれに受けとめてゆく」。

　かれらは聴き手を必要とする。分かちあう仲間を必要とする。そしてかれらはそのような他者に病いの経験を語り、それを他者と分かちあう。しかし他者に引き渡すことのできない自分自身の苦しみは残るため、それを自分のものとして引き受ける。かれらにとって病いは治すものではなく、つきあいながら生きていくものである。うまくつきあっていくために、自らに内在する病いはときに格別な待遇を要する対象として外在化される。病いの経験とは、個人によって多様であり、個人のなかで多面的なのである。

エイジズム

小坂啓史

　エイジズムという語については、老年学の分野で既に古典となっている『エイジズム』の著者、アードマン・B. パルモアの定義によれば、「ある年齢集団に対する否定的もしくは肯定的偏見または差別である」[1]とされている。この**偏見**を否定的な態度、**差別**を忌避あるいは排除の行為と限定的に解釈するなら、社会問題またはその根源としてよく用いられる、**年齢差別**とほぼ同義として捉えられるだろう。

　さて、人間を含め生物の多く[2]は、**エイジング**（加齢）を避けることができない。エイジングはライフコースの概念においても、その中心的な構成要素として位置する。でもなぜそもそも、**年齢**というものが私たちの意識の俎上に上り、他者を判断する一つのツールとなったのであろう。社会学的には、年齢に基づいた社会構造、道徳判断規準、価値や社会関係が生まれ、それらが個人に内面化したからだ、と説明することができるが、ではなぜ年齢に基づく社会という側面がきわだってきたのであろうか。

　歴史学者H.P.チュダコフによると、アメリカでの年齢階層化は19世紀後半から複雑化し、それにより**年齢意識**と**年齢階級**とが20世紀に入ってから強化されたとしている[3]。この時代は、科学技術やさまざまな産業が発展・展開し生活に多大な影響をあたえた、いわゆる**近代化**が大きく進んだ時期である。そこでは、産業社会に適応していくため新たな（専門）知識を得ていく必要性や、それを伴う職業の専門分化や技術的な精度の向上が求められていく。企業社会という側面では、経営管理下での効率的な労働力の導入に関心が向けられ、能力の指標化ということが前提とされていく。こうしたことは、生活においては秩序と予測可能性とが与えられていく反面、計測可能なもののみへ私たちの視線が焦点化され、（計測不能というより）計測外のものは不可視化、排除されていく。このような社会の**合理化**の進展は、人間や集団の截然としたカテゴリー化をすすめ、学校制度での学年編成なども含め、「発達」の名の下に年齢がその基準として組み込まれていく。それらはまた**年齢規範**として、歳相応の能力の到達点やふるまい方だけではなく、同時に**逸脱**の規準も指し示していく。こうして、年齢に基づく差別化という意味におけるエイジズムも生じていく。

　計測外の存在、つまり「役に立たない」存在としての高齢者、といったような否定的イメージについては、エイジングに対する正しい知識が浸透していないことだけではなく、こうした社会の構造的影響による側面にも注意を向けなければならない。エイジズムに抗する試みは、社会のあり方そのものについても再考していく必要性がある、ということでもあるのだ。

【関連文献】
Palmore, E.B., 1999, Ageism: Negative and Positive 2nd Edition, Springer Publishing Company, Inc, New York.（＝2002, 鈴木研一訳『エイジズム―高齢者差別の実相と克服の展望』明石書店）.
Chudacoff, H. P., 1989, How Old Are You?: Age Consciousness in American Culture, Princeton University Press, New Jersey.（＝1994, 工藤政司・藤田永祐訳『年齢意識の社会学』法政大学出版局）.

1 Palmore, E.B., 1999, Ageism: Negative and Positive 2nd Edition, Springer Publishing Company, Inc, New York.（＝2002, 鈴木研一訳『エイジズム―高齢者差別の実相と克服の展望』明石書店.）p.21.
2 単細胞生物は除く。
3 Chudacoff, H. P., 1989, How Old Are You?: Age Consciousness in American Culture, Princeton University Press, New Jersey.（＝1994, 工藤政司・藤田永祐訳『年齢意識の社会学』法政大学出版局）p.4.

第 4 章

先端医療の社会学

皆吉淳平
Jumpei Minayoshi

1 ………… 「先端医療」とは何か

　21世紀に生きるわたしたちは、「**先端医療**」という言葉に対して、どのような医療をイメージするだろうか。
　「iPS 細胞」や「再生医療」に対して「先端医療」というイメージを持つ人は多いかもしれない。iPS 細胞や ES 細胞、あるいは、さまざまな幹細胞を用いた再生医療は、実用化に向けた研究が進んでいるものも含めて、現在における「先端医療」の代表的なものだろう。
　『広辞苑』(第六版) では「先端医療」という言葉を、「最も新しく開発された機器・技術・薬品等を応用・駆使して行う医療」と紹介している。たとえば、2008年には「先端医療開発特区」という制度が設けられている[1]。この特区の採択課題は次の5つのテーマに分類されており、①iPS 細胞応用、②再生医療、③革新的な医療機器の開発、④革新的バイオ医薬品の開発、⑤国民保健に重要な治療・診断に用いる医薬品・医療機器の研究開発、が挙げられている[2]。この分類をみてもわかる通り、21世紀初頭の現在、「先端医療」という言葉は、iPS 細胞や再生医療、あるいは新しい医療機器や医薬品など、最新の医療を意味して使われている。
　先端医療によって、治療できなかった病気が治療できるようになり、わからなかったことがわかるようになる。それは患者にとって大きな希望となるだろう。しかしながら、先端医療はそれを望む患者だけの問題なのだろうか。そして、そもそも先端医療とは、どのようなものなのだろうか。この章では、先端医療と呼ばれる事象が社会とどのように関係しているのか考えてみたい。

---

1 「先端医療開発特区」(スーパー特区) については、厚生労働省の次の URL を参照 (2011年8月現在)。http://www.mhlw.go.jp/houdou/2008/05/h0526-1.html
2 採択課題は合計で24の研究グループによるものとなっている。採択課題の詳細などについては、経済産業省の次の URL を参照 (2011年8月現在)。http://www.meti.go.jp/press/20081118003/20081118003.html

2............先端医療の定着と衰退

2-1. かつての先端医療と現在

「先端医療」という言葉に「新しい」という意味があるのだとすれば、その内容は時期によって変わるのではないだろうか。まずはこの「新しい」という意味の持つ、社会とのかかわりについてみてみよう。

たとえば1970年代半ばに、医療社会学者のR.C.フォックスは、次のような医療を「先端的な医療技術」として挙げていた。

遺伝子操作や遺伝カウンセリング、生命維持装置、出産をめぐる技術、人口のコントロール、人の臓器や動物の臓器あるいは人工臓器の移植、人の思考や行動の矯正。これらの医療技術においても、出産をめぐる技術にはさらに、出生前診断や体外受精が挙げられていた。また、臓器をめぐる医療技術には、臓器移植、人工腎臓装置（人工透析器）の使用、人工心臓の開発がある。これらのほかにも、ICU（集中治療室）の普及、クローン技術の開発、精神外科での手術実践、向精神薬の導入。これらが、当時の「先端的な医療技術」のリストである[3]。

これを見ると、生命維持装置や人工透析器のように30年以上が経った現在では「当たり前」になり先端医療とは呼ばれないものがあることに気づくのではないだろうか。それと同時に、体外受精や臓器移植のように、いまでも、先端医療と呼ばれ得るものにも気づくだろう。そしてさらに、精神外科のように現在では衰退してしまったものがあることにも気づくかもしれない。

このように時間の流れという側面を加味すると「先端医療」という言葉は、現在という時点で（ある集団から見て）、医療の分野で先進的刷新的とみなされる医療様式（思考方法や技術）を指し示す言葉だといえる。だから、かつて先端医療と呼ばれたものに着目すると、現在では当たり前の医療として社会に定着して先端医療と考えられることがなくなったものと、その反対に、現在に受け継がれず衰退したものがあると言える。さらに、10年や20年という時間が経っても先端医療と呼ばれ続けるものがある[4]。

---

[3] Fox, R.C., 1976, "Advanced Medical Technology—Social and Ethical Implications," *Annual Review of Sociology*, 2. Reprinted in R.C. Fox, 1988, *Essays in Medical Sociology: Journeys into the Field*, Transaction Books, pp.413-461.
[4] 村岡潔, 1995,「先端医療」黒田浩一郎編『現代医療の社会学—日本の現状と課題』世界思想社 pp.225-244.

2-2. 社会に定着した先端医療

かつての先端医療のなかから、まずは、社会に定着したものについてみてみよう。

たとえば現代の脳外科医が幕末の日本にタイムスリップする物語がある[5]。もちろんフィクションだけれども、こうした作品は19世紀後半の日本に、ペニシリンがまだ存在していなかったことを描いている。いまでは当たり前にある薬や治療法が、当時は最先端の医療だったと気づくのではないだろうか。

「当たり前」になっている医療技術の多くは、20世紀半ば以降に登場し、医療の水準を大きく向上させてきたものである[6]。第二次世界大戦前後には、感染症（急性伝染病や結核など）に対するペニシリンやストレプトマイシンなどの抗生剤や抗結核剤の登場と普及、外科手術においても抗生物質を用いた感染の防止や麻酔技術の発展、そして輸血技術の確立（血液バンクの普及）などがあった。これらは**第一次医療技術革新**と呼ばれている。

そして日本社会が戦後の復興期から高度経済成長期に入ると、次の展開が現れる。1960年代中頃から積極的に医療分野にも導入された先端技術を基盤とした自動化やコンピュータ化の流れを背景とするものである。血液の自動分析器をはじめ、X線を用いたCTや核磁気共鳴現象を用いたMRIのように体の内部を画像として視覚化できる検査機器、こうした検査機器でも重要になるコンピュータによる情報処理、さらにクリーンルームの特殊空調など建築や設備の点での前進も含められる。これらは1970年代から80年代にかけてあいついで実用化され普及をみたもので、**第二次医療技術革新**とも呼ばれている。

新しく登場した医薬品や医療機器と、これらによって可能になった検査や治療は、医療の水準を大きく向上させてきた。これらはかつての先端医療だった。それが現在では、当たり前のものとして、社会に定着したのである。

2-3. 衰退した先端医療

かつては先端医療とされながら、現在では衰退してしまった例に「精神外科」がある。精神外科というのは、精神症状を改善させるために脳を外科的に治療

---

[5] 村上もとか, 2000-2010, 『JIN‐仁‐』集英社. およびその漫画を原作として2009年、2011年に放送されたテレビドラマ「日曜劇場・JIN‐仁‐」。

[6] 医療技術革新については次の文献を参照。川上武, 1986, 「戦後の医療技術革新と医療費」『技術進歩と医療費―医療経済論』勁草書房, pp.124-207. 上林茂暢, 1989, 『先端医療―診断・治療の最前線』講談社. 上林茂暢, 1995, 「第1次医療技術革新」中山茂編集代表『通史　日本の科学技術　第2巻』学陽書房, pp.470-484. 坂口志朗, 1995, 「医療のハイテク化」中山茂編集代表『通史　日本の科学技術　第4巻』学陽書房, pp.389-397.

することであり、とくに精神疾患の症状を改善しようとした**ロボトミー手術**が挙げられる[7]。1975年に公開されたアメリカ映画『カッコーの巣の上で』を通して知っている人もいるだろう。

　ロボトミー手術は、脳の前頭葉の一部を切り取ったり、切り離したりする手術のことで、1930年代半ばに人間に対して初めて行われた。当時は精神疾患の画期的な治療法と考えられ、1940年代から1950年代にかけて世界的に流行し、日本でも1942年に導入されている。最盛期の1949年には、この手術を開発した外科医がノーベル医学賞を受賞している。1950年代までに世界中で10万人がこの手術を受けたとも推測されている[8]。

　しかしながらロボトミー手術は、1950年代後半から衰退してゆく。その理由として、効果が不確実なこと、脳に不可逆的なダメージを与える手術であること、人格が平板化したり鈍麻するなど重大な変化を生じさせる場合があること、そして向精神薬による薬物療法が新たに発展したことが挙げられる[9]。しかし、フォックスが1970年代半ばに挙げたリストには精神外科と向精神薬の導入の双方が含まれていたことからもわかる通り、手術の有効性に疑問が生じたり批判されながらも精神外科は、1970年代になっても完全に消えたわけではなかった。いちど始められた治療法は、より新しい有力な治療法が普及するまで、危険性があっても治療のためという理由で存在し続けるのである[10]。

2-4. 先端医療と実験

　先端医療が社会に定着したり、衰退したりするというは、当然のことかもしれない。なぜなら医療技術というものは、まず研究段階、実験段階のものとして登場するからである。その後、有効性と安全性について実績を重ねたものは定着する。逆に、有効性や安全性が否定されたり、より効果的な治療法があらわれると衰退してゆく。このように考えると、先端医療と呼ばれているものの多くは、実験段階の医療技術なのだと言える[11]。

　先端医療だからといっても、必ず社会に定着するとは限らない。遺伝子操作

---

[7] アメリカで多くのロボトミー手術を行った医師を取り上げた次の文献も参照。El-Hai, Jack, *The Lobotomist*, Wiley. (＝2009, 岩坂彰訳『ロボトミスト—3400回ロボトミー手術を行った医師の栄光と失墜』ランダムハウス講談社).
[8] Dixon, B., 1978, *Beyond the Magic Bullet*, London: George Allen & Unwin Ltd. (＝1981, 奥地幹雄・西俣総平訳『近代医学の壁』岩波書店).
[9] 「精神外科」「ロボトミー」『南山堂医学大辞典　第19版』南山堂, 2006年を参照。
[10] 村岡潔, 1995, 「先端医療」黒田浩一郎編『現代医療の社会学—日本の現状と課題』世界思想社, pp.225-244.
[11] 橳島次郎, 2001, 『先端医療のルール—人体利用はどこまで許されるのか』講談社..

やクローン技術、人工心臓の開発や動物の臓器を用いた臓器移植（異種移植）などは、1970年代半ばから40年以上経った現在でも研究段階、実験段階であり、先端医療であり続けているのである。

3 ………… 先端医療の社会的側面

3-1.「最新の医療」と先端医療

先端医療についてわかり易く紹介する一般書には、次のような治療法や医療技術が取り上げられている[12]。

まず「先端医療」とは、公的医療保険で認められた治療法（保険診療）である「標準治療」に対して、従来にはなかったような新しい治療法だとされる[13]。そしてカラー写真つきで紹介されているのは、ロボット手術や改良した内視鏡を用いたがん切除、陽子線や重粒子線を用いたがんの放射線療法、精神疾患を客観的数値によって診断できるようにする光トポグラフィー検査などである[14]。たしかに、こうした医療機器を用いる治療法や検査法は「最新の医療」かもしれない。しかしながらこれらは、先端技術を基盤とした第二次医療技術革新の延長線上にあると考えられるのではないだろうか。「先端医療」には、「最も新しい」「より新しい」というシンプルな「新しさ」だけではなく、もっと根本的な「新しさ」があるのではないだろうか。

このような根本的な「新しさ」とは、現代社会を成り立たせている基本的な前提にない「新しさ」であったり、近代医学や医療の基本的な原理や構造にない「新しさ」であったりする。この意味での「新しさ」こそが、先端医療の「先端性」だということができる[15]。より具体的に言い換えれば、次のような4点の「先端性」を挙げることができる[16]。①人間の身体や精神およびそれらの健康と病に関して、

12　洋泉社 MOOK, 2011,『先端医療のしくみと治療法がわかる本』洋泉社.
13　狭い意味で捉えれば、公的医療保険が適用されない治療法と言い換えることもできる。日本の公的医療保険制度のもとでは自由診療の対象となり、全額自己負担になり得るものだとされる。ただし2006年から厚生労働省が「先進医療」として承認した治療法に関しては、自由診療と保険診療を同時に行う混合診療が認められる制度となっている。「先進医療」として承認されている治療法などの情報については、厚生労働省のホームページで公開されている。次のURLを参照。厚生労働省「先進医療の概要について」http://www.mhlw.go.jp/topics/bukyoku/isei/sensinryo/　（2011年8月現在）
14　もちろん幹細胞を用いた再生医療も紹介されているが、冒頭のカラー写真つきではないことは象徴的である。なお、iPS細胞を用いた再生医療を冒頭で紹介する一般書もある。
15　黒田浩一郎, 2010,「先端医療、先端性、社会学」佐藤純一・土屋貴志・黒田浩一郎編『先端医療の社会学』世界思想社, pp.1-18.
16　黒田浩一郎, 2010,「先端医療」中川輝彦・黒田浩一郎編『よくわかる医療社会学』ミネルヴァ書房, pp.68-71.

それまでなかったような前提・仮定に基づいている。②技術がこれまで社会的に存在しなかったようなものを作り出している。③人間が生まれたとみなされる時点や人間が死んだとみなされる時点の変更を伴っていたり、そのような未生／生の境界や生／死の境界を曖昧にしたりする。④生殖のこれまでにない形態、つまり社会の新しいメンバーの、これまでにない作り方を可能とする。

　それまでにはなかった考え方や、存在していなかったものを作り出すという「新しさ」。当たり前のように意識してきた「未生／生」や「生／死」の境界を曖昧にしたり、これまでにない人間の生まれ方を可能にするという「新しさ」。医療だけではなく、人間存在や家族、社会について当たり前だと思っていることを揺るがす「新しさ」が、先端医療の「先端性」なのである。

3-2. 体外受精の先端性

　先端医療の「先端性」は、それまで自明と思われていたことを揺るがすものだと言える。だから、個々人の生命にかかわる医療の問題としてだけではなく、社会的な議論を生じさせることにもなる。まずは**体外受精**を代表とする生殖技術を取り上げてみよう。

　子どもがいる人、あるいは、自分の子どもをいつかは必ず欲しい、と思う人はいるだろう。しかしながら、望んでも子どもに恵まれない人もいる。そうした人びとの「子どもが欲しい」という願いをかなえるとされるのが生殖技術である。子どもができない（不妊）状態にある人への医療という意味で、「**不妊治療**」とも表現される[17]。

　不妊治療の代表的なものとして、人工授精（提供された精子を、器具を用いて母体内へ送り込み受精させる方法）や体外受精（文字通り母体外で精子と卵子を受精させる方法）、さらに、子どもが欲しいと希望するカップルとは別の第三者の女性（代理母）に人工授精を行うサロゲートマザー（人工授精型の代理母）、体外受精と代理母を組み合わせたホストマザー（体外受精した胚を第三者の女性に移植して妊娠してもらう方法）がある[18]。人工授精にはさらに、カップルの男性の精子を用いる方法（AIH）と第三者が提供した精子を用いる方法（AID）があり、体外受精でも、第三者が提供した卵子を用いる方法がある。このように不妊治療は、

17　より広い意味では、不妊手術（子どもを産めないようにする手術）や人工妊娠中絶なども生殖にかかわる医療技術だと言えるが、以下では、子どもを産むことを目的とした医療技術として考えておく。
18　これらに加えて、いわゆる「クローン人間」の産生も、生殖補助技術であると言える。しかしながらクローン人間の産生は世界的に禁止する趨勢にあり、また、「クローン人間の誕生」が証拠とともに報告された事例もないことから、ここでは除いて考えておく。

不妊の原因が男性側にある場合でも、女性側にある場合でも、あるいは原因がはっきりしない場合でも、子どもができるという希望を人びとに与えるものだと言えるだろう。

こうした生殖技術のなかでも、体外受精の登場は「生殖革命」と表現されるほど、大きな出来事であった[19]。当たり前と思われた「女が男と性交渉を持つことで妊娠し、その後自らの子宮で一定期間育てて出産する」ということが変わったからである。さらに、精子や卵子を第三者に提供してもらい、代理母を依頼することで、遺伝的な「親」（精子、卵子の提供者）、妊娠出産する「親」、社会的な「親」（生殖技術を利用して子どもを作ろうとするカップル）のすべてが異なる子どもを作り出すことも可能なのである[20]。日本でも2006年に出産例が公表されたように、自分自身を出産した母親に、代理母を依頼することだって可能になる。

この体外受精の技術を確立したことに対して、2010年のノーベル医学賞は授与されている。世界初の体外受精児（試験管ベビー）が1978年に誕生して以来、これまでに全世界で400万人近い子どもがこの技術の恩恵を受けて誕生しているという。そして現在では、多くの国で毎年、新生児の2〜3％が体外受精の技術を用いて生まれてくると言われている[21]。技術の広がりという観点からすれば、体外受精は、社会に定着しつつあると言うことができるだろう。

3-3. 生殖技術のさらなる先端性

こうした不妊治療という側面だけではなく、体外受精には、ES細胞研究や**再生医療**研究への道を開いたという側面がある。体外受精の技術に含まれる受精卵の培養技術は、ヒトES細胞の樹立（1998年）へとつながる。さらに、受精卵から作成されるES細胞とは違い、ヒトの体細胞からES細胞のような能力を有した細胞が2007年に開発された。これがiPS細胞である。体外受精の技術は、ES細胞やiPS細胞のようなこれまでなかった種類の細胞を作り出す端緒となったのである。

そしてさらに、iPS細胞から精子や卵子をつくりだし、それを不妊治療や生殖

---

19 石原理, 2005,「「生殖革命」の進展」, 上杉富之編『現代生殖医療―社会科学からのアプローチ』世界思想社, pp.20-39.
20 1人の子どもに5人の「親」という例は、実際に、1990年代後半のアメリカで裁判となり話題になったという。この例については、次の文献を参照。香川知晶, 2009,『命は誰のものか』ディスカヴァー・トゥエンティワン.
21 The Nobel Assembly at Karolinska Institutet, 2010, "Advanced Information [pdf]," http://www.nobelprize.org/nobel_prizes/medicine/laureates/2010/adv.html

技術の研究に用いることを提唱する医学者もいる[22]。理論的には、皮膚の細胞から精子や卵子を作り出すことができると言われる。やや極端な言い方をすれば、皮膚の細胞から子どもを作ることができるかもしれないのである

そのうえ生殖技術は、不妊治療とは異なる目的で使われる可能性もある。この先端医療によって、女性の生き方の選択肢が増えると考えられるからだ。代理母に妊娠・出産を依頼すれば、女性は仕事を中断させずに子どもを持つことができるようになる。あるいは、第三者が提供する精子を利用することで、特定のパートナーがいない場合でも子どもを持つことができる。商業化とも密接にかかわりながら、そもそも不妊ではない人が、生殖技術を利用することは十分に考えられる。生殖技術は、もはや不妊のカップルのためだけのものではないのかもしれない。

このように生殖技術には、子どもが欲しいという願いを叶えただけではなく、多くの人が当たり前だと思っていたことを揺るがす先端性がある。そしてその先端性は、「生殖技術は不妊治療のためにある」という考え方をも揺るがそうとしている。

4 ………… 臓器移植と生／死の境界

4-1. 臓器移植とドナーの存在

先端医療には社会の当たり前を揺るがす新しさがある。だからこそ、社会的な議論を生じさせることもある。そうした先端医療として、とくに日本では1980年代から90年代にかけて広く議論された、臓器移植と「脳死」についてみてみよう[23]。

臓器移植とは、臓器の機能が低下したり失われてしまったりしたときに、機能する臓器を移植する医療技術である。人間同士の臓器移植が治療法として一定の「成功」を収めるようになるのは1950年代からである。1967年12月には、南アフリカのバーナードが世界初の心臓移植を実施したが、臓器移植には、拒絶反応という大きな壁があった。拒絶反応を抑える効果的な免疫抑制剤が普及し、臓器移植の治療成績が飛躍的に向上してゆくのは、1980年代だった[24]。

---

22 森崇英, 2010,『生殖・発生の医学と倫理—体外受精の源流から iPS 時代へ』京都大学学術出版会.
23 「脳死」や臓器移植に関する詳細な議論については、次の文献を参照. 小松美彦, 2004,『脳死・臓器移植の本当の話』PHP 研究所. 小松美彦, 1999,「臓器移植の登場と展開」中山茂編集代表『通史 日本の科学技術 第5巻◆Ⅱ』学陽書房, pp.834-856. 小松美彦・市野川容孝・田中智彦編, 2010,『いのちの選択—今、考えたい脳死・臓器移植』岩波書店

臓器移植は、1960年代から70年代にはまだ実験段階にある最新の医療だったと言える。しかしながら1980年代以降、世界的にみれば急速に実施件数が増え、現在では最新の医療とは考えられていないだろう。それでは臓器移植の先端性はどこにあるのだろうか。

　臓器移植という医療技術には、大きな特徴がある。臓器の移植手術を行うには、移植用の臓器が必要であり、完全に代替可能な臓器を人工的に作り出すことのできない現在の医療技術の水準では、その臓器を治療に直接かかわらない人から提供してもらう必要がある。臓器移植の場合は、ドナー（臓器提供者）という第三者の存在が必要不可欠なのである。移植手術を受ける患者（レシピエント）と手術を行う医療者がいても、ドナーがいなければ臓器移植は実施できない。ドナーという社会的存在を作り出したところに、臓器移植の先端性があると言える[25]。

4-2.「脳死」問題と生／死の境界

　臓器移植の治療成績を向上させるには、臓器の新鮮さも重要だった。生きている人のように心臓が動きつつ、その心臓のようにドナーの生存に必要な臓器を提供してもらえる状態があれば、臓器移植という治療の有効性が高まる。こうしてドナーの候補として、脳死状態の人が注目されるようになる。

　脳死とは、脳幹を含む全脳の機能が不可逆的に停止した状態だとされる。脳全体の働きは失われているけれども、心臓は動き続けている状態である。この脳死状態は、脳幹の機能を失い自力で呼吸ができず、そして二度と元には戻らないということから、遷延性植物状態[26]とは明確に区別される。そして「脳死」問題と呼ばれているのは、「なぜ、脳死状態になったら、（人として）死んだといえるのか？（または、いえないのか？）」という「脳死は人の死」をめぐる議論である[27]。

　ところで、脳死状態が医療者に広く知られるようになるのは、1950年代ころからだと言われている。この背景にあるのは、人工呼吸器と脳波計の普及だっ

---

[24] 近年の治療成績などは、日本移植学会のホームページから入手できる次の文献を参照。日本移植学会, 2011,『臓器移植ファクトブック2010』PDF版（http://www.asas.or.jp/jst/report_top.html）。
[25] 移植用の臓器の確保、調達、配分について社会的な仕組みが必要であることも「先端性」として考えられる。次の文献を参照。工藤直志, 2010,「脳死と臓器移植」佐藤ほか編『先端医療の社会学』世界思想社, pp.19-44.
[26] 「遷延性植物状態（PVS）」という言葉は、いわゆる「植物人間」という言葉と違い、1970年代半ばから、使われ始めた医学用語である。ただし現在では、「植物」という表現に含まれる侮蔑的なニュアンスを嫌って、「遷延性意識障害」という表現が使われることも多い。
[27] 皆吉淳平, 2011,「社会における脳死臓器移植 ― 「2009年臓器移植法改正」論議における長期脳死と社会的合意」『生命倫理』21 (1), pp.134-142.

た[28]。そもそも自力で呼吸できないのだから、人工呼吸器がなければ脳死状態にはならない。脳死状態は、人工呼吸器によって作り出された新たな状態ということもできる。この脳死状態を「人の死」と関わらせる考え方は、世界初の心臓移植が実施された1967年前後から広がり始める。脳死状態が人としてすでに死んでいる状態であれば、ドナーから心臓を摘出しても死なせることにはならないからだ。歴史的にみれば臓器移植が、脳死状態と「人の死」とを結びつけるそれまでになかった発想を作り出したのである[29]。

こうした「脳死は人の死」という考え方は、生／死の境界を曖昧にさせるものだった。心臓が動き、血液が循環している状態では、生きているのか、死にかかっているのか、すでに死んでしまっているのか、どんなに見つめてもわからず、「**見えない死**」とも表現された[30]。さらに1990年代末から知られるようになった「長期脳死」と呼ばれる状態がある。脳の機能が失われても、小児の場合は1ヶ月以上、ときには1年以上も心臓が動き続けることがある。「長期脳死」の子どものなかには、病院を退院して生活している例もある[31]。臓器移植が作り出した「脳死は人の死」という発想が、生／死の境界をめぐる問題を先鋭化させたのである[32]。

4-3. 臓器移植の先端性と社会

臓器移植には、ドナーという存在を必要とし、さらに「脳死は人の死」という発想を作り出したという先端性があった。この先端性に対する社会の反応は、どのようなものだっただろうか。

日本では1997年に脳死状態の人をドナーとすることを法的に認める「臓器の移植に関する法律」(臓器移植法) が国会で成立し、2009年にはこの法律が改正された。近年でもマスメディアが取り上げることもあるけれど、とくに1980年代から90年代にかけて、「脳死」問題は社会的な議論となっていた。たとえば、この時期に出版された脳死臓器移植に関連する書籍は軽く100冊を超え、それも

---

28 竹内一夫, 2004,『改訂新版 脳死とは何か』講談社. 人工呼吸器の歴史については、次の文献も参照. 山中浩司, 2009,『医療技術と器具の社会史―聴診器と顕微鏡をめぐる文化』大阪大学出版会.
29 香川知晶, 2005,「『新しい死の基準』の誕生―臓器移植と脳死、その結合と分離」『思想』No.977,pp.6-23.
30 中島みち, 1985,『見えない死―脳死と臓器移植』文藝春秋.
31 「長期脳死」の子どもについては、次を参照. 中村暁美, 2009,『長期脳死―娘、有里と生きた1年9ヶ月』岩波書店. 西村理佐, 2010,『長期脳死の愛娘とのバラ色在宅生活―ほのさんのいのちを知って』エンターブレイン.
32 人工呼吸器によってもたらされた社会的な問題に、治療停止 (安楽死) や「死ぬ権利」があり、「脳死」問題とも深くかかわっている。次の文献を参照. 香川知晶, 2006,『死ぬ権利―カレン・クインラン事件と生命倫理の転回』勁草書房. および、大谷いづみ, 2011,「「自分らしく、人間らしく」死にたい?」玉井真理子・大谷いづみ編『はじめて出会う生命倫理』有斐閣、187-208.

一般読者を対象にしたものが大半で、なかにはベストセラーになったタイトルもある。「脳死」問題について日本は、一般市民を巻き込み、世界でもっとも濃密な議論を行っていた[33]。それは「脳死は人の死」という考え方に対して、慎重な意見が少なくなかったことを意味している。

この時期の議論の特徴としてまず、「脳死」をめぐる関係性に着目する論考が多く生まれたことが挙げられる。「ギフト・オブ・ライフ」や「命のリレー」という表現にあらわれるようなドナーとレシピエントとの関係性ではなく、脳死状態の人とその家族との関係性という観点から「脳死」問題を考えることは、世界でもユニークな議論だったと言われる。

そしてもう一つの特徴として、「社会的合意」や「国民のコンセンサス」をめぐる議論が展開されていたことがある。世論調査も繰り返し実施され、その結果の解釈が議論されたりもした。「脳死」問題は、生／死の境界にかかわる難しい問題だからこそ、どのように社会的な意思決定をすればよいのかが問われていた。

「脳死」問題が社会的な議論となったことで、日本ではとくに脳死状態の人をドナーとする臓器移植の普及が遅れ、生きている人をドナーとする生体移植が広まったという見方もある。けれども「脳死」をめぐる社会的な議論は、臓器移植の先端性を社会としてどのように受けとめ、対応すればよいのかをめぐる模索だったとも言える。

5 ……… 先端医療と社会

1960年代から70年代にかけて、様々な先端医療が登場した。その「先端性」のために、医療の枠には収まらない社会的な問題を提起してきた。こうした問題群を議論する学問領域として、この時期にアメリカで誕生したのが**バイオエシックス（生命倫理学）**だった[34]。20世紀半ば以降の医療技術の進展が、伝統的な医療倫理では対応しきれない状況を生み、そこで新たな倫理体系としてバイオエシックスが生まれたという見方もできる[35]。その後、アメリカのバイオエシックスは、政策形成と深く関わりあうようになる。こうした側面からみれば、

---

33 森岡正博, 2001, 『生命学に何ができるか―脳死・フェミニズム・優生思想』勁草書房.
34 皆吉淳平, 2010, 「「バイオエシックスの誕生」はどのように理解されているのか―米国バイオエシックス研究者の歴史認識とその検討」小松美彦・香川知晶編『メタバイオエシックスの構築へ―生命倫理を問いなおす』NTT出版, pp.41-72.

バイオエシックスという学問領域の存在自体が、先端医療への社会的な対応だった[36]。

日本でも「脳死」問題とともに、バイオエシックスについて紹介されるようになり、「生命倫理（学）」という言葉も広く知られるようになった。その一方で、臓器移植と「脳死」問題に匹敵するような社会的議論の行われる先端医療は、その後、見当たらない。先端医療への社会的対応をめぐる模索の時代から、変わりつつあるのかもしれない。

先端医療は、出生や死にかかわる場面であったり、病気の治療のためであったり、人生の様々な局面にかかわってくる。さらに生き方の選択肢を広げるために生殖技術が使われたり、若さの維持やより美しくなるために再生医療が用いられたりすることもある。このように先端医療は、ひとりひとりの身体や生命にかかわるものだ。その一方で、先端医療は社会の問題でもある。現在、先端医療だと言えるものも、人びとの考え方や社会が変わり、当たり前のものとして定着するのかもしれないし、そうはならないのかもしれない。先端医療について考えることは、この社会について考えることでもある。

35　Jonsen, Albert R., 1998, *The Birth of Bioethics*, Oxford University Press（= 2009, 細見博志訳『生命倫理学の誕生』勁草書房）.
36　米本昌平, 1988,『先端医療革命―その技術・思想・制度』中央公論社. アメリカのバイオエシックスをめぐる社会学的研究としては、次の文献も参照。Fox, R.C. and J.P. Swazey, 2008, *Observing Bioethics*, Oxford University Press. レネー・C. フォックス, 2003,『生命倫理をみつめて』(中野真紀子訳) みすず書房.

第 5 章

生命保険の社会学
―― 生命保険の買い取り業と
　　生前給付型生命保険をめぐって

久木元真吾
Shingo Kukimoto

1 ………… 生命保険と「古典的な生命保険像」

「天国に遅れてやってきた妻が、いきなり私にビンタした。」

　これは、2011年3月に発表された、公募広告賞の「第48回宣伝会議賞」で、グランプリに選ばれた広告コピーである[1]。ある生命保険会社の課題に対するものとして作られたコピーであるが、死んで天国に先に行っていた夫（私）のもとに、遅れて死んでやってきた妻が、再会するや否やビンタしたということである。無粋を承知で説明するなら、生命保険の広告コピーであることから、この夫は生命保険に入らずに亡くなったと思われ、そのため遺された妻もしくは妻子がその後大変な思いをしたことがうかがえる[2]。その苦労の大きさゆえに、保険加入を怠った夫との天国での再会を喜ぶのではなく、いきなりビンタするという行動に出た――というわけである。死や遺された者の苦労といった、暗くなりがちなテーマが、ユーモラスに表現されていることがこのコピーのユニークさであろう。

　このコピーに表現されているように、今日の日本社会においても、生命保険といえば、次のようなイメージが今なお基本となっていることがうかがえる。すなわち、家族の稼ぎ手である夫がもしも亡くなってしまった場合、遺された家族（妻や子どもたち）は、唯一の（もしくは主要な）収入のルートを失ってしまい、暮らしていけなくなってしまう。しかし、夫の生命に保険をかけていれば、亡くなった場合でも、遺された妻子は保険金を受け取ることができ、そのお金

---
1 『宣伝会議』809号（2011年3月15日号）、p.46および宣伝会議ウェブサイト（http://www.sendenkaigiaward.com/chronicle/48.html）による。
2 このコピーはあくまでも賞に応募されたものであって、実際に広告などで用いられたものではないが、グランプリに選ばれるほど評価されたことからも、生命保険に対して共有されているイメージの事例として扱うことができると考える。

を使って生活を続けていくことができるようになる——というものである。以下では、このようなイメージを「古典的な生命保険像」とよぶことにしよう。

さてこの章では、この「生命保険」を取り上げる。生命保険は、今日の日本社会では世帯加入率が実に86.0%（2009年）にも達しており[3]、その実感に個人差はあれ、世の中に広く普及し浸透しているものであることは間違いないだろう。では、生命保険と聞いて、いったい何をイメージするだろうか。人によっては、生命保険のセールスを担う人たち（もしかしたら、女性をイメージするかもしれない）のことが思い浮かぶ人もいるだろう。また、企業として、もしくは機関投資家としての生命保険会社のことを考える人もいるかもしれない。しかしここでは、生命保険の「生命を扱うしくみ」という面にこだわって、考えてみることにしよう。特に、上述した「古典的な生命保険像」とは異なる生命保険のあり方・扱われ方がアメリカ合衆国で登場したことや、それらの日本での展開などを検討し、そこから生命保険というもの（あるいは、生命それ自体）が、社会的な文脈の中にあるものであることを確かめていくことにしたい。

考察を始める前に、あらかじめ生命保険のしくみについて簡単に確認しておこう。生命保険の場合、保険会社のほかに、生命保険契約を結び保険会社に保険料を支払う「契約者」と、その人の生死や病気が保険の対象となる「被保険者」、そして保険金が支払われるときに受け取る「受取人」がいわば登場人物となる。生命保険による保障を得たいと思う人（契約者）が、保険会社と生命保険契約を結ぶことによって、保険は成立している。通常その契約の内容は、その人は保険会社に保険料を支払い、保険会社は一定の事由（生命保険の場合、被保険者の死亡や病気など）が生じた場合に、受取人に保険金を支払うというものである。古典的な生命保険像の場合、契約者および被保険者は夫、受取人は妻ということになる。

以下でとりあげるのは、そのような古典的な生命保険像から"ずれた"、生命保険の新しい使い方・あり方を示す事例である。その検討を通じて、生命保険と社会の関わりについて考えていく。

2　　生命保険の買い取り業の出現——アメリカ合衆国

1988年に、新しいビジネスがアメリカ合衆国で登場した。それは、従来の生

---

[3] 生命保険文化センター, 2009,『平成21年度 生命保険に関する全国実態調査』.

命保険のあり方とは異なる道筋を浮かび上がらせるものであった。

その年、ニューメキシコ州アルバカーキで、リビング・ベネフィッツ社（Living Benefits Inc.）という会社が創設された。この会社の業務は、生命保険証券を買い取ることである。つまり、生命保険契約を結んで、保険料を生命保険会社に支払っている人から、その契約ごと「買い取る」というビジネスである。

具体的には、次のような業務である。買い取り会社は、医師から余命が2年未満と診断された末期患者の生命保険証券を、死亡保険金の60％から85％の価格で、保険契約者である末期患者から買い取る[4]。そして、その患者が死亡するまでの間、患者に代わって保険会社に保険料を支払いつづける。それと引き換えに、患者が死亡したときには、その会社が死亡保険金を全額受け取るのである。患者の生命保険を買い取る際に支払う額と、患者の死亡後に受け取る保険金との差額が、買い取り会社の利益となる。これが**生命保険の買い取り業**である。

少し背景を説明しておこう。アメリカ合衆国は、日本のような国民皆保険制度をもたず、公的な医療保障が限定的であることはよく知られている（そのことをめぐっては、現在に至るまで繰り返し議論がなされている）。そのため、例えば終末期に高度医療を受ける場合などは高額の出費が必要になってしまうことがある。特に、1980年代から1990年代にかけてのこの時期には、HIV感染者の存在も無視できない背景となっていた。HIVの末期患者の医療費は、1990年代のある試算では、病状の本格化から死に至るまでの合計額が6万9,100ドルという高額で、死を迎える前に容易に破産してしまいかねないほどだという[5]。そのような中で、医療費を捻出するために、死を前にしながらベッドや自宅までも売らざるをえない人もいたという。

生命保険契約は中途解約もできるが、解約によって戻ってくるお金（解約返戻金）は、死亡時に支払われる保険金に比べてかなり少ないのが一般的である。また、もちろんその患者の死後には保険金が支払われるが、お金が必要なのは死後よりも今であるため、それでは意味がない。そうした中で、生命保険契約以外には固定資産しかもたない人や、家族をもたない人の場合、買い取りによって生命保険が現金化できることは、非常に重要な選択肢になりうるということで、買い取り会社が登場したのである。買い取り会社の側から見ても、顧客は

---

[4] この買い取り価格の対保険金比率は、余命が短いほど高くなる。この会社の場合、余命が2年なら保険金の60％で、余命が3ヵ月なら85％だという（「生命保険買います 米で急成長」『日本経済新聞』1993年5月6日夕刊）。
[5] Herron, Russell J. ,1995,"Regulating Viatical Settlement," *University of Michigan Journal of Law Reform*, 28(4), p.932.

余命が2年未満と診断された末期患者であり、(ストレートに言えば)死亡する確率が高く、また不動産のような値下がりの心配もないため、最終的な保険金の受け取りに関してリスクが少ないというメリットがある。

なお、実際にはこのように直接生命保険を買い取る会社は少なく、より多くみられたのは、買い取りを斡旋・仲介するブローカー業者であった[6]。つまり、生命保険を早期に転売したい末期患者と、その生命保険証券に「投資」したい投資家との間に立ち、自己資金は一切もたずに、患者の情報（生命保険の種類・病名・余命・保険金の金額など）を広く投資家に公開し、投資家はどの患者の保険が「有利」か（＝早期に保険金が手に入るもの＝早期に死亡する患者の生命保険であるか）を考え、投資する（＝その患者の早期の死亡を見込んでその人の生命保険を買う）というものである。

以上のような生命保険の買い取り業をみて、どのように感じるだろうか？　アメリカ社会において、当初向けられたのは、「死に経済的利益を求める残忍な商法」といった批判的な声であった[7]。例えばアメリカ生命保険協会の幹部の一人は、「見知らぬ誰かが、被保険者の早死によって経済的な利益を有することが許されるのならば、生命保険関係者は買い取り業に対して危惧の念を抱かざるをえない」と述べて不安を表明していたという[8]。

これらの批判の中で、しばしばキーワード的に用いられた表現がある。それは "ghoul" あるいはその形容詞形 "ghoulish" である。"ghoul" という語は、人の肉を食う悪鬼・墓場荒らしなどを意味しており、まさに「人を食い物にする」ような残忍さが生命保険の買い取りに含まれているというわけである。少なくともその登場直後には、生命保険の買い取り業は残忍さをはらんだものであって、道徳的な問題に踏み込んでいるのではないかという危惧が語られていた。

だがこうした批判に対して、買い取り会社の側は、この業務が末期患者に奉仕する人道的な商売であり、むしろ患者のためになるものだと反論した。例えば、買い取り会社の業界団体のウェブサイトには、次のような文章が掲載された[9]。「メディアの報道の中には、生命保険の買い取りのプロセスには残酷な ('ghoulish')

6　Sherrid, Pamela, 1995,"Enriching the Final Days," *U. S. News & World Report*, 119(8), p.59.
7　「エイズ患者の保険買い取る　米で新手の商売」『日本経済新聞』1989年6月11日朝刊.
8　Koco, Linda, 1989,"2nd Co. Buys Policies of Terminally Ill," *National Underwriter* (*Life & Health / Financial Services Edition*), Oct. 16, p.41.
9　1994年に設立されたアメリカ生命保険買い取り業協会（The Viatical and Life Settlements Association of America、その後改称）のウェブサイトにかつて掲載されたもの。この文章を含む、2000年8月31日時点の掲載ページは、下記URLで現在も閲覧可能。http://web.archive.org/web/20000831022611/http://www.viatical.org/about_viatical_industry.html

一面があるというものもみられます。何とばかげていることでしょう！ ……ある人が自らの人生の最後の数ヵ月ないし数年を生きるさまを見届けることに、道徳的に誤った点などまったくありません。生命保険の買い取りは生きることに関するものであって、死ぬことに関するものではないのです」。また、エイズ患者のサポートの仕事にかかわるある論者も、末期患者と接する中で生命保険の買い取りが安心と喜びをもたらすものだと考えるようになったと述べている。「生命保険の買い取りが意味するのは、無銭状態からの救出であり、家や自動車を手放さずにすむチャンスであり、思い出の旅行に出かける機会であり、遠くに住む愛する人たちを訪ねる手段であり、子どもが学校に通うのを続けさせることであり、そして心の平安である。心の平安によって、健康状態がよくなるかもしれないし、余命を延ばすことにさえなるかもしれない。手短にいえば、末期患者にとって、生命保険の買い取りの可能性は、天の賜物なのである」[10]。

　この批判と反論のどちらが正当かを、ここで論じることはしない。ここで確かめておくべきことは、生命保険の買い取り業の登場が、単なる悪意や利益への関心に還元できるものではないということであろう。むしろ、古典的な生命保険像に、買い取り業の登場をもたらす可能性が内在しているとみるべきではないだろうか。

3………古典的な生命保険像の二つの条件

　あえてまとめるなら、古典的な生命保険像においては、実は二つの条件が前提として自明視されている。
　第一に、いわゆる「現役」のあいだの死亡リスクこそが保険すべき主要なリスクだとみているという点である。稼ぎ手の死亡の場合の遺族の生活保障が第一の目的であるため、現役の稼ぎ手こそがまず想定されている。
　第二に、ある人の収入が別のある人の生活のために（も）用いられるという、扶養の関係が存在するという点である。だからこそ、被保険者が扶養している人を、保険金の受け取り手とみなすことが可能になる。言い換えれば、誰もが扶養の関係のネットワークの中に必ず自らの位置を有しているというわけである。
　これらの条件を前提とできるような人たちが、ある程度存在している（厳密に

10　McCormack, Thomas and Petersen, David, 1991,""Living Benefits" for the Insured, Terminally Ill Client," *Clearinghouse Review*, 24(12), p.1351.

は、ある程度存在していると想定されている）社会であればこそ、古典的な生命保険像は支配的なイメージとして成り立つことができる。主要な稼ぎ手である夫が、妻子など他の家族を扶養するという形が、典型的かつ主要な生活の営み方として想定されているような社会において、はじめて古典的な生命保険像は古典的たりえたのである。法律上の契約や制度上の手続きに還元できるかのような生命保険も、このように社会のあり方、正確には社会がどのようなものとしてイメージされているかに、強く依存していることがわかる。そのような意味において、生命保険というものは、（他の多くのものと同様に）社会的なものだということができる。

　逆に言うならば、上の二つの条件が満たされない可能性は、古典的な生命保険像においては十分に想定されていないということである。つまり、第一のものについては、「現役」を終えたあとの時期、つまり高齢期については重視されていない。特に、高齢期の長さやコストは、主要な関心の対象ではない。第二のものについては、扶養の関係が存在しない場合や、扶養の関係のネットワークに組み込まれていない場合はあまり考えられていない。例えば、死亡時の保険金の受け取り手がそもそも存在しないケースは想定されていないといえる。

　生命保険の買い取り業が発見したのは、古典的な生命保険像が暗黙の前提としていた二つの条件が満たされないようなケース（すなわち、高齢期や終末期における高額な医療費負担を負い、死亡時の保険金の受け取り手がいないケース）が、当時のアメリカ社会において一定数出現しているということであり、そこにビジネスチャンスがあるということであった。それは結局、生命保険の買い取りという選択肢を、現実的かつ実質的に必要としている人たちが存在していることが確かめられたということである。結果として、道徳的な批判がなされたにもかかわらず、アメリカ社会において生命保険の買い取り業は消え去ることはなく、着実に発展していった。その後同種の会社は年々増加し、1994年の買収金額は3億ドルに達し、関連する法規制の整備も進み、1990年代前半には同業者団体がつくられるほどになった。[11]

4 ……………末期疾病型の生前給付保険の登場──アメリカ合衆国

　生命保険の買い取り業の登場が、古典的生命保険像における二つの条件の変

11　阪口恭子, 1996,「米国における保険買い取りビジネスと各州の対応」『生命保険経営』64(4)..

化と関連しているのだとすれば、二つの条件の変化ということ自体は、既存の生命保険会社にとっても一層大きな課題になったはずである。では一般の生命保険会社は、どのような形の対応をみせたのだろうか。

実は、当時のアメリカの生命保険会社は、生命保険の買い取り業の出現とほぼ並行する形で、新しいタイプの生命保険商品の販売を開始していた。それは「**生前給付型生命保険**」（living benefits, accelerated death benefits）とよばれるタイプの生命保険の一つで、具体的には、原因疾病を問わず（交通事故なども可）、余命が一定期間（一般に6ヵ月または12ヵ月）と診断された場合に、死亡保険金の全額または一部が前倒しで支払われるというものである[12]。被保険者の死亡の前に、保険金が前倒しで支払われることから、「生前給付型」というわけである。

このタイプの生命保険——末期疾病型の生前給付型生命保険——が本格的な発展をみせたのは、大手保険会社のプルデンシャル社が、追加保険料なしで販売を開始したことがきっかけとなっている[13]。同社が1993年末までに保険金を支払った件数は621件であり、そのうち半数はがん患者、25％はエイズ患者だという[14]。このタイプの生前給付型生命保険は話題を集めヒット商品となり、この保険を取り扱う会社は1991年には全米で113社だったのが、1994年にはほとんどの大手会社を含む215社となり、契約者数も同じ期間に113万人から1,800万人にまで増加したという[15]。

生前給付型生命保険の登場も、生命保険の買い取り業の登場と背景を共有しているといえる。高齢期になって既に扶養していた家族も独立しているため死亡保険金のニーズはもはや小さく、しかし高齢期や終末期の高額な医療費負担が課題になっているようなケースにとって、余命告知を受けた時点で死亡保険金が前倒しで支払われるという仕組みは、好都合なものであった。プルデンシャル社の生前給付型生命保険は、当時から少なくとも2003年までは、広告などで「一番必要なときに、そばにいます（We're there when you need us most）」という言葉を用いている[16]が、これはまさに高齢期や終末期の多額の支出の必要性を

---

12 生前に前倒しで死亡保険金が支払われるものを一般に「生前給付型生命保険」といい、その中には、がんや心筋梗塞など特定の重度疾患に罹患した場合に支払われるものや、介護が必要となった場合に支払われるものなどまで含まれる。ここで扱うのは、そのうちの余命診断を踏まえた末期疾病型のものである。
13 Landes, Jennifer, 1990,"Pru Unveils Plan to Pay Living Benefits," *National Underwriter (Life & Health / Financial Services Edition)*, 94(6), .
14 「なぜ大ヒット「余命保険」」『東京新聞』1994年9月8日朝刊。
15 Brostoff, Steven, 1994,"Big Rise in Living Benefits' Availability," *National Underwriter (Life & Health / Financial Services Edition)*, 98(38), .
16 一例として、2003年のプルデンシャル社の生前給付型生命保険のリリースを挙げておく（"LIVING NEEDS BENEFIT: We're There When You Need Us Most; Get the Most Out of Your Life Insurance," http://www.insubuy.com/life/prudential/living-needs-benefit.jsp）。

含意したものであり、前倒しで受け取る保険金をそれに充てることができることを伝えるものだといえよう。

　ただし、生命保険の買い取りと異なるのは、前倒しで支払われる保険金について、医療費などの差し迫った金銭的ニーズへの対応にとどまらない使い方も視野に入れている点である。例えば、プルデンシャル社が末期疾病型の生前給付型生命保険についてアメリカで放映したテレビコマーシャルでは、病院ではなく住み慣れた自宅で、これまで親しんできたものたちとともに死んでいける、というイメージが描かれていた。さらには、他の広告では、生前に給付を受けた保険金で自宅を改装し、親しい人々を招いてパーティーを開いた末期癌の女性や、余命期間を宣告された夫の保険金の生前給付を受けて、世界一周のクルージングに出た夫妻などの例もあったという[17]。生命保険の買い取りの場合は、得た金銭を尊厳を保って最期を迎えるためのサバイバルに使うといった色彩が少なからずあったのに対して、生前給付型生命保険の場合、それだけにとどまらず、経済的な不安を有していない層が、残された日々をより豊かなものにするために金銭を活用することが、宣伝などの際に言及されることがあった。

　このことは特に、古典的な生命保険像の自明視された条件の二つ目に関わると考えられる。つまり、保険金の受け取り手がいない（あるいは、保険金を受け取らないと暮らしていけなくなる扶養家族がいない）という点である。そういう存在がいないからこそ、被保険者（たち）が自分自身のためにそのお金を使うことができる。最低限の生活の維持のために使われるのか、より豊かでより充実した生のために用いられるのかという違いは、一見すると両極端にみえるかもしれないが、実は同じ事態がもたらしている帰結なのである。

　この末期疾病型の生前給付型生命保険は、アメリカの生命保険の世界では定着したものとなっている。しかし、前倒しでの保険金の支払いがなされるのは、余命6カ月や長くて1年というケースが通常であるため、そこまでの症状悪化を待つ余裕がなく、早急に金銭が必要な患者にとっては、これらの生命保険は十分に役立つものではない。余命期間が相対的に長く、かつ早く現金が必要なケースについては、生命保険買い取り業が満たす形になっており[18]、このようにして両者の「棲み分け」がなされることになった。

---

[17] 『money japan』第10巻第3号，1994, p.145.．
[18] 阪口恭子，1996,「米国における保険買い取りビジネスと各州の対応」『生命保険経営』64(4).

5 ………… 末期疾病型の生前給付型生命保険の導入 ── 日本

　以上で検討してきたのは、1980年代終わりから1990年代半ばにかけてのアメリカの状況であった。では、これらのような古典的な生命保険像から"ずれた"タイプの事例は、日本においてはどのような展開をみせたのだろうか。

　末期疾病型の生前給付型生命保険を日本で最初に販売したのは、アメリカと同様に、プルデンシャル生命であった。「**リビングニーズ**」という名前で1992年10月に発売が開始されたが、大いに話題を集めることになり、実際の契約状況においても人気を集め、発売後の一年半で契約は13万件を突破したという。これを追うようにして、1993年10月に当時の明治生命が販売したのを皮切りに、日本の生命保険会社各社も販売を開始し、1994年夏までの各社の契約数は合計で実に250万件にのぼったという[19]。1994年の時点で、プルデンシャル社の場合、末期疾病タイプの生前給付型保険を特約として付加した比率は、対象となる全契約の85％を占め、その発売以降のものに限ると付加率はほぼ100％に達していたという。明治生命の場合も、発売と同時に新規契約件数が大きく伸び、新契約のうちで末期疾病タイプの生前給付型保険を特約として付加した比率は97％（30万件）であり、既契約に中途付加した10万件と合わせて40万件の契約があった[20]。当時の生命保険協会によれば、「短期間にこれほど爆発的に伸びた保険は、恐らく初めて」であった[21]。

　こうした展開の背景には、何があったのか。一つは、この生前給付がリビングニーズ「特約」であったこと、つまり特約形式をとっていたことが挙げられる。特約形式とは、一般の保険契約に付加する形をとることをいう。この場合、保険金支払い時に余命の6カ月分に相当する保険料原価と利息が差し引かれるため、特約分の保険料は不要となる。したがって、無料でこの特約分のサービスが追加できるということもあり、その内容を十分に検討することなく付加されたケースも少なくなかったと思われる。

　もう一つの背景としては、死に対する態度への社会的な関心との呼応があったと考えられる。日本においてリビングニーズ特約は、アメリカの事例のような、諸費用の必要の切迫感ということよりも、むしろ死に対する態度とのかかわりで注目を集めたのではないだろうか。余命を知った上で残りの生を生きるとい

---

[19] 「なぜ大ヒット「余命保険」」『東京新聞』1994年9月8日朝刊。
[20] 「モテモテの生前給付型保険」『週刊東洋経済』1994年8月31日号、p.41。
[21] 「なぜ大ヒット「余命保険」」『東京新聞』1994年9月8日朝刊。

う形の経験は、がんの告知も一般的ではない日本にとって、強い印象を与えるものであった。

当時、第一生命が販売していたリビングニーズ特約である「キーパープラン」は、その広告で泉谷しげるを起用し、次のようなメッセージを語らせている。

「そんな先のことまで考えてねえよ、と言いつつも、カッコ悪い死に方はしたくない。さいごまでまわりに気をつかいっぱなしってのもヤダしな。しあわせに死ぬためには、「家族も大事だけど、オレだって大事なんだよっ！」こう思えないと、ハッピーエンドとは言えないわけだ。／この新しい保険は、家族でなく本人が受けとる生命保険だそうだ。医師から「あと半年の命」と診断されたとき、自由に使うことができるという。世界一周豪華船旅つーのもよし、超大作アクション映画を一本撮るつーのもよし。いつのことかはわからないけど、わがままに使い切りたいと思っとります。／オレの保険だぞ。ちょっと早めにくれてもいいだろ。」（第一生命「キーパープラン」広告、1994年）

ここで描かれている、余命告知により本人が受け取る保険金の使い方の例は、前節でふれたアメリカの場合で持ちだされる事例と近いといえよう。ただ実際にそのような活用をするかどうかということ以上に、自分の死や終末期を、自分自身の意思や思いにしたがって迎えたいという志向こそが表現されているといえる。死や終末期に主体的に向かい合うことが肯定的に語られているのであり、その方向性に沿ったものとしてリビングニーズが提案されているというわけである。こうした志向が、当時の日本社会で一定の共感を得るようになっていたことに呼応して、リビングニーズは大きな反響を得たのであろう[22]。

他方で注意すべきなのは、自分のために生命保険を活用するという主張は、決して胸を張って堂々となされていたわけではなかったということである。無論、「家族も大事だけど、オレだって大事」「わがままに使い切りたい」「オレの保険だぞ」といった表現はあるものの、これを語る役に起用されていたのは、こうした強い自己主張をするキャラクターとみなされていた泉谷しげるであり、このことからも、誰もが普通に主張できる内容を語っているというよりは、あえてわがままを言うという色彩が強い。つまり、実際に死や終末期に主体的に

22　墓にではなく海や山などに遺体・遺灰を還す、いわゆる自然葬を認めることを求める市民運動団体の「葬送の自由をすすめる会」が設立されたのは1991年である。死をめぐり自らの意思に基づいた対処をする志向が、この時期に社会的な共感を集めたことを示す例であり、リビングニーズへの反響も同様の背景のもとにあったと考えられる。

向かい合うということは、それだけハードルが高いことであり、少なくとも誰にとっても身近で手軽なことではなかったということが示されている。実際、余命の告知自体が日本では稀であり、さらに余命の告知どころか、本人にがんの告知をすること自体も、当時は一般的ではなかった[23]。自ら余命告知を受けて、前倒しで保険金の支給を受け、それを家族のためだけではなく自分自身のために使うというストーリーは、現実的な可能性が高いものとはいいがたく、その限りで上記の広告は一種のファンタジーという面が強かった。実際に日本でリビングニーズ特約を通じて保険金の前払いを受けたケースをとりあげた記事やノンフィクションをみても、そこで紹介されているケースに「わがままに使い切る」という印象を与えるものは皆無であった[24]。

　本人に対する余命の告知がなされること自体があまりないのならば、生前給付はまったく非現実的なものになってしまう。本人への余命告知が前提となっているアメリカと比べて、この点が日本における生前給付型生命保険の導入にあたって大きなポイントであった。では、一体どのようにしてこの点はクリアされたのだろうか。それは、**指定代理請求人制度**という、アメリカの生前給付型生命保険にはない制度を設けることによってであった。

　指定代理請求人制度とは、事前に代理請求人を指定しておく制度である。この制度は、本人が余命の告知を受けていなくても、本人と同居または同一生計の配偶者と三親等までの親族なら保険金の申請・受け取りができることを定めている。つまり、保険加入契約の際に配偶者などを代理請求人にあらかじめ指定しておけば、本人には余命告知をせずに家族が保険金の先払いを請求できるというものである。これは日本において本人に余命告知がなされることが一般的ではないために設けられたもので、同様の制度はアメリカには存在しない。

　この制度がはらむ問題点は、本人請求以外の選択肢を設けることは、保険金の受け取り手と被保険者が一致しないことになり、悪意を誘発するリスク（モラルリスク）の余地を生むことにもなるという点であった。そのため、日本で最初にこのタイプの生命保険の販売を始めたプルデンシャル社は、当初本人請求の原則を保ちたいという考えであったが、日本での告知の実態を考慮した結果、やむなく最終的に指定代理請求人制度を導入したという[25]。しかし、この制度の

23　例えば、平成7年版厚生白書で引用されている「平成4年度人口動態社会経済面調査（悪性新生物）」のデータ（がんの部位別にみた告知割合）によると、部位による割合の差はあるが、少ないもので10%前後、多いものでも60%弱であった。
24　「余命保険　予想超す反響」『朝日新聞』1994年4月7日夕刊、「なぜ大ヒット「余命保険」」『東京新聞』1994年9月8日朝刊、堀ノ内雅一,1996,『余命半年の夢』情報センター出版局など。

存在が、日本でのリビングニーズ特約の浸透にとって重要なポイントであったことは否めず、実際、指定代理請求人制度は過半数のケースに活用されることになった。明治生命の場合、1995年2月までに末期疾病タイプの生前給付型生命保険で保険金を支払ったケースは98件あり、そのうち本人が請求したケースが31件（31.6%）、代理人が請求したケースが67件（68.4%）だったという[26]。

　以上のように、末期疾病型の生前給付型生命保険は、リビングニーズ特約という形で日本においても登場し、多くの生命保険契約に追加されることになった。その過程で、広く社会的な関心を一時的に集めることにもなったが、そこで注目された「自分で受け取り、自分のために使う」という新しい生命保険のイメージは、多くの人たちにとって必ずしも現実的なあり方ではなかった。古典的な生命保険像に変化を起こしたり、余命告知が一般的でなかった日本の状況を動かしたりすることにはつながらなかった。むしろ、アメリカにはなかった指定代理請求人制度が導入されたことにみられるように、従来の生命保険のあり方や告知のやり方に沿う方向で受容されていったといえる。そして、こうした展開それ自体が、生命保険というもの（さらには、生命そのもの）が社会的文脈の中で成立していることを示しているといえよう。

　古典的な生命保険像の二つの条件を考えると、この時点の日本社会の場合、まず保険金の受け取り手の不在という問題は重要視されていなかった。また、高齢期にかかるお金の問題は関心を集めつつあったと思われるが、そのことと生命保険の給付を結びつけようという議論は一般的ではなかった。指定代理請求人制度の登場をみても、何か新しい社会関係や社会状況が生じているところに生前給付型生命保険が登場したというよりは、それ以前からあった社会関係のあり方に合わせるような形で導入されていったというのが実状だといえる。その意味で、アメリカの事例とは異なり、日本における末期疾病型の生前給付型生命保険の登場は、古典的な生命保険像そのもののゆらぎの帰結とは考えにくいといえよう。

　しかし、そのままずっと、日本社会において古典的な生命保険像が"安泰"であったとは必ずしも言い切れない。次節でそのことを検討しよう。

25　「モテモテの生前給付型保険」『週刊東洋経済』1994年8月31日号, p.42.
26　由本光次, 1995,「支払（査定）状況」『日本保険医学会誌』93, p.76, .

6……………生命保険の買い取り業をめぐる展開──日本

　もう一方の、生命保険の買い取り業については、日本ではどのような展開がみられたのであろうか。

　現時点で日本でおそらく唯一の生命保険買い取り会社の事例は、2004年に東京で設立されたRというベンチャー企業である。外資系生命保険会社に長く勤務した人が代表取締役となり設立されたもので、業務内容はアメリカの事例と同様に、死亡保険金を受け取る権利をR社が買い取る代わりに、保険契約者と保険金受取人をR社に変更し、死亡までの保険料はR社が負担するというものである[27]。そして同年12月には、あるがん患者の男性から生命保険を買い取ることで合意するに至った。

　この男性は、10年以上にわたって肝臓の病気を患っており、この3年前には肝がんと診断されたが、病気のためほとんど働けず、小額の妻の内職だけが頼りという状態であった。治療費や生活費のために既に自宅も売却しており、入院費や生体肝移植の費用を工面できる状態になく、解約したとしても解約返戻金は小額にとどまる。その中で、アメリカの生命保険の買い取り業の存在を知り、日本で同じ業者を探してR社にたどりついたという[28]。

　保険約款に保険金受取人の変更に際しては保険会社の同意が必要という規定があったため、R社との合意を受けて、この男性は2005年1月に生命保険会社に保険契約者と保険金受取人のR社への変更を求めた。しかし生命保険会社からは、「原則として親族や勤務先などへの名義変更しか認められない」という社内規定があるとして拒否された。そこで2005年2月に、男性は生命保険会社を相手に、受取人の名義変更に同意するよう求める裁判を起こした。

　この裁判は2005年11月に東京地裁で、2006年3月に東京高裁で、いずれも名義変更は認められないという判断がなされた。理由とされたのは、生命保険の売買が唯一の資金取得方法とはいえないこと、また倫理上の問題点として、窮乏した保険契約者から不当に安く買い取られる危険性など、不正につながる可能性があるということであった。そのため、名義変更を拒否したことが保険会社の裁量権を逸脱したとまではいえないとされた。そして2006年10月には、

---

[27] 後述するがん患者の男性との契約では、R社は保険の買い取りの他に、男性の死亡時に「弔慰金」を支払うことになっていた（その金額は、死亡時期が早いほど高額に設定されていた）という（「『米国発』定着するか 保険買い取りビジネス」『朝日新聞』2005年4月21日朝刊）。
[28] 「「生保売買認めて」がん患者、保険会社を提訴」『毎日新聞』2005年2月11日朝刊．

最高裁でも男性の上告が退けられた。かくして、生命保険の買い取り業を営むことは日本では実質的に困難になり、現在に至るまでそうした会社は不在のままである。

この男性の事例は、まさに古典的な生命保険像の条件のひとつがゆらいだケースであるといえよう。現役の人の死亡リスクに注目していたため、その人が現役でなくなったときのことは、古典的な生命保険像において十分に想定されていなかった。現役でなくなるということは、単に高齢になるというだけでなく、この男性のように病気などの理由で現役並みに生活を支えることができなくなるケースも、少なくとも古典的な枠組みでは二次的なものとみなされていたといってよい。

ただ、この事例のように、生命保険契約の売買が唯一の手段ではないとしても、資金取得の必要性がありながら他に特に資産をもたず、生命保険の売買ができれば大いに生活状況の見通しが改善されるというケースは、敗訴したとはいえ、今後も発生しうるものだといえる。裁判においても、その可能性について検討されていなかったわけではない。例えば東京地裁の判決では、重い病気のために死の危険がありながら、その治療費や生活費などの捻出が難しく、生命保険契約を使うしかないケースについて、どのような救済方法がありうるのか、また生命保険の買い取りを認めるとしても、その場合どのような形の規制や具体的な判断基準が必要になるのかなど、慎重な検討が必要であるとしている。生命保険の買い取り自体が有効な方法になりうる可能性も含めて、その是非について議論を尽くすべき（現時点はまだその議論が十分になされているとはいえない）というスタンスがとられており、生命保険の買い取り業の可能性を将来も含めて完全に否定することは慎重に回避されている[29]。

また古典的な生命保険像のもう一つの条件からも、少子化や晩婚化・高齢化の進展により、保険金の受け取り手になるほどの身近な親族をもたない単身者が今後増加していく可能性もあり、そのとき生命保険の買い取りが求められることはありうるとも考えられる。また、裁判の判決直前に発表されたある研究は、医療費の自己負担分の増加が見込まれること、生前給付型保険の給付要件の緩和には限界があること、余命や病名の告知希望者が増加していることを理由に、将来的に末期症の患者を中心に買い取り業が普及する可能性があると指摘している。そしてその際には、買い取り業に対する適切な法規制を整備すること、

---

29 「生命保険売買認めず」『朝日新聞』2005年11月18日朝刊.

保険契約者の変更に関する約款を見直すこと、売却代金に対する課税を生前給付金と同様とすることなどが課題となると論じている[30]。

　以上のように、生命保険の買い取り業の日本社会での位置づけは、長期的にはまだ多様な可能性をはらんでいると考えられる。

7 ………… 生命（保険）と社会の関係

　生命保険というものは、この章の最初に述べたように、今の社会に広く普及し浸透しており、その意味でいわば安定的なしくみだといえる。その存在自体が問題化されることはなく、日常あるいは社会の一部となっている。そこでイメージされていたのは、古典的な生命保険像、すなわち稼ぎ手である夫の生命に保険をかけ、万が一の場合は遺族が保険金を受け取るというものであった。

　しかし、そこには自明視された前提が存在していた。その前提とは、稼ぎ手が現役の間のリスクがクローズアップされていたこと、そして扶養の関係が存在し扶養される立場の人が存在することであった。そしてアメリカ合衆国においては、この二つの条件が相対化される中で、生命保険の買い取り業や末期疾病型の生前給付型生命保険が登場するに至った。日本においては、後者は広く普及したものの指定代理請求人制度というアメリカにはない制度を伴う形になり、前者は裁判を経て現状ではビジネスとして存在しない状態である。しかし、古典的な生命保険像の二つの条件の相対化やゆらぎは、アメリカほど顕著ではないとしても、今後進展していく可能性はゼロとはいえず、その過程で新たな展開がみられる可能性もあるかもしれない。

　以上の検討から浮かびあがってくるのは、生命保険という、いわば中立的な技術ともいえるものが、アメリカや日本などそれぞれの社会の文脈において成立しているということである。生命保険のあり方は、社会のあり方と無関係ではない。そしてまた、古典的な生命保険像の二つの条件自体が、特定の社会関係のあり方に基づいている。稼ぎ手の夫と扶養される家族という社会関係のあり方を（古典的に、であれ）前提としていたという意味でも、生命保険は「社会的」なものだといえる。そしてその社会関係のあり方が相対化されたりゆらいだりする中で、生命保険の新しいあり方が生み出されたことからも、そのことは確かであろう。

30　古澤優子, 2005,「アメリカで拡がる生命保険買取事業とわが国における展望」『Business & economic review』15(8), pp.92-106,.

そしてさらに、そのことは生命保険の対象である「生命」についても共通している可能性がある。生命とは何らかの社会関係の中で成立しているとみなされている（その関係が、指定代理請求人制度に反映されている可能性がある）のかもしれないし、あるいは個々の生命はあくまでも個々のものである（あるいは、少なくとも社会関係に還元しきれない個別の核のようなものがある）と感受されていて、だからこそ自らの死に主体的に臨むという態度への関心や志向がみられるようになってきたのかもしれない。

　かくして、生命保険、あるいは生命は、「社会的」なものである——このような結論を述べて、この章を終えることもできるだろう。しかし、あえてそうはせずに、最後にもう一度具体的な事例に戻ることにしよう。それは、アメリカにおける生命保険の買い取り業の、その後の展開である[31]。実は、着実に発展してきたアメリカの生命保険の買い取り業は、1990年代後半に失速してしまう。その理由はさまざまであるが、重要な理由のひとつが、HIV感染者への治療法の改善である。新しい治療薬の開発が進んだ結果、死亡率の低下が進み、その結果HIVへの感染は、むしろ長期的な慢性的な病という性格に変わっていった。被保険者の寿命も延び、買い取り業者や投資家にとって生命保険の買い取りは収益率の悪いものになっていったのである。

　その過程で、生命保険の買い取りのニーズは、重い病気を患う人に限らないことが着目されるようになっていった。生命保険契約が不要になったり、保険料が払えなくなったりすること自体は、広く一般的に発生しうることであり、解約返戻金が決して高くない以上、生命保険の買い取りに対するニーズ自体は広く存在しているというわけである。また投資家にとっても、たとえ余命が短くないケースであっても、適正価格で買い取れるならばメリットはあるとみられるようになっていった。

　こうした中で、生命保険の買い取り業は、重い病気の人に限らず、より広い層の生命保険を買い取りの対象とするようになった。具体的には、65歳以上（75歳前後が中心）で、予想余命が2年以上12年以下、生命保険の保険金の額面が相対的に高額な人たちの生命保険が、買い取りの主要な対象になっていった。このような、より広い層の人たちの生命保険の売買は、「**ライフセトルメント** life settlement」と呼ばれる。一度ゆらいだ生命保険の買い取り業は、リーマンショックの影響による停滞などもあったものの、ライフセトルメントという形で新た

---

[31] 以下、アメリカのライフセトルメントの状況についての叙述は、日本ライフセトルメント研究会，2011，『ライフセトルメント投資入門』アールズ出版を参照している。

な発展をみせ、今日のアメリカでは、生命保険の買い取りは金融商品の一つの形として確立・定着したといえるだろう。

そして重要なのは、以上はアメリカだけの議論ではないということである。実は、日本の証券会社や資産運用会社の中には、このライフセトルメントを金融商品として日本の顧客に販売しているところが出始めている。アメリカのライフセトルメント市場への投資を、日本の投資家が日本の会社を通じて行うことができるようになっているのである。つまり、アメリカに住む人の生命保険の買い取りを、日本から行うことが実質的に可能なのである。日本国内では、生命保険の買い取り業自体が裁判所で認められなかったにも関わらず、日本にいながらアメリカに住む人の生命保険を買い取ること自体は、事実上可能になっている。

生命保険と社会の関係を考えるとき、ここまでは日本とアメリカを分ける形で検討してきたが、この例が示しているのは、日本とアメリカは決して分かれてはおらず、いわばねじれた形でつながっているということである。自らの余命告知を求めないある日本人が、同時に海を越えてアメリカ人の生命保険を買い取っているということもありうるのが実状なのである。

ここに一貫性のなさを感じる人もいるだろう。だから日本でも買い取りを認めるべきだ（逆に、外国での買い取りに投資すべきでない）と考える人もいるかもしれない。だがここで重要なのは、このようなねじれがねじれのまま存続していることに注意を払うことである。もしかすると、一貫していないことによって、買い取りの禁止と実現を曖昧に共存させること自体が、社会の中で望まれている可能性もあるのだから。生命保険や生命が、ただ社会的な影響を受けているというだけの観点からは、そうした可能性はとらえきれない[32]。

生命保険や生命と社会とのかかわりは、かくも複雑である。本当に問われているのは、この複雑さをすぐに整理し解消しようとすることではなく、それに粘り強くつきあって思考することなのかもしれない。

---

[32] 生命保険をめぐるこうした複雑さについて考察した例として、久木元真吾, 1998, 「「死と金銭の交換」の隠蔽と露呈——19世紀アメリカ合衆国における生命保険」『相関社会科学』7.

第 6 章

葬送の社会学
―― ライフエンディング・ステージの創出と
　　葬儀における消費

玉川貴子
Takako Tamagawa

1 ……… はじめに

　死者は、亡くなるとその経済的な効果を生みださない存在になる。生命保険など遺族にその代償が支払われるということはあるものの、死者自体は労働、生産・消費活動を行うことができない。にもかかわらず、私たちの社会では、死者を送る**葬送**という儀礼的な行為が定着し、それらに対して多額の費用をかけることさえある。このことについて、たとえば、死者に対する尊厳、宗教的な儀礼行為だから、という理由が挙げられるだろう。私たちは、どんな場合であっても死者に対する尊厳を守りたいと思うし、だからこそ、費用とは関係なくその尊厳が守られると思っているところもある。近年でも「贅沢な葬式はいらない」と盛んに言われている[1]が、本来、宗教的・文化的な**葬儀**を商品化し、また葬儀自体に見栄や世間体がともなうため、そのことを気にする遺族らが多額の出費を余儀なくされてしまうことへの批判や抵抗であろう。

　しかし、そもそも儀礼は、死に対する生者同士の信仰や感情などの象徴的な交換として機能しているだけではなく、経済的な交換や消費の機会でもある[2]。このことをふまえると、消費の機会としての葬儀が市場化され、24時間体制での葬儀サービスが提供されるようになること自体は不思議な現象ではないだろう。さらに、多額の出費を余儀なくされるとはいうものの、近年、話題にのぼる家族だけの葬式（**家族葬**）においては、地域社会や世間体を気にした葬式を行わなくてもよいはずである。

1　島田裕巳 2010.
2　Mauss1925参照。また、クラマーは、「宗教と消費がかなり居心地の良い融通無碍な社会があるということである。このようなことは多くはないかもしれないが、日本は確実にそれらの一つである」と指摘したうえで「これについての重要な理由づけは、消費が経済行動だけではないということである。社会的、儀礼的、宗教的、歴史的、かつ深い心理的プロセスという文脈においてさえ、そして若干のケースにおいては消費それ自体の文脈に位置づけられねばならないということである」(Clammer1997 =2001, pp.9-10)。

こうした批判においては、われわれが費用の高い葬儀＝（葬儀社などによって）商品化された葬儀を「買わされる」という図式を自明のこととしている。この図式のなかでは、葬儀を行う遺族はすでに消費者になっているにもかかわらず、なぜ他の葬儀社と比較して選択するような消費者意識は根付かないのか、という消費の機会としての葬儀について内在的に検討することが疎かになりやすい。

　本稿では、このような検討を通じて、行政側による葬送の「消費者」意識を顕在化していく動きについて、業界と行政の癒着といった見方に落とし込むことなく、「死」が政策的・経済的な動きのなかで再構成される過程を見ていくことを目指す。その際、経済産業省（以下、経産省）の「**ライフエンド調査**」（正式名称「安心と信頼のある『ライフエンディング・ステージ』の創出に向けて〜新たな『絆』と生活に寄り添う『ライフエンディング産業』の構築〜」）を取り上げ、この調査に関する社会的・歴史的な意味について考察してみたい。やや本論を先取りすれば、ライフエンド調査の意義は、死の産業化、市場化が浸透した段階での死に対する価値判断のゆるやかな転換点と位置付けられるだろう。たとえ消費者自身が消費するという自覚をもっていなかったとしても、経産省の「ライフエンド調査」では、老いや死への準備、遺族になった時の対処が必要と思っている人々を、リスク回避に関心をもつ合理的な消費者と位置付けられる。ただ、そうした経済的な活動を推進するには、死に対する社会的・非経済的な影響をいかにコントロールするかが課題となっていることも示す。

2 ………… 死にかかわる社会的な変化

2-1. 死亡人口の年齢的な偏りと家族の変化

　まず、人の死を考えるうえで、医療制度も充実した平時の状態での死亡と戦争や災害などで多くの人が一瞬にして亡くなる状態での死とは、性質が違うという前提を共有する必要があるだろう。このことは、死亡年齢において顕著である。

　5歳未満の乳幼児と高齢者層の死亡割合は、戦後から5年ぐらいしか経過していない1950年には、乳幼児死亡率が高かった。そのため、65歳以上の死亡割合と比較しても約8ポイントの差しかなかった。しかし、2009年では、5歳未満の死亡割合が約0.3％であるのに対し、死亡割合の8割以上が高齢者層で占められている[3]。我が国では、2000年には、男性77.72歳、女性84.60歳と男女ともに平均寿命が高齢化している[4]。死は、年齢に関係なく訪れるのではなく、年を経

るごとにその確率が高まるという認識を人々に与えていった。このことは、医療費の増加とともに、高齢期の不安を高めることになった。つまり、どれだけ介護・医療に対して経済的な負担が大きくなるのかという不安である。介護や医療費の経済的な負担は、生を全うするうえで仕方のないことと思えても、死亡後の葬儀にお金をかけるということは、必ずしも納得のいくものではないのである。死後、葬儀にお金をかけることへの批判は、生を全うするうえでの経済的な損失とも関係している。

　ところで、高齢期での家族の死亡を想定すると、死については、二つの機会を挙げることができる。

　一つは、親の死である。両親のどちらも亡くなれば、家族の世代交代が行われ、(定位家族における) 老親介護の役割などから離脱し、財産等の継承の機会となるが、一方の親がのこった場合、その扶養・介護の問題が残される。もう一つは、配偶者の死である。配偶者の死は、共につくり上げた (生殖) 家族のパートナーとしての役割から離脱することである。その後、のこされた配偶者には、その財産の継承と自身の死亡までの介護や世話を依頼するための労力や資金の確保が必要になる。現代では、老親の子どもとの同居割合は減少傾向にある。つまり、どちらか一方の配偶者が生きていればよいが、一方が亡くなった後、子供と同居し、子供に面倒をみてもらうということはできない場合もある。

　さらに、未婚化・非婚化は、近年、話題となっている**孤独死**や**無縁死**と呼ばれる死の発生に繋がるものとして認識されている。非婚者の増加は、親の死は経験しても配偶者の死は経験しない。非婚者自身の死後の整理は必要になるが、その整理の担い手自体を確保できるとはかぎらない。家族の変化は、介護から死亡までの介護の担い手をどう確保するかというだけでなく死後の葬送・墓の問題や財産処分等にも影響を及ぼす。

　こうした家族の変化とともに、死後についても自らで決めておくという動きが、1990年代以降、活発化している。葬送は、死後、のこされた家族だけに一任して行われるというよりも、死にゆく当事者や様々な事業者をも含めて、その人の生から死・死後の過程をデザインするという動きである。こうした**死後のデザイン**は、死にかかわるサービスが充実してきたことを意味する。そうしたサービスが充実する以前の葬儀について次のところでふれておこう。

3　厚生労働省 2009.
4　国立社会保障・人口問題研究所編 2007, p.80.

2-2. 先行する社会関係と葬儀——地域的な相互扶助とその変化

　人類学や地域社会学、宗教社会学等の分野で明らかにされてきたように、儀礼には贈与慣行が含まれる。贈与されるものは、労力であったり、食糧であったり、金銭であったりする。地域内でのある家の儀礼時に贈与されたものは、また別の家での儀礼時にその家の格に応じて、返礼されてきた。

　かつて人が亡くなった後は、地域の人々が助け合って死者を見送るための儀礼を準備し、またその時、喪家であっても、近隣の別の家で人が死亡すれば、葬儀の手伝いに行くという相互扶助によって支えられるボランタリーな行為（無償労働）と考えられてきた。居住者の移動が少なく、一生を一つの地域で終える人が多かった時代は、「家」や講、組といった「生まれた時から重層的に結ばれている地域的な関係」のなかで、死というリスクに対処してきたのである。土葬だった時代には、棺を土に埋める役割も近隣の人々によって行われていた。また、市場を介さない、消費と互酬性もあらわれる。現在の香典のかわりに持ち寄られていた食糧は、人々が葬儀の時に集まり共同で飲食するための重要な資源だった[5]。死というリスクへの対処は、地域内で築いてきた社会関係の網目（ネットワーク）と資源を活用して行われており、葬儀が贅沢な消費の機会ではあっても、死に対する信仰や地域的な協同性によってそれらの経済的な不合理さについて、（不満はあったかもしれないが）問われることはなかった。つまり、葬儀自体、すでに「家」や地域社会における贅沢な機会だった。

　しかし、社会の近代化とともに死に対する対処も変容する。都市部では、大正期になると、納棺などを**葬儀社**に頼むなど、それまでは近親者の仕事だった遺体に触れる作業も変化する。また世俗的な意味で重要な、死亡診断書等の役所関係の書類手続きも、葬儀社にまかせられるようになってきている。都市部における大幅な人口増加、居住者の移動性の増大、つきあいの比重が職場関係者へと移りゆくことで、地域が葬儀に主体的に関与する比重が低下してきた[6]。また、近隣地域との日頃からのつきあいに頼り、葬儀を行うというのは、「迷惑をかけてしまう」という意識をもつようになっていく。死は、近親者といった家族だけの密やかなこととして対処される時、葬儀社が利用されるようになっていく。

　今日、葬儀社は、葬儀の時に必要なサービス全般を提供するようになっている。すなわち遺体の搬送、儀礼のための準備、飲食のための料理、遺体を火葬

5　有賀 1969.
6　村上 1990, pp.46-51.

するための棺の用意等、葬祭業者に依頼すれば、儀礼はほぼ滞りなく行われるようになっている。また、世俗的に重要な仕事を担うだけでなく聖職者（宗教者）の手配さえ行うことができる。しかし、この葬儀における消費は、結婚式の消費と異なる点がある。次節では、その点についてふれておこう。

3 ………… 死にかかわるサービスと政策的な視点

3-1. 葬儀消費の特徴——死に対する価値判断

　前節でも述べたように、葬儀は、ボランタリーな人間関係のなかで行われてきたし、地域内での緊密で継続的な関係があったからこそ、不幸な出来事に対処するための労力等を確保できていた。亡くなってから初めて出向く葬儀社との関係は、契約によるサービス提供者と消費者の関係である。ここでは、葬儀社に依頼して葬儀を行う場合の消費の特徴を考えてみたい[7]。

　まず、現代日本の葬儀の場合、死亡から葬儀終了まで時間をかけて行うことが一般化されていない。筆者がかつてフィールドワークを行っていた会社では、個人葬の場合、死亡してから1週間以内に行われるケースが多かった。したがって、現在のところ少ない時間の中で葬儀についての選択を迫られ、判断している（＝緊急消費）。葬儀をどのように行うかを決定するとき、死者の生前の社会的地位、交際範囲を考えて、どこまでの人々に知らせるかということが会葬者の人数などを左右することになる。これらについては、経験を通して初めてわかることも多いものの（＝経験消費）、何度も経験するようなものではない（＝長間隔消費）。このことは、葬儀費用を出す遺族がどのような葬儀について行うかなどの決定権をもっていても、それを十分行使できる状況とはかぎらないことを示す。そのため、遺族だけでなくその関係者や葬祭業者のアドヴァイスに左右される場合もあるだろう（＝間接消費）。

　また、高齢での死が一般化しているとはいえ、確実な死亡時期は予測できない。生きているうちに葬儀を決めるのは「縁起でもない」という見方もあるぐらい、死後のことを考えて生活することは一般的とは言い難い。したがって、死亡が確認されてから準備を行うことのほうが多く、事前に葬儀社を比較して選ぶという人々はまだ少数派である（＝消極消費）。葬儀の「消極消費」は、死に対するタブー意識によるものだと考えられる。このことは、日本の葬儀産業

7　今井 2005, p.19.

が長い間、批判されてきたことと重なる。こうした現象は、アメリカでも、起きていた。

　メトカーフとハンティントンは、アメリカで起きている葬儀産業の商業主義への批判を取り上げ、葬式よりも結婚式に使われる総額のほうが、毎年、上回っているにもかかわらず、葬儀産業が批判されている、と指摘する[8]。経済的な消費に関して、葬式をはるかに上回る結婚式については批判が向けられないという現象は、示唆的である。このことは、葬儀よりも結婚式のほうが、出費の正当性を担保しやすいと解釈できよう。同じように神聖さが求められる領域においても、人々の「幸福」と「不幸」にたいする価値判断が価格の高低や消費に対する捉え方として現れる。結婚式であれば、その時の時間はいわば喜びの時間の消費であり、式場の比較を行いながら、結婚の演出を考えていく積極的な消費である。しかし、不幸の場合、死亡当事者が積極的に消費できるわけでもなく、まして遺族になった人々は、遺族になりたくてなったわけではないため、積極的にその時間を消費しているという意識はもちにくい。

　さらに、不幸における金銭契約では、搾取されたという意識をもちやすい。「貨幣というのは、それ自身非人格的ではあるが人格化されることができ、日本では買い物は通常、対面的な相互行為と現金による支払いを含んでいる。こうして貨幣は新たな社会的紐帯を作ることができ、その紐帯は不平等で搾取的であるのと同時に、社会的には大切にされるものなのである[9]」とクラマーは述べているが、葬祭業者と遺族も対面的相互行為によって契約が結ばれており、社会的に大切にされる面もある。ただ、一方で、家族の死という事態に直面する遺族の消費状況は、葬祭業者と遺族との関係をより搾取的なものとして認識させやすくするだろう。つまり、遺族にとっては緊急的で消極的な消費でしかないため、対面的な相互行為のなかで大切にされるはずの関係が、消費の動機づけによって搾取的とうつりやすくなる。これまで、遺族は消費者であることを意識しにくかったが、これを顕在化させようという動きがある。その一つが、経産省における「ライフエンド調査」という試みである。

3-2.　経産省におけるライフエンド調査という営み

　これまで、全日本葬祭業協同組合連合会という団体では、1983年から葬儀の消費者に関する調査を日本消費者協会に委託して行っている。この調査では、

8　Metcalf & Huntington 1991 = 1996, p.276.
9　Clammer1997 =2001, p.83.

葬儀費用の決定要因や実際にかかった金額等の調査が行われており、葬祭事業者側にとって欲しい消費者情報を得るための調査であったといえよう。

これに対し、経産省が行ったライフエンド調査では、5回の研究会と実態調査が行われており、実態調査では、平成23年1月から2月10日頃まで一般消費者向けアンケート調査、業界サーベイアンケート調査、葬祭業者アンケート調査が行われている。それに加えて、日本公証人連合会、生前契約等の代行をするNPO、見守りサービス等を行う警備保障会社、遺言信託銀行、介護施設、写真館（遺影写真）、遺品整理サービス会社などへのヒアリング調査を実施している。これまで消費者、葬祭業界、そして死にかかわる各種業種をほとんど同時並行的に行う調査は、管見の限りない。

こうした大規模な死にかかわる業種の調査は、次のような目的のもとに捉えられる。

　経済産業省では、医療サービスの新たな市場の拡大のための方策を検討し、健康サービスをはじめとした医療・介護周辺サービスを提供する産業（「医療生活産業」）の創出とその振興等について提言した「医療産業研究会報告書」を平成22年6月30日に取りまとめ、現在、その実現に向けた各種の施策を展開している。また、個々人はライフサイクルの多様な段階を通過し、その時期によって様々なステージが形成され、その最終的ステージでは、普遍性や不可逆性等を有する死を迎えることは動かしがたい事実である。他方、国民生活は広範かつ多様な領域を有しており、この領域の中には終末期医療の時期がある一方、その看取りの後には遺族等の生活を含めた時期が存在する。経済産業省では、我が国の社会構造や生活環境等の変化を背景に、国民一般の価値観が多様化しその意識や行動が変化している中で、終末期に位置づけられる時期からその後の遺族等の生活を含めた時期への移行に当っては、その対応が均質で連続することが望ましいと考えている[10]。

国の医療・社会保障費は、人口減少と高齢化によって膨らむ一方である。また、経済的に低成長になっていくと予測される社会の中で、国からの手厚い社会保障がいつまで続くのか、不透明である。ただ、「老後や死後の安心」を市場の中で買う仕組みを整備し、医療・介護保険や遺族年金など歳出された社会保

10　経済産業省2011（a）, p.1.

障費で消費を促すことができれば、サービス産業を創出・振興する投資になる。多くの人が病や死に対する不安をもっており、その不安を低減させてくれるもの（医療サービスや介護サービス、死後の財産・遺品整理などの代行など）を国の社会保障制度でまかなうだけではなく市場で安心して買うことを経済産業省が推進すれば、産業の育成にもなる。「老後や死後の安心」という商品やサービスを充実させ、それが安定的に供給されるようになると、人々はそれを買うということになる。

報告書では、生から死後までを通した一つの産業を具体化する案は明記されていないものの、死亡前は医療・介護、死後は葬祭業者、法律関係者等と死亡前と死亡後の身体・経済にかかわるサービスを繋げようとするような指摘がある[11]。死はすでに産業化、市場化しているにもかかわらず、ボランタリーなものという認識が根強い。したがって、これまで、葬祭業界は、産業振興の対象としては、手つかず状態であった。しかし、こうしたボランタリーな領域に踏み込み、死の消費に対して「搾取的」と受け取られやすい葬祭業者と遺族との相互行為を、「搾取的ではない相互行為」にしていく動きとして位置付けられるのが、このライフエンド調査の試みでもある。

この調査の社会的意義を、「消費」という視点からみると、二点の課題が浮き彫りになる。一つ目は、消費主体である。当事者が生前から死について考えて消費を促すよう働きかけるのか、それとも遺族に対して消費するよう促すのかという点である。「老いから死に至る過程」は、誰もが通る過程であり、病やそれによる様々なリスク（身体の衰え・経済的負担・精神的な危機）を発生させる過程である。単純に考えれば、国民全員がこうしたリスクに直面した時、「安心を買う消費者」になる可能性がある。報告書の最初のページには、次のような文言がある。「人生や生活の最後の風景が豊かで安らかなものとなるためには、これらを合わせた領域が広く国民一般に認識されるとともに、この領域の中で国民生活に根ざしたサービス産業の創出とその振興が必要ではないか」。だとするならば、当事者も遺族も一様に消費者と設定されるのだろうか。そして、両者とも同じような志向をもった消費者かどうか、検討してみよう。

もう一つは、死に対する出費の不当性という批判をいかに正当化させるのかという点である。死に対するボランタリーな発想は、死に対する価値判断にも影響を及ぼしている。つまり、値段の高低といった商品化された葬送の批判へ

---

11 経済産業省 2011（a），p.2, p.32.

と繋がっている。しかし、消費を促すには、死に対する価値判断を変えていかねばならない。これまでは、死を隠蔽する方向で消費が働きかけられており、積極的な変化を促していたとはいえない。この点について、報告書のなかで死をどう定義づけているのかに注目したい。

3-3. 死の前後における消費主体と消費者意識のずれ

「消費者＝安心を買う全ての国民」とした時、消費主体とは本当に国民全員と位置付けていいのだろうか。消費主体は時期との関連で考えておく必要がある。ライフエンド前は、主に医療や介護を受ける当事者とその家族が消費主体として設定される。しかし、ライフエンド後は、生前から死後のことを決めているような場合を除けば、当事者が亡くなってしまうため、実質的には家族（遺族）が消費主体になる。さらに、調査におけるワーディングを読むと、何かを買ったという意識をもっている人々というよりもこれからどのようなものがあれば消費者になってくれるのか、という視点から考えられているという点に注意しなければならない。つまり、すでに消費者だと自覚している人に向けての調査ではなく、これからライフエンディング・ステージを創出した場合、どのようなことにもっとも関心をもつのかということを探っている調査であるといえるだろう。

まず、「一般消費者向けアンケート調査」では、国内に居住する20代以上の人々を対象として行われている[12]。この調査では、回答者全体に尋ねている質問項目と故人を送った経験のある人に対する質問項目、故人を送った経験のない人に対する質問項目とに分けられている。また、回答自体に「自分のために必要と思うサービス」と「家族のために必要と思うサービス」という回答を求めている。

たとえば、あるとよいと思う（必要な）ライフエンドサービスについて、回答者全体に尋ねた項目がある。その結果、「病状や状態に応じて希望する医療・介護・福祉が受けられる支援やサービス」は、自分のためにも家族のためにも必要と考えている人はどちらも6割を超えていた。一方、死亡後のサービスでは、自分のためというより家族のために必要と思っているものが多く、「行政機関や金融機関等での手続き支援やサービス」は自分のためは、0%だが、家族のために必要と思っている人は5割を超えている。また、「あなたが希望する葬儀施行やお

---

[12] 回答数は10,445件。近親者としてライフエンド経験のある人の「故人」との関係について尋ねたところ、20代は72.9%、30代も40.8%と「祖父母」が最も多い。40代、50代では「自分の父」が多くなっている。60代から70代では「自分の母」が多くなっている（経済産業省 2011（b），p.41）。

墓の用意、遺品整理等の情報提供や生前相談等の支援やサービス」では、家族のために必要と思っている人は44.7％で、自分のために必要と思っている人は0％であり、家族のためであっても葬儀後のサービスの必要性を感じている人は半数以下である。これは、葬儀経験者に活用したいサービスとして聞いた項目でみても、同じ様な傾向が読み取れる。

　つまり、ライフエンド後では、自分自身のために必要と思われるサービスという認識はあまり一般化していない。近年では、生前から死後のことを準備する人々が増えているといわれているが、実際のところ、その行為自体が自分のためというより「家族のため」と思っている人も多いのではないだろうか。だとするならば、ライフエンドについての消費は、当事者自身が自分のために消費するだけでなく、家族のために当事者が必要と思う消費、家族自身が当事者のために必要と思う消費、家族が家族自身ために必要と思う消費という四層構造になっているといえるだろう。ここに、消費主体と消費に対する意識のずれが生じる可能性が挙げられる。当事者は家族のために必要なサービスと思っていても、家族はそう思うとはかぎらない。結局のところ当事者だけが葬儀の要不要を認識するのではなく家族の立場から必要なのかということも重要になる。逆にいえば、当事者と家族の両者とも必要な消費だと思うことができれば、それは積極的な消費に繋がるだろうが、のこされた家族が当事者のために葬儀が必要と思わなければ、積極的な消費へと繋がりにくいだろう。

3-4.「死」から「生」の中のリスクへ

　消費者調査では、「死の前後」についての回答を求めているにもかかわらず、ワーディングにおいては、「死」という文字が一切、使われていない。そのかわりに「ライフエンド」あるいは、「ライフエンディング・ステージ[13]」の文言が使用されている。「死」という言葉に対する人々の反応がいかなるものかということを、委員会、行政側が慎重に判断していることを示している。「今後の対応（提言）」のところでは、「我が国では、従来に比べると国民が死をタブー視する傾向は変化しているが、生前準備を行い、自分自身や家族等のライフエンドやその後について語ったり残したりすることについては、依然として心の垣根（心理的な抵抗）の存在が指摘されている[14]」とわざわざ述べられている。つまり、ライ

---

13 「ライフエンディング・ステージ」とは、「いつかは分からないが必ず訪れる人生の終末や生前準備を行うこと〈行動〉、「ライフエンド」とその後の遺族等による生活の時期〈時間〉、の双方を合わせた領域を指す概念である」と定義されている。つまり、当事者が死に至る過程だけでなく死後の遺族における生活、心理、経済等についても時間的に含まれている（経済産業省2011(a), p.2)。

フエンドは、消費者における死に対するタブーを認識したうえで創出されている言葉であり、死に対するタブー視自体を隠す言葉だといえる。

ただ、死のタブーの存在は認めつつも行政側においては、「誰にも例外なく訪れる『死』に正面から向き合い、充実した人生を営むためにも真剣に死から生を考える時期」を迎えているとの認識にたったうえで、「信頼と理解を得るための公的な啓発活動（パブリック・リレーションズ）の活用や、家族等や親族の間でのコミュニケーションの重要性を認識・向上するよう国民へ広範に情報発信していくなどの具体的な行動が求められる。例えば、誕生日や記念日等の特定日に家族等で、生前準備を行うためのプレゼントを贈り合うことや遺影写真となるかもしれないその時点での記念写真を撮影すること、または、命について考える日やライフエンドとその後について考える日等を制定することなどを通じ、死から生を考える習慣付けを行うことは効果的である[15]」と述べられている。

こうした働きかけが、生前から様々な準備を進めるという積極的な消費者像へと繋がるというイメージを提示している。「生前準備を行うためのプレゼントを贈り合う」というのは、死にかかわる積極的な消費を行うイメージである。つまり、死を生の終りの結果としてだけではなく、生のなかで消費されるプロセスの中でとらえ、死と死後に備える積極的な消費者像が望ましいとされている。

この消費を考えるうえで、死に関する既存のサービス事業者としては、葬祭業者が挙げられている。「既存のライフエンディング産業の中で、葬祭業者や葬祭関連サービス業者については、葬祭サービスに関するプロフェッショナルとして、常に最高のサービスを求め、提供することが必要である[16]」と述べられており、葬祭業における死の産業の担い手としての位置付けがはかられている。

このように述べられる背景には、葬祭業がこれまで「ホスピタリティ産業」としてその地位向上をはかりつつも、そのイメージが定着してこなかったことに起因しているだろう。この報告書で葬祭業以外のライフエンディング・ステージに携わる担い手として、「精神的・身体的・社会的困難が生じた家族等に対するサポートを必要とする場合」には、医師、看護師、介護福祉士、訪問介護員（ホームヘルパー）、介護支援専門員（ケアマネージャー）など医療・介護関連分野に関する専門的知識を有する者や、弁護士、公証人、行政書士、ファイナンシャプ

---

14 経済産業省2011（a），p.30.
15 経済産業省2011（a），p.30
16 経済産業省2011（a），p.35.

ランナー等、幅広い専門家や行政、非営利組織等の存在が指摘されているが、この中で最もイメージの向上が必要なのが葬祭業であろう。

　この報告書では、「シームレス」(継ぎ目なく) という文言が使われているが、これは、死にかかわる性質の異なる事業——たとえば、福祉関係者は身体にかかわるが、弁護士は財産などの経済的な管理、葬祭業などは死後の遺体とそれにともなう諸手続き、儀礼のサービス——を結び付けることを意味している。各分野、事業間の連携をはかり、これまで商品的と考えられてきたものを福祉やケア的なものとして再構成し、福祉も商品的・事業的な視点からアプローチするという、事業連合体をつくりだすことができると考えられている。人の生から死後まで各事業者、専門家らが橋渡しをしながらサポートする、ワンストップサービス体制をつくるということに政策的力点が置かれている[17]。

　こうした事業者間の連携を模索する動きからもわかるように、老いから死後に至る「ライフエンド」は一定のプロセスであり、死のみが社会から排除されるタブーなのではなく、「ライフエンド前後」という全ての人々が共有しているリスクと位置付け、予防的な体制をつくり、それらを消費することへと繋げていくことが目指されている。また、このことによって、葬儀社は、「死」から「生」(介護) の領域へと事業を拡張 (すでに介護分野に参入) し、文字通り「生」と「死」を「シームレス」にしようとしている。

　「生」と「死」の領域をシームレスにすることによって、死というリスクは、死にゆく当事者だけではなく、生きている遺族の死別体験にまで拡大され適用されるのである。こうした死に対する認識は、死が、生老病という人生の時間軸上における「リスクの結果」というよりも人生の中で次々と「更新されるリスク」のひとつであるかのように考える社会になってきたことを意味している。

4 ....リスクと消費

　乳幼児の死亡率が高かった時代の死は、個人的な責任ではなく、自然な出来事のはずであった。その時代、「高齢期の死」はむしろ奇跡的なことであった。高齢期の死がすでに一般化した社会では、個人的な責任ではないはずの死を個人的な責任として引き受ける「質的に新しい死」となり、リスクの結果としてだけではなく、ある一定規模で生じるリスクそのもの (確実に死に至るリスク過程)

---

[17] 経済産業省 2011 (a), pp.31-36.

第6章　葬送の社会学　　95

とみなされる。「高齢期の死」を生物学的で自然な現象と考えれば、致命的な損失という不安を抱えずに済むが、確率論的なリスクとみなされることで、できるだけ避けたいものとなる。老いや死が社会の中で盛んに取り上げられる一方、それらは避けたい不幸やリスクそのものとみなされ、排除される。この排除される時期をライフエンドという時期として再構成し、リスクの損失や不幸を専門家・事業者の提供するサービスを買う消費行動によって回避させるというのが経産省の試みとみることができるだろう。つまり、葬儀は、緊急消費ではなく、予測可能な消費行動であり、長間隔消費ではなく、長期間消費の一つに再構成されようとしている。

　このように死とそれに至る過程が行政や専門家・事業者らによって消費や管理の対象とされる一方で、なぜ、**私らしい死**や**自己決定**といった動きが衰えないのか。一見すると、専門家による管理と「私らしい死」「自己決定」という動向は、矛盾しているように思える。「私らしさ」は、リスクとしての死のイメージを当事者の主体性にもとづく（私的な）個性へとモデルチェンジさせる。しかし、市場化された「私らしい死」が生産され続けるには、多くの人々にとって「私らしい」ものとしてモデル化されなければならない。そのように考えると、そもそも「私らしさ」市場は、それらを提供する専門家や事業者らとともに成立する[18]。

　社会学者のウルリッヒ・ベックは、個人自らが決定していかねばならないことが増えたことで、結果的に自らの人生の専門家依存へと帰着（自分の人生の予測不可能性から逃れようとする帰結）することについて論じている。「個々人が遭遇するものは、以前はむしろ『運命的な情況』であった。すなわち、神や自然の名のもとに送り込まれるもの、例えば、戦争や自然災害や配偶者の死だった。要するに、それが起こったことに対して個々人が何の責任ももたないような出来事であった。それに対して、今日支配的なのはむしろ、試験に不合格になることから失業や離婚に至るまで、『個人的な失敗』とでも言うような出来事である。それゆえ個人化した社会においては、危険が、純粋に量的に見て、増大するだけでなく、質的に新しい形態の個人的な危険が登場する。その上、やっかいなことに、新しい形態の『責任の配分の仕方』が生じてくる。人生を自分で計画し自分で作り上げよ、というこのような圧力から、遅かれ早かれ、職業教育や福祉や臨床治療や政策に対する新しい要求も出てくる」[19]と述べている。

18　澤井敦 2005.
19　Beck 1986=1998, pp.268-269.

したがって、「不幸の回避が優先される状況において、各々の事象の発生確率を正確に理解されることのないまま、さまざまな現象がすべて一括してリスクと呼ばれ、その結果、右も左もリスクに満ちた**リスク・コンシャスな社会**[20]」のなかで、我々自身は様々な「選択」や消費を行っているといえるだろう。その点について我々自身が自覚しておかなければならない点がある。

　第一に、私たち自身が、死や死別は回避できないリスクの結果であるはずなのに、その結果によってもたらされる負担がどこまで軽減できるかを判断しなければならないことについてである。ライフエンド後のサポートとして、たとえば、死別後の手続きにおけるサービスの必要性について説かれている[21]。たしかにこうした事後処理（遺産や法的手続き、各種申請等）には専門家や事業者、また行政自体が負担の軽減に一役買うだろう。しかし、葬儀の場合、その意味付けが遺族の死別においてどのような役割を果たしうるのか、また、死や死別による精神的、情緒的な負担の軽減とはどういう状態なのか、それについても専門家が判断するのかという複雑さに向き合わねばならない。さまざまな対処法が示されるなかで我々自身が判断することは、シンプルなことがらであるはずだが、現実は複雑化しているのである。

　第二に、生の終りから死後まで個人単位で対処できるアクセス網が整備される一方、それが逆に当事者の孤独に繋がるのではないかという危惧である。葬儀についていえば、1節で地域集団が葬儀にかかわってきたと述べたが、それがたとえ義務的であったにせよ、地域内の相互扶助（助け合い）という認識が浸透していた。それは、病の時や死亡の時だけの関係が結ばれていたからではなく、「健康に生活してきた時の関係」を維持してきたからこそ、である。しかし、老いから死後までの専門家らの登場は、それまで築いてきた関係のなかで死に向き合うことから遠ざけ、かえって死にゆく当事者だけを孤立させてしまう場合もあるのではないだろうか。様々な専門家や事業者を頼りながらも、生前からの関係者との繋がりを老いから死後までどう維持するのか、我々自身はつねに「選択」を迫られ続けるだろう。

20　藤村 2008, p.76.
21　経済産業省 2011（a）, pp.27-28.

5……………おわりに

　超高齢社会を迎えた現在、死はリスクの結果としてだけでなく、リスク過程における消費行動の一つとなりつつある。現状では、老いから死に至る安心を手に入れたいと思う国民を消費者として位置付けているとはいえ、事業者へのリスク商品の積極的な開発や消費活動を経産省が喚起しているわけではなく、むしろ今ある資源を生かしながら、「専門的なもの」や「福祉的なもの」、「商品なるもの」の領域を曖昧にすることが目指されている。

　これまで、葬送の分野では、葬送を商品として扱う事業者とそれを消費していると自覚しにくい消費者という関係が創り出されてきた。死がリスクの結果というよりもリスク過程の一つとして組み込まれることで、今後、この関係はどう変化するのか、また、葬送の意義がこの先どう問われていくか、さらに慎重に検討する必要があるだろう。

【文献】

- 有賀喜左衛門（中野卓・柿崎京一・米地実編），1969，『有賀喜左衛門著作集』未来社.
- Beck,U.,1986, *Risikogesellschaft*, Suhrkamp Verlag（=1998, 東廉・伊藤美登里訳『危険社会』法政大学出版局）.
- Elias,Norbert,1982,*Über die Einsamkeit der Sterbenden*, Frunkfurt am Main : Suhrkamp（=1990, 中居実訳『死にゆく者の孤独』法政大学出版局）.
- 厚生労働省，2009, 「平成21年人口動態統計 死亡数，性・年齢（5歳階級）・死因（三桁基本分類）別」
- （http://www.e-stat.go.jp/SG1/estat/GL08020103.do?_toGL08020103_&listID=000001066499&requestSender=dsearch）.
- 藤村正之，2008, 『〈生〉の社会学』東京大学出版会.
- 今井孝平，2005, 「公取委の『葬儀サービス取引実態調査』を読んで」『公正取引』No. 659公正取引協会, pp.19-24.
- Clammer, John,1997, *Contemporary Urban Japan : a sociology of consumption*, UK : Oxford.（=2001橋本和孝・堀田泉・高橋英博・善本裕子訳『都市と消費の社会学』ミネルヴァ書房）.
- 国立社会保障・人口問題研究所編，2007, 『人口の動向 日本と世界2006』.
- 経済産業省，2011（a），「安心と信頼のある『ライフエンディング・ステージ』の創出に向けて～新たな『絆』と生活に寄り添う『ライフエンディング産業』の構築～ 報告書」.
- ―――――，2011（b），「安心と信頼のある『ライフエンディング・ステージ』の創出に向けて 実態・調査結果編」.
- Mauss, Marcel, 1925, "Essai sur le don : forme et raison de l'échange dans les sociétés archaïques", L'Année sociologique,seconde série1923-1924, t, 1, 1925（=1973有地亨, 伊藤昌司, 山口俊夫共訳『社会学と人類学』弘文堂 → 2008有地亨訳『贈与論』勁草書房）.
- Metcalf, Peter & Huntington Richard, 1991, Celebrations of Death : The Anthropology of Mortuary Ritual, Second Edition, New York : CambridgeUniversity（=1996, 池上良正・池上冨美子訳『死の儀礼』未来社）.
- 村上興匡，1990,「大正期東京における葬送儀礼の変化と近代化」『宗教研究』vol. 64, p.284, pp.37-61.
- 澤井敦，2005,『死と死別の社会学』青弓社.
- 島田裕巳, 2010,『葬式は、要らない』幻冬舎.
- 田中大介, 2005,「葬儀の産業化」山下晋司・福島真人, 2005『現代人類学のプラクシス 科学技術時代をみる視座』有斐閣, pp.167-179.
- 内田隆三, 1987,『消費社会と権力』岩波書店.

献体と献体供養

樫田美雄

　「献体」とは、死後の自分の身体を、解剖実習等のために提供することである。解剖実習は、医・歯学部の必修科目であり、それを行うためには、学生4～6人に1体の「ご遺体」が必要となる。この「ご遺体」の多くは、「献体団体」（徳島大学の場合は白菊会）に登録したボランティアであり、その何人かに一人は、「解剖体慰霊祭」や献体団体の「総会」に出席して、仲間の供養をしたり、健康講話を聞いたりして、生きている間も「献体者」として活動している。

　樫田ほか（2001）によれば、「解剖実習場」は「病院」に似ている。30体弱の「ご遺体」が台の上に並べられ、相互比較が可能な形で、教材化されている。そこでは、ご遺体は匿名化され、死因のみが一覧表で提供される。つまり、「解剖実習場」では、「一般性」と「匿名性」がご遺体の基本性質である。これに対し、「解剖体慰霊祭」では、「個別性」と「非匿名性」が献体者の基本性質となる。例えば、式典では、その年度の物故者全員の氏名が読み上げられる。家族が臨席している。また、「慰霊祭」開始前には、名札を付けた白菊会会員が、医・歯学生と数人ずつで、懇談する。献体者は、「供養」の式典に出ることで、「自らの死の意義」を確認し、「懇談会」に出席して、自らの思いを語ることで、「自らの生の意義」をも確認しているようだった。「献体」は、未来のことであると同時に、献体者の「今」を意義づけていた（献体の概況については（坂井2011）を参照せよ）。

　「生きること」と「献体」とは結びついている。たとえば、重い病気を医師の援助で乗り越えた経験が、献体を決心するきっかけだった、という話がある（「医療のお世話になったので、ご恩返しをしたい」（坂井2011,p.24））。

　逆に、「献体」が「生きること」に影響を与えることもある。「からだに、けがをしないように気をつけています」という発言が懇談会でなされていた。「（死後の保存処置の際の）保存剤が漏れてしまうといけないから」というのが、この白菊会会員の発言理由だった。ここでは、「献体者であること」が、死後の決意だけではなく、「生きること」の決意にもつながっている。

　献体希望者は、近年増加の傾向にあるという。先祖代々の墓がなくなり、自分の体を自分の意志で処分できるようになり、かつまた、世帯規模が小さくなって、家族の承諾が取りやすくなった、という社会の変化が背景にあると言う。「献体と献体供養」を通して、現代社会を考えて行くことができそうだ。

【参考文献】
樫田美雄・岡田光弘・中村和生・坂田ひろみ・澤田和彦・福井義浩, 2001,「解剖実習のエスノメソドロジー」『年報 筑波社会学』13号, pp.96-127（http://web.ias.tokushima-u.ac.jp/social/kasida/pdf/kaibou.pdf にて入手可）.
坂井建雄, 2011,『献体』技術評論社

第 7 章
看護職の仕事

三井さよ
Sayo Mitsui

1 ……………はじめに

　本稿のタイトルは「看護職の仕事」だが、実はこのタイトル自体がなかなかに問題含みである。**看護職**の仕事は、どこまでが「仕事」なのか、それ自体がよく問われてしまう仕事だからである。

　たとえば、看護職が患者に見せる笑顔は、「仕事」なのか。対人サービス業なのだから「仕事」なのは当たり前なのだが、「仕事」だと言い切ってしまうと、「本物ではないのか」という失望を招きそうである。

　あるいは、看護職に対して「多くの死を見てきたから、死に慣れているだろう」という言い方があるが、看護職はそれに対して強い反発を示すことが多い。「仕事」として割り切っているはずだといわれることに、看護職自身が反発を示す。他方で、患者の死に看護職が常に涙を流すはずだと捉える人もいるが、実際には、多くの医療現場では看護職が涙を流すことを禁忌と捉える傾向が強かった。

　このように、看護職の仕事については、どこまでが「仕事」であり、何をもって「仕事」と呼ぶのかについて、奇妙にねじれた捉え方が存在している。本稿は、このことをテーマとしたい。

　ただしここで注意しておきたい点がある。どこまでが「仕事」かが問われてしまうといっても、いわゆる白衣の天使像を描こうとしているわけではない。看護職を「白衣の天使」と呼び、看護を「愛」として扱うような見方は長らく存在する。白衣の天使像では、看護は女性の自然な愛情の発露であるとされ、患者に心を砕くことこそが看護であるとされる。

　そして、そうした捉え方は、看護職の労働者としての権利を否定する方向で用いられることが多い。たとえば日本看護協会の機関誌『看護』1956年5月号では、看護職が全寮制の廃止を求めているのに対して、あるマスコミ関係者が「家庭にとらわれては、仕事に差し支える。釈迦が家を捨てられたように、看護

の仕事は特別のものではないでしょうか。看護は愛情なりと考えるとき、家庭がじゃまになりはしませんか」と述べている。白衣の天使像は、一見讃えているように見えて、看護職が私生活を持ち、給料で生活する個人であることの否定に使われがちである。

　看護職の仕事をめぐっては、どこまでが「仕事」なのかについてねじれた捉え方が繰り返し示されている。では、なぜそうなるのか。看護職の仕事はどのようなものとして成立しているのか。本稿は、白衣の天使像に立ち戻るのではなく、このテーマについて考えてみたい。その際に手がかりとなるのは、**専門職 profession** とは何か、他者への**ケア care** とは何かという問いである。本稿では、これらの言葉を手がかりにしながら、看護職の仕事について捉えかえしていきたい。

2………患者の状況と専門職制度

　まず踏まえなくてはならないのは、患者という、看護職にとっての顧客にあたる人たちの置かれた状況が、一般のサービス業の顧客とは大きく異なることである。たとえば、ある看護職に、「看護は普通の仕事じゃないんです」と言われたことがある。「仕事」ではあるが、一般的な意味での「仕事」という語感で括られることに強く反発を感じるという。

　その看護職の話によると、勤めている病院で、院内感染が起きてしまったことがあったそうである。被害を被った患者に死が近づくなか、医師が病室を訪れた。すると患者は医師に抱きついて、「先生、なんとかして！」と叫んだのだという。その声は看護職の耳に焼付いたといい、そのとき「看護は普通の仕事じゃない」と強く感じたそうである。

　患者がなぜそのようにふるまったのかは定かではない。死への恐怖に際して、他にすがるものがなかっただけかもしれない。一見助けを求めているように見えて、実は怒りの叫びだったのかもしれない。あるいは、すでに、加害者／被害者という枠組みを超えていたのかもしれない。

　いずれにせよ、通常のサービスを求める顧客は、自分に被害を与えた人に抱きついて助けを求めるようなことはしない。ここには、患者の置かれている状況が、一般的な対人サービス業の顧客とは大きく異なることが示されている。

　専門職 profession は、そうした人たちへの支援を担う。代表的なものとしては、医師や弁護士、聖職者が挙げられる。

そうした人たちへの支援を担うだけに、専門職には、多大な心理的負荷がかかっている。患者は何とかして助けてほしいと願うが、専門職が万能かといえばそうではない。患者の身体はそれぞれ異なり、一般的な治療を施してもうまくいくとは限らないし、治療法も明日には新しいものが出てくるかもしれない (Parsons 1951=1974, pp.437-442)。患者はしばしば医師に対して、自分に「仕事」を超えた個人的な関心を向けてほしいと願うし (Freidson 1961, p.49)、医師も患者の生死がかかった状況に、「仕事」を超えた関心を抱くこともあるだろう。どのような職業にも過失や失敗はあるが、医療における過失や失敗は重大である (Hughes 1958, pp.88-101)。

　それだけに、医師をはじめとした専門職には、クライアントが求めるもののうち、何が専門職によって担われるべきものであり、どのように対応されるべきなのか、そのサービスの範囲と内容を、専門職の側が定義できるとされてきた (Parsons 1951=1974, pp.449-458; Hughes 1958, pp.88-101)。

　本稿の文脈に沿って言い換えてみよう。専門職は、クライアントの置かれている状況が当人にとって重大な意味を持つために、どこまでが「仕事」なのか、割り切れないところの残る職種である。だが、専門職はどこまでが「仕事」なのかを自ら決めることができる。治療の結果、患者が亡くなったとしても、それが自らの過失なのか、医師の間で判断できる。医師たちは、ある程度共有された知識体系に基づいて、患者など他者の定義を排して、どこまでが「仕事」かを自ら定義できるのである。

　看護職も、クライアントが患者であるという点では、医師と同じである。その意味では、看護職も専門職である。ただ、看護職は必ずしも専門職の理念型には当てはまらないとみなされてきた。たとえば、看護職が医師と同じように患者を診断し、看護を施すわけではないだろう（看護診断・看護過程といった言葉はあるが）。むしろ、1970年代までは、医師らが「**完全専門職 full-profession**」であるのに対して、「**半専門職 semi-profession**」であると位置づける議論が中心だった（Etzioni 1964=1967）。

3……… 専門職の枠からはみ出るもの——看護職の葛藤や迷い

　ここで、看護職がよく話してくれる葛藤や迷いのうち、医師にはあまり見られないものをいくつか挙げてみよう。といっても後述するようなケアを標榜する、末期医療や生活に密着した医療を実践する医師は、同様の経験を話してく

れることがある。ただ、一般の病院に勤める医師には、あまり見られないようなものである。

　たとえば、ある看護職が、食事療法を必要とする患者の例を挙げていたことがある。療法を守ってほしいと何度も言ったにもかかわらず、患者は守ろうとせず、むしろそのつど、「これが普通のことなんだよ」と怒鳴ったり、怒ったりしていたという。看護職は、どうしてわかってくれないのかと哀しく思っていたそうである。だが、付き合っていくうちに、人に迷惑をかけたくないというその患者なりの思いがだんだん伝わってきた。実際に体調を悪くしているのだから迷惑はかけていると思いつつ、それでもその人なりの筋の通しかたがあるということに気づかされ、その生き方に感動したという。そこから、その患者との間には、「仕事」を超えた人間関係が育まれていった。その患者が亡くなったときには、家族と抱き合って涙を流したという（三井 2004, p.117）。

　このように患者から否定的な感情をぶつけられる機会は、医師よりも看護職の方が圧倒的に多いようである。医師は診断と治療でのかかわりが主だが、看護職は入院生活の日常で患者とかかわる。それだけに、医師には見せない感情や思いが、看護職に叩きつけられがちである。そして看護職は、それをただやり過ごすのでも、すべて受け入れるのでもなく、付き合おうとする。患者の言動の中に、言葉にならない患者の思いが隠されていると捉え、否定的な感情をぶつける患者は「まだわかりやすい」とも言われる。

　また、ある看護職が挙げる例によると、ある末期の患者が、しびれの強い下肢を一日中マッサージすることを希望していたという。看護職は団結して、患者のベッドサイドに看護職がいない時間が一日一時間もないように努力したという。にもかかわらず、患者は看護職がそばを離れたことへの苦情だけを言い続け、亡くなるときまでそれは続いたそうである。その看護職は、患者のベッドサイドにぜひ行きたいと思えないことに自責の念を抱き続けていたと振り返る。あとから考えれば、イヤだと思っても誠実に付き添い続けたのだから「それはそれでよかった」と思いつつ、当時はとてもそうは思えず、また今後同じような状況に至れば、おそらく同じように自責の念を抱くだろうという（宮子 2000, pp.66-71）。

　このような自責の念や後悔について触れる看護職は多い。患者が亡くなったとき、やるべきことはやったのだから後悔はないと言い切りながら、それでも「あのとき体調が悪いのに入浴させてしまってよかったのだろうか」「無理にでも髭を剃ってあげればよかっただろうか」といった後悔を口にする看護職は少な

くない。入浴や髭剃りについて、そのつどの判断については間違っていなかったとしても、やはり後悔は残されるのだという。

医師にもこうした複雑な感情はあるのだろうが、あくまでも治療法の問題に集約されるだろう。それに対して看護職が挙げるのは、入浴や髭剃りなど、実にさまざまな事柄にわたり、冷静な判断とはまた別に、どうしても残されるような葛藤である。

ここで取り上げたような看護職の迷いや葛藤、心の揺れ動きは、専門職制度の中にはうまく位置づけられない。専門職制度の枠組みで捉えるなら、否定的な感情を叩きつける患者は、単に排除の対象にすればいいのであり、患者の亡くなる直前の入浴や髭剃り、体位変換は、それが必要だったかという観点から判断されればいいということになるだろう。

だが、こうして心を揺り動かされ、葛藤し、迷うことそのものが、おそらく看護職の職務において決定的に重要な意味を持っているのだと思う。これを中途半端な専門職として捉えてきたのが、先述した半専門職論だったが、それは専門職制度を中心にして考えすぎていたからである。むしろここには、専門職制度を超えた、新たなあり方が示されているのだと見た方が正確なのではないか。

ただし、注意しなくてはならないのは、冒頭で述べたような白衣の天使像に引き戻されてはならないということである。白衣の天使像は、いわば、このように心を揺り動かされ、葛藤し、迷うことそのものが、看護職の職務であると捉えるような見方である。そこに立ち戻ってしまってはならない。

ではどのように捉えかえせばいいのか。その手がかりとなるのが、ケアという理念である。

4……相互行為としてのケア

1970年代から、従来の医療が**キュア** cure 中心であったのに対して、よりケア care を重視しようとする動きが出てきた。看護職が自らの職務をケアと捉えたり（池川1991他）、末期医療の現場から提起されたり（柏木1978他）、高齢化が進む中、老いが進む人たちの生活を支える営みがケアと呼ばれたりした（木下1989）。ケアの定義は論者によってさまざまだが、端的にいうなら、相手が自らと相互行為する他者であると認識した上で、その人の生を支えようとするものである。

患者が医療者と相互行為する他者であると捉えれば、ある患者が何をそのとき必要としているのか、専門職の側だけが定義できると想定することには、無理があることになる。なぜなら、いま見えている患者の姿は、あとから別様に見えてくるかもしれないからである。

　ある行為が持つ意味は、本来、それに先続する行為や後続する行為によって変化しうる（佐藤 2008, pp.187-214）。看護職と患者のかかわりでいうなら、たとえば患者が看護職に対して声を荒げているのは、患者が家族や友人たちとの間で感じているストレスの発散かもしれないし、看護職のふるまいに対する怒りかもしれない。しばしば、それはその段階ではわからない。往々にして、事後的に「そうだったのだ」と振り返られるようなものである。

　ケアという理念は、事後的に捉え方が変化しうることに対して、開かれようとする。専門職制度は、あくまでも専門職が定義できるとするものだったが、ケアはそれを超えてしまう。怒鳴ってくる患者の行為を、どう意味づけられるのかは、いま看護職にすべてがわかっているとは限らないと捉え、それを探ろうとするのがケアの営みである。

　それが、先述したような心の揺れ動きや迷い、葛藤を経験させている。患者の身勝手とも見える行動に、その人なりの筋の通し方を見出し、そのことに感動してしまうのは、患者のふるまいをまずは断罪せず、それとして捉えようとするからである。患者が亡くなった後に、入浴や髭剃りなどを振り返り、間違っていたわけではないのに後悔の思いを抱えるのは、ひとつの正しさだけで捉えず、さまざまな可能性に思いをはせているからである。

　患者のニーズを一方的に定義できる専門職であれば、こうした迷いや葛藤、心の揺れ動きは、専門職が自信を持って自らの仕事を取りしきれない、弱さのひとつに数えられるかもしれない。だが、ケアを試みようとする専門職であれば、むしろ職務を遂行するがゆえの必然である。もしかしたら、自分が悪かったから、いま患者はこのようにふるまうのかもしれないし、そうではないかもしれない。それは後にならなければわからないし、いつになっても確実に「わかった」とは言えないようなものである。仕事の中で常にこれらを問い続けるのであれば、心の揺れ動きや迷い、葛藤は避けられない[1]。

　かといって、こうした心の揺れ動きそのものが、看護職の仕事だというわけではない。少なくとも、白衣の天使像が描いてきたような、ひたすらに患者に心を砕くことだけが看護職の仕事ではない。看護職は、迷って葛藤していればいいというわけではなく、そのつど患者に対して何をなすのか、選択・決断し、

実行していかなくてはならないからである。いま目の前にいる患者に対して、世話をし、声をかけ、かかわらなくてはならないのであり、そのかかわりが患者の人生を大きく左右するかもしれないのである。

5 おわりに

　看護職の仕事は、どこまでが「仕事」かが問われてしまうような仕事である。まずは、患者が困難な状況に置かれているがゆえであり、その点においては専門職と共通している。だが、専門職が、どこまでが「仕事」かが問われたとしても、その線引きは専門職が行うという形で物事を整理できるのに対して、看護職は少し異なる。看護職をはじめとして、ケア——患者を自らと相互行為する他者と捉えて、その生を支えようとする——を担う人たちは、専門職のように、「仕事」の線引きを自らが特権的になしうるという前提を置かない。患者との相互行為の中で、患者に何が必要か、自分は患者に何ができるか、不確定なままに問い続ける。それゆえ、どこまでが「仕事」かという問いを、そのままに引き受けざるを得ない。看護職の仕事——というより、正確にいえばケアという仕事——は、そうしたものとして成立している。

　専門職制度の枠組みで考えれば、看護職は中途半端な専門職に見えるだろう。だが、患者が医療者と相互行為する他者であることに立ち返れば、むしろ看護職のように迷い、葛藤し、心が揺り動かされることは、当たり前のことである。かといって、白衣の天使像のように、それそのものが仕事であるかのように捉えるのもおかしい。看護職は、迷い、葛藤し、心が揺り動かされる中で、患者のために何が必要で、自分は患者に何ができるかを問い続けている。

　最後に付け加えたいのは、そうはいっても、病院内看護であれば、一定の枠組みは存在するということである。看護職は勤務時間外に病院の外で個人的に患者とかかわることはほとんどないし、病院内では看護職は看護職としての業

1　エツィオーニらの半専門職論は、専門職が官僚制から自律的な存在であるのに対して、半専門職は自律性が低いと捉えていた(Etzioni 1964＝1967)。その指摘は一面では当たっているのかもしれない。佐藤は、官僚制組織では、「組織の行為」の意味は事後的に変わりうると当事者たちに意識されていると指摘している（佐藤 2008, p.299)。行為の意味が事後的に変わりうると意識されているという点では、ケアは官僚制組織と共通している。実際、官僚制組織における無責任さや、反転した英雄的なふるまい（「私がすべての責任をとる」というリーダーが果たす役割は大きい）は、看護職にもよく見られる。現象として出てくるものは確かに似ている。ただ、その背景は大きく異なる。官僚制組織は、多数の人間を交代可能なメンバーとして働かせつつ、環境の変化に対応しながら、一定以上のパフォーマンスを安定的に保持するという作動を可能にするがゆえに（佐藤 2008, p.291)、そうした性格を持つ。それに対してケアは、自分とは異なる他者の生を支えようとするがゆえに、行為の意味が事後的に変わりうることが意識されている。この共通性と相違についてはもう少し丁寧に論じる必要があるが、それは別稿を期したい。

務や役割の中で患者とかかわっている。一定の制度や組織の中で、看護職は患者とかかわっているのであり、ここで取り上げた迷い、葛藤、心の揺れ動きは、あくまでもその中でのことである。

そして、制度や組織のあり方によって、看護職が迷い、葛藤、心の揺れ動きを否定的に捉えてしまうか、自らの仕事において重要なものと位置付けるか、大きく左右されるだろう。だとしたら、その心の揺れ動きや、迷い、葛藤を、それとして支えるシステム（制度や組織）を構築しなくてはならない（三井2010）。それが、一人ひとりの患者に必要なケアが行き届くために重要な一歩である。

【参考文献】
- Etzioni, Amitai, 1964, Modern Organization, Prentice-Hall（＝1967, 渡瀬浩訳『現代組織論』至誠堂）．
- Freidson, Eliot, 1961, Patients' Views of Medical Practice: A Study of Subscribers to A Prepaid Medical Plan in Bronx, New York: Russel Sage Fond.
- Hughes, Everett Cherrington, 1958, Men and Their Work, The Free Press: Glencoe, Illinois.
- 池川清子, 1991,『看護―生きられる世界の実践知』ゆみる出版．
- 柏木哲夫, 1978,『死にゆく人々のケア』医学書院．
- 木下康仁, 1989,『老人ケアの社会学』医学書院．
- 三井さよ, 2004,『ケアの社会学―臨床現場との対話』勁草書房．
- ―――, 2010,「ケア労働の組織―今後のあり方を考える」佐藤俊樹編『自由への問い6 労働―働くことの自由と制度』岩波書店, pp.196-217.
- 宮子あずさ, 2000,『気持ちのいい看護』医学書院．
- Parsons, Talcott, 1951, The Social System, The Free Press（＝1974, 佐藤勉訳『社会体系論』青木書店）．
- 佐藤俊樹, 2008,『意味とシステム―ルーマンをめぐる理論社会学的探究』勁草書房．

介護労働

石田健太郎

　人の一生が長期化するにつれて私たちは、**老い衰えゆく期間**を誰とどのように暮らしていくのか、じっくり考えることが必要となった。住まいや年金、医療といった保障だけでなく、老い衰えゆく身体をどのように支えながら生きてゆくのか、私たちは、その方法を**ライフスタイル**のひとつとして選択する。それは同時に、老い衰えゆく家族が自らの生をどのようなものとするのかを考えることでもある。老い衰えゆく身体の日常的なケアを私でない誰かが担うことになるのが、介護労働である。

　家族や友人によって介護されるのか、専門職やヴォランティアによって介護されるのかによって介護労働に求められるものは、変化する。ゲオルグ・ジンメルが二者関係を悲哀感情の発露する場として特徴づけたように介護労働は、**感情**を抜きに語ることのできない相互行為である。暖かみや冷たさ、喜びや苦痛といった様々な感情が、絶え間なく交差し、受けとめられたりやり過ごされたりする。情緒的な関係における作法が、介護労働の担い手と受け手の関係の取り結び方によって変化するのである。家族であれば**愛情**を、専門職であれば**貨幣**を媒介として、二者関係は取り結ばれる。

　高度経済成長期に特定の社会階層を超えて全面的に開花した**性別役割分業**にもとづいたライフスタイルと、家族介護の場における愛情の強調は、介護する性としての女性を、普遍的なもののように私たちに感じさせることに成功した。女性は、そのライフコースにおいて、子どもを産み育てる時期、親を介護する時期、そして夫を介護する時期を、他者への**ケア責任**を付与された主体として経験することになったのである。

　80年代以降に論じられた**介護の社会化論**とそれによって成立する介護サービス市場は、女性の社会進出や自己実現という思いを絡めとりつつ介護労働を、**ペイドワーク**の枠の中で女性によって担われる低位な存在と位置づけた。このように、伝統的な女性職のひとつとなった介護労働ではあるが、介護保険制度の導入によって、そうした位置づけも変化を迫られることになる。介護サービス市場における需要の急速な拡大と低賃金という特徴によって「介護をしたいと思う女性」だけでは、人手が足りなくなったのである。近年の経済状況を背景に社会全体における失業問題と介護業界における人手不足を結びつけた**積極的雇用政策**が実施され、介護労働は、若者や中高年失業者を新たな担い手として（外国人労働者も含め）動員しつつある。「介護をしたいと思う女性」「誰かの役に立ちたい、社会から必要とされていると実感を得たい若者」、そして「生活を維持しうるだけの賃金を得たいもの」という3つの理念型としてのアクターが、混在する場と介護労働はなった。

　ケアの受け手の権利を保障するための介護労働が、**良質な雇用**として再編成されることになるのか、それとも低い報酬と不安定な雇用として特徴づけられ続けることになるのかが、問われている。

【関連文献】
・阿部真大, 2007『働きすぎる若者たち』日本放送出版協会.
・天田城介, 2010『〈老い衰えゆくこと〉の社会学 増補改訂版』多賀出版.
・現代思想2009年2月号特集, 2009「ケアの未来—介護・労働・市場」『現代思想』青土社.

II

生涯

第 8 章

ライフコース論の現在

嶋﨑尚子
Naoko Shimazaki

1 ………… 21世紀を生きる私たち

1-1. 少子高齢化と生涯時間の長期化

　20世紀をとおして、私たちの社会は多くの人生経験に関連する変化に遭遇した。たとえば、長寿化、乳幼児死亡率の低下、少子化は、社会を構成する母集団である人口の構造を大きく変化させた。**少子高齢社会**の到来である。このことは、個人の人生でみると、生涯時間の長期化と生涯時間の確からしさの上昇を意味する。65歳まで生きる確率は、戦前（1935-36年出生者）には男性36.22％、女性43.55％であったのが、2000年には男性84.68％、女性92.59％にまで上昇した[1]。

　生涯時間が長期化し、その確からしさが上昇すると、人生は全体に間延びするのだろうか。それとも特定の人生時期が長期化したり、あるいは新しい人生時期が出現したりするのだろうか。これまでのところ、そのどれもが生じている。たとえば高年期や定年退職後の人生時期は、確かに長期化した。その一方で、青年期は間延びするよりも、新しい人生時期として青年でも成人でもない「脱青年期」が出現したと指摘する論者もいる[2]。

　こうした変化が進行するなかで、人びとがどのように自らの伝記的過程を歩むのかへの関心が高まっている。とくに発達的視点から、人びとの人生経験がどのように蓄積されてその後の人生に効果をもつのか（累積的効果）、自らの意思決定がどの程度伝記的過程を変えうるのか、周囲の環境や重要な他者からの影響がどうであるのか、という問いかけが生じている。この問いかけでは、人生はあらかじめ決められている（決定論的）のではなく、先行する時点での状態や環境によって条件づけられて（確率論的）形成されることが前提とされている。この点が、ライフコース社会学の出発点にある第一の問いかけである。

---

1 国立社会保障人口問題研究所，2010，『人口統計資料集2010』．
2 岩上真珠，2010，『〈若者と親〉の社会学——未婚期の自立を考える』青弓社．

1-2. 私たちが直面している社会の変化

　社会の諸領域に目を転じよう。20世紀は「科学技術の時代」と言われた。実際、科学技術ばかりでなく情報技術などの諸領域で、技術が急速に進展した。こうした技術は、われわれの生活を便利で効率的なものへと飛躍的に一変させただけでなく、社会の諸領域における専門分化も深化させたのである。あらゆる領域で専門家が登場し、彼らのなかで共有される専門用語を駆使して事象を詳細に説明し、検討していく……、こうした**専門分化**が進んだのである。われわれが直面している社会の変化の第一は、この専門分化である。

　それは私たちの生活においてもみられる。われわれは社会的役割を担い、それを遂行することで日常生活を営んでいる。たとえば、学生役割、子ども役割、きょうだい役割、アルバイト役割、地域活動役割、友人役割、恋人役割、患者役割……である。これらの役割は、それぞれが学校、家族、職業、地域社会、医療ケアなどの社会領域にうめこまれており、そして、それぞれの領域には固有の制度や規範が存在している。「職業人は生活の中心を仕事におくべきである」という職業領域における**制度規範**は、労働法における所定内労働時間という法律規範とは別に機能し、実際に多くのサラリーマンが膨大な時間を仕事に充てている。そして、仕事の総時間量がサラリーマンの個人評価に影響を与える（長時間働く者ほど評価が高い）。しかし、特定領域の制度規範が強くなると、それに関連する他領域の制度規範と矛盾することもあり、制度間対立を生じる。たとえば、「職業人は生活の中心を仕事におくべきである」という規範は、「女性は、乳幼児の子育てを中心的に担うべきである」という家族領域における制度規範と対立し、深刻な事態（仕事と子育ての両立の困難）を招いている。このように、社会領域の専門分化が進むにつれ、とくに時間をめぐってのせめぎあいが深刻化する。現在のように、職業領域が社会領域のなかで最重要視されている状況では、他の社会領域との対立や時間請求の侵入がはげしい。

　大学生の就職活動の早期化はその一例である。「就職セミナーへ参加するので授業を休ませてください」という申し出に教員はどう答えるべきなのか。大学4年生であればまだしも、3年生の10月時点では、教育制度への深刻な侵害である。「学生は授業に出席すべきである」という教育制度規範に、職業制度が堂々と侵入してきている。教育領域は職業領域の侵入になすすべを持たない状況におかれている（その状況に「ゆとり世代」が直面していることは皮肉なことである）。

　こうした状況の背景のひとつには、**人生の予測可能性**を高めようという意図がある。諸外国のように大学卒業後に就職活動を始めることは、卒業後の状況

をきわめて不安定なものにする。むしろ卒業前に進路を確定しておいて、卒業と連動して就職するほうが、学生にとっても、大学にとっても、企業にとっても望ましく、効率的であることはいうまでもない。しかし、予測可能性を追求するあまり、学生や大学側が本来の高等教育という機能を放棄せざるを得ないことになっては本末転倒である。

このように、予測可能性や合理性、効率性を追求することによって、非合理的な事態が生じていることが、われわれが直面している第二の変化である。「**社会のマクドナルド化**」[3]とも呼ばれるこうした現象では、人生の不確定要素が拡大し、社会のリスクが高まっている。近代社会は、われわれにとって快適な世界を構築しようと進んできたのに、現実にはパラダイスはますます遠ざかっていくのである。

以上、技術発展にともなう社会諸領域における専門分化の深化、合理化の追求による非合理性の発生という社会原理自体での2つの変化を提示したが、最後にグローバリゼーションとの関連から1点指摘しておきたい。20世紀末には、これまで自明であった国民国家体制がゆらぎ、世界地図が更新されつづけている。1980年代以降ヨーロッパは激動した。たとえば、1989年ベルリンの壁崩壊とドイツの統合、1991年のソビエト連邦の崩壊、グローバリゼーションの進展にともなう国家をこえたEUヨーロッパ連合の成立とその拡大など、社会や国民国家体制全般における急激な社会変動が生じた。これら社会体制自体の変化を含めた社会構造の激変のなかで、人びとの伝記的過程やライフチャンスにどのような影響が生じたのかという問いが、ライフコース社会学の第二の問いかけである。

1-3. ライフコース論の登場

これら2つの問いかけにもとづいて、ライフコース論は1970年代から社会学、心理学、歴史学、政策科学等と連携しつつ観察枠組みを整えてきた。Buchmann[4]は、ライフコース研究を表1のように、分析水準(構造的水準と文化的水準)と分析射程(**マクロ社会学的射程**と**ミクロ社会学的射程**)の2軸から4つのアプローチに分類している。この分類にもとづいて、ライフコース論を概観しておこう。

社会学の視点を強調するならば、ライフコース社会学は、私たちが様々な社

---

3 ジョージ・リッツア, 1999, 『マクドナルド化する社会』早稲田大学出版部.
4 Buchmann, M., 1989, *The Script of Life in Modern Society: Entry into Adulthood in a Changing World*, Chicago: University of Chicago Press.

表1 ライフコース研究における分析的特徴と概念

分析水準	分析射程	
	マクロ社会学的射程	ミクロ社会学的射程
構造的水準	役割セットからなるライフコースの制度化；制度化された地位／役割の配列 [制度的アプローチ]	実際の地位と役割の配列としてのライフコース [伝統的アプローチ]
文化的水準	伝記における集合表象とイデオロギー	伝記における個人表象；伝記的パースペクティブと戦略

Buchmann (1989, p.16) に追記。

会的役割を担いながら生きていく様相を個人の伝記的過程としてではなく、社会的現象としてとらえる視点であり、構造的分析水準を主軸に展開してきた。そもそもは第一の問いかけ、人間発達への視点から出発している。表中の「実際の地位と役割の配列としてのライフコース」にあてはまる**「伝統的アプローチ」**である。このアプローチは、人間発達に主軸を据え、女性と男性の出生から死亡までの人生軌道という対象へと接近する枠組みであり、生涯発達心理学と社会学との科学的関心にもとづいて展開した[5]。これらの研究は、**グレン・エルダー**を中心とした一連の実証研究ならびに方法論的検討に代表されるように、北米を中心に進められてきた。そこでは、「**ライフコースとは、年齢によって区分された生涯期間を通じての道筋であり、人生上の出来事についてのタイミング、移行期間、間隔、および順序にみられる社会的パターンであり**」[6]、「**そのパターンは、年齢によって秩序づけられており、年齢階層制を含む社会制度によって具象化され、また歴史的変動の影響を受ける**」[7]と定義されている。年齢等については2節で説明するが、ここでは、ライフコースが個人の人生、個人の伝記的過程と同義ではないと定義されている点を強調しておく。

そして、第二の問いかけにたいして「役割セットからなるライフコースの制度化」にあてはまる**制度的アプローチ**が登場した。このアプローチは、ポスト近代化を中心とした社会変動に主軸をおいた理論的検討を含んでおり、ドイツ

---

[5] グレン・エルダー, 1986, 『大恐慌の子どもたち』明石書店.
[6] Elder, G. H. Jr., 1978, "Family History and the Life Course," T. K. Hareven ed., *Tansitions: The Family and the Life Course in Historical Perspective*, New York: Academic Press, 17-64, p.21.
[7] Elder, G. H. Jr., 1992, "The Life Course," E. F. Borgatta and M. L. Borgatta eds., *The Encyclopedia of Sociology*, Hampshire: Macmillan.

を中心に社会学や歴史学、政策科学で活発な研究が展開されている。ここではライフコースは、「社会構造の一つの要素であって、それは個人の行為、組織的過程、そして制度的・歴史的諸力の所産である。ライフコースは、個人の伝記物語ではなく、社会的にパターン化された軌道なのである」と、より社会変動に力点をおいた定義がなされている[8]。そして、3節でとりあげるライフコースの制度化、標準化、個人化という概念がキーワードとして登場している。

この2つのアプローチとは別に、文化的水準からのアプローチが登場し、展開している。ここでは長い研究実績のあるライフヒストリー研究の方法論とむすびついて、実証的な研究ならびに方法論的探索が積極的に進められている。

2 ライフコース社会学の視点

2-1. 多元的時間枠組み

ライフコース論が、社会学に貢献していることのひとつは、**多元的時間枠組み**の導入である。ライフコースの枠組みでは、複数の時間が相互に関係しながら同時に進行する様相を観察していく。たとえば、歴史時間、社会時間、制度時間、個人時間といった複数の時間を設定し、それらが同じ速度で進行している点に着目して、観察対象をそれぞれの時間上に位置づける(それぞれのコンテクスト)という方法である。こうした多元的時間枠組みの導入によってマクロ社会学的射程とミクロ社会学的射程との統合が可能になる。

たとえば、筆者が研究対象としている常磐炭砿㈱とその従業員のライフコースを紹介しよう[9]。常磐炭砿㈱は、福島県いわき市にあった本州最大の炭砿であるが、1971年に閉山した。閉山にあたっておよそ5,000名の炭砿労働者全員を解雇した(映画「フラガール」の舞台である)。このとき解雇された労働者は、職業キャリアの最盛期にキャリアの中断を余儀なくされたのである。われわれは、1997年から10年かけて彼ら全員のその後を追跡し、彼らの90%を追跡することに成功し(死亡者を含む)、各人の閉山後のキャリアを再現した。彼らの再就職は、閉山時の年齢やライフステージごとに、再就職希望内容も実際の就職先も異なっていた。つまり1971年に発生した閉山という出来事に遭遇したときの**個人時間**(年齢)と**家族時間**(ライフステージ)が影響していたのである。また、1970年代

---

[8] Mayer, K. U. and N. B. Tuma, 1990, *Event History Analysis in Life Course Research*, Madison: The University of Wisconsin Press.
[9] 詳細は、正岡寛司・藤見純子・嶋﨑尚子・澤口恵一, 2006,『炭砿労働者の閉山離職とキャリアの再形成 Part Ⅸ』早稲田大学文学部社会学研究室.

図1　常磐炭砿㈱の閉山と労働者のライフコース：多元的な時間枠組み

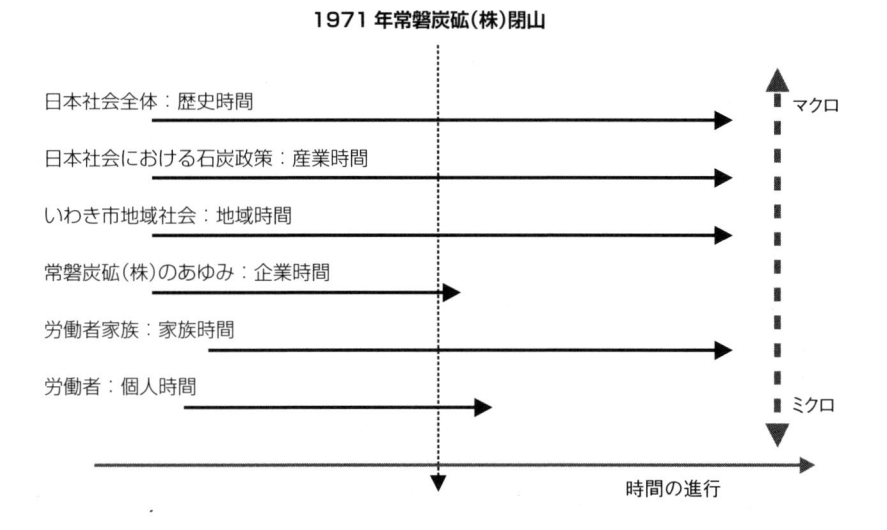

```
                          1971年常磐炭砿(株)閉山
                                 ↓
日本社会全体：歴史時間        ────────────→        ↑ マクロ
日本社会における石炭政策：産業時間  ────────────→    ┊
いわき市地域社会：地域時間    ────────────→        ┊
常磐炭砿(株)のあゆみ：企業時間 ──────→             ┊
労働者家族：家族時間         ────────────→        ┊
労働者：個人時間            ─────────→           ↓ ミクロ
                                                時間の進行 →
```

には、常磐炭砿㈱にかぎらず多くの炭鉱が閉山したが、それらの炭鉱での労働者の再就職やその後の地域再生の様子にはそれぞれ固有な特徴がみられる。その特徴は、炭鉱会社の**企業時間**（それまでの経緯、たとえばどのような経営組織であったのか、組合との関係のありかたなど）や、**地域時間**（地域社会が石炭産業とどうかかわってきたのか）などに着目すると説明できる。

　周知のとおり、日本の石炭産業は2002年の太平洋炭砿の閉山によって幕を閉じた。最後に閉山したのは、かつて1960年代にスクラップ・アンド・ビルド政策で、「優良炭鉱」とされた北海道や九州の炭鉱であった。これらの炭鉱が閉山したときの日本には、炭鉱離職者に新たな職を提供できるだけの豊かな労働市場は存在していなかった。同じ炭鉱の閉山であっても、日本社会における石炭政策（**産業時間**）、ひいては日本社会の経済産業過程（**歴史時間**）のどこに位置したかによってその後は大きく異なったのである。北海道夕張市の破綻はその一例である。ライフコースには、**時空間上の位置**と**タイミング**（時機）が重要な要素なのである。こうした事象を考えると、対象を多元的な時間枠組みのなかに位置づけることで、その理解が深まることがわかる。

2-2. 個人の人生と社会とのインターフェース：年齢

　これまでにみてきたようにライフコース社会学では、個人の伝記的過程（いわゆる人生）を、社会的役割やその継起過程であるキャリアに注目し、それらを多元的な時間枠組みに位置づけて観察する。その際にインターフェースとなるのが、**年齢**と**コーホート**である。ここではこの2つの道具を理解しておきたい。

　ここでいう年齢は、「暦年齢 chronological age」をさす。つまり出生年と観察時点での暦年という2つの情報を知ることで算出できる年齢である。1991年生まれの場合、2011年には20歳となる。この暦年齢は、生涯時間をはかる「ものさし」として、非常に有用な道具といえる。というのは、目盛が生涯にわたって等間隔に打たれているからである。

　こうした年齢がもつ「ものさし」としての有用性から、ほとんどの社会で個人の基本属性として年齢が位置づけられてきた。言い方をかえれば、年齢によって社会成員をカテゴリー化し、社会規範の多くがそのカテゴリーにもとづいて成立している。これが**年齢規範**である。成人年齢などはその例である。このようなしくみを社会の**年齢階層制**という。人びとの加齢過程は、年齢階層制のもとで年齢階梯を一段ずつあがっていく出生から死亡までの過程である[10]。

　年齢階層制はそれぞれの社会に応じて設定され、それ自体が社会構造の重要な要素である。義務教育年齢が、国ごとに異なることをみれば明らかである。そして必然的に、社会状況の変化に応じて、年齢階層制の内容それ自体も変化する。たとえば年金受給開始年齢が55歳から60歳へ、そして65歳へと段階的に変更されたことはその一例である。また最近では成人年齢20歳を引き下げよう、あるいは引き上げようという議論が活発になっている。

2-3. 個人の人生と社会とのインターフェース：コーホート

　さて、年齢は時代と交差することで、変動する年齢階層上に個人を位置づける。つまり私たちはある時代を特定の年齢でしか経験できない。反対に、私たちはある年齢を特定の時代でしか経験できないのである。年齢（人生上の位置）と時代とは一点でしか交わらない。その交点からなる斜線が、コーホートである。図2は年齢と時代、コーホートを示しており、**A-P-C 空間**という。

　コーホートは、年齢と同じく、個人と社会のインターフェースである。コーホートとは、同時代に特定の社会システムに参入した人びとからなる集団と定

10　Riley, M.W., A. Forner and J. Waring, 1988, "Sociology of Age," N. Smelser ed., *Handbook of Sociology*, Sage, pp.243-290.

図2 年齢・時代・コーホート（A-P-C空間）

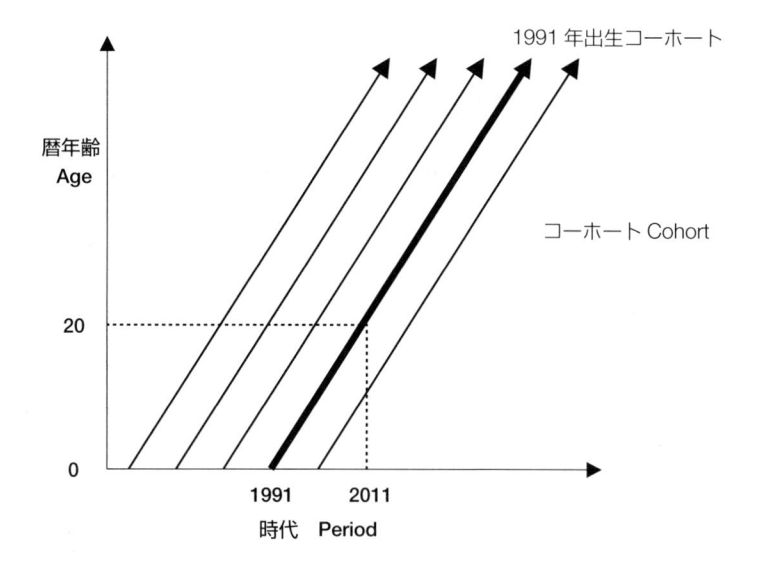

義できる。たとえば、1947-49年出生コーホート（一般にいう「団塊の世代」）や、1991年出生コーホートのように、同じ時期に出生して、その後同じ年齢を同じ時代に生きていく集団を指している。一般にいわれる「世代」に近いが、コーホートはあくまでも観察者の立場での操作的概念であって、観察対象に応じて設定することが可能である（たとえば1991-95年出生コーホートのように5年幅を一区切りにするなど）。

また、コーホートを設定する際には、必ずしも出生を起点としなくてもよい。たとえば、2010年度学卒コーホートのように、「超氷河期に就職活動して卒業し、ともに社会人1年、2年……と社会人としての年齢階梯をのぼっていく集団」として設定することもできる。この2010年度学卒コーホートは、深刻な就職氷河期に就職活動せざるをえなかったが、このことは、2010年春の就職活動期にたまたま大学4年生であったことによる不運であって、このグループの能力による不運ではない。むろん、同じコーホートのメンバーでも希望進路をたどれた者もいれば、うまくいかなかった者もいる。そこには、新規学卒労働市場におけるジェンダー差別、労働市場における需要と供給のミスマッチ、意欲程度の違い、能力、地域など種々の要因が作用している。その要因構造の整理には、次節でとりあげる「結び合わされる人生」や「人間行為力」の変数が有効である。

このようにコーホートの考え方を基本にすえることによって、観察対象の社会経済的条件を統制して他の変数の効果を識別することが可能となる。

3 ライフコース論の現在

3-1. ミクロ社会学的接近

　ライフコース論では、これまで説明したような分析水準や分析射程から特徴づけられる研究が展開されている。このうちここでは、1節で紹介した2つのアプローチ、伝統的アプローチと制度的アプローチにおける最近の関心や方法論について整理しておきたい。

　伝統的アプローチでは、人びとの経験がどのように蓄積されてその後の人生に効果をもつのか（累積的効果）、自らの意思決定がどの程度伝記的過程を変えうるのか、周囲の環境や重要な他者からの影響がどうであるのかについての探求が、30年間にわたって進められ、理論的枠組みの構築、方法論的検討、そして多数の実証分析研究が展開されてきた。

　このアプローチでは、ライフコースの構成要素は、図3のように4要素に整理されている。このうち、「時空間上の位置」と「タイミング」はすでに説明したとおりである。ここでは**「結び合わされる人生」**と**「人間行為力」**の2要素についてふれておこう。この2要素は、近年ライフコース社会学がライフコース心理学と再接近する際のキー概念である（ライフコースの考え方は、もともと社会学と心理学とが連携して成立したが30年間に距離ができてしまったのだ）。

　私たちが経験する役割移行（青年から成人になるなど）は、重要な他者の人生経験に影響を与え、反対にそこから影響も受ける。あなたが大学を卒業して就職することは、あなたの親にとっては子どもの経済的独立を意味し、親役割上の重要な区切りとなる。親が定年退職後の人生選択をする際、子どもが経済的に独立していることは、それだけ選択肢を増やすことになる。反対のケースもあるだろう。もう少し学生を続けたいと思っていても、親がすでに引退していたり、健康状態が優れなかったりする場合には、子どもは就職を選択せざるをえないかもしれない。このようにライフコース上の選択や意思決定をする際に、重要な他者の人生上の位置からの影響を受けることが、「結び合わされる人生」という要素である。

　ライフコースは種々の外的要因からの影響を強く受けるが、一方で、個人のそれまでの経験や、個人の能力や努力、意図も作用する。これが4つめの要素で

図3 ライフコースの4要素

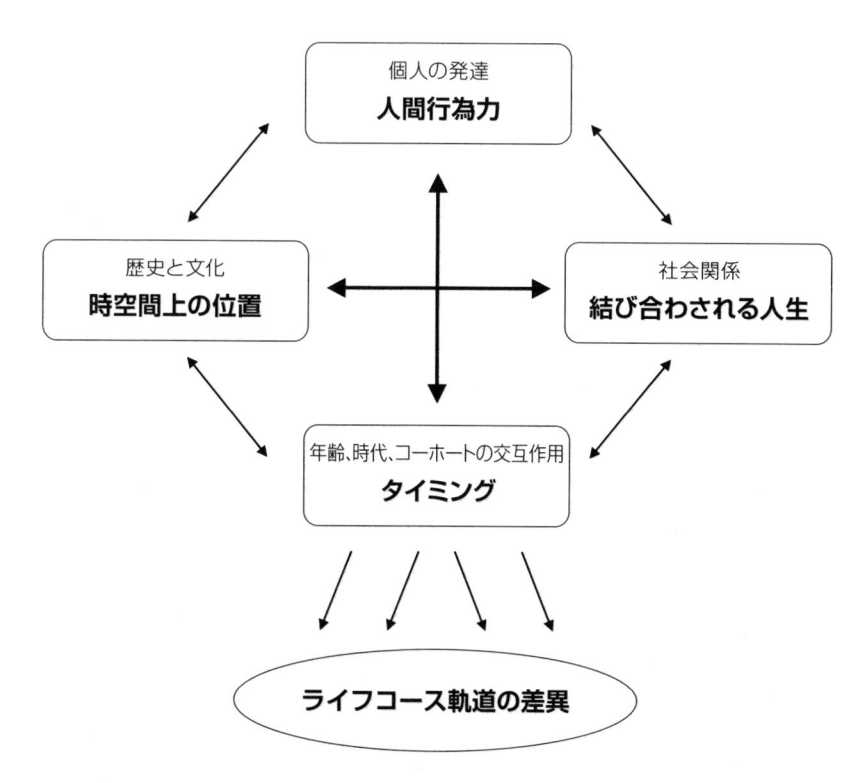

```
           個人の発達
           人間行為力
              ↑↓
    ↗              ↖
歴史と文化          社会関係
時空間上の位置 ←→ 結び合わされる人生
    ↘              ↙
              ↑↓
    年齢、時代、コーホートの交互作用
           タイミング
              ↓↓↓↓
        ライフコース軌道の差異
```

エルダー、ジール2003より転載[11]

ある「人間行為力 Human agency」である。すなわち、個人や集団が自らの目標にむけて積極的に意思決定を行い、自らの生活を組織化する際に発揮される力、能力である。この能力は、具体的には、青年期における自信や自己への信頼といった「各人の目標や価値観、強さにもっとも適した社会的慣行を選択する能力や才能」を示す計画的能力として観察することができる[12]。前節でみた就職活動で重視される事項のひとつは、この能力である。人間行為力がとくに重要になるのは、危機的場面である。危機的場面において個人がどのような選択を行

---

11 グレン・エルダー，ジャネット・ジール，2003，『ライフコース研究の方法—質的ならびに量的アプローチ』明石書店.
12 Clausen, J., 1993, *American Lives*, New York: Free Press.

うのかには、個人がもつ物質的資源、社会的資源だけでなく個人の能力が影響する。現前の状況に対して短期的な意思決定をするさいに、長期的な計画に合致するような合理的な行為を選択できるかどうかが重要になってくる。

これらのライフコースの要素を実際に観察することは、容易ではない。そのためには、時間の経過を含んだデータ（**縦断データ**）が必要になる。たとえば、同一対象者を定期的に調査して、どのような変化や連続性を示すのか、あるいは先行時点での選択がどのような結果をもったのかに関するデータを得られる**追跡パネル方法**はそのひとつである。この方法によって、社会学は心理学での変数を説明変数に加えることが可能になった。

3-2. マクロ社会学的接近

さて、制度的アプローチでは、マクロ水準でのライフコースの変化を3つの概念で整理している。第一に、**ライフコースの制度化** Institutionalization である。「規範的規則、法的規則、組織体の規則が人生の社会的・時間的組織化を定義する過程」を意味する。たとえば、人生の段階化などがある。この概念は個人の伝記的過程に関して、社会からの規制が強まる傾向を指しており、近代社会において国家は、合理性の原則にしたがって、その傾向を強めている。第二の概念は、**ライフコースの標準化** Standardization で、「特定の地位やイベント、それらが発生した継起が、所与の母集団において普遍的になること、あるいはそのタイミングがより均一になること」である。年齢の分散が拡大することで、脱標準化（de-standardization）現象となる。第三には、**ライフコースの個人化** Individualization がある。この概念は、「個人のみずからの人生に対する統制力が増大する過程」[13]であり、「伝統的拘束から解放されること」[14]と結び合わされて理解されることが多い。いずれも、マクロ水準でのライフコースを観察、説明する際に積極的に使われはじめている。

これら3つの概念の関係を整理しておこう。近代社会においては、人生経験は伝統や習慣から規制を受けなくなり、個人化された行為志向からの影響を受けやすくなる。とはいえ、人生経験は、国家の制度や規則に合致し、標準化された人生パターンに適合していることが望まれる。つまり、個人は、ライフコースに関連した選択の自由をもっているが、同時に、標準化されたライフコース

---

13 Bruckner, H. and K. U. Mayer, 2005, "De-standardization of the Life Course: What It Might Mean? And If It Means Anything, Where It Actually Took Place?," *The Structure of the Life Course: Standardized? Individualized? Differentiated?, Advances in Life Course Research*, 9:, pp.27-53.
14 Bruckner & Mayer, 2005.

の要請にも合致させねばならないのである[15]。また、ヨーロッパでは、とくに近年、種々の福祉国家政策によって、ライフコースの標準的な規則が書き換えられるという新たなライフコースの制度化が生じていることが指摘されている[16]。

日本社会をみるならば、ライフコースの制度化は戦後復興期から高度経済成長期にかけてすでに発生したと考えられる。終身雇用制と年功序列賃金体系を保障したサラリーマン生活の確立、国民皆年金・国民皆保険の成立、そして新規学卒者の見込み採用制度は、人びとの人生を大きく規定する制度として機能した。その結果、「皆が同じような人生を歩む」ことが、社会経済的属性、ジェンダーに関わらず実現されていったのである。先にみた3月に学校を卒業し、4月に社会人として入職するというパターンを、コーホート内の80％以上がたどるというライフコースの標準化が急速に進展したのである。そして、21世紀をむかえ、そうしたライフコース制度は基盤を失いはじめ、個人が自身の人生をコントロールすることを強く求められるというライフコースの新たな組織化が生じつつある。

3-3. ライフコース論の課題

すでにみてきたように、ライフコース論は20世紀における人生経験や社会変動の過程で、必然的に生じた問題関心・アプローチである。20世紀末から21世紀、そして2010年代をむかえて社会が直面する変化に即して、今後修正が必要になるのは自明である。最後に、現時点で検討すべき課題を2点あげて本章を終えたい。

第一に、年齢の問い直しである。日本社会は、年齢規範がとりわけ強い社会であった。年功序列賃金体系が20世紀をとおして維持・支持されてきたのは、「年齢は誰にとっても平等である」という意識にもとづいていたからである。「若いうちはがまんする」ことは、将来に関する高い予測可能性によって裏打ちされていたのである。同様に学齢という年齢システムは、学校教育を支えてきた。10歳児は、どんなに特定能力（たとえば算数）に優れていても中学生にはなれないのである。そこでは、特定能力とは別に、学校生活のなかでの行為や知識、すなわち経験が蓄積されることが重視されているのだ。また本章では触れなかったが、社会のマクドナルド化によって、個人や集団の経験が蓄積されにくくな

---

15 Buchmann, M., 1989.
16 Heinz, W. R., J. Huinink, C. S. Swnder and A. Weymann, 2009, "General Introduction," W. R. Heinz, J. Huinink and A. Weymann eds., *The Life Course Reader: Individuals and Societies Across Time*, Frankfurt: Campus Verlag, pp.15-30.

るという状況が惹起している。個々の経験が蓄積されないことによって年齢のもつ重要性が低減することは、容易に予想できる。日本社会の根幹を支えてきた年齢という基本カテゴリーが岐路にたっているのである。

　第二に、人工生殖技術の発達や脳死判定などによって、出生や死亡など人生（生涯時間）の始点と終点自体が曖昧になっていることを指摘しておきたい。このことは早晩、人生を観察する際の方法論上の課題として浮上してくるだろう。また、少子高齢社会では、多世代間の関係（たとえば祖父母と孫）が長期間にわたって持続し、さらにそれが少人数のなか（孫の人数が少ない）で展開される傾向がある。このように世代間関係が深化し、小規模化することは、死者との長いかかわりへとつながっていく。ライフコース研究は、個人の伝記的過程が、死者との長いかかわりのなかで展開していく視点を組み込むことも必要である。

　以上のように、ライフコース論自体が標準的枠組みの修正を迫られていることは事実である。そのためには構造的水準と文化的水準での研究の接近が模索されること、そして、方法論としての縦断的アプローチの有効活用が求められる。

自分史

小林多寿子

　自分史とは自己の人生を書き表わしたものである。過去の出来事を思い起こし、自分の歩んできた道を振り返り、書き綴ったものである。生いたちから現在まで生涯全体をあらわしたものだけでなく、子ども時代の思い出や青春記、戦争体験など人生の一時期に特化したものも多い。文章で綴ったものに加えて、俳句や短歌を組み込んだもの、写真や動画もふくめて多彩な表現形式の作品がある。自分史は、人生史、ふだん記、生活記録などさまざまな名称で呼ばれているものを包括した人生の物語である。

　1980年代後半から90年代にかけて自分史ブームといわれた時期には、おもに60代70代の高齢期を迎えた人たちにとってだれでもが書ける自伝としてひろがった。そして自費出版による自分史の書物化も顕著な特徴であった。その後、パソコンを駆使した自作の自分史作品が生まれインターネット上に自分史サイトが人気を集めたこともあったが、ホームページやブログなどの隆盛で自己表現の多様化がすすむにつれ、いま自分史はかつてほどには注目されていないかもしれない。しかしそれでもなお創設から20年以上たつ北九州市自分史文学賞へ毎年約400点の応募があり、愛知県春日井市の日本自分史センターには約1万冊の自分史作品が集まっている。2000年代になっても自分史教室や自分史を書くグループの活動は続いており、自分史は書かれ続けている。

　かつての自分史ブームは戦争体験世代が牽引していた。「あの戦いを生き延びた」「九死に一生を得た」あるいは「激動の昭和」などのフレーズで戦争体験そして戦後の高度経済成長期をいかに生きてきたかを伝えたいと自分史を書く動機が表明された。だが戦争体験者が確実に減り昭和が遠くなっていくにもかかわらず、いまなお後続の世代でも自分史を書こうとする人は続いている。自分史を書くことにどのような魅力があるのだろうか。

　まず「人生の再吟味」の魅力があげられる。D. プラースは人生を語ることで「人生の再吟味」に魅了された人たちのことを『日本人の生き方』(1980/1985) に記している。「人生の再吟味」というライフレビューによって過去の経験は意味をあたえられ、過去の〈私〉と現在の〈私〉がつながり、自分の言葉で表現できたとき、自己の人生に主体的な視点が得られる。そして過去の自己を書くという行為は、過去を現在へひきよせ、ストーリーに組み立てていくことである。自分史を書くことは自己のストーリーをもつことであり、その行為をとおして自分はなにものであったのかを確認することになる。だから自分史を書くことはアイデンティティ・ワークでもある。自己のストーリーによってえた自己理解は現在の自己を肯定する作用としてはたらくであろう。

　自分史を書くという行為は、このように自己へ向かうベクトルとともに、自己のストーリーを書物という作品にすることで他者へ向かうベクトルも併せもつ。自己の人生の物語が読書される可能性は、身近な他者そして未来のだれかへ自己の経験が伝達され継承されていくことの可能性である。自分史のあとがきにはこのような経験の世代継承の機会をえられた満足感がもっとも強く表明されている。

第 9 章

家族写真と人生の物語

角田隆一
Ryuichi Tsunoda

1……………家族写真と物語としての人生

　本章は、家族写真とライフコースの関係について社会学的な理解を深めていくものである。そのさいに、とりわけ「物語」という枠組を採用してアプローチを試みたい。なぜなら「物語」は、両者の密接な関係を示す枠組であるとともに、また両者の関係における様々な諸相をクリアに見通していくために有効な方法の一つでもあると考えているからである。

　ライフコース研究には「物語への感受性」が不可欠であると指摘したのは、井上俊である。井上は、D. プラースのライフコース観を携えながら諸種の物語論を横断して参照し、「物語としての人生」という視角からライフコース論の一つの地平を磨き上げてみせた。「私たちは、自分の人生をも他者の人生をも、物語として理解し、構成し、意味づけ、自分自身と他者たちにその物語を語る、あるいは語りながら理解し、意味づけていく——そのようにして構築され語られる物語こそが私たちの人生にほかならない。この意味で、私たちの人生は一種のディスコースであり、ディスコースとして内的および社会的なコミュニケーションの過程を往来し、そのなかで確認され、あるいは変容され、あるいは再構成されていくのである」[1]。家族写真はまさにこのような物語としての人生を構築する場面に動員される代表的なメディアであろう。家族写真が持ち出されてくることによって、人生を物語る（あるいは物語的に回顧する）舞台設定が整い、映画、ドラマ、CM などでもよく目にするような、あのわれわれが経験的に慣れ親しんだ風景が現われてくる。しかしながら人生の物語が一方的に写真を要請するのではなく、写真の方もまた物語を要請しているともいえる。写真が観る者に物語を喚起するということはこれまで数多く論じられてきたし、この特性

1　井上俊，1996，「物語としての人生」井上俊・上野千鶴子・大澤真幸・見田宗介・吉見俊哉編『岩波講座　現代社会学9　ライフコースの社会学』岩波書店，pp.25-26.

を活用した質的調査方法論も存在するほどである[2]。写真は「その構造からして、じっさいにはともかく潜在的にはつねに……物語を要請している」[3]。

　本章では、このような緊密な結節点としての「物語」という枠組から家族写真とライフコースの関係について幾つかの諸相をみていこう。まず人生の物語を構築する上での家族写真の機能（2節）を整理し、この基本的内容を念頭に置きながら、その制度性（3節）、今日的動向（4節）を確認した後、最後に両者の物語的関係を改めて問い直し、その関係に対して理解を深めていけるような観点（5節）についても触れてみたい。

2……… 人生をノスタルジックに物語化する家族写真

　ライフヒストリー（ストーリー）・インタビューの成果などでも明らかなように、紡ぎ出されてくる魅力的な人生の語りの傍らには、おおく優れた聞き手の存在がある。逆にいえば、何の助けもなしに独力で人生を物語ることはそう容易なことではないということだ。家族写真は、このような人生の物語を構築する上での効果的な媒介として一定の役割を果たす。その基本的内容を簡単に整理しておくと、まず第一に、家族写真は人生で経験したイベントや細かいエピソードを想起させ、語る内容を彩りよく提供してくれるような「記憶メディア」としてある。第二に、記憶の中で曖昧になったそれら出来事の間の時系列を整えてクロノロジカルな構造化を助けてくれる。家族アルバムはこれらの理想的な形態であろう。複数の写真によって構成され、観る者にある物語を効果的に喚起させる写真表現上の技法は「組写真 story photography」と呼ばれるが、家族アルバムはその効果を十分に活かして、「人生の物語化装置」の代表的なものの一つとなっている。しかしそればかりではない。第三に、それが何よりも写真でなければならない重要な理由は、それが過去にあった出来事の実在性を強固に保証する——少なくともそう人々に強く信じられている——という点にある（"証明"写真・"証拠"写真）。物語に必然的に伴ってくる捏造・歪曲の疑いや不安といったものを取り除いて、確かに「それはかつてあった」[4]のだという具

2　インタビューに写真を介在させて調査に有用な語りを引き出すphoto-elicitation手法（D. ハーパー）、また都市の象徴的・先鋭的場面を写真で掴まえて、それを丁寧に読解しながら社会学的な物語化を試みる「集合的写真観察法」（後藤範章）などがある。
3　西村清和，1997，『視線の物語・写真の哲学』講談社，p.47.
4　Barthes, R., 1980, *La Chambre Claire: Note sur la Photographie*, Gallimard, Seuil（= 1985，花輪光訳『明るい部屋―写真についての覚書』みすず書房，p.94）

合にその物語に信憑性が付与されることは、存在証明を賭けた人生の物語には——語り手ならびに、その物語の批准を担う他者（聞き手）にとっても——重要な意味をもってくるのだ。

このように家族写真は、内容・クロノロジカルな構造化・信憑性の付与といった多側面から人生の物語を下支えする機能を果たしている。そうであるがゆえに、その人生の物語を強化する、もしくは再構築する必要に迫られた契機に呼び寄せられてくるのだ。F. デーヴィスは、ライフステージの移行期（就学・就職・結婚・退職など）や人生上の危機といったそれまでのアイデンティティの連続性を動揺させる契機にノスタルジアが発生して、これを回復するように機能することを詳細に論じている。このことを踏まえれば、社会学的にはこの局面にこそ家族写真とノスタルジアとの親和性を認めることができる。つまり写真それ自体が即座にノスタルジアのメディアなのではない（3-2後半を参照）。原理的に過去志向（「それはかつて・あった・」）のメディアである写真が、この人生の物語の強化・再構築に迫られた契機に**人生のノスタルジックな物語化装置**として上手く関係を取り結んで機能するようになるということである。このようにして人生は、写真に支えられながら、ノスタルジアという過去のある部分を拡大・美化する「一種の望遠レンズ」の機能によって[5]、本来ならきわめて厖大で複雑であるはずの内容を巧みに圧縮されて物語られるのである。

3………近代的制度としての家族写真の物語

3-1. 制度としての家族写真の物語

以上のように、家族写真は個人の人生の物語化に効果的な機能を果たすが、とはいえそのために全く個人主導で都合よく家族写真を実践しているのかといえばそうではない。たとえば出生直後からの自分の写真が見事に整えられているという事実、はたまた七五三や成人式といったハレの機会に半ば強制的に記念写真を撮らされるような経験を思い浮かべてみてもよい。これらは明らかに個人の能力や意志といったものを超え出ている。このようにメンバー個々人の問題に還元できないような独自の機制でもって家族写真が実践されていることをいち早く指摘したのは、P. ブルデューである。「祝祭には集団を再生し、再創造する働きがあるということを、デュルケムと共に認めれば、写真が祝祭と結

---

[5] Davis, F., 1979, *Yearing for Yesterday: A Sociology of Nostalgia*, The Free Press (=1990, 間場寿一・荻野美穂・細辻恵子訳『ノスタルジアの社会学』世界思想社, p.48).

びついているということは理解される。というのも集団の団結が尊厳に再確認されることになる社会生活の最高の瞬間を尊厳化する手段を、写真は提供するからである」[6]。家族写真は集団における統合の理想化されたイメージを定着するメディアであり、またその理想化されたイメージを用いることによって再度、統合へ向けた手段となりうる。集団の（再）活性化に関わる子供の誕生や様々な祝い事の機会が、家族写真実践の特権的な契機にもなるのはそのためなのである。家族写真実践は個人の問題にのみ帰するものではなく、家族集団の維持に関する営みでもあるのだ。

　このことはもちろん家族アルバムにも通じている。撮られた写真はアルバムという形で物語的に保存されるが、ここで物語化という作業が、前述のクロノロジカルな構造化に加えて、当該家族にとっての理想化された物語を目指した写真内容の取捨選択という構造化も含まれるのである。家族アルバムは「保存されるに値する出来事の思い出を喚起し、伝達する」ためのものであって、たとえメンバー個人の人生の物語にとって重要な意味をもつ写真であっても、家族の物語にとって余計な内容やネガティヴな内容と判断されたものは基本的に除外されてしまう[7]。そしてこのように構造化されたアルバムはじっさいに口頭で物語られもする。先の例でいえば、物心つく前の自分の写真を確かに自分であると認識して当時の様々なエピソードを物語ることができるという――実は不気味な――事実は、この実践の成果に他ならない。そればかりではなく、アルバムに写り込んでいる親族や関係の深い人々、また何代かにも遡る先祖らと自分を関係づけて物語られることを通じて、より大きな歴史的文脈の中に自らを位置づけられる可能性をもっているのだ[8]。

　われわれがやすやすと「家族写真」と名指してしまうとき、以上のような制度的側面が多少なりとも暗黙に含まれている。本章のテーマに引き寄せていえば、家族写真から人生の物語を構築するとは、甘受するにせよ、抵抗するにせよ、

6　Bourdieu, P., 1965, *Un Art Moyen: Essai sur les Usages Sociaux de la Photographie*, Paris: Editions de Minuit (= 1990, 山縣熙・山縣直子訳『写真論――その社会的効用』法政大学出版局，p.26).
7　P. ブルデュー，上掲書，p.38.
8　「知識と経験に照らし合わせて、自分の親族一統との関係で、すべての人が位置づけられる。そして、事情に通じた専門家でもある母親が、写真に写っている人々の一人一人との関わりの関係を子供に教えるとき、結婚式の古い写真の読解は、しばしば系譜学の講義の形をとる」(P. ブルデュー，上掲書，p.28)。誕生以前の家族や歴史上の出来事に関する集合的記憶がメンバーの個人的記憶の中に組み込まれていく世代継承的な営みと家族写真の関係については以下の文献も参照のこと。Hirsch, M., 1997, *Family Frames: Photography, Narrative, and Postmemory*, Harvard University Press. 他に、家族写真を含む様々なメディアと歴史との関係については、以下も参考になるだろう。Morris-Suzuki, Tessa, 2004, *The past within us : media/memory/history*, Verso (= 2004, 田代泰子訳『過去は死なない――メディア・記憶・歴史』岩波書店).

第9章　家族写真と人生の物語　　129

当該家族を主体とする理想化された物語（以下これを「家族写真の物語」と呼ぼう）に関係づけられてしまっていることを意味する[9]。われわれにとって家族写真が、時に安心感を与えてくれるものであり、時に窮屈でもあるのは、このような**家族写真の物語の制度性**によるのである。

3-2. 近代における写真と家族の物語の遭遇

ところで、ここで「制度」という言葉は、社会状況に応じて変容しうるということも含意している。「家族制度そのものが根本から揺らぎはじめたときに、写真が家庭生活の一つの儀式になったのである。……核家族が大家族集合体から刻み出されたところへ写真がやってきて、ぎくしゃくした家庭生活や、薄れていく親戚付き合いを記念写真に撮って、改めて象徴的に明示した」。ソンタグやブルデューが核家族化や都市化——家族が伝統的な共同体から切り離されていく過程——と関連づけて論じているように[10]、上記の家族写真実践は広い意味で近代化と深く結びついた制度なのである。近代化の過程で新たに登場してきた脆弱な集団単位としての家族が自らをどうにか維持するための方法として、これらの実践は編み出されてきた。記憶の歴史を追ったJ. ル・ゴフは、家族写真実践による集合的記憶の多様化・民主化を指摘するが、それは同時に、家族集団が自らの力で記憶を維持しなくてはならなくなったというその困難さをも意味しているだろう[11]。

このような社会状況と相まって台頭してくるのがコダック社である。世紀転換期における彼らの広告戦略はこの歴史的局面を鮮やかに描出してくれる[12]。たとえば"Let Kodak Keep the Story""Keep the Story with a Kodak"といったスローガンを携えて展開される「ストーリー・キャンペーン」は、写真を用いたノスタルジックな家族の物語によって家族集団を維持するように推奨するのだ。一例を挙げれば、家族だけで記憶（物語）を維持していくことの困難さを訴えながらそれを写真という記録装置に依託させる（写真1）。また家族には解決困難な公的領域における複雑な問題も、プライベートな問題であるかのように置換・圧

---

9 よって、この家族写真の物語という制度は、主体性をめぐる"政治"的な舞台ともなりうる。Kuhn, A., 2002, *Family Secrets: Acts of Memory and Imagination*,Verso（= 2007, 西山けい子訳『家庭の秘密—記憶と創造の行為』世界思想社）.
10 Sontag, S., 1977, *On Photography*, Farrar, Straus and Giroux（= 1979, 近藤耕人訳『写真論』晶文社, pp.15-16.）ならびに、P. ブルデュー、前掲書、p.35.
11 Le Goff, J., 1988, *Histoire et Mémoire*,Gallimard（= 1999, 立川孝一訳『歴史と記憶』法政大学出版局, pp.145-146）.
12 West, N. M., 2000, *Kodak and the Lens of Nostalgia*, University Press of Virginia.

写真 1
コダック社の「ストリート・キャンペーン」の例 a：
1910年代・米
(この少年の父親にしては年老いすぎているのだ…)

写真 2
コダック社の「ストリート・キャンペーン」の例 b：1917 年・米
(戦争もドメスティックな問題へ…)

縮させて馴致 domestication してしまうことを推進する（写真 2）。このようにコダックは写真をノスタルジックな家族の物語のための装置として道具化することを魅力的に提案して支持を獲得し、まさに時代の寵児として 20 世紀を通して躍進していく。こうして近代家族と写真が相互に手を結んで強化し合いながら——家族が写真を求め、写真（産業）が家族を求めて——、**近代的制度としての家族写真**の実践は社会に浸透していくのである。

　これらがあくまでも近代的な制度であることをより深く認識するためにも、この世紀転換期のわずか数十年前、つまり写真実践の黎明期において、写真がノスタルジックな家族物語のための道具とは程遠い存在でもあったことを垣間見ることは決して無駄なことではないだろう。今日のわれわれには十分にインパクトをもつ歴史的事実であろうが、当時写真はむしろ「死」と近接さえしていた。写真 3 は 1850 年代におけるダゲレオタイプの死児写真である。この写真

写真3
ダゲレオタイプの死児写真：1850年代・米

を家族ら近しい人々はどのように経験したのだろうか。いやわれわれはこのことに想像を及ぼす前に、すでに亡くなった者を写真に残そうとするその感覚からしてまず躓いてしまうかもしれない。徐々に移行しつつあったとはいえ、当時はまだわれわれの文化とは対照的な死生観が残されていた。取り決められた生物学的・臨床的な死に基づいて、ある一時点から生と死をスムーズかつきれいに区画してしまう今日の文化とは異なり、その境界はもう少し曖昧で非自明的なものであった。そしてその死生観に対応して写真観もまた現在とは異なる。被写体をすみずみまで精確に写しとる写真の能力、これに加えて写真の希少さ（当時アメリカ中流階級の写真保有数は数枚程度）、ダゲレオタイプ写真の物質感やデリケートさ（写真もまた物質として消失する運命を強く感受させる）は、被写体と同様の"まれさ"や"儚さ"を喚起した。すなわちここで写真は、いうなれば、その亡くなった被写体の存在そのものを呼び起こすような「遺物 relic」——まるで「聖骸布」のように——としてあったのである。そうであったからこそ写真は、近い意味をもつ遺髪などとも並置されたのだ（写真4）。そのかげがえのない**遺物としての写真**が丁重に保管され、また祭られることによって、その被写体は社会的に"生"かされていたということもできるのである[13]。

4 ……………家族写真と人生の物語における現代的様相

4-1. 家族写真と物語の個人化

　以上のような、制度としての家族写真の物語に関する整理をおさえた上で、今日の家族写真と人生の物語の様相に迫っていこう。指摘しておくべき重要な動向のうち、ここでは相互に関連する二つの観点だけ確認しておきたい。

---

[13] 社会学やその隣接領域を学ぶ者は、このような写真の取り扱われ方に「チューリンガ」との類似性を見出すかもしれないが、ブルデュー（前掲書）においても家族写真とチューリンガを関係づけている記述があり（邦訳では消失している）、その連想は必ずしも外れてはいない。ちなみにチューリンガとは、オーストラリア原住民アボリジニの祭祀物である。石や木で作られた楕円形の物体で、それは各々ある一人の先祖の肉体を表す。Lévi-Strauss, C., 1962, *La Pensée sauvage*, Librairie Plon（= 1976, 大橋保夫訳『野生の思考』みすず書房, p.286）。

写真 4
遺髪と並置される写真：1850年頃・米

　第一点目は、家族写真と人生を関係づける**物語の個人化**に関する動向である。上記 3-1 の整理を受けて、もしや個人の人生があたかも家族写真の物語に端的に埋め込まれているかのようなモデルでもって理解してしまうとしたら、それは現代的様相として正確ではない[14]。およそ 1970 年代後半（とりわけ 80 年代）あたりを境に両者におけるそのような関係性は退き始めている。その断層をわれわれにいち早く意識化させたのは『岸辺のアルバム』ではないだろうか[15]。当時社会的な話題作となったこの作品は、多摩川水害（1974 年）という惨事に伴って伝えられるある事実に強い触発を受けながら制作されている。川の氾濫によって家屋が流出した家族の半数近くが「あきらめ切れぬ流出物」として家族アルバムを挙げたというのである[16]。この驚くべき数字が示すものは、一方で、家族写真実践の大衆化、そしてその絶頂期であるといってよいだろう。ところが『岸辺のアルバム』は鋭くもこの事実を受けて、その裏側に潜んでいる徴候の方に照準を合わせている。家族写真の物語に対してメンバーに「綺麗事のアルバム」といわしめ[17]、その幻想的な物語によってメンバー個々の物語を一枚岩的に統合することの困難——家族写真の物語に走る亀裂——をこそ描き出すのである。それが失われつつあるからこそ、皮肉にも家族アルバムは両義的に輝き出し、

14　ブルデューの論述にもこのような性格が残っているが、それについては彼が調査・研究の対象とした時代・地域の文脈を十分に考慮に入れながら読まなければならないだろう。
15　1976 〜 77 年に新聞に連載された山田太一原作の小説。その後 1977 年にテレビドラマ化された。
16　「多摩川の濁流に汗で築いたマイホームが消えた！ピアノもアルバムも思い出もみんな流れ去った！」『女性セブン』(1974 年 9 月 25 日号)、「流失マイホーム 17 戸全調査」『週刊朝日』(1974 年 9 月 20 日号) などを参照。
17　山田太一，1977 → 2006，『岸辺のアルバム』光文社，p.483．

その亀裂を覆い隠すように強迫的にそれを求めて執着する。ここで賭けられているのは、家族アルバムに委ねられた幻想的な家族の物語である。アルバム形態の変化にも、このような物語の主体性の移行がおよそ表われている。一家にわずかしか存在せず、まるで昔の歴史書のようであったかつての重厚なアルバムから「フエルアルバム」へ[18]。これが『岸辺のアルバム』へと至る大衆化のメルクマールだとすれば、その脱中心化のメルクマールは個人用の「ポケットアルバム」である。

　ただし、ここで注意が必要だ。この変化が意味するのは、家族写真がその物語化を通じて特権的に——メンバー個人の物語に対してはるかに優先しながら——家族の統合へと奉仕するということが期待できなくなった、あるいはそのことに対するメンバーの了解を前提にできなくなったということであって、個人の人生の物語にとって家族写真の重要性が単に低下しているということではない[19]。じっさい以下でもみていくように、家族写真とその物語は存在感としては必ずしも減じてはいない。したがっていま問われなければならないのは、そのような単線的な理解ではなく、家族写真と人生の物語の新たな関係性を捉えるためのモデルなのである。これらの動向は昨今の重要なトピックでもある「個人化」という大きな社会現象の一つの現れであろうが、それらに対する諸研究が教えてくれるように、個人化は決して個人の完全なる自由や自律のようなものを意味してはいない。むしろ個人はまた新たな性格の制度性にとらわれているともいえるのである。

4-2. 記号化する物語とスライドする人生

　おそらく上記動向の一つの帰結でもあるのだが、第二点目として確認しておきたいのは、家族写真と人生を関係づける**物語の記号化**に関する動向である。これは現代社会において人生の物語を構築するさいに孕む困難な——二重にパラドキシカルな——事情が関係している。まず第一に、A. ギデンズにしたがえば、人生の物語を紡いでいくことは自己を構築することそのものであって、必

18　鶴見良行は、家族アルバムの発祥を明治10年～20年代にまで遡り、戦後に至るまでの家族写真実践の性格の変化を考察している。鶴見良行, 1999, 『鶴見良行著作集Ⅰ 出発』みすず書房. 「フエルアルバム」(1968年～／ナカバヤシ) は後から台紙が追加できる設計が画期的であったが、このことは膨大な家族写真が撮られるようになったことを明かしている。また、当時主流だった糊つきの台紙に透明フィルムで写真を挟む家族アルバムの形態は、一度収められた写真が基本的に動かされる必要がなかったという家族写真実践の性格を示しているだろう。
19　たとえていえば、ポケットアルバムに家族写真を収めるか否かが個人の選択の対象になったということである。『岸辺のアルバム』においても、最後その家族写真の物語が絶対的なものから相対的なものへと位置づけ直された後には、アルバムが再びメンバーにとって重要な存在となっていくことは、この意味で示唆的である。

ずや達成しなければならない切実な課題としてあるのにも関わらず、それは再帰的な——つまり終わりのない自己吟味と修正の——過程としてしか与えられない[20]。そして第二に、このようにどこにも最終的な基盤や必然性をもつことができない偶有的な物語は、それでもある程度の基盤・必然性を幻想できるものとして、再び見出された家族写真の物語に回帰しようとしている。しかし当の物語は上述の通り、すでに"実"がなく貧弱なのであった。そこで、その空虚な場所を埋め合わせるように、メディアによって提示される出来合いの記号的な物語が重要な準拠点として前景に迫り出してきている。

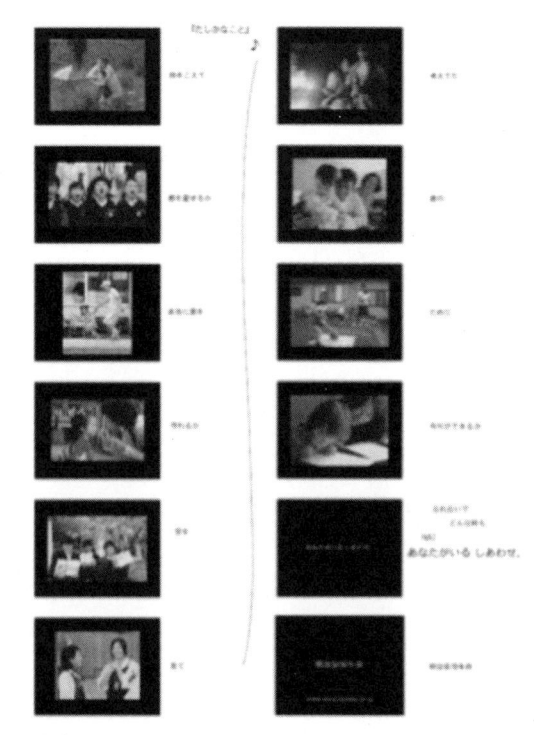

写真5
某企業テレビ CM のスライドショーの例

たとえば一例として、高い支持を獲得し続けている某企業のテレビ CM がある（写真5）[21]。一般の人々によって応募された家族写真をスライドショーによって物語的に見せる構成なのだが、「今年もみなさんに自信をもってお届けできる物語が完成したと思います」（「制作エピソード」2005年）と意気込んで提示されるその物語が徹底的に記号的なのである。"かつてあった（ありえた）"あるいは"今後ありえそう"と観る者に思わせるような最大公約数的な場面で満ちており、独特な写真がほとんど見当たらない。通覧してみると、およそ見分けがつかない酷似写真が多数存在している

---

20 Giddens, A., 1991, *Modernity and self-identity: self and society in the late modern age*, Stanford University Press（＝2005, 秋吉美都・安藤太郎・筒井淳也訳『モダニティと自己アイデンティティ—後期近代における自己と社会』ハーベスト社）.
21 1999年〜2011年現在まで10年以上にわたり継続中の"長寿CM"である。放映済みCMの動画像・静止画像は同社ホームページ（http://www.meijiyasuda.co.jp/profile/event/）で公開されている（最終確認：2011年3月31日）。紙幅の都合上、ここで詳細な情報を示すことはできないが、以前に当CMを事例にした詳細な考察を報告し、現在これに基づいた論文を予定しているので、そちらを合わせて御参照願いたい。

が、これは必然的に導かれるバリエーションの限界を示している。さらに加えて、このような画一的な家族写真にノスタルジックな表象が紛れ込んでいる。"田舎"・"ふるさと"・"自然"といった要素をさりげなく強調し、分校、五右衛門風呂、神社で面子に興じる子供といったものまでもが登場するのである。その一方でこれとは対照的に、都市的あるいは今日に特徴的な事物が実に周到に抑制されている。確かにこれらの表象は広い意味で"日本的"だといえるのかもしれないが、あまりに歴史的・地域的特異性を欠いて抽象的であるために（誰のものでもあるようで誰のものでもないような）「みんな」のものとでもいうべき記号的表象が成立してしまっている。

この記号的表象にそれでも"手触り"のようなものを付与しているのはスライドショーという映像手法である。家族アルバムをめくるように次々と写真が切り替わってソフトにフェードイン・フェードアウトしていき、まるで走馬灯のように写真がスライドしていく。"slide"に「時が知らぬ間に過ぎ去る」という意味があるように、この手法によってまさしく人生の物語の儚さが演出されている。おそらくここに観る者の感情を刺激する仕組みがあるのだが、とはいえこれだけではあくまでも刹那的な感情経験であり、また特異性を欠いた抽象的・記号的な時間経験に過ぎない。

このような記号的表象の受容に対して、抗うとはいわないまでも、多少の緊張関係を生むようなポイントを今日見出すことは出来るのだろうか。集団にせよ自己にせよ、その物語行為が独自のアイデンティティを構築する（個体化する）には差異化のポイントが含まれていなければならない。そうでなければB. スティグレールが警戒するような「象徴の貧困」という事態に近づいていってしまうのである[22]。したがって、このような表象が長い間支持を獲得し続けているという事実にわれわれはもっと敏感であるべきなのかもしれない。この意味では、今日われわれは家族写真からどのように人生を物語ることができるのか、とあえて挑発的に問い直してみた方が有益な手掛かりを得られることもあるのではないだろうか。

22　Stiegler, B., 2004, *De la misère symbolique 1: L'époque hyperindustrielle*, Galilée（= 2006, G. メランベルジェ・メランベルジェ眞紀訳『象徴の貧困―1. ハイパーインダストリアル時代』新評論）.

5……………家族写真と人生の物語・再考

 これまで家族写真と人生の関係について物語という枠組に依りながら整理してきた。その上で最後に、これらの関係とは異なる——すなわち首尾よく物語的関係を取り結ばないような両者の関係性についても慎重に書き留めておかなければならない。
 家族写真が人生の物語を支える重要なメディアであることは確認した。しかしそれにも関わらず、一方で家族写真は、普段もっとはるかに"漫然"としたものとして存在している。実は見返されないことがほとんどであり、撮り貯めたまま放置されていることも多い。そればかりか撮って現像すらされないこともあるのだ。このように必ずしもリジッドな物語的関係を取り結んでいない——しかしふとある契機にその関係を取り結んでいくような——あり方もまた、確かにわれわれの営みの一つの様相であることを見逃してはならない。
 他方で家族写真は、人生との穏便な物語的関係を突如として掘り崩してしまうようなものとして立ち現われてくることもある。ここで勇気をもって2011年3月11日に発生した東日本大震災について触れなければならない。津波に飲み込まれて瓦礫と化した流出物の中から家族写真を凄まじい執着でもって探し出そうとする被災者やボランティアの人々の姿が数多く報じられた[23]。そこで拾い出された所有者不明の家族写真は、緊急の流出物保管所となっていた小学校の体育館に届けられて所狭しと並べられていたのだが、その圧倒的な映像たるやわれわれは言葉を失ってしまう。さらに胸を衝くのは、その体育館でテレビ取材に応じたある女性の発言である。いまだ発見できずにいた自分の子供や母親らを探しながら、その途上で他の被災者の流出物を小学校に届けていたその女性は、その行為に対して"美談"と括って報じようとするメディア——これはわれわれの欲望でもあるのかもしれない——に抵抗感を示し、自分はこの体育館を"安置所"だと思っていると答えていたのである。女性にとってそれらの写真は、まさしくその被写体の人々の「遺物」として存在しており、そこから感受しているものはR.バルトのいう「時間」の経験と繋がっている[24]。これらの人々

---

23 写真は"流れ去る"ことときわめて縁が深い。既述したものでいえば、多摩川水害やスライドショーもこれに該当するだろう。このことはR.バルトが写真のアクチュアリティとして見出した「時間」性——観る者に現前・不在の往還運動を誘起する写真の特性——が密接に関わっていると考えられる(注24の二つの文献を参照のこと)。阪神・淡路大震災と比べて、津波が伴った東日本大震災において写真が強い関心を集めたという事実はこのような観点からも捉えることができるのかもしれない。以下の文献でもやはり"漂着物"としての写真が具体例に挙げられている。蓮實重彥, 1986,「氾濫する映像情報のフォーカスは合っているのか」『凡庸さについてお話させていただきます』中央公論社, pp.46-66.

が家族写真に賭けていたものは、決して物語などではなく、その写真にまとわりついた被写体の存在そのものであろう。このような写真の性格は、近代化によって完全に取って代わられたというわけではない。消失したかのようにみえて、現代においてもいまだ斑状に残存し続けているのである[25]。

冒頭で触れた井上俊は「物語への感受性はまた、物語の裂け目やほころびの感受性でもある」と述べている[26]。上述の漫然とした様相にせよ、穏便な物語的関係の蹉跌にせよ、これらを消極的に看過してしまうのではなく——また逆に過度に祭り上げるのでもなく——、むしろ家族写真と人生の物語的関係それ自体の輪郭を浮上させるような重要な相として、「生 life」の問題[27]に接近しながら丁寧にすくい取っていくことは、今日実りある社会学的な記述を行うために重要なことであると考えられる。

24　R. バルト，前掲書．以下の文献では、この写真の「時間」性を社会学的文脈に引き寄せた解釈を試みている。角田隆一，2009,「記憶メディアとしての写真—ロラン・バルトの「プンクトゥム」概念からの展開」『ソシオロゴス』33, pp.46-64.
25　バルトのみならず多くの優れた写真論の古典に、写真と死の密接な関係が執拗に書き込まれていたことをいま一度思い起こす必要があるだろう。また、現代美術家 C. ボルタンスキーの諸作品からも今日示唆されるものは多い。湯沢英彦，2004,『クリスチャン・ボルタンスキー——死者のモニュメント』水声社.
26　井上俊，前掲書，p.26.
27　藤村正之，2008,『〈生〉の社会学』東京大学出版会.

貧困の世代的再生産

小渕高志

シーボーム・ラウントリーは、20世紀初頭に労働者のライフサイクルと生活水準との間に周期的な変動があることを明らかにした。ラウントリーによれば、労働者にはその生涯において貧困が3度訪れるという。1度目は自分の子ども時代、2度目は親として自分の子どもを育てる時期、3度目は仕事からリタイアした高齢期である。

じつは、子どもの扶養と高齢期における貧困の関係は、古くて新しい問題である。なぜなら、現代の日本でも生活保護受給者の多くが高齢者や母子世帯なのだから。それが、今日の経済の悪化で貧困のリスクは限られた特定の人々だけの問題ではなくなってきている。幅広い層で親から子へ貧困の世代的再生産が拡大しつつあるのだ。

貧困の世代的再生産とは、貧困状態の家庭出身の子どもが、生まれ育った家庭環境から習得した生活様式（生活習慣や価値規範の選好パターン）、教育経験や勤労態度などによって、自ら生計や家庭を営む大人になっても貧困状態にいたってしまう状況のこと。つまり、親世代から子ども世代という異なる世代間において、貧困が再び繰り返されることを指している。

かつての貧困研究では、貧しい人々は適応のために独自の生活様式を築き、それが社会の文化全体のなかで1つのサブカルチャーになっているとして、オスカー・ルイスは貧困が1つの生活様式として次世代に継承されていく「貧困の文化」を提唱した。「貧困の文化」は中途退学や婚外子の出産などのかたちで次の世代に継承されることから、貧困状態にある人々の考え方や行為が貧困を固定化しているというように、貧困の原因を本人に求める側面がある。

近年の「格差社会」論においては、貧困によって社会から切り離された人々を「アンダークラス」と呼び、貧困の原因を本人の意欲や生活態度に求めようとする自己責任論がさらに強調される。しかし、子どもの貧困は親の貧困の結果である。議論しなければならない問題は、親の貧困が子どもから望ましい生活習慣の取得や進学機会、職業などを奪うことである。

処方箋を考えてみるのに、とてもよい本を2冊紹介しよう。阿部彩氏は『子どもの貧困――日本の不公平を考える』（岩波書店）のなかで、「日本の社会政策には、『子どもの貧困』に対する施策がほとんど欠落しており」、「日本の低所得層（現役世代）は他国に比べて高い負担を強いられている」と述べ、「子どもの貧困を削減するためには、給付を増加するだけではなく、負担の軽減も行わなければならない」として、「給付つきの税額控除」を提案する。

山野良一氏は『子どもの最貧国・日本――学力・心身・社会におよぶ諸影響』（光文社）のなかで、日米の児童福祉の現場経験から豊富な事例を挙げ、「貧困と虐待の関係」を説いている。そして、多角的な視座で実態を検証し、解決策を考察している。

2冊とも新書ながら豊富な文献リストがあり、貧困問題への入門書として最適である。

第 10 章

音楽と世代の
ライフコース

南田勝也
Katsuya Minamida

　音楽と世代は切っても切れない関係にある。テレビで「あの頃の日本は……」といったタイトルの映像特集が組まれれば、必ずその当時の流行り歌がBGMとして流されている。たとえば戦後の焼け跡の風景ならば並木路子『リンゴの唄』(1946年)、高度経済成長期ならばビートルズ『ミスタームーンライト』(1964年)、学生運動終焉後ならばかぐや姫『神田川』(1973年) といった具合に。
　また、とくに若者向きの音楽では、世代意識を強調する楽曲も多い。学園ドラマが流行した70年代には青春を謳歌する「ぼくたちの」フォークソングが歌われ、若者の生活意識が向上した80年代にはサザンやユーミンのドライブミュージックが流行した。ロックブームが訪れた90年代初頭には「マイ・ジェネレーション」がバンド世代のかけ声となったし、現在のJポップの時代においても「がんばろうよ」と歌われればそれは同世代へ向けた応援メッセージである。
　しかし、その一方で音楽は普遍的な魅力をもつものとしても語られてきた。「名曲は時代を超える」などの言い回しはその表れであろう。音楽は世代にしばられるものなのか、時を超えて歌い継がれるものなのか、ここでは、さまざまな数量データを用いることによって、その関係について考察してみたい。

1 ……… 音楽に夢中になる世代

1-1. 音楽消費の中心は若者世代

　音楽の中心的な消費者は、どの年齢層の人々であろうか。音楽は若者の好むものというイメージがあるものの、最近では、タワーレコードやディスクユニオンなどの大型CDショップにいけば30代や40代の年齢層の人たちが目立つように見える。テレビの音楽番組も、最新曲より20年前、30年前の曲の特集をすることが多くなったように思える。

そこでデータを参照する。表1は、日本レコード協会ホームページで公開されている音楽メディアユーザー実態調査レポート（2000年度版～2009年度版）をもとに、筆者が作成した2000年代のCD購入率の推移である。なお、ここでいうCD購入率とは、ここ半年ないし1年の間にCDを買う経験をした人の比率である[1]。一人あたり何枚買って総額いくら支払ったかという数字はカウントしていないので、金額基準ではないのだが、どの年代層の人たちがより数多く音楽に接しているかがわかる。なお、2003年までは調査対象が12～55歳であり、2004年以降は12～69歳まで対象が広げられているので、表記のように分類は区別して示した。

表1　CD購入率（％）の推移

	2000	2001	2002	2003		2004	2005	2006	2007	2008	2009
中学生	65.0	62.0	55.5	41.9	中学生	43.1	53.8	49.3	40.3	33.1	40.6
高校生	78.0	80.0	70.7	68.9	高校生	59.4	76.2	52.8	56.4	53.2	49.2
大学・専門学校生	91.0	86.0	74.0	65.7	大学生	61.6	58.9	59.7	54.8	47.4	48.5
20代社会人	87.0	78.5	69.1	65.6	20代	69.9	63.9	55.3	64.5	51.3	49.8
30代	67.5	68.0	53.7	60.4	30代	50.2	48.3	42.1	43.1	43.4	40.0
40～55歳	46.0	32.0	50.2	50.1	40代	45.7	53.5	37.7	37.4	40.0	37.9
					50代	36.4	40.5	36.4	41.7	34.9	29.5
					60代	19.7	28.6	34.3	32.8	34.5	22.4

さて、この表からは、ふたつのことを見て取れる。ひとつは、年を追うごとに全体としてCDを買う層が減っていることである。このことは昨今のCD不況から説明がつくと思われる。音楽に限った話ではないが、文化コンテンツは**デジタル化**の波を受け、旧来のパッケージ商品の売り上げは低落傾向にある（南田2011）。

もうひとつは、各世代におけるCD購入率の高い順に3位まで数えると、すべ

---

[1] 2000年と2001年は過去1年間のCDアルバム購入率、2002～2003年、2005～2009年は過去半年間のCD全体の購入率、2004年は過去半年間のCDアルバム購入率のデータである。なお、2000年度、2001年度、2004年度は一覧表記がなかったため、グラフで図示されていた購入0枚の率をマイナスした数値であり、購入率の年代層別順位は変わらないが、具体的な数字はやや正確でない。また、2009年は、それまでの東京30km圏のエリアサンプリング法と異なり、全国を対象にインターネットアンケートを実施している。

ての年で10代後半から20代までがCDをよく買う層になっていることである。全体の購入率が落ちていこうとも、音楽CDの受容を支えているのが若い世代であることがよくわかる。この表はCD購入に限ったものであり、たとえば音楽配信などの音楽聴取の方法を調べているわけではないのだが、若いころに音楽コンテンツに対して購買意欲を高める人が多く、加齢とともにその意欲が弱まっていく傾向にあることはいえるだろう。やはり、音楽は若者の特権的な興味対象なのである。

1-2. 音楽に熱中する人生上の時期

音楽の中心的な消費者が若者であることは、なにもここ最近に限った話ではない。NHK放送世論調査所が1981年に実施した定量調査のデータによると、「音楽が非常に好きな人」と「いちばん音楽に熱中した年ごろ」のふたつの軸において、10代後半が最も多く、ついで20代前半の数が多い（図1）。

図1　1981年の音楽調査より（NHK放送世論調査所編 1982, p10）

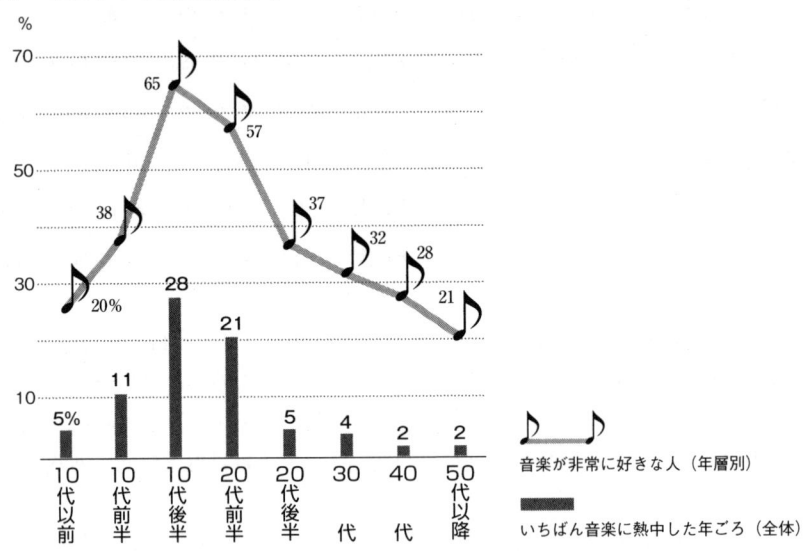

同研究所は、音楽への興味が青年期に偏る理由を、「このことは、いわば、世代を超えて指摘できる一種の通過儀礼といえる現象である」（NHK放送世論調査所編 1982:12）とまとめている。また、音楽学者の吉井篤子も同種の調査をした結果、

「人間のライフサイクル、つまり発達段階的推移の中で、『音楽の季節』とでもいうべき時期が存在する」(吉井1984, p.152) と述べている。

「通過儀礼」や「音楽の季節」と称されるほどの音楽への興味関心の偏りは、**ライフイベント**（人生上の出来事）といっていいかもしれない。人は高校生になると音楽に夢中になり、手当たり次第に新しい音楽に触れる。大学生では自分にあったサウンドのスタイルを探求し、一家言を持ったりする。社会人の数年間はその名残で休日に大手レコード店に通ったりするが、徐々に同じミュージシャンのものしか聴かなくなり、「現場」から離れていく……。

それにしても、いつごろから音楽が青年期のライフイベントとなったのか、興味深いところである。かつて、日本社会を代表する歌手が勢揃いした**紅白歌合戦**（1951年〜）は「家族みんなで見るもの」と認識されていて、けっして若者に限った受容ではなかったはずだ。**ユースカルチャー**としてのポピュラー音楽がアイデンティティを明確にするのは、1960年代末に自作自演を基調としたフォークやロックが台頭したことによる。しかし、青年期のライフイベント化がこの時期に始まったことなのかは、確証を得ているわけではないので示唆にとどめる。

いずれにせよ、1970年代になると音楽産業は若者の好むサウンドをより強く売り出すようになり、さまざまな音楽ジャンルが開拓され、現在に至っている。

2……若者層が好む音楽ジャンル

2-1. 音楽ジャンルの80年代

では、若者はどのような音楽ジャンルを好んできたのだろうか。過去の調査データからわかることを見ていこう。先述したNHK放送世論調査所・1981年調査の別データを参照すると、15歳から24歳のよく聴く音楽ジャンル[2]として、「ニューミュージック」「フォークソング」「ロック」「最近のポピュラーソング」「ディスコ」が挙げられている（表2）。

ちなみに、このときの調査の全年齢層（7歳から70歳以上まで）の集計では、「歌謡曲」(66%)、「演歌」(51%)、「日本民謡」(40%)、「映画音楽」(33%)、「フォー

---
2 表2の集計は、被調査者全体の嗜好率と該当する年代層の嗜好率を比較して、全体との差が大きく統計的に有意に高い上位5ジャンルを示している。
3 ジャンルをどう定義するかという扱いについては、どの年代の調査でも苦労しているが、同調査では（音楽性やミュージシャン名を挙げて誘導することなく）ジャンル名を60種類挙げて、マルチアンサーで回答を求めている。

クソング」(27%)の順[3]で支持率が高い（NHK 放送世論調査所編 1982：68）。また、一定度数の支持者がいるはずの「クラシック音楽」が表にあがっていないのは、年齢層による好みの差がそれほどなかったことと、様式別にカテゴリーを6分割したことで回答が分散してしまったためだと思われる。同様の理由で、「ジャズ」も表にはあがってきていない[4]。

表2　1981年時点の年齢層別の音楽ジャンルの好み
（NHK 放送世論調査所編 1982, pp.70-71）

7～9歳	テレビマンガ主題歌 +52.9	童謡 +24.0	コマーシャルソング +19.7	唱歌 +16.0	テレビドラマ主題歌 +10.4
10～14歳	テレビマンガ主題歌 +32.0	テレビドラマ主題歌 +16.6	コマーシャルソング +13.2	行進曲 +5.4	校歌 寮歌 応援歌 +4.0
15～19歳	ニューミュージック +45.5	ロック +39.6	フォークソング +35.9	最近のポピュラーソング +31.0	ディスコ +28.4
20～24歳	ニューミュージック +45.2	フォークソング +37.1	ディスコ +34.2	最近のポピュラーソング +32.3	ロック +31.1
25～29歳	フォークソング +32.6	ニューミュージック +25.1	ポップス調歌謡曲 +22.4	映画音楽 +20.6	和製フォーク +19.4
30～34歳	映画音楽 +14.6	フォークソング +14.3	演歌 +11.9	最近のポピュラーソング +9.9	和製フォーク +9.9
35～39歳	映画音楽 +16.3	演歌 +16.2	ムード音楽 +12.5	スタンダードポピュラー +9.2	タンゴ +8.4
40～44歳	演歌 +24.2	日本民謡 +20.1	歌謡曲 +9.3	タンゴ +9.2	ムード音楽 +6.4
45～49歳	演歌 +21.4	日本民謡 +21.3	タンゴ +12.9	シャンソン +11.5	ロシア民謡 +8.2
50～54歳	日本民謡 +26.0	演歌 +21.3	浪曲 +11.5	軍歌 +11.5	日本の歌曲 +8.2
55～59歳	日本民謡 +31.8	演歌 +28.3	浪曲 +17.9	軍歌 +13.4	詩吟 朗詠 琵琶 +7.5
60代	日本民謡 +36.2	浪曲 +34.5	演歌 +19.4	軍歌 +12.1	詩吟 朗詠 琵琶 +9.3
70歳以上	日本民謡 +40.1	浪曲 +37.1	小唄 端唄 俗曲 +12.2	長唄 常磐津 清元 新内古曲 +9.9	詩吟 朗詠 琵琶 +9.2

　この表は、別の視点から後でもう一度振り返るが、いま確認しておきたいのは、若者層が西洋のポピュラー音楽に由来する自作自演の音楽ジャンルを好むこと、そして、若者層の好む音楽と年長者層の好む音楽がまったく被っておらず、世代間の乖離が非常に強いことである。

4　クラシックの分類は、「交響曲、管弦楽曲、協奏曲」「室内楽曲、器楽曲」「歌劇」「声楽曲、合唱曲」「バロック音楽」「現代音楽」、ジャズの分類は「デキシーランド」「スイング」「モダン」である。

2-2. 音楽ジャンルの 90 年代

　以降の年代については、幅広い年齢を対象にした音楽ジャンル調査が10年単位で見あたらないため、若者文化に関連した社会学系調査のデータを見ていくこととする。

　1990年に宮台真司らが大学4年生を対象に実施したサブカルチャー調査によると、選好する音楽ジャンルは、18種類の候補のうち「ニューミュージック」(31.2%)「ロック」(21.8%)「ポップス」(15.4%)「歌謡曲」(7.5%) の4つで77%を占めている（宮台・石原・大塚1993：59）。挙げられているミュージシャン名としては、ニューミュージックがサザンオールスターズや松任谷由実、ロックがBOφWYや佐野元春、ポップスが久保田利伸や山下達郎、歌謡曲が中森明菜や斉藤由貴、といったところである。

　1981年の状況と比べると、「フォークソング」が退行し（あるいはニューミュージックの名称に吸収され）、「ロック」がせり上がってきたことだろうか。名前の挙がっているミュージシャンは、それぞれが、80年代を通じて人気を高めていき、活動のピークを迎えていたミュージシャンたちである。

2-3. 音楽ジャンルの 00 年代

　次に2000年代のデータを参照する。青少年研究会が2002年に実施した若者調査（16〜29歳を対象、平均22.6歳）では、ミュージシャン名を自由記述で回答したものをアフターコーディングしてジャンル分類し、分析に用いている（南田 2006, pp.51-56）。そこで挙げられた18ジャンルをさらに包括すれば「ポップス」(37.1%)、「ロック」(34.1%)、「ニューミュージック／フォーク」(7.4%)、「アイドル／歌謡曲」(5.7%)「DJ系」(5.4%) となる[5]。

　1990年と比べると、ニューミュージックがほとんど死語になり——実際、宮台らの調査のときに挙がっていたミュージシャン名は、サザンオールスターズを除いてはほとんど出てこない——、90年当時にはなかったジャンルの「DJ系」がある程度の支持を集めていることがわかる。また、個々のミュージシャンの得票数で見ると、宇多田ヒカル、浜崎あゆみ、Mr.Children、MISIA、B'zが上位5名（組）となるが、彼らはまとめて **Jポップ** と呼ばれることもある。

5　ポップスには、R&B、ダンス、ネオアコなどを含む。ロックには、パンク、ハードロック、ヴィジュアル系、オルタナティブなどを含む。ニューミュージックには、フォークなど含む。DJ系には、ラップ、レゲエ、クラブ、テクノなど含む。

2-4. 音楽ジャンルの現在

　さらに現代に近づき、2010年に青少年研究会が全国26大学で実施した大学生調査（平均19.6歳）のデータを見てみよう。自由記述で書かれた好きなミュージシャン名を筆者が集計したところ、ジャンルとしては前回と同様「ポップス」と「ロック」が多勢を占めていた。そのほとんどを邦楽ミュージシャンが得票しており、「Jポップ」の時代といえそうである。ただし、2002年の青少年研究会調査時にはあまり目立たなかった「アイドル」が、ジャニーズのグループとAKB48と韓流アイドルを併せただけでも11％を超えていた。また、数としては多くないものの、前回調査時には0.7％の得票率だった「アニメ／声優」関連の音楽が3％強に上昇している。

　これは現代のCDセールスを反映した結果といえるだろう。デジタル化の影響下、リスナーはさまざまな経路で音楽を入手できるようになり、総体としてCD購買意欲は下落している。パッケージ製品はファンアイテムとしての意味合いが強くなり、アイドルファンとアニメファンがコレクションとしてCDを購入しているのが実際である。2010年のオリコン年間シングルチャートベスト10が、嵐とAKB48だけで埋まったことは記憶に新しい。

　ちなみに得票数の上位5名（組）は、大学生らしいといえるだろう、Mr.Children、嵐、BUMP OF CHICKEN、RADWIMPS、EXILEの名前が挙がっていて、メディアにあまり登場しないミュージシャンも支持されている。Mr.Childrenの安定した人気には驚きを禁じ得ないが、全体的にはやはり流行り廃りの早さを感じるところである。

　もちろん、本節でとりあげた1980〜2010年代のデータの分析は、若者層の調査という点では共通していても、母集団もサンプル数も対象年齢の幅も違い、厳密な意味での比較とすることはできない。しかしいえることは、もっとも音楽に熱心である20歳前後の若者は、その都度その都度若者向けとされてきた音楽を聴いていて、それらを包括するジャンル名は「ニューミュージック」から「Jポップ」にシフトしているが、ミュージシャンの示す同時代的メッセージを受け取っているということだ。

3……コーホートとしての音楽ジャンル

3-1. 聴きつづけられる青年期の音楽

　音楽は若者層がリードしているとして、では、かつて若者だった年代層は、

いま何を聴いているだろうか。結論を先に示すと、彼らは、自分が青年期だった当時の若者音楽を聴いているのである。

2006年に財団法人ヤマハ音楽振興会がWebアンケート方式で実施した音楽ライフスタイル調査では、年代別の好きなジャンルを集計している。設問の全20ジャンル中すべての年齢層で5％を超えなかったものについてはその他にまとめ、年代層ごとに分類してまとめたものが、表3である。年代層別に5％支持を超えているジャンルについては、その他を除いて網掛けで表示した。

表3 2006年時点の年代別の好みの音楽ジャンル (財団法人ヤマハ音楽振興会 2007, p.9)

	20代	30代	40代	50代	60代	計
Jポップ	54.0	50.7	34.3	13.0	4.2	31.23
ロック・ポップス	14.2	15.0	14.2	7.9	1.0	10.46
R&B	5.3	3.3	0.8	1.7	0.5	2.31
ニューミュージック	0.0	2.0	7.2	4.0	2.6	3.15
フォーク	0.5	1.0	5.3	9.9	3.7	4.08
映画音楽	1.5	1.5	3.5	11.7	9.4	5.51
歌謡曲	0.5	3.0	3.8	6.3	10.5	4.81
演歌	0.0	0.3	0.0	6.7	19.9	5.37
ジャズ	2.8	3.0	5.5	7.8	7.3	5.27
クラシック	5.3	7.5	9.3	18.5	26.2	13.36
その他	15.9	12.7	16.1	12.9	14.7	14.45
計	100	100	100	100	100	100

＊数字は％

この表を見ると、「Jポップ」と「ロック・ポップス」のふたつのカテゴリーにほぼ収斂される20代、30代に比べて、40代以上では、ほどよく分散していることがわかる。これは、ジャンルが識別可能な程度に豊富だった世代音楽の事情を表しているといえるかも知れない。逆に今の20代、30代の場合は、音楽ジャンルが細分化しすぎていて、それらを統合する「Jポップ」という強力な言葉に頼らざるをえないのであろう。

さて、ここでもう一度144頁の表2を見てみたい。表2の調査が1981年だったから、2006年時点では25年の月日が経過している。当時20歳前後だった年齢層は、現在40代のコーホートとなっていて、それより上の年代層も同様である。二つの表の音楽ジャンルの好みの比較から、趣味嗜好のライフコースを検討してみよう。

1981年当時の15歳〜24歳の好きな音楽は「ニューミュージック」「フォークソング」「ロック」「最近のポピュラーソング」「ディスコ」であった。2006年の40代は、(クラシックとジャズに関しては1981年調査では前記した事情により表から漏れているので比較対象から外して)「Jポップ」「ロック・ポップス」「ニューミュージック」「フォーク」を好んでいる。ジャンル名としても似たものが並んでおり、ほぼ、趣味が継続されていると捉えて良いだろう。

　同様に、1981年当時の25歳〜34歳の好きな音楽は「フォークソング」「映画音楽」「ニューミュージック」「ポップス調歌謡曲」「演歌」といったところだが、2006年の50代は、「Jポップ」「映画音楽」「フォーク」「ロック・ポップス」「演歌」「歌謡曲」の順になり、これも相似した傾向が示されている。

　さらに、1981年当時の35歳〜44歳の好きな音楽は「演歌」「映画音楽」「日本民謡」「ムード音楽」「歌謡曲」であり、2006年の60代は、「演歌」「歌謡曲」「映画音楽」を好んでいて、やはり好みの継続を見て取れる。

　ここから導かれる結論は、人は青年期に慣れ親しんだ音楽を中年期においても好みとして位置づけており、一生聴きつづける可能性が高いということである。その青年期とは、「通過儀礼」「音楽の季節」、すなわち高校生から20代前半までの時期である。人は、ライフイベントとしての音楽の経験をした後、音楽のテイストの好みを変えないままにライフコースを歩みつづける傾向にある。

3-2.「演歌」の言説と現在

　ここでひとつ気になるのは、日本のポピュラー音楽受容において、まことしやかに語られてきた言説についてである。かつて、「人は年を取ったら**演歌**を聴くようになる」という加齢効果説が世間に流布していた。いや、今なお根強く浸透しているといえるだろう。

　しかしデータは、演歌もひとつの世代音楽だったことを示している。すなわち、「かつての若者世代が壮年世代になってからも自分が若かったころに流行った演歌を聴いている」という構図以上のことはなかったのである。「演歌は普遍的に日本人の心情を表している」「加齢とともに誰しもが演歌の良さが分かる」などの言葉は、風説でしかなかった。

　そもそも「演歌」というジャンルの歴史は若い。ロックンロールやフォークソングよりも若く、1960年代後半から1970年代前半にかけてカテゴリー化されたものなのである。

　音楽学者の輪島裕介（2010, pp.176-270）が明らかにしたところによると、1965

年前後のエレキブームの際に、それよりも以前の様式である旧来のレコード歌謡を「艶歌」と指示する用法が生まれる。そして、五木寛之の小説『艶歌』で、その性格——西洋的明るさとは無縁な退廃的雰囲気をもち、「こぶし」と「唸り」を歌唱の特徴とする——が定義づけられる。さらに、「演歌の星を背負った宿命の少女‼」のキャッチコピーで1969年にデビューした藤圭子の楽曲のヒットにより、「演歌」の名は大衆に浸透していったのである。創成当初は、どちらかといえば反体制的メンタリティに根付く「不幸」や「怨念」のイメージを審美的に表現した音楽として、演歌は捉えられていた。

やがて1970年代になり、五木ひろしや八代亜紀によって「下積みの苦労」「生い立ちの物語」「盛り場」「港町」といった定型的イメージが積み重ねられ、小柳ルミ子が「古き良き日本情緒」を表現するに至って、演歌の健全化が為される（輪島 2010, pp.296-300）。「こぶし」を歌唱の特徴とする様式はそのままに、テレビ歌謡番組にも適合的なジャンルとして確立されるのである。

演歌ファンの年代層としては、**団塊世代**[6]と、それよりも少し上の1965年に20歳前後だった世代があてはまる。彼らが、旧来のレコード歌謡と併せて演歌的な音楽を聴いていたというのが実際のところである。一方で1970年前後には、団塊世代の一部[7]と、それよりも少し下の高校生の世代を中心に、西洋風で若者の心情を表現したフォークソングや、テンポの速いロックが支持を集める。それにはついていけない年長世代が、70年代や80年代を通じて支持していたのが、演歌という様式であった。

そのように考えると、「人は年を取ったら演歌を聴くようになる」という言説が流布した原因もわかる。団塊世代は、特異な人口構成をもち、永遠の青春を謳うような声の大きな世代であるわけだが、青臭い音楽を聴く「若者」の自分たちから見て、同世代や年長世代で演歌を聴く人たちを、断絶を伴う「大人」と見なしていた。さらに当時の「若者／大人」軸の乖離に拍車をかけていたのが、70年代の**カラオケ**文化である。当時のカラオケは、盛り場のスナックやバーに設置された機器のことを意味し、サラリーマンたちの接待の一環として利用さ

6　ここで団塊世代は、1947年から1949年までのベビーブームの時に生まれた世代を指している。
7　団塊世代は演歌にもフォークにも絡んでいる。1965年に団塊世代は16〜18歳の年齢にさしかかっており、後に演歌（艶歌）として様式化される旧来のレコード歌謡的な音楽スタイルを好んで聴取していた人たちも相当数いた。ビートルズ来日が1966年、GSブームが1967年、フォークブームが1969年に訪れ、若者による若者のための音楽はアイデンティティを確立していくわけだが、彼らが高校生の時点では、それらのムーブメントはほとんど訪れていなかったのである。そんなわけで、「ビートルズ世代というが、あのころクラスでビートルズを聴いていたのは一人か二人しかいなかった」「全共闘のテーマソングは反戦フォークではなくて高倉健の『網走番外地』だった」といったような追想が、漏れ伝えられるのである。

れていた（烏賀陽 2008, p.73）。主な担い手は中高年の成人男子であり、若者が入る余地はなく、そこで歌われていたのが演歌（ないし演歌の語に包摂されるレコード歌謡）だった。声の大きな団塊世代の一部と、そしてその少し下の世代は、やがて自分たちに訪れる本格的なサラリーマン生活において演歌を好むようになるという実感において、加齢効果説を流布していったのである。

　しかし実際に団塊世代やその年少世代が壮年にさしかかると、むしろ聴いているのはフォークソングやハードロックであることがわかった。彼らはフォーク酒場に集い、おやじバンドを結成し、今も好きな音楽の追求をつづけている[8]。

3-3. 音楽とともに年を取る

　音楽ジャンルの好みが、ある世代のコーホートにしたがうということは、やがてその世代が老いるとともに——演歌がそのように危惧されているように——その音楽ジャンルも消滅してしまうのだろうか。そうなるかもしれない。少なくとも、保護されるべき伝統音楽としての扱いを受けるようになるだろう。しかし、「人は20代までに耳馴染んだ音楽を一生聴きつづける」ということは、逆に言えば、彼らが年齢を重ねてもマーケットは存在しつづけるということでもある。

　ミュージシャンは、デビュー当時は若さを売りにして、若者に訴えかける音楽を歌っていたとしても、十数年もするとその方法が通用しなくなってくる。なぜなら、ファンも同じく年を取るからである。であるからこそ逆に、ライブの値段を高めに設定して、40代になれば30〜40代のファンに向けたメッセージを、50代になれば40〜50代のファンに向けたメッセージを送ることができるし、実際にそうしている。演歌歌手やニューミュージック歌手の現役率は高いが、彼らは「一緒に年を取る」ファンとともに音楽活動をつづけているのである。近年、アラフォー向けコンピレーションCDなどが発売されて話題になったりするが、世代ターゲットを絞ったマーケティングは今後もなされていくことだろう。

4　音楽のテイスト

　最後に、そもそもなぜ人は青年期に聴いた音楽をずっと聴きつづけるのか、

---

[8] 音楽社会学者の小泉恭子（2011）が、フォーク酒場を中心としたフィールドワークを実施しているので、そちらも参照されたい。

という命題について考えてみたい。社会心理学の分野では、青年期の**発達段階**の音楽嗜好についての先行研究が蓄積されている。その中には、音楽は社会とかかわることなく没入できる対象であるから集中力の高い青年期に見合っているという分析や、反権威的なサブカルチャー音楽が青年の反抗期と一致するという分析や、音楽の気分マネージメント機能を青年期はとくに欲するという分析や、刺激や興奮の強度との関連分析などがある（Zillmann, and Gan 1997=2004）。いずれもそれなりの説得力をもつが、決定的な要因が明らかになっているわけではない。

　筆者は、表現文化としてのポピュラー音楽の特質と、それを聴取する諸個人の身体との関連から、この命題についての仮説を提示したい。ポピュラー音楽は、その他の大衆的な表現文化（文学・映画・漫画など）と比較して、とりわけ**身体性**との関連が強い。身体性とは、身体が覚えるリズムやグルーブの感覚、また、脳が心地よいと感じるフィーリングのことを指している。人は、親の庇護を離れる青年期に、自分の身体にフィットする音楽を自分の意志で選択する。ポピュラー音楽自体は、時代が変化するとともに、サウンドのスタイルやリズムのテンポや歌詞の語感などが刷新されていく――そして新しいジャンルが生みだされていく――が、自分が青年期に馴染んだものを更新することには身体が抵抗を示す。ポピュラー音楽は物語性や映像性に欠けるので、物語構造や映像表現が革新されていく他の表現文化と比べて、理性や視覚が新しいものを求めるという欲求に晒される必要がないのだ。

　文学趣味の人は年を取ってからも毎年の新しい芥川賞作品を読むだろうし、映画ファンはハリウッドの新作を映画館まで見にいく。音楽ファンの場合は、よほどの職業的要請でもない限り、新しいものに手を出してみようという気にならないのである。

　筆者はロック音楽文化を専門的に研究しているが、同じようにロックというジャンルカテゴリーで括られている音楽でも、かつてのロックと今のロックでは、**サウンドのテイスト**はまるで異なると指摘できる。ここでいうテイストとは、表現形式の特質、様式、手法、作風、出来ばえのことを指す。音楽における進化をいう際に、リズムの刻み方が早くなる、ヘビーでノイジーなものが標準化する、などがよく指摘されるのだが、それだけでなく、アレンジの仕方、発声の仕方、楽器の響きやアンサンブル、歌詞において用いられる語彙など、総合的な音楽のテイストが変化している。

　たとえば現在の**ロックフェスティバル**の出演者の演奏は、現在の10代～30

代に向けられた音であると、筆者は経験的に感じている。出演者には海外の年季の入った大物ミュージシャンも含まれるが、明らかにノリが異なり、フェスの観客はそれをいかにも古くさい音と感じつつも、「別のもの」として楽しんでいるように見受けられる。また逆に、オールドロックを愛するファンが、今の若い人の聴く音楽はよくわからないという感想を漏らすことがあるが、それは身体に刻印されたサウンドのテイストが、異なる音色や音調で紡がれる音楽に、半ば無意識的に拒否反応を示しているのである[9]。

　本稿では、はじめに、音楽は世代にしばられるものなのか、時を超えて歌い継がれるものなのか、という疑問を提起した。結論としては、そのどちらも正解なのである。音楽は確実に世代の影響を受けるが、社会を構成している世代はコーホートごとに複数存在している。ある世代が年を取っても、彼／彼女らは音楽の嗜好を変えることがないので、古い名曲も変わらずに受容されつづける。もちろんそれはメディアに露出されるので、ある程度は若年世代にも聴かれる。そうして、名曲とされる音楽は、多層的に社会的に存在しつづける。つまり、音楽は世代にしばられつつも、時を超えて聴取されるのである。

【参考文献】
・小泉恭子，2011,「ポピュラー音楽から考えるメディア文化研究──フォーク酒場のフィールドワークを糸口に」『マス・コミュニケーション研究』78, pp.61-80.
・南田勝也，2006,「若者の音楽生活の現在」浅野智彦編『検証・若者の変貌──失われた十年の後に』勁草書房, pp.37-72.
・南田勝也，2011,「デジタルコンテンツとフリー経済を考える」土橋臣吾・南田勝也・辻泉編『デジタルメディアの社会学──問題を発見し、可能性を探る』北樹出版，pp.186-204.
・宮台真司・石原英樹・大塚明子，1993,『サブカルチャー神話解体』PARCO出版局.
・NHK放送世論調査所編，1982,『現代人と音楽』NHK出版.
・烏賀陽弘道，2008,『カラオケ秘史──創意工夫の世界革命』新潮社.
・輪島裕介，2010,『創られた「日本の心」』神話──「演歌」をめぐる戦後大衆音楽史』光文社.
・吉井篤子，1984,「現代人の音楽生活」林進・小川博司・吉井篤子『消費社会の広告と音楽』有斐閣.
・財団法人ヤマハ音楽振興会編，2007,「音楽ライフスタイルWebアンケート報告書2006資料編」（http://www.yamaha-mf.or.jp/onken/）.
・Zillmann, Dolf, and Gan, Su-lin, 1997, "Musical taste in Adolescence," Hargreaves, David J. and North, Adrian C., eds., 1997, *The Social Psychology of Music*, Oxford University Press, pp.161-187.（＝2004, 磯部二郎・沖野成紀・小柴はるみ・佐藤典子・福田達夫訳『人はなぜ音楽を聴くのか──音楽の社会心理学』東海大学出版会）.

9　ロックファンの世代間断絶を描いた映像ドキュメント作品として『マイ・ジェネレーション』（監督：バーバラ・コップル、2000年）がある。

団塊世代・団塊ジュニア世代とライフスタイル

二方龍紀

　「団塊世代」という呼称は、1976年に発表された堺屋太一『団塊の世代』によるものであり、「団塊ジュニア世代」という呼称は、この「団塊の世代」の子どもたちという意味合いで、80年代中盤に、マーケターによって作られた言葉といわれる。世代は、個人の一生の中での位置に着目した「自然主義的」概念として使われる場合と、特定の時代に生まれたことに着目した「歴史主義的」概念として使われる場合の2種類があるが、「団塊世代」「団塊ジュニア世代」は、後者の概念である。ここでは、この2つの世代について、概念を整理し、ライフスタイルについて比較していく。

　「団塊世代」は、1947～49年の戦後のベビーブームの時代に生まれた世代であり、その人口の多さとそこから来る社会問題（熾烈な入試競争や大学紛争など）、その文化的特徴（「若者」として共同性、経済成長に支えられた消費文化など）によって注目された。

　それに対し、「団塊ジュニア世代」は、1974年以降の戦後2度目のベビーブームの時代に生まれた世代であり、「団塊世代」の「ニューファミリー」の中で育ち、「バブル経済」の時代に思春期を迎えた世代である。文化的特徴としては、細分化された消費文化や、「若者としての共同性」の薄さがある。

　このように、独特の「消費文化」によって、特徴づけられる側面も見られる、この2つの世代であるが、この2つの世代の生活を彩った共通のキーワードの例として、「家電の充実」がある。特に、「団塊世代」は、家庭生活への電化製品の普及とともに成長したとも言えるだろう。彼らが、思春期を過ごした1950年代後半は、「3種の神器」として、白黒テレビ・洗濯機・冷蔵庫が普及して生活を彩っていった時代だった。家電の普及と性別役割分業下の家庭生活の浸透をもじって、家電は「カカア電化」（榊原昭二『キーワードで読む戦後史』岩波書店）とも言われた。一方、1980年代後半「ニューメディア」という言葉が広まった時代に育った「団塊ジュニア世代」は、90年代になって、単なる「家電」ではなく、「情報家電」（パソコン、携帯電話、インターネットなど）が、生活に浸透していく時代の先駆けとなった。

　現代に視点を移すと、こうした「団塊世代」も、既に、定年を迎える時代に入っており、「消費文化」という側面からは、その人口規模から、巨大な「シルバーマーケット」に注目が集まっている。高齢期の生活の豊かさを、どのように、社会的に維持し、提供していくのか、公的な保障だけではなく、民間の取り組みが期待されている。一方、「団塊ジュニア世代」は、「就職氷河期」の影響を受け、労働環境の不安定化などもあり、財布の紐が堅い世代とも見られている。この世代にとっては、生活の豊かさとはどのようなものなのか、という問いは、より複雑な社会的文脈の中にあり、その暗中模索が続いていると見ることもできよう。

第 11 章
年金と世代

田渕六郎
Rokuro Tabuchi

1……はじめに

「年金問題」は日本社会の大きな争点である。2000年代に入り、「年金未納」問題、2004年の年金改革、一連の不祥事をうけた2009年の社会保険庁廃止など、多くの出来事が注目を集めたことは記憶に新しい。年金を含む社会保障の改革については、3.11以後の民主党政権下でも議論が続いている[1]。

年金が重要な争点となっているのは、もちろん日本だけではない。多くの福祉国家では、人口高齢化や家族や雇用の変化が進んできた。これらの変化は、どのようにして高齢期の生活を保障するのか、それを誰が担うのかをめぐって、福祉国家に新しい状況をもたらした。これは広い意味での**世代間関係**の変化として捉えることができる。こうした共通した状況のもとに、多くの先進社会において年金制度のあり方が問い直されているのである。

ただし日本は、**少子高齢化**という人口学的側面において他国と異なる面を持つ。日本はスピードと程度において他の先進諸国をはるかに上回る高齢化を経験してきた。2000年代に入り、日本は人口減少時代に突入した。増大する高齢人口に対して、生産年齢人口の割合がいっそう低下し、これが年金、医療、介護といった社会保障の諸分野に与える影響が懸念されている。世代間の人口学的な不均衡において、日本は際だっている。

現在の日本の**公的年金制度**は、現役世代から高齢世代への経済的**再分配**という側面を持つ。経済成長が先細りになり、人口規模じたいが縮小していくというかつてない状況のもとでは、年金制度の持続可能性が問われるようになる。こうした文脈で、近年、年金をめぐる給付と負担のバランスが世代間で著しく異なるという状況が「**世代間格差**」などの枠組みで論じられている。年金制度

---

[1] 年金には私的年金と公的年金が区別される。また、後者には障害年金や遺族年金なども含まれるが、以下では注記のない限り、「年金」とは公的年金のうち老齢年金を主として指すものとする。

が「世代間」の「**公平**」「**衡平性**」「**正義**」などの観点から問題視されている。年金財政の「ツケ」を将来世代に先送りしてよいのか、といった問いが投げかけられているのである[2]。

　本章では、公的年金制度に焦点を当てながら、年金という仕組みが現代社会に生きる人びとの生活、**ライフコース**、**世代**とどのように関わっているのかを概観する。また、年金制度を「**世代間衡平性**」の観点から捉えるアイデアの一つである「**世代会計**」に注目し、今日の年金をめぐる社会学的論点を素描する。

2　年金とライフサイクル・ライフコース

　公的年金が大きな争点になるのは、高齢化した社会において年金制度は、すでに人口の少なからぬ部分を占める高齢者や、将来高齢者になる若年層、中年層にとって、高齢期の生活保障の要となっているからである。年金は高齢期の経済生活の基盤であり、人びとの長期的なライフコース設計にかかわる。それゆえに多くの人が年金制度に強い関心を抱くのだろう[3]。

　公的年金をめぐる簡単な統計を引用しておく。現在、我が国の65歳以上高齢者の半数以上は単独世帯または夫婦のみ世帯で暮らしているが、「国民生活基礎調査」(平成21年)によれば、高齢者世帯(65歳以上高齢者のみの世帯、またはこれに18歳未満の未婚者を含む世帯)の平均所得金額は231.4万円であり、そのうち公的年金が占める割合は70.6%であった。他の所得は、稼働所得(17.7%)、財産所得(6%)、仕送り・企業年金・個人年金・その他の所得(4.6%)などである。公的年金受給者のいる高齢者世帯に限ると、公的年金が所得の100%を占める世帯は6割強であり、所得額が200万円未満の世帯では8割ほどに及ぶ。平均的な高齢者にとって、子どもによる扶養や稼働所得ではなく、公的年金が主たる経済的基盤になっている[4]。

　年金は老後の生活に大きな意味を持つため、ライフコース全般にわたる人びとの経済行動にも影響する。これは経済学の消費や貯蓄行動の研究で明らかに

---

[2] 2011年6月30日に政府・与党社会保障改革検討本部がとりまとめた「社会保障・税一体改革成案」でも、「未来への投資である社会保障のコストを、将来世代に先送りすることは許されない」などの言葉のもとに、「世代間の公平」を強調している。http://www.cas.go.jp/jp/seisaku/syakaihosyou/kentohonbu/pdf/230630kettei.pdf　2011年7月取得
[3] 少し古い調査だが、平成15年に内閣府が実施した「公的年金制度に関する世論調査」によれば、公的年金制度に「関心がある」と答えた者(回答者は全国20歳以上の者)の割合は77.7%であった。http://www8.cao.go.jp/survey/h14/h14-kouteki/2-2.html　2011年7月取得
[4] 総務省統計局のホームページを参照。http://www.e-stat.go.jp　2011年7月取得

されてきた。消費行動にかんする理論の一つに、経済学者のモジリアーニ（F. Modigliani）らの提唱した「**ライフサイクル仮説**（life-cycle hypothesis）」がある。この理論は、人びとの家計行動（消費や貯蓄）について、家計が生涯所得の制約下に効用最大化を行うと想定する[5]。家計は退職後に生活水準が大きく低下することを嫌うので、若年期には消費を控えて貯蓄を増やし、高齢期には年金の不足分を補うために貯蓄を取り崩すだろうと予測される。この仮説をめぐって様々な実証研究が行われているが、たとえば公的年金制度の変化は人びとの消費貯蓄行動に実際に影響を及ぼしているとする研究がある[6]。また、この仮説からは高齢化が家計の貯蓄率低下をもたらすと予想されるが、それが近年の日本の貯蓄率の低下を説明するという指摘もある[7]。

　個人のライフコース全般にわたる発達を捉える社会学的視点としては、**ライフコース論**が重要である。この視点によれば、人びとの人生は、様々な出来事の経験や段階の連なりによって構成される。ある段階における経験は、後続する段階における人生経験に影響を与えると考えられる。こうした着眼点に基づく理論的アイデアに、「**累積的な有利／不利**」（cumulative advantage/disadvantage）がある[8]。これは、ある段階での経験は、後続する段階での経験に影響を与え、それらは累積していくため、有利と不利の格差は拡大し、高齢期における格差はより大きくなると主張する理論である。経済面では、若い時期からの所得や貯蓄の差が累積することで、高齢期の資産や所得の格差が大きくなるということは、前述のライフサイクル仮説が予想するところでもある。健康面では、喫煙や飲酒といった生活習慣がその後の健康状態に負の影響を及ぼすことはよく知られている。

　我々は自分や家族がどれだけ長生きするかを正確には予測できない。年金は、予想以上に長く生きることで貧困に陥ることなどを一定程度予防する機能を持つ。あるいは、仮に高齢期まで貯蓄を重ねても、景気変動でその価値が激減することもあり得る。こうしたリスクに対処することも年金制度の機能である。高齢期が経済生活における高齢者間の格差、不平等が拡大する**ライフステージ**

---

[5] Mankiw, N.G., 2000, *Macroeconomics (4th ed.)*. (=2003,足立英之他訳『マンキューマクロ経済学（第2版）2 応用編』東洋経済新報社).
[6] 上村敏之, 2009,『公的年金と財源の経済学』日本経済新聞出版社.
[7] 菅万里・チャールズ・ユウジ・ホリオカ, 2010,「貯蓄・資産」大内尉義・秋山弘子編『新老年学（第3版）』東京大学出版会, pp.1731-1740.
[8] Dannefer,D., 2003, "Cumulative Advantage/Disadvantage and the Life Course: Cross-Fertilizing Age and Social Science Theory," *The Journals of Gerontology Series B: Psychological Sciences and Social Sciences*, 58(6): S327-S337

であるなら、そうした不確実性に起因する格差を一定程度小さくするような制度が存在することは望ましいと言える。以下で述べる年金制度の意義は、こうした観点から捉えることができる。

3………年金制度とそのバリエーション

公的年金は、退職後の所得保障を目的とした制度である。産業化とともに雇用労働者比率が高まり、雇用労働からの引退（退職）後の**所得保障**という社会的課題が浮上する。歴史を遡れば、働けなくなった者に対する所得保障は基本的に自助か親族による扶養に委ねられていた。しかし、産業構造や寿命の変化によって、主たる稼得者が所得を失うというリスクが大量かつ恒常的に発生するようになると、自助や家族による扶養の限界が露呈し、社会制度による対応、つまり高齢者扶養の「社会化」が求められるようになる。年金制度は、**社会保険**、すなわち加入が義務化された保険の仕組みによってこうしたリスクに対処しようとするものだ。別の角度からみれば、年金は「**ゆりかごから墓場まで**」の人びとの生（life）を国家の管理下に置く制度でもある[9]。

通常、日本の年金制度の起源は、西南戦争後の1870年代に作られた軍人恩給に求められる。恩給は公務員を対象とする共済年金に発展する。民間では、企業による退職金制度が先行し、企業年金は限定的であったが、1942年に労働者年金保険が成立し、その後の厚生年金の前身となった。こうした戦前の諸制度は戦後になり再建されるが、長らく年金の対象から除外されていた零細企業の被雇用者や自営業者、無業者も含む全国民を対象とした国民年金が発足し、いわゆる**国民皆年金制**ができたのは1961年のことであった[10]。これを契機に、家族による高齢者の扶養をめぐる意識も変化していく[11]。

今日の日本の年金制度は、国民年金（基礎年金）、厚生年金、共済年金を基本枠組みとしており、国民はいずれかの年金に加入する義務を負う。国民年金は全国民が加入することになっており、定額給付部分である（「1階部分」とも呼ばれる）。常勤のサラリーマンが加入する厚生年金、共済年金は、基礎年金に上乗せで支給される報酬比例の年金である（「2階部分」とも呼ばれる）。国民年金が国

---

9 武川正吾，2007，『連帯と承認』東京大学出版会．
10 高山憲之，2010，「年金」大内尉義・秋山弘子編『新老年学（第3版）』東京大学出版会，pp.1795-1810.
11 1960年代に行われた社会調査は、1961年を前後に「老後の暮らしを子どもに頼らないつもり」と考える者の割合が急増したことを明らかにしている。田渕六郎，2009，「家族とライフコース」三本松政之・杉岡直人・武川正吾編『社会理論と社会システム』ミネルヴァ書房，pp.14-25.

民全体に適用される最低水準の年金である点で「再分配」の機能を中心にしているのに対して、厚生年金、共済年金は、退職後の生活水準が現役世代のそれを大きく下回らないことを保障しようとする点で「保険」の機能が重視されていると考えられる[12]。

公的年金（年金保険）の運営方式には幾つかの種類がある。まず年金の財政方式に関する区分として、**賦課方式**（pay-as-you-go）と**積立方式**（fully funded）の区別がある[13]。前者は、年金を受給する世代への給付が、現役世代が拠出している保険料（掛金）によって調達される方法である。後者は、年金の給付が、当該世代が現役時代に拠出し積み立てた掛金によって調達される方法である。前者が世代間の再分配あるいは支え合いを意味するのに対して、後者はそうではないという違いを持つ。ほとんどの先進諸国の年金制度は、現在は賦課方式を基本に成り立っている。

これに対して、年金の給付方式として、「**給付建て（確定給付）**」（defined benefit）と「**掛金建て（確定拠出）**」（defined contribution）が区別される。前者は年金給付額が先に決まっており、それに合わせて掛金の額が決められる。後者は拠出額が先に決まっており、給付額は運用成績に依存する仕組みである。日本の公的年金は、賦課方式・給付建てで運営されている。

4 ………… 年金の「再分配」機能

年金がなぜ存在するのかということについてはすでに簡単に言及したが、ここでは年金がどのような「再分配」の効果を持つのかに注目し、別の角度から考察してみよう。

他の社会保障制度にも共通する点があるが、年金が持つ再分配機能として、三つを挙げることができるだろう。第一に、その個人の**ライフサイクル**における再分配（ライフステージ間の再分配）がある。これは通常の意味での再分配とは捉えにくいかもしれないが、本人が若く所得の高い現役期から引退期に向けての再分配と考えることができる。第二が、その個人が属する世代（**コーホート**）内での再分配である。これは、所得の高い者（あるいは世帯）から低い者に向けての移転を意味する。第三が、異なる世代間での再分配がある。これは、現役世代から引退世代への、あるいは、将来世代から現在世代への移転を意味する。

12　OECD, 2005, *Pensions at a Glance*, OECD.（= 2007, 栗林世監訳『図表でみる世界の年金』明石書店）.
13　別所俊一郎, 2010,「財政運営と世代」林正義・小川光・別所俊一郎『公共経済学』有斐閣, pp.349-377.

以下では、社会学的に重要である第二、第三の再分配に言及する。賦課方式による年金が、第三の機能、すなわち世代間の再分配機能を持つことは明らかであり、これについては次節の世代会計の部分で述べる。以下ではまず、第二の機能、すなわち世代内の再分配機能を概観しておこう。

年金が世代内での再分配の機能を持つということは、やや理解しにくい。長寿**リスク**の分散という意味では、年金制度を通じて、長生きする者に対してそうでない者（年金の受給前に死亡する者など）からの再分配が行われていることは明らかである。しかしここでは、年金が、高齢期に顕在化する経済的格差を「高齢者世代内」の再分配を通じて縮小しているのかどうかという点が特に問題になる。年金を純粋な「保険」として捉えるならば、年金にはこうした機能は期待されない（税制などがそれを果たすべきとされる）ことになるだろうが、現実はどうなのだろうか。

まず、一時点の所得の格差と年金による再分配がどう関連しているのかについては、関連した統計や研究が存在する。**所得格差**をとらえる上で用いられることが多い「取得再分配調査」によれば、上述のライフサイクル仮説が示唆するとおり、高齢期の所得格差はそれ以前のライフステージに比べて相対的に大きいことが知られている。とくに、社会保障による再分配前の所得格差を示す**ジニ係数**は、高齢期に図抜けて高まる。しかし、年金や生活保護を中心とした再分配によって、高齢者世代内の格差は大きく是正されている[14]。もし年金制度がなければ、高齢期の経済的格差はもっと大きくなる可能性が高いということである。

しかし、こうした統計は、一時点での所得をベースにしたものであることには注意が必要である。年金によって高齢期の格差が縮小されるというとき、それは基本的に現役世代から引退世代への移転を通じて生じている。私たちにとってむしろ重要なのは、ある世代の生涯所得を基準にしたときに、年金をめぐる負担と給付の関係がその世代ではどのようになっており、それがライフコース全体を通じて所得の高い者から低い者への再分配にどの程度つながっているのかということであろう。この点を論じるためには生涯所得のデータが必要になるが、それが得られないこともあり、経済学でもこうした論点にかんする研究は少ない。経済学者の小塩隆士による、特定の前提に基づくシミュレーション的な推計では、年金の負担と給付の差し引き（純負担）は所得階層が高いほど高

---

14 たとえば、平成21年度「年次経済財政報告」を参照。http://www5.cao.go.jp/j-j/wp/wp-je09/pdf/09p03023.pdf　2011年7月取得

くなるという累進的な構造があるという[15]。こうした知見にもとづけば、年金は一定程度の世代内再分配機能を果たしているということができるだろう[16]。

5 世代会計の視点

賦課方式で運営される年金は、基本的に、世代間の再分配機能を有している。ここで紹介する世代会計(generational accounting / generational accounts)の視点は、公的年金や国家財政の仕組みがどのような世代間の再分配を果たしているかということを、世代間衡平性の観点から評価するための視点である。

世代会計の考え方は、アメリカの経済学者コトリコフ(L. Kotlikoff)らによって1990年代に提唱された[17]。高齢化の進展と社会保障財政の悪化は多くの先進諸国の共通問題であることもあり、この理論はアメリカ以外の他の多くの国にも影響を与えた。日本でも、理論の提唱直後から「経済財政白書」で内閣府による世代会計推計結果が示されるなど、一定の影響力を持ってきた。

世代会計とは、「それぞれの世代が生涯の間に政府部門に支払った税と社会保険料負担と、政府から受け取る公的年金等の移転所得の平均的な大きさから、政府による世代間の所得移転の規模を推計する手法」である[18]。ある仮定にもとづいて、それぞれの世代が政府に対して支払う負担と受け取る給付とのバランスシートを計算することで、「どの世代が得をし、どの世代が損をするのかを金銭的に評価する枠組み」だとも言われる[19]。これが年金以外も含んだ総合的な負担と受益にかんする推計であること、将来の政策変更の可能性を念頭に置いていないことには注意が必要である。

世代会計では**世代間不均衡**(generational imbalance)という概念(指標)を用いる。これは、世代会計を推定した時点でのゼロ歳世代(通常、これを現在世代の代表とみなす)に比べて、将来世代(これから生まれてくる世代)がどれだけ追加的に多くの純負担をすることになるかを示している。なお将来世代の各世代の負担額は、経済成長率による調整を行ったうえで同じ額であると想定される。

---

15 小塩隆士, 2010, 『再分配の厚生分析』日本評論社.
16 年金のトータルの拠出額と給付額の関係からみた場合、現在の厚生年金は所得が低い層を相対的に優遇している、と社会学者の盛山和夫も指摘している。盛山和夫, 2007, 『年金問題の正しい考え方―福祉国家は持続可能か』中央公論新社, p.210.
17 Kotlikoff,L.J., 1992, *Generational Accounting : Knowing Who Pays, and When, for What We Spend*, Free Press (= 1993, 香西泰監訳『世代の経済学―誰が得をし、誰が損をするのか』日本経済新聞社).
18 別所、前掲著、p.375.
19 島澤諭・山下努, 2009, 『孫は祖父より1億円損をする―世代会計が示す格差・日本』朝日新聞出版, p.68.

世代会計による世代間不均衡の推計は複数の経済学者らによって行われてきたが、推計結果を幾つか紹介する。まず高山らによる推計では、1995年時点での世代会計として、将来世代は1995年時点のゼロ歳世代（現在世代）に比べて、教育費支出を考慮しない場合には169.3％、考慮した場合には337.8％多くの負担をする[20]。

　吉田浩は1995年と2000年の2時点における推計を示しているが、2000年時点については、将来世代はゼロ歳世代よりも592.0％または1711.5％多い純負担額を負うとされる[21]。また、推計方法にかかわらず、1995年から2000年にかけて世代間不均衡は増大したことが強調されている。より新しい推計として、経済学者の島澤諭によれば、2005年時点での世代間不均衡は528.6％とされている[22]。

　最後に増島らは、通常の世代会計とは異なり、過去の受益についても考慮した推計を行っている。それによれば、2005年時点で将来世代はゼロ歳世代よりも207.5％多い純負担を負うとされる[23]。

　これらを比較して分かるのは、当然ではあるが、異なる時点における世代間不均衡の推定はその結果も異なること、また、異なる前提を置いた推計によって結果の違いが見られるということである。同時に、どの推計でも、引退世代よりも勤労世代のほうが純負担額は大きく、かつ、現在世代よりも将来世代のほうが純負担額は大きい。言うまでもなくこれは、現状の制度のもとでは、年金や医療といった社会保険の負担に対する受益が、現在の若年世代および将来世代では小さくなると予測されることによっている。

6 ……… 世代会計の問題点

　世代会計は、年金財政の維持可能性が問われる時代において、大きなインパクトを持つ視点であることは疑いがない。しかし、そこには幾つか問題点がある。まず、基本的問題としては、それは実際の世代についての生涯の給付と負担

20　Takayama,N.,Y.Kitamura and H.Yoshida, 1999, "Generational Accounting in Japan," pp. 447-470 in A.J.Auerbach et al.(eds.), *Generational Accounting around the World*, Chicago University Press, p.455. その後、推計を行った一人である吉田浩によって、それぞれ182.8％、359.5％という改訂値が示されている。吉田浩, 2008,「世代会計による世代間不均衡の測定と政策評価」貝塚啓明, 財務省財務総合政策研究所編『人口減少社会の社会保障制度改革の研究』中央経済社, p.285.
21　吉田, 前掲書, p.285.
22　http://homepage3.nifty.com/~~shimasawa/generationalaccounting.htm　2011年8月取得。ちなみにこの値は、島澤による古いデータに基づく推定では698.6％とされており、データの変化がかなり大きな推定結果の違いを生むことが分かる。島澤・山下, 前掲著, p.107.
23　増島稔・島澤諭・村上貴昭, 2009,「世代別の受益と負担—社会保障制度を反映した世代会計モデルによる分析」ESRI Discussion Paper Series No. 217.

を計算したものではなく、マクロ経済統計から推計されたものにすぎないという点がある。推計は将来の給付や税負担についての仮定に依拠しており、とくに経済成長率と割引率を変更することで大きく推定結果が異なってくる。たとえば高山らのシミュレーションは、教育費支出を考慮したシナリオの場合、経済成長率と割引率の異なる組み合わせによって世代間不均衡は98％から3038％までの違った結果が得られるとしている[24]。標準的な世代会計では割引率が5％と設定されることが多いが、この値が小さければ世代間不均衡は格段に小さく推計されるのである。この限りで、世代間不均衡の数値そのものに過大な意味付けをすることは間違っている[25]。

　世代会計の議論に含まれる理論的問題としては、まず、それが公的部門を通じた**移転**のみを対象にしており、「私的」な移転を無視しているということが挙げられる[26]。世代間では、家族あるいは家計の仕組みを通じて多くの移転が生じている。経済学でも、リカードやバローの理論のように、公債や年金債務による世代間の不均衡は、私的な移転によってある程度相殺されるという議論がある[27]。

　私的な移転が私たちの経済生活に影響を持つことはよく知られている。現在の引退世代が得た「純利益」の一部は、遺産や贈与のかたちで次の世代に再分配されている。たとえば「**パラサイト・シングル**」という概念は[28]、近年の日本で未婚で親と同居し続ける若者が増大したことに注意を喚起したが、これは、若者の直面する経済的困難にたいして家族が緩衝材として働いているということを意味している。親世帯を離れる年齢が遅れることによって、世代間の再分配のあり方は変化するのである。もし一部の論者が主張するように、将来世代の負担を低めるという目的で現在の引退世代に対して（給付水準の切り下げや年金支給開始年齢の引き上げを通じて）年金給付の縮小を行うならば、私的な世代間の移転も縮小されることになるだろう。その帰結を子世代が負うのであれば、世代会計が主張する世代間の公的移転のバランスシート改善は、将来世代の福利改善をもたらすとは直ちには言えなくなる。

　つぎに、世代会計は世代をあたかも「単一の主体」として扱う点で、世代の中に多様な格差があるという問題を無視している[29]。たとえば年金をめぐっては、

24　Takayama et.al, op.cit., p.457.
25　関連する問題は盛山和夫も指摘している。盛山、前掲著。
26　Arber,S. and C.Attias-Donfut (eds.), 2000, *The Myth of Generational Conflict*, Routledge.
27　別所、前掲著。
28　山田昌弘, 1999,『パラサイト・シングルの時代』筑摩書房。

ジェンダーによる格差が小さくないことが知られているが、世代間格差を縮小することがジェンダー格差の縮小につながるのかどうかについて、世代会計は何も述べない。

ジェンダー格差以外にも、世代内には多様な**階層**格差がある。これは世代会計を提示する論者たちも認めていることだが、世代間格差を縮小することは世代内の階層格差をどう変えるのかを世代会計は論じない。たとえば、現在世代の年金給付を縮小することは、相対的に高い年金を期待できる共働き世帯などと、年金への依存度が相対的に高い低所得層などの間の格差を拡大する可能性もあるだろう[30]。あるいは、遺産や贈与をめぐっては、親などから多くの財産や現物・サービスの移転を受けることができる者とそうでない者との間の格差がある。公的年金を通じた世代間の再分配を弱めることは、公的年金によらない資産や所得を多く持つ高齢者からその子ども世代への移転の重要性を高めることにつながりうる[31]。それは結果的に若者世代や将来世代の世代内の格差を拡大するかもしれない。

7 おわりに

近年、我が国では、年金や医療をめぐる「世代間不公平」「世代間格差」にかんする議論が注目を浴びている。筆者の手元にある一般向けの本には、「社会保障こそ世代間格差の代表だ」と記されている[32]。こうした主張の根拠として、世代会計の手法に依拠した年金の「世代別損得計算」[33]が用いられている。世代会計の視点が注目される時代背景には、人口と経済の変動によって、かつてのような賃金の伸びや、相対的に高い年金給付を期待できない人びとが現在の年金や医療の制度に対して厳しい視線を向けるようになったということがある。近年の経済状況の悪化は、「限られた資源」をめぐる世代の対立を煽り、「**世代間連帯**」を否定的に捉える傾向を強めている[34]。福祉国家の制度を通じた公的な分配をめぐって、今日、「世代」をめぐる新たな論点が生じている。政府との間の

---

29 Arber and Attias-Donfut, op.cit.
30 Myles,J.,2002, "A New Social Contract for the Elderly?" pp.130-172 in G.Esping-Andersen (ed.) , *Why We Need a New Welfare State*, Oxford University Press.
31 高齢者内部での格差を縮小するという点では、一部の経済学者らも提案するように、引退世代内での所得再分配を強化する政策は検討の余地が大きいと考えられる。上村、前掲書および小塩、前掲書を参照。
32 小黒一正, 2010,「社会保障―『世代間公平基本法』の制定を急げ」城繁幸他『世代間格差ってなんだ』pp.73-120.
33 鈴木亘, 2010,『年金は本当にもらえるのか?』筑摩書房.
34 上野千鶴子・辻元清美, 2009,『世代間連帯』岩波書店.

受益と負担の関係をめぐって、個人が属するコーホートによる違いがあるということが、「世代」や「世代間格差」という言葉を用いることで強調されているのだ[35]。

しかし、公的年金にはほんらい、経済の変化にともなって生じうる世代による運・不運のリスクを世代間の再分配によって分散する機能が期待されている。こうした機能を欠いた年金制度は、変動の著しい時代を生きる人びとのライフコースの支えにはならないであろう。年金制度は、世代間の関係をめぐる社会的合意に依拠した政策として捉えられるべきものである。それは、個人（あるいはその集積としての「世代」）と政府との個別化した交換関係を示す「損得計算」を通じて評価されることには馴染まない[36]。世代会計のような議論は、「世代」に属する人びとの共同性を強調するが、それは世代内の多様かつ異質な個人の違いを捨象した上で成立するレトリックでしかない。

もちろん本章は、世代間衡平性という概念や、そうした観点に基づく年金の評価がいっさい妥当でないと主張するものではない。幾つかの世論調査などが示すように、年金制度をめぐる負担と給付の関係については年齢による意識の違いが小さくないことは事実である[37]。しかしそれは、年金制度が世代会計的な意味での「世代間公平」の視点からもっぱら評価されるべきだということを意味しない。現在求められているのは、いたずらに世代の対立を煽る議論に与することなく、公的年金制度の意義に立ち戻りながら、ジェンダーや階層といった世代内の格差の問題も視野に入れた制度の再設計を目指した議論を深めていくことだろう。そのためには、「持続可能」な年金のあり方を議論するための十分な情報が、とくに若い世代に対して開示され、異なる世代を含む公共の議論が深められていく必要がある。そのような年金に対する理解に基づいた議論と選択を可能にする地盤を提供することが、社会科学、とくに社会学に課せられた責務であろう。

35　「世代」にかんする近年の社会学的研究は、福祉国家における20世紀の闘争は階級闘争であったが、21世紀のそれは「世代間闘争」と捉えられると主張している。Kohli,M., 2005, "Generational Changes and Generational Equity," pp.518-526 in M.Johnson et al.(eds.), *The Cambridge Handbook of Age and Ageing*, Cambridge University Press.
36　盛山, 前掲著.
37　平成20年度「経済財政白書」などを参照。

贈与関係と時間幅

山本　馨

　要する「時間幅＝０」となる関係が市場における究極的な理想である。そのためには、商品に「それを引き渡す人の気持ち」や「それを作った人の魂」が付着することは禁忌である。そんなものが付随していると、受取人は負担に感じて支払った金銭以外のお返しをしようと考えるため、取引がいつまでも完結せず、結局、利益を最大化させることを妨げるからである。資本主義は、人の感情を関与させず、両者の関係をその場限りで断絶させる即時決済のシステムにするとうまく働く原理を有するのである。

　この市場ルールは、現代では広く実践されているが、人類の長い歴史の中では実は非常に限られた時間の範囲内で通用しているにすぎない特殊形態であることを証明したのは、フランスの社会学者モースである。

　モースによれば、人間は（相互）贈与を行うことによってのみ他者と社会関係を取り結ぶことができる。そのルールは、Ａが何かを贈与し、Ｂがそれを受け取ったときから（相手の魂の一部が付着した贈与物を受けたという心理的負担を伴った）社会関係が始まり、それはＢがお返しする時まで続く。Ａがお返しを受け取ると、今度はＡが心理的負担を負い、それはＡがお返しをするまで継続する、というものである。このように、負担感を交互に負い続けるため関係が清算されない状況を、モースは社会関係を有している状態と捉えたのである。

　だからといって、負担感を嫌い、贈与を受けた直後にお返しをするのは、相手が気持ちを突き返されたと感じるため、贈与ルールに反する行為となる。つまり、相手への負担感を伴った適切な「時間幅」をもつことを相互に許容することが、贈与に基づく社会関係には不可欠なのである。

　モースは、この贈与関係こそが社会関係の初期状態であると考えた。市場関係は、字義のとおり市場の範囲内という特殊な環境においてのみ通用する、贈与関係から「時間」と「魂」とを引き剥がすことで初めて成立可能となる贈与システムの特殊システムなのである。

　これに対して、より一般化された関係である贈与システムは、他者とつながることをその目的に含んでいる点で、他者との関係を持つこと自体を幸福と考える人間の本質的傾向と深く関連している。一方、市場経済は、その存立の経緯からしても、他者と魂を交換する幸せを人間に享受させる構造を持ちにくいのである。

　市場経済関係を追求しても、人間が幸福になるとは限らないという問題は、市場経済のシステム構造に起因している。それを解決する方法は一つしかない。それは、いったんその構造の外に出ることである。市場経済が社会を席巻する以前のルールである贈与関係を検討する意義は、まさにこの点にあると考えられる。

【参考文献】
・Mauss,M., 1968, Sociologie et Anthropologie,Paris : Presses Universitaires de France (= 1973, 有地亨・伊藤昌治・山口俊男訳『社会学と人類学Ⅰ』弘文堂).
・中沢新一，2003，『愛と経済のロゴス　カイエ・ソバージュⅢ』講談社選書メチエ.

第 12 章

最終講義の社会学
―― 知識人の老後

藤村正之
Masayuki Fujimura

1 ………… 知識人と知の変容

　皆さんは、「知識人」という言葉をどう聞いたことがあるだろうか。大学院生たちと本稿について話をしていたら、「知識人という言い方は最近あまり聞かないですね。今ならむしろ文化人ですかね」ということになった。もし、知識人から文化人へ、人口に膾炙する言葉が変容しているとしたら、そこにはなにがしか社会の変容がしめされていよう。それはどのようなことなのだろうか。

　「**知識人** (intellectuals)」とは、自らが習得・獲得した知識に基づく知的活動によって、学問、科学技術、芸術・文化などの創造・発展・普及に携わるものであるとされ、その原型としては、中国の文人、インドの僧侶、ギリシアの鉄人などがあげられる。そのような知的活動に従事する知識人の中には、当該社会の権力構造の外側から、既存の社会制度に批判的な立場の主張や知的活動を行うというタイプのものがあり、代表的には**インテリゲンチア** (intelligentsiya) と呼ばれる19世紀帝政ロシア時代に抑圧された民衆のために活動した自由主義的な知識人をあげることができる。他方で、知識人は科学技術の学識経験によって支配層の一部や協力者として当該社会の社会制度の運営に携わるタイプである場合もあり、20世紀半ば以降アメリカの軍産複合体などで活躍する**テクノクラート** (technocrat) たちがあげられる。前者が対抗イデオロギーの担い手とするならば、後者が体制イデオロギーの担い手ということになろう（本間 1993, p.1001）。

　大学で高等教育を受け、教師・学者・医者・官僚など知的・精神的労働に従事する人々が知識階級とよばれたり、高等教育がさらに一般的に普及することにともなって、先端的な科学技術をもちいる業種に従事する人々が知識労働者と称されることもでてきたりした。知識人が個人に焦点をあてた概念だとするなら、知識階級・知識労働者は集団・集合体として知の拡大・普及が反映された概念ということになろう。

政治学者の坂本義和は、知識人には批判力と構想力が必要だとして、日本におけるその変容を次のように指摘する（坂本 2011）。日本の場合、「**戦後知識人**」という使われ方があり、戦後民主化の達成や戦争責任を問う論陣が張られ、その多くは大学人であった。それは、その当時、外国について学び日本の現状と比較・批判できる知の蓄積が可能だったのが、大学以外に乏しかったからと考えられる。そして、大学人が知識人の主要部隊であった時代は総合雑誌や新聞が主要媒体で、そこでは論理的説得力が重んじられた。しかし、知識や知的活動が大学の独占物ではない以上、教育水準が上昇し、高等教育を終えた人たちが増え、彼ら自身が仕事や個人の関心から知識・判断力を蓄え、市民活動自体や大学以外のメディアや企業活動の場を通じて発信するようになっていった。その発信媒体は文章だけに限られず、音楽・映像・マンガなど多様性をおび、受容する側の感覚や感性にうったえかけるものも多い。坂本は、今後に向けて、インターネットなどを駆使し、国境を越えた連帯と人間の尊厳を尊重する市民的知識人の登場と増加を期待するとともに、そのためには批判力だけでなく知識人に必要な構想力を感覚だけではなく論理で鍛えていく力量が必要だとする。

　坂本の指摘をさらに越えて、情報がグローバル化するウェブ時代が到来し、多様化する情報の渦の中でそれを取りまとめ集約し、方向性をしめしてくれる羅針盤のようなものを人々は欲している。しかし、知識の集積だけでは現代社会を読み解く羅針盤を形成できず、むしろ人々は検索ランキングやツィッター・Facebook の「いいね！」レスポンスの数値で議論や意見、趣向の動向をつかもうとしている。そこでは、情報編集技術や情報をもつ人々をネットワーク的にコーディネートする人々の発信力や必要度が増している。知識から情報へ、紙媒体からウェブ媒体へ、蓄積からコーディネートへ、そのような知のあり方の変化が、知識人から文化人へと焦点の移動が起こっている事態の社会的背景ということになろう。

　それでは、知識人はどうなったのであろうか。知識人の主要部隊であったはずの大学人は、高等教育の拡大、大学の大衆化・ユニバーサル化にともなって、授業の練磨や学生指導などに重点をおく教育労働者化せざるをえなくなってきている。多様な学生が入学してくる大学にとって必要とされる人材は、「ホームランを打つ単能大物の碩学の大教授よりも、ヒット・エンド・ランを得意とする複能型の町医者的教授」（林 2004, p162）となってきている。また、大学人は現代においても、ジャーナリズムやメディアに対して批判的に距離を取ろうとすることが多く、現代社会において着目される文化人として必要な発信媒体の使

用を必ずしも得手としていない。C.W. ミルズはその著『社会学的想像力』の中で、大学人が専門性に特化するあまり公共的議論に参加するのを躊躇したり、そもそもそういう能力が欠如したりしており、その点、むしろジャーナリストのほうが知識人の要素を保持しつづけていると指摘していた（Mills 1959 = 1965）。大学人にもともとそのような要素はあったのだろうが、現代では物理的環境において知識人的役割や立ち回りをすることが難しい時代に入っているともいえるであろう。自らを知的職人と位置づけていたミルズの挑発的な見方と対比すれば、L.A. コーザーは大学の社会的位置を冷静に見通している。すなわち、「お上品な学者共同体と、いわば周旋屋のルーズな集合体である職業訓練所」となってきている大学として（Coser 1965 = 1970, p.306）。20世紀後半を通じて、知識人の存在基盤は脆弱なものとなってきている。

2............大学教員の就職と退職

　知が変容し、知識人の存在基盤が脆弱化する中、高等教育としての大学においては、さまざまな側面でいっそうの制度化が進行している。大学教員が知的な活動を生業として生活するものだとして、大富豪の家庭教師のような存在として生きていくことがありえない以上、大学教員も組織の一員として、大学やその母体である法人に雇用されている。大学が職業的ギルドのような存在であったことは、その名称 university が組合という原義を有するところに生きている。知を職業とする制度化の進展がそこにはあろう。「天才なら時には限界を越え、制度的秩序の保護なしでやっていけるかもしれないが、普通の知識人は、普通の人びとと同じように、彼らを支えてくれる制度を必要とする」（Coser 1965 = 1970, p.322）。大学教員はそのような組織人として生きていかなければならない以上、そこには就職と退職が存在する。

　大学教員はどのように就職していくのか。現在では、大学の学部卒業後、大学院に進学して修士・博士の学位を取得するとともに、研究実績や学会活動などを積み重ねていくことがまずは必要になる。この条件を満たした後に、各大学の専門科目などの基本的には1名ごとの採用募集に応募して採用されなければならない。多人数からでも複数名の人が採用される企業一般の就職活動とは異なって、各大学のその専門分野での募集は1名にとどまることが競争を激化させる。従来であれば、大学院に進学してほぼ10年、助手や非常勤講師などの時期を経験して、30代前半で採用されるという例が多かったかと判断されるが、近

年は少子化の影響で大学教員の採用枠が伸びないことと大学院生数の増加も受け、いったん期限付きの職で採用され、その後の研究・教育の経験をふまえて、30代半ばから後半にようやく永年勤務可能な職に就けるという例も増えてきている。

　M. ウェーバーは、名著『職業としての学問』の中で、「大学の教師は、だれしもその就任のときの事情を回想することを好まない。なぜなら、それは大抵不愉快な思い出だからである」と言う。その理由は、この職に就くことは「ただ僥倖を待つほかはない」からであり、「これほど偶然によって左右される職歴はほかにないであろう」とする（Weber 1919＝1980, p.15, p.17）。ウェーバーが活動した20世紀初頭の時代との程度の違いもあろうが、大学教員に採用されるにあたっての決め手が僥倖である、すなわち偶然の幸運であるということに今も大差はないかもしれない。

　採用されるにあたって、専門分野における基本的な研究・教育の力量は必要だとして、それ以外の要因でどれが重視されるかは大学やたまたま募集されているそのポストによって千差万別である。年齢や性別など大学内の属性要因のバランスをとろうとすることもあれば、教育重視と研究重視のどちらにふさわしい人を取るかという判断もある。共同研究可能なように専門分野が同僚と近い人がよい場合もあれば、研究の学際的活性化のため異なる専門分野の人がよい場合もある。採用される側に採用する側のニーズが読み込めないため、すべては僥倖のようにとらえられてしまうことになる。

　就職が組織への参入であるとするなら、組織からの離脱である退職がある。大学教員が組織から離脱する際、ひとつは自ら他の大学に移動するということが多くあり、あるいは転身を図って他の業種に転職するということもままあろう。ゆるやかになり、一般企業での転職も珍しくない時代になってきたとはいえ、終身雇用的な要素の強い日本社会での働き方において、大学教員は比較的職場を変えることの多い職業である。視点を変えるならば、大学を変わることにはなっても、専門領域が変わるわけではないので、その分野の専門学会所属という点では同一であり、現代社会においては学会所属のほうに専門職としてのギルド的要素が多いと判断できる。

　大学教員のもうひとつの離脱のスタイルが、定年による退職である。日本の大学も組織であるがゆえに、社会の制度にならって、一般的には定年制がしかれている。一定年齢が来れば、一般の会社と同じように大学をやめることになる。以前は、国公立大学の定年が60歳か60代前半、私立大学の定年が60代後

半から70歳という場合が多かったが、次第に国公立大学の定年が延長され、他方、私立大学の定年が引き下げに向かうことで、両者の差はせばまっている。

　本来的には、知識人であれば知的活動をすることがその根拠であり、いつまでも研究を続けることも可能であるはずである。経営学者・統計学者の林周二は次のように言う。「研究とか芸術とかの仕事も、本人がその仕事をやり続ける意思をもち、かつある程度にその道で実績をあげていれば、一生涯とまでは無理でも、かなり高年齢までその仕事をやり続けることは決して不可能ではない。本人の心掛け次第では死ぬまで勤められる。」「研究者という天職は、定年はあっても、停年はない仕事」なのである（林 2004, p.45, p.39）。制度に沿わざるをえない定年はあるけれど、知的活動をやめるという意味での停年はないと彼は言う。

　しかし、人は知的活動から離れていくことがある。ひとつは、あるところまで知的活動をおこなうものの、違う活動分野へと関心を変えていくあり方である。もちろん、研究者は一生の仕事であるとしても、「若い時に立派な仕事を数多く残し、あと晩年は一切研究などからさっぱり離れ、別な意義ある人生を送る生き方の研究者」もあろう（林 2004, pp.55-56）。『諸国民の富』を53歳で著したあと、税関吏の道を歩み、細々と自著の改訂に勤しんだ**アダム・スミス**がその例とされる。したがって、スミスは経済学の父と称されるほどの実績を築きながら、彼の生前の著作は『道徳情操論』と『諸国民の富』にとどまるのである。

　もうひとつは、知的活動を営むことが難しくなり、それから離れていくというあり方である。医学者の森於菟は、定年にあたって次のように言う。「医学部長を定年退職した私に、御世辞には違いないが、『今から好きな研究がお出来になりますね。御自分の研究所を御建てになりますか』などと言ってくれるものもある。しかしながら私は自分の頭脳状態が研究どころではないことを知っている。今から老の短日を過ごすために、世間の老人並に草花をいじろうと思っても、その草花の名が覚えられるかすら覚つかない」（森 2010, pp.2-3）。知的活動の根拠は頭脳であり、それもまた身体である以上、高齢にともなう衰退をまぬがれきれるものではないことになる。一生続けられると考えられる知的活動も、自らの転身であるいは自らの老化で、その永続がおよびえぬものとなっていく場合がある。

　高齢者への差別・偏見、**エイジズム**を研究したアメリカの社会学者・老年学者パルモアは、人々の中に高齢者への否定的ステレオタイプと肯定的ステレオタイプがあるとする。前者・否定的ステレオタイプとして病気、性的不能、醜さ、知能の衰退、精神病、無益、孤立、貧困、うつ病のイメージを、後者・肯

定的ステレオタイプとして、親切、知恵、頼りになること、裕福、政治力、自由、永遠の若さ、幸せのイメージをあげつつ、その各々を事実によって決定的な根拠のないこととしている（Palmore 1990＝1995, pp.22-32, pp.37-43）。これらの要素のうち知恵に着目すれば、高齢者にそれがあるというとらえ方と、それが衰退するというとらえ方があることになる。賢者として位置づけられる高齢者像がある一方、愚者として位置づけられる高齢者像があることになる。

　老年が多くの経験や慣習に関する知識をもっていることで尊敬を得た時代がある。それが可能であったのは、心身の諸力が維持され、老衰が進行せず、判断力や伝達力を充分に機能させられること、また学問が未発達で経験に基づく慣習の理解や知識の影響力が社会的に大きいことが必要となる（副田 1986, pp.93-94）。

　現代社会において、賢者としての老年象は確かなものとはいえない。文献を学び、経験知に通じた者という賢者像は近代化と共に変容していくことになった。産業化社会の進展は、人類がもっている知識の進展を人々の一生の時間幅より早めてしまい、老年がもっている経験に基づく知恵は、科学技術の進展の前に時代遅れとなっていくことが否めなくなってきた。経験に基づく知恵が価値づけられないとき、知能の衰退という否定的ステレオタイプがより浮上してくることになろう。それは、老年という言い方に含まれる正負の価値づけが当人たちにも避けられ、年齢にのみ着目した高齢者という言い方が頻度高くなっていることに反映していよう。

　大学教員は産業化の進展、高等教育の拡大にその職業的基盤をおき、従来、老年がもちえた知恵の伝達者という側面を自らの役割として、知識人という位置づけを得ていったということが言える。しかし、今度はその知識人たる大学教員が老後をむかえるとき、大学教員という社会的立場の変化と自らの心身事情によって、彼自身にとっても知の運用を充分には果たしきれない可能性をおびたものとなっていくのであった。産業化の過程で大学が老年からある意味で奪った知の伝達者という側面が、今度は大学教員が老年になることによって動揺にさらされる状況にあるのである。

3…………「最終講義」という表現スタイル

　知識人の根拠のひとつたる大学の職を定年で辞することで、大学教員は老後への道を歩みはじめることになる。そのタイミングで行われることが多い行事

として、大学には「最終講義」と言われるものがある。
　主には、その大学を定年などによって退職する教員が最後に行う講義である。それが、特定の科目の一連の授業回数の中の最終回として行われることもあれば、時と場所を改めて単発のものとして行われることもある。それらには、その授業科目を取っている学生だけでなく、その教員の学科やゼミの卒業生や研究者仲間がかけつける場合もあり、その教員の略歴の紹介や花束の贈呈などセレモニー的な要素が盛り込まれる場合もある。スポーツ選手であれば、引退セレモニーや相撲の断髪式などがそのような終焉の儀式として該当しよう。プロ野球・読売ジャイアンツの長嶋茂雄選手が1974年に引退した際の「わが巨人軍は永久に不滅です」というフレーズは引退セレモニーとして著名なものである。近年では、野球やサッカーなどで海外移籍をする選手のお別れセレモニーが行われる例もあるが、大学の場合、定年またはそれに近いあるいはふさわしいときに最終講義が企画される。数少ない例ではあるが、大学当局や社会情勢との関係においてやめざるをえない状況に追い込まれ、定例の授業日がそのような最終回の性格をもってしまうという退職もある。戦後には東京大学の総長を務めた矢内原忠雄が、1937年『中央公論』9月号に掲載された論文が議会・軍部・右翼・学内右派から攻撃の的となるにおよび、12月自ら東大に辞表を提出し、発令前の最後に授業で終講の辞を述べた例があげられる。矢内原の最後の言葉は次のようなものであった。「私は誰をも恐れもしなければ、憎みも恨みもしない。ただし、身体ばかり太って魂の痩せた人間を軽蔑する。諸君はそのような人間にならないように……」(矢内原 1997, p.27)。
　知識人としての老後に入る区切りの行事として最終講義があるとして、その講義が本当に「最終」であるかどうかはわからない。その大学を定年退職した後、他の大学に勤務して講義をつづけておこなうこともあるであろうし、その教員が死なない限り、どこかで講義や講演をおこなう可能性もある。その意味で、「最終講義」は必ずしも最後の講義というわけではないともいえる。他方で、市井の知識人として生き、そのような講義・講演の機会がある場合、死がいつやってくるかは誰にもわからない以上、その人のどれが最後の講義であったのかは死後にならないとわからないともいえる。それらの意味もあり、知識人や研究者としての活動は続くのだからと想定して、最終講義と呼ばずに、「感謝の集い」として学生・卒業生・関係者が教員の学恩に報いる形で企画される場合もある。恩師に感謝するという意味では、退官記念論文集という形の書籍も、研究者としての弟子筋たちが恩師にささげる企画として位置づけられよう。大げさなこ

とは控えたいということで、それら一連のことが行われない場合もある。

このような最終講義という授業のスタイルは他の国にはあまりないとも言われる（林2004, p.183）。むしろ、欧米の大学にあるのは就任講義などである。そこでは、就任後の学問的抱負や計画が語られる。社会学の代表例としては、M. ウェーバーの『国民国家と経済政策』は1895年フライブルグ大学での教授就任講演であった。日本でも近年は「就任講義」と銘打つ形で行なわれる例もあれば、学内の学会や研究会で新任の教員が研究報告をすることも同様に位置づけることもできよう。政治家であれば施政方針演説であり、企業であれば社長就任演説ということになろう。大学教員においても、最終講義でありながら、今後に向けた研究展望としてその講義が構成されることもあり、聞く側にも将来への抱負や計画を聞きたいという期待がある。

最終講義という言い方はあっても、最終論文という言い方はない。作家であれば絶筆ということになろう。大学教員として社会制度としての教育の場を離れるとしても、知識人として研究の場は求め続けていくことは文系研究者の場合、ある程度可能でもある。したがって、最終講義という言い方は、研究と教育の両立が課題でもある大学教員にとって、大学教員という立場と肩書きを離れるかわり、その課題のひとつから解放されることが含意されている。

最終講義として講義される内容は、いくつかの要素の折り重なるようなものとして、なにがしか自省性をおびつつ構成される。ひとつの例は、研究内容にしぼりこんで長年の研究の具体的展開をふりかえるというものである。成功も失敗も含んだものとして、研究の成果や達成が語られる。似ているが若干異なるものとしては、むしろ研究の方法や過程に焦点をあて、研究仲間との交流や共同研究の進め方を語るというものがある。その場合、研究がさまざまな人間関係の中で達成されていくことが伝えられる。そのようなプロセスの紹介に、研究史だけでなく、自分史を重ねあわせるというタイプもある。研究者自らによる知識社会学とでもいえるようなものである。学生たちにとっても、その最終講義において初めてきくというようなパーソナルな内容を含んでいることが、その魅力や醍醐味となっているといえよう。多くの場合、大学教員は自分のパーソナルなことを少なくとも教壇から語るということをいさぎよしとしないので、最終講義においては普段は抑制していた、そのたがが多少外れるということになる。

次節以降、そのような最終講義の例として2人のものを取り上げてみよう。ひとりは社会学者・清水幾太郎であり、もうひとりは歴史学者・阿部謹也である。

4 ……… 最終講義──清水幾太郎「オーギュスト・コント」
（1969年1月18日・学習院大学）

　清水幾太郎(1907-88)は、戦後知識人の代表とも評される社会学者である。朝日新聞嘱託・読売新聞論説委員などジャーナリストとして活躍した時期もあり、戦後直後から学習院大学で20年間教鞭を取り、1960年の安保闘争など社会運動で中心的役割を担ったりもした。その後、社会主義への批判や民族・国家への回帰などを主張し、戦後最大の「転向」と評されることもあった。アカデミズムとジャーナリズムにまたがる領域で、さまざまな研究書・論説などを残したのが清水であり、主要著作を集めた『清水幾太郎著作集』全19巻が刊行されている。大学退職後は清水研究室を主宰した。
　清水幾太郎の最終講義は1969年1月18日に行われ、テーマは社会学の創始者・実証主義の創始者である**オーギュスト・コント**についてであった（以下、(清水1997)による）。「卒業論文は一生ついてまわる」と彼が言う通り、彼が卒業論文であつかったのがコントであり、彼はこう評す。「幼稚なものにしろ、少年の日に全力を傾けた一篇の文章、それは、心のどこかに痕跡を残すのでしょう」(清水1997, p.299)。彼はこの最終講義の後にも、『オーギュスト・コント』(清水1978)や『私の社会学者たち』(清水1986)などで、コントをひきつづき論じており、最終講義がコント研究をまとめる契機のひとつとなっていったと考えることもできるだろうし、高齢においても自らの問題関心の原点は常に意識せざるをえないものであったということかもしれない。
　清水は、講義をしていて学生から「カントを洒落てコントと言っているのですか」という質問が出た笑い話から話を初めている。そして、カントは判らなかったがコントは判ると。もちろん、学説の魅力は読んだ後に判るものであるから、むしろ最初はコントの生き方が魅力に感じられたのだと言う。なぜコントの生き方に魅力を感じたかといえば、自分が下町の商家出身で東京帝大になじめず、コントのもつ自由な生き方と自由な考え方に抗し難かったからであるとする。他書でも同様に、彼はコントのことを「彼は謹厳な大学教授ではなく、街頭のメシアであった」と評している（清水1978, p.221）。
　つづいて、彼はレイモン・アロンの『社会学思想の諸段階』によりながら、コントの略歴を語る。コントは1798年、フランス革命の9年後、マルサス『人口論』が出版された年に南仏のモンペリエに生まれた。熱烈なカトリック信者になるようにと、親が複数の聖人の名を彼につけている。理系の最高峰エコー

ル・ポリテクニックに入学して優秀な成績をあげるが、学内ストの首謀者として退学の憂き目にあい、その後、彼は市井の学者として生きていくことになる。パリでサン゠シモンの秘書となり、24歳で「社会を再組織するために必要な科学的作業のプラン」を書いているのだが、この論文にはその後の彼の研究のエッセンスが詰まっており、青年時代の作品として若いうちに書くことの重要性を清水はここで指摘する。「自己を外部に向かって表現する、外部から攻撃される、新しく勉強して、攻撃を撥ね返す……というダイナミックスに早く自分を投じなければ、一生は空しいものに終わるでしょう」(清水 1997, p.305)。彼の思想家としての、知識人としての自負と責務感が感じられる。

　1825年、コントは数年の交際のあった売春婦カロリーヌ・マッサンに押し切られるように結婚したとされる。彼女にはコントが高い地位に就き、大きな富を得るだろうという打算があったとされ、コント自身、この結婚を「私の生涯における唯一の真に重大なる過ち」であったとする。コントは学問の精神的疲労や妻の長期的な家出もあって発狂し、1827年にはセーヌ川で投身自殺未遂をおかしていた。カトリックのため離婚できないフランスで、結婚から17年が経過した1842年にマッサンとは最終的な別居生活に入るのだが、その中で同年彼は『実証哲学講義』を完成させている。妻との別居後の1844年、コントは夫に去られた病身のクロティルド・ド・ヴォー夫人とめぐりあい、コントとしては愛を、ド・ヴォー夫人としては友情を育む。しかし、もともと胸に病をかかえていたド・ヴォー夫人は1846年コントの腕に抱かれながら亡くなることになり、彼女の死がコントを変えていくことになった。彼は愛を中心観念とする後期思想の著作『実証政治学体系』を著し、次第に科学中心の考え方から愛や感情を重視する「**人類教**」という新しい宗教を創案していく。その転換点にド・ヴォー夫人が立っていたのである。人類教の「愛を原理とし、秩序を基礎とし、進歩を目的とする」から取られた「秩序と進歩」は、コントの信奉者たちによってやがてブラジル国旗に記されていくことになった。

　コントは自分の生きている時代の位置と意味をつかもうとしていた。彼の時代の背景にある大きな流れは、人間と人間の間に新しい関係を打ち立てる「**フランス革命**」、人間と自然との間に新しい関係を打ち立てる「**産業革命**」の2つであった。この2つは現代にまで連なる流れであり、コントはその出発点に立っており、2つの革命のうち、産業革命のほうに人類の未来を託そうとしたと考えられるとする。同時に、人間の精神が神学的、形而上学的、実証的という段階を経て進むというコントの「**三段階の法則**」は、実証主義の精神に徹した学者

たちが精神的権力となって、産業家の活動を制御していくドラマだったとする。「思想というのは、混沌としての現実を一篇のドラマに仕立て上げる活動」であり、「大切なのは、ドラマがあるということ、人間がそこで役割を持つということ」(清水1999, p.314)である。

コントは『実証哲学講義』において、数学から天文学・物理学・化学・生物学を経て社会学にいたる6つの科学を詳述し、単純・抽象的なものから複雑・具体的なものへ、そして、前者は後者を用意し「品位が増して行く過程」としてとらえた。社会学を実証科学として作り上げるという科学的使命が、人類を最高の段階に進み入らせる政治的使命につながっていくととらえられていたのである。ここでコントは、経済学では社会生活の全体性と歴史性をとらえきれない、また、心理学ではその内省的方法に限界があるとして、6つの科学には入れなかった。

清水はまとめに次のように言う。自分のようにコントを読むことにどんな意味があるかといえば、古典や古典作者からは、そこにある勉強の仕方とか人生の生き方とかを思い出せばそれでよい。しかし、人生の角を曲がろうとしているときに、遠い昔に読んだ古典のことを思い出してみるのは意味のあることだとする。彼自身が大学を去る曲がり角ゆえにということになろう。

講義の最後に、清水は自分の一生を書物に例えている。第1章は早熟な少年・生徒・学生であった時代であり、コントの自由な生き方にひかれるあまり、大学生活になじめなかった。第2章はジャーナリストの時代であり、新聞記者やフリー・ランサーとして、事件や問題に境界線はないことを痛感した。大学でジャーナリストは尊重されないが、私はジャーナリストであったことに誇りをもっており、今でもある程度までジャーナリストである。ジャーナリストで大学に連れてきて役に立つ人間はいるが、その逆はなかなかいないだろう。第3章は学習院大学での20年間の教員生活である。大学の教師になれなかったコントに比べれば、薄給ではあっても幸せであった。平和運動に従事し、1960年の安保闘争では敗北をきっし、後は研究室でコツコツ勉強してきた。第4章は大学をやめてこれから新しく書き始める時代である。定年の9年前に大学を去るのだが、自分は講義を一生懸命やるたちなのに、近年は一生懸命やっても後味が悪く、教えるのをやめようと思ったから大学を去るのだとする。彼にとっては教員を降りるゆえの最終講義であり、言わば知識人としての活動に専念する行動となっていったといえよう。彼は最後に次のように言う。

「どこかで教えるくらいなら、私は学習院で教えています。教えることをやめ

ようと思ったから、学習院を去るのであります。しかし、教えなくてもよい、静かに勉強していてくれ、という親切な大学が現れましたら、私は慎重に考えるつもりであります。私の第四章が、どのくらい長いものになるか、どのくらい短いものになるか、豊かなものになるか、貧しいものになるか、私には判りません。誰にも判らないでしょう。しかし、私は、第四章を書き始めようと思います。私の言うべきことは、以上で終わりました。さようなら。」(清水 1997, p.330)

　清水は1988年に81歳で永眠した。最終講義の後、20年間生き、自らの言う4つの章をほぼ20年均等で生きたことになる。冒頭に記したように、清水幾太郎の最終講義は1969年の1月18日に行われたのだが、その日は全共闘が占拠していた東大安田講堂に機動隊が突入した日であり、そして、彼が生涯のテーマとして追いかけたコントが生まれた1798年の誕生日1月19日の1日前であった。

5 最後の授業——阿部謹也「自画像の社会史」
（2006年5月25日・東京藝術大学）

　阿部謹也 (1935-2006) は小樽商科大学・東京経済大学・一橋大学で教鞭を取ったドイツ中世史を専門とする歴史学者で、一橋大学学長・共立女子大学学長などを務めた。『ハーメルンの笛吹き男』『ドイツ中世後期の世界——ドイツ騎士修道会史の研究』『刑吏の社会史』などで中世ヨーロッパの庶民生活を原史料に基づきリアルに描きだす**社会史**研究の代表的研究者となり、また、「**世間**」概念をキーワードに、個人が生成しない日本社会を批判的にとらえて独自の日本人論を展開したことでも著名である。

　阿部謹也の講義は、病身の中、2006年5月25日、NHKのTV番組企画「阿部謹也・自画像から読む世間論」（仮題）と関連した授業として東京藝術大学で行われ、授業風景が録画収録された。阿部は3か月後の2006年9月4日に71歳で永眠したため、この5月の講義が文字通りの最後の講義となってしまった。NHKは準備していた企画を生かして、2007年1月28日に「こころの時代『われとして生きる』歴史学者・阿部謹也」を放映した。

　最終講義を阿部は「自画像の社会史」として、人間が自分の顔に関心をもちはじめたのはいつであり、それがなぜ絵画の領域で実現したのかというのが問題であり、自画像が生まれる背後にどのような自己理解があったのか、そしてそれがどのような人間同士の営みの中で生まれるのかを、自分は美術史家では

ないが考えていきたいとする。彼は西欧・中米・日本の自画像を対象に選ぶ（以下、(阿部 2008) による）。

　第1に、彼はまずイエス像の描かれ方と西欧での個人の成立についてふれる。12世紀ぐらいまでの処刑されたイエス像はあたかも生きているかのように描かれているのだが、12世紀ごろより苦痛に息絶えたイエスの表情が描かれ、同時期における西欧での個人の成立を論じる。中世での個人の成立がイエスも同じ個人として眺めさせ、人の子イエスとしての苦悩が描かれていったとする。1215年のラテーノ公会議以降告解が求められ、自分が犯した罪が司祭の前での告解で許される一方、自分の内面を反省し他人に語ることが必要になっていった。フーコーと重なる議論である。

　第2に、西欧の自画像の代表例として、15世紀から16世紀に活躍したデューラー、17世紀に活躍したレンブラントの2人の画家が取り上げられる。13歳で最初の自画像を描いたデューラーは、イエスと類似の構図や姿勢、イエス受難の象徴たる植物、イエスと同様の正面向きの画法など、イエスと自己との関係を扱ったと考えられる作品を多く残している。自分を神の姿に似せて描くことが人間が美しく神に近いことのしるしであったとする。他方、レンブラントは内省的な作品から、次第に何か自分を超えた深く高いものと接したような自信に満ちた自画像に変化していったとされる。2人に示される西欧の自画像の背景に、市民社会における個人と神との位置関係が彩られているとする。

　第3が、中米・メキシコの画家フリーダ・カーロの作品群である。彼女は数々の事故や病気、恋愛関係の中で、自己の体験にもとづく心の痛みをえぐりだすようなシュールレアリスティックな絵画を描いた画家である。フリーダの生は、幼少期の小児麻痺に始まる病との、また、18歳の時のバスと電車の衝突事故にまきこまれての障害との戦いであった。その中で、孤独で内省性をおびた繊細な自画像、荒野を背景に威厳をもって人生に立ち向かおうとする「折れた背骨」、子どもが産めないことを知っての自画像、自分の妹と夫との浮気を知っての自画像、メキシコに亡命したロシアの革命家で不倫相手となったトロツキーに送った自画像などが、常に自らの人生過程との関連で描かれる。その中でも、夫に愛され、後にその愛を失った2人の自分を描いた「二人のフリーダ」がある。阿部は言う。「ここには自分がそのどちらかであるという悩みは見られない。むしろ、二人のフリーダを冷静に描こうとしているフリーダがいる。ここで初めてフリーダは描写するものとしての地位を確立したのである。」(阿部 2008, p.188)。フリーダの生涯には死の影がさし、その苦痛と死を忘れるために愛を求め、愛

にさいなまれる自我が描かれていった。そして、その背景には、キリスト教とメキシコの原風土があったとされる。

そして、第4が日本の自画像である。江戸以前の自画像としては禅宗の高齢の僧侶のものが若干あるだけで、明治以降にようやくそれが本格的となってくる。阿部はその理由を、自画像は個人のものであり、江戸以前には個人がなく、日本風の「世間」の枠で暮らすしかなかったからだとする。世間はサンスクリットのローカという言葉の訳で、人間関係や天体までも含む仏教用語であった。それに対し、西欧の文化が導入され、社会という言葉が明治10年、個人という言葉が明治17年に英語から翻訳されてできている。それ以前に個人はいなかったので自画像がなかったのである。東京藝術大学では西欧の美術が導入されたときに自画像を描くことが卒業課題となり、それは今日にまでいたっている。

阿部は日本のいくつかの作品を論じる。キュービズムの影響を受けつつ結核の病におかされた萬鉄五郎の「赤い目の自画像」、同じく結核におかされつつ、死とともにある自己を、死を対象化して静物のような髑髏として描いた中村彝の「頭蓋骨を持てる自画像」、自分の中にたまった鬱屈を天空に小便として流出させてしまう村山槐多の「尿する裸僧」、第2次世界大戦中、志半ばで戦場に散った画学生たちの長野・無言館にある作品。それらの背景にある時代の運命がふれられる。

阿部は最後に全体を整理する。西欧の自画像は古代中世以来のキリスト信仰を根底におき、個人の自我の意識を神としての自己の意識と並立させながら描いてきた。メキシコのフリーダ・カーロの自画像では、西欧の伝統を横目でにらみつつ、インディオの血をひき、病気と事故と人間関係のただ中を彷徨する自我とメキシコの大地の合一を夢見る一生が描かれていた。日本の自画像では、明治以降、結核と戦争と死をモチーフとしつつ、「世間」の中では生きることが難しい西欧風の個人を、西欧の伝統に比較的忠実に描いてきたものたちと、他方、世間に反抗・背を向けることで描いてきたものたちとがあるのではないか。彼は最後に次のように言う。

「人間の一生は考えてみればどんなに長くても百年以下です。長いとはいえません。その中で作品を残すのですから、誰でも生きるということを考えざるをえないのです。自画像はすべてその画家が生きた社会の中で描かれています。自分に与えられた社会の中で、自分がおかれた位置の中で、必死に生きる中から自画像が生まれてきたことをいくつかの例でお話ししました」（阿部 2008, p.214）。

家族によれば、TV番組制作スタッフはこの講義が最後のものになるとは意識していなかったようであるが、本人の胸の内では学生相手の講義はこれが最後になるという思いが強かったのではないかと述懐している。なぜなら、別に訪れた編集者に、最後の授業なので小樽商科大学でこの講義を行いたいという心境を語ったとのことからである（阿部謹也追悼集刊行の会, 2008, p.ii）。最初の赴任先である小樽商科大学は、阿部にとって研究のあるいは生の原点であったのだろう。

6………知の世代リレー

　清水幾太郎と阿部謹也。2人は知の変容する20世紀後半において、批判力と構想力を有する大いなる知識人であったといえる。清水はジャーナリズムとアカデミズムと社会運動へのウィングの拡大によって、阿部は禁欲的なアカデミズムへの沈潜と大学人たる学長としての屹立によって。

　清水幾太郎は、定年になる前に自ら教育ではなく知識人の道を選んで最終講義をおこなった。そのテーマは卒業論文でもあった自らの原点、コントの理論と生き方、心の痕跡に立ち戻ることであった。ひとりの社会学者の生涯をなぞりながら、そこに淡く自らの生涯を重ねあわせていたのかもしれない。私たちはここに初発の問題関心の重要性とそれとパーソナリティとの影響関係について学ぶ。阿部謹也は、自らの病の中でおそらく死を意識しながら最後の授業をおこなった。そのテーマは西欧と日本における個人と社会の関係の相違を自画像に見ていくという、社会史的観点を新たに美術の分野に広げていこうとする試みであった。それをやらなければ生きていけないというテーマを探すこと、歴史学者で阿部の師である上原専禄の言葉（阿部 2005, p.80）への回答がそれであったろうか。私たちはここに強固な研究方法と問題関心に基づいての新しい素材への挑戦を学ぶ。永眠された両者であっても、時代と世代を超えて最終講義がその自省性ゆえに私たちに訴えかけてくるものがある。知識人の知の伝達物は、その人となりを知らないものたちによっても承継される。

　知は、知識そのものであるとともに、それを担った人たちの営為であり、知を受け継ぐとはその営為をも受け継ごうとすることなのであろう。知をめぐる世代について、中国古代を中心に東洋史を専門とする貝塚茂樹は、1968年の最終講義「中国古代史研究40年」において、学者の3つの幸福という形で語っている（貝塚 1997）。第1は、若いときにいい先生を得ることである。古典を専門

とするものであるならば、その文章の一字一句の奥深さを歴史的解釈と共に教養として身につけておく必要があり、それが身につかなければ一生古典の本当の意味がわからなくなる。ひとりでなく先生の下で本を読むこと、日常の話の中で自然に教わることが有益であり、そのためには良い師につくことが大事である。第2は、中年の時にいい友だちをもつことである。同僚や他領域の友人たちとの日常の接触の間に多くのことを学ぶことができる。第3は、晩年においていい弟子・いい後輩を持つことである。「負うた子に道を教えられる」ということわざの通り、老人になって生理的に感受性が鈍ったり、努力をしても新しいことの吸収が十分できないとき、若い人に教えを乞い、理解を深めていくことが重要だとする。「立派な後輩をもっているということ、これは老年の学者にとって最大の幸福だと思っております」(貝塚 1997, pp.274-275)。貝塚は「師と友と弟子」を学者の幸福の3要素としてあげている。そこには世代のリレーという一方向性だけでなく、若い人たちからも学ぶという謙虚だが貪欲な学者魂が垣間見える。

　言うまでもなく、学問は追い越されていく性質のものであった。ウェーバーは、各々独自の作品的価値をもつ芸術の領域と比較して、学問の領域についてふれる。「学問のばあいでは、自分の仕事が10年たち、20年たち、また50年たつうちには、いつか時代遅れになるであろうことは、だれでも知っている。(中略)学問上の『達成』はつねに新しい『問題提出』を意味する。それは他の仕事によって『打ち破られ』、時代遅れとなることをみずから欲するのである」(Weber 1919＝1980, pp.29-30)。研究者は乗り越えられるためにこそ仕事をする。最終講義というのは、研ぎ澄まされた自省性の下に、乗り越えてもらうためのバトンを次世代に受け渡すということなのであろう。知の変容が急激な中においても、知が人の営みである限り、その課題は変わらないというべきだろうか。

【文献】

- 阿部謹也，2005，『阿部謹也自伝』新潮社．
- 阿部謹也，2008，「自画像の社会史」，阿部謹也追悼集刊行の会，2008, pp.151-215．
- 阿部謹也追悼集刊行の会，2008，『阿部謹也 最初の授業・最後の授業』日本エディタースクール出版部．
- Coser,L.A.,1965, *Men of Ideas*, The Free Press（高橋徹監訳，1970，『知識人と社会』培風館）．
- 林　周二，2004，『研究者という職業』東京図書．
- 本間康平，1993，「知識人」森岡清美・塩原勉・本間康平編集『新社会学辞典』有斐閣，p.1001．
- 貝塚茂樹，1997，「中国古代史研究40年」，西脇順三郎他，1997, pp.269-295．
- Mills,C.W., 1959, *The Sociological Imagination*, Oxford University Press（鈴木広訳『社会学的想像力』紀伊国屋書店）．
- 森　於菟，2010，『耄碌寸前』みすず書房．
- 西脇順三郎他，1997，『最終講義』実業之日本社．
- Palmore,E.B.,1990, *Ageism*, Springer Publishing Company（奥山正司・秋葉聰・片多順・松村直道訳，1995，『エイジズム』法政大学出版局）．
- 坂本義和，2011，「知識人とは」『朝日新聞』2011年7月20日朝刊．
- 清水幾太郎，1978，『オーギュスト・コント』岩波新書．
- 清水幾太郎，1986，『私の社会学者たち』筑摩書房．
- 清水幾太郎，1997，「最終講義　オーギュスト・コント」，西脇順三郎他，1997, pp.297-330．
- 副田義也，1986，「老年期―精神と肉体」『老いの発見1　老いの人類学』岩波書店，pp.206-232．
- Weber,M., 1919, *Wissenschaft als Beruf*（尾高邦雄訳，1980，『職業としての学問』岩波文庫）．
- 矢内原忠雄，1997，「大学辞職の日」，西脇順三郎他，1997, pp.17-27．

第 13 章

メンタルヘルスケアの社会学

山田陽子
Yoko Yamada

1 ……… 社会現象としてのメンタルヘルスケア

1-1. 若者言葉としての「ウツ」

　みなさんは、日常生活の中で何か嫌なことや心配なことがあった時、冗談まじりに「**ウツ**になりそう！」と言ったり、落ち込んでいる友人を見て「あの子、最近ウツっぽくない？」と噂したりしたことはないだろうか。仲間との意思疎通がうまくいかなくて「ウツ」、就職活動の厳しさに直面して「ウツ」。

　近年「心の風邪」とも称されるようになった「**鬱病**」は、若者の日常会話の中でも「ウツ」として流通している。大まかに言って、気がふさぐこと、憂鬱、落胆、落ち込み、心配、気だるさ、嫌な気持ち、焦燥、怒り、イライラ、悲しみなどがないまぜになった時、「ウツ」という語が口をついて出るようだ。若者はこれらの複雑な心の動きを「ウツ」という一語で表明し、互いの心情を了解しあっている。

　「ウツ」の源流である「鬱病」は、周知のとおり精神疾患の名称である。すなわち、「ウツ」のコミュニケーションにおいては人々は精神疾患名を通して心情を語ったり、相手を慮ったりする。「しんどい」「落ち込んでいる」と言わずに「ウツ」と言う。自分や他者の精神状態に診断名を付ける作業が何気なく行われている風景。もちろん、重篤な鬱病について話題にしているわけではないだろうけれど、日常会話の中で精神疾患名がこれほど気軽に出てくることは従来見られなかった現象であろう。

　精神疾患に対する偏見やスティグマが強固であった時代には、精神病患者は隔離された存在であり、好んで精神病患者を自称するような人は限られていた。また、他者に気安く精神疾患のレッテルを貼るようなことはなく、レッテルを貼った場合、それはその人に対する非難や侮辱とみなされていた。しかしながら現在では、ノーマライゼーションやインクルージョンの福祉的潮流、ならび

に製薬産業や専門職の成長と利権拡大といった政治経済的潮流、自己分析や感情管理が前景化する文化的潮流のうねりの中で、精神疾患は隠蔽されたものではなくなりつつある。若者言葉はいつも、その時代その社会の空気を敏感に捉えて繰り出されるものだが、「ウツ」もまた例外ではない。

　隠蔽されていた精神疾患が可視化され、その存在が日常に溶け込む中で、鬱病概念がカバーする意味内容の範囲も拡張している。私たちは自分や他者の心情や人格、家族や友人との対人関係、自らが置かれた社会環境などについて、精神医学的な用語と関連づけ、認識する社会に生きている。

1-2. 鬱病患者数の増加

　鬱病という語が人口に膾炙している。それでは、実際にどのくらいの鬱病患者がいるのだろうか。厚生労働省による2008年の**患者調査**によれば、「気分障害」（鬱病、躁鬱病、気分変調性障害等）の患者数は外来・入院合わせて104万人であり、1996年の患者数の約2.4倍になった。96年より以前の患者数は「気分障害」という分類項目が存在しないために不明であるが、少なくとも96年以降、鬱病で医療機関を受診する人の数が増えている。

　もちろん、患者数が増えたからといって、鬱病を患う人が以前よりも増えたと単純に考えることはできない。鬱病に対する啓発が進められた結果、受診行動が促され、患者数が増えたとも考えられるからである[1]。現在なら鬱病と診断されるような状況にある人は昔も今も変わらず一定の割合でいたが、以前はそれを掬い上げる表現がなかったために、単なる落ち込みや情緒不安定として見過ごされてきただけかもしれない。「鬱病」というカテゴリーの認知度が低かった時代と現在とを比較しても、実数の増減は容易にわからない。

　鬱病患者数の増加という調査結果から確実に言えることは、鬱病という疾患名を付けられる人が増えたということである。言いかえれば、気分が落ち込んだり、活発に動けなくなったり、逆にハイテンションで過活動になったり、何かしら自分で自分の感情やふるまいのコントロールがうまくできない場合に医療的介入がなされる機会が増えている。

1-3. メンタルヘルスケアを社会現象として考察する

　それでは実際に、感情管理やふるまいのコントロールに関する医療的介入は

1　張賢徳, 2010, 『うつ病新時代』平凡社.

どのような形で広まっているのだろうか。K. マンハイムによれば、特定の知識や考え方が広まる背景には、何らかの社会的要因や時代的要請がある。知識はそれが生産され活用される社会状況や担い手の思考様式と無関係に生み出されるものではない。これを知識の「**存在被拘束性**」という[2]。また、**P.L. バーガー**は「社会学的分析は、多様な心理療法的活動の実際的な有用性や科学的妥当性については括弧に入れ、……我々の社会における心理療法的モデルの成功には、どのような社会構造が関係しているのか」について問うべきだとしている[3]。

次節では、マンハイムやバーガーをふまえつつ、ビジネスパーソンのメンタルヘルスケアについて取り上げる。職場における鬱病や自殺が注目されるに至った契機、ビジネスパーソンの感情管理をめぐる専門職、ケアの対象となる感情の種類、人的資源管理の医療化、労働環境の変化とメンタルヘルスの関連等について**知識社会学**的に検討する。

2 ………… 過労自殺という物語

2-1. 電通事件──「心の健康リスク」の発見

近年の日本社会では、鬱病や**過労自殺**が社会問題になるとともに、ビジネスパーソンのメンタルヘルスに対する関心も高まっている。その契機は、**電通事件**に対する最高裁判決であった(2000年3月24日)。1990年代初め、新入社員だったO氏は三日に一度の徹夜の常態化という**過重労働**と、飲み会の席で靴にお酒を入れて飲まされる等のパワハラを受け、鬱病を患い、自死した。これに対して最高裁は、従業員の心身両面に渡る事業主の**安全配慮義務**を明確にするとともに、電通の安全配慮義務違反による賠償責任を認めた。本件では最終的に約1億6,800万円の損害賠償金が支払われている[4]。

電通事件に対する最高裁判決はその後の行政に多大な影響を及ぼした。厚生労働省はビジネスパーソン自身による心身のセルフケア、上司や管理職による職場のメンタルヘルス管理、社内外の専門家によるメンタルヘルスケアといった複線的なケア体制を確立することを提唱した[5]。また、精神障害に関連する労働災害の認定基準を示した[6]。以後、精神障害に関する労災補償の請求件数、支

---

2 Mannheim,K.,1931, "Wissenssoziologie" *Handwörterbuch der Sociologie*, Stuttgart:Alfred Vierkandt. (=2000, 秋元律郎・田中清助訳「知識社会学」『知識社会学』青木書店, pp.151-204).
3 Berger,P.L. 1977, *Facing up to Modernity*, New York: Basic Books.
4 川人博, 2006,『過労自殺と企業の責任』旬報社.
5 厚生労働省, 2000,「事業場における労働者の心の健康の保持増進のための指針」

給決定数ともに増加し、2010年度にはいずれも過去最高の件数となっている（請求1,181件、支給決定308件）[7]。

　言いかえれば、電通事件をきっかけに、職場には身体面での健康を脅かす**リスク**だけではなく精神面の健康を脅かすリスクや自殺を引き起こすリスクが潜んでいることが「発見」された。働きすぎの結果、肉体的疲労が重なり、突然死に至るという「**過労死**」はそれ以前にも知られた問題だったが、本件においては過重労働（長時間労働や裁量性の低い労働、物心両面において劣悪な労働環境）と鬱病、過重労働と自殺、鬱病と自殺が相互に関連づけられた。過重労働の結果、鬱病を発症し、鬱病がビジネスパーソンを自殺へと追い込むという「過労自殺」の物語が決定的に承認されたのが電通事件の最高裁判決だと言ってよい。

2-2.「心の健康」問題としての労働問題

　しかしながら、過労自殺の論理は立証することが難しい。長時間働いたり、無茶な仕事を割り振られたり、上司や同僚とうまくいかないからといって誰しもが鬱病になるわけではないし、鬱病の人が必ずしも自死に向かうわけでもないからである。それゆえ、過労自殺の労働災害の認定や訴訟では「業務遂行性」と「業務起因性」をめぐって会社側と遺族、労働基準監督署長が争うことになる。

　だが、たとえ立証困難であっても、過労自殺の物語は労働者の権利や労働条件・労働環境を守るために必要な筋立てだった。労働問題に「**心の健康**問題」という補助線を引いたという点において、電通事件はエポックメイキングであった。労働条件を直接的に扱うというよりも、「心の健康リスクの有無」というフィルターを通して労働環境を見直す視点が本件を通して広く共有されることになった。

2-3. 自殺の医療化

　電通事件以後、事業主には従業員のメンタルヘルスへの配慮が要請されるようになった。多くの企業が労務管理の一貫としてストレス・マネジメント研修や医師・カウンセラーによる相談面接を組みこみ、労働組合の運動方針にも組合員のメンタルヘルス対策の充実が揚げられている。いわば、人的資源管理に精神医療的な枠組みが浸透しつつある。この動きを下支えしているのは、自殺の「**医療化**」[8]である。P. コンラッドと J.W. シュナイダーによれば、元来は医療

6　厚生労働省, 1999,「心理的負荷による精神障害等に係る業務上外の判断指針について」(2009年一部改正).
7　厚生労働省, 2011,「平成22年度　脳・心臓疾患及び精神障害などの労災補償状況まとめ」.

を適用する対象ではなかった事柄について、医療的な観点から定義し、医学用語で記述すること、医学的な枠組みに基づいて医療的介入が行われるようになることを「医療化」という。

　元来自殺は医療の管轄下にあったわけではない。自殺は、キリスト教においては罪とみなされ、日本文化においては「**意志的な死**」[9]——切腹、神風特攻隊、心中などが典型——が美化されるか、それ以外はタブー視された。西欧において自殺が聖職者の手を離れて精神医学の対象となるのは、精神医学が確立する18世紀以降のことである[10]。

　翻って、現在のメンタルヘルスケアの枠組みでは、自殺者の9割近くが直近に精神障害の状態にあり、自由意志によってではなく、病的な状態の中で死に向かうとみなすのが慣例となっている。鬱病や自殺は誰の身の上にも降りかかるリスクである。WHO（世界保健機構）は、自殺は心理学的・社会的・生物学的・文化的・環境的な複合的要因によって生じるが、その中でも主要なリスク・ファクターは精神障害（とりわけ鬱病とアルコール依存）だとの認識を示している。自殺の最大のリスクファクターは鬱病であり、自殺は鬱病を防ぐことで「予防可能な死因」[11]であるとされている。そのため、自殺予防策が鬱病予防策とかなりの部分で重複することになる。このような**自殺の医療化**は、鬱病や自殺の予防のためにメンタルケア専門職を職場に投入し、人的資源管理の一部を医療化する根拠となっている。

3 ………… ビジネスパーソンのメンタルヘルスケアをめぐる専門職

3-1. 産業医

　ビジネスパーソンのメンタルヘルスケアの中心的役割を担うのは**産業医**である。長時間労働者に対する面接指導（改正労働安全衛生法　第66条の8,9）や、鬱病等の休職者の復職判定には必ず産業医が関与するよう定められている。E. フリードソンによれば、専門職の要件は「**自律性**」である。「免許制」を通して名称や業務を独占すること、職務内容に対して他からの指示を受けず、統御権を

8　Conrad,P. & Schneider,J.W. 1992, *Deviance and Medicalization: From Badness to Sickness*, Temple University Press（= 2003, 進藤雄三監訳『逸脱と医療化―悪から病へ』ミネルヴァ書房）.
9　Pinguet,M., *La Mort volontaire au Japon*, 1984, Paris,Gallimard（= 1986, 竹内信夫訳『自死の日本史』筑摩書房）.
10　張賢徳 ,2006,『人はなぜ自殺するのか―心理学的剖検調査から見えてくるもの』勉誠出版.
11　本橋豊・渡邉直樹 , 2005,『自殺は予防できる―ヘルスプロモーションとしての行動計画と心の健康づくり活動』すぴか書房.

持つのが専門職である。産業保健の領域においても医師の自律性は確保されており、「その権威は他の全ての治癒職種に優っている」[12]。

しかしながら、その絶対数の不足や**安全衛生法**上の選任条件（13条）、産業医の専門領域の問題、企業側の姿勢などから、十分に機能しているとは言い難い面もある。ある程度の規模以上の企業でないと専属の産業医がおらず、中小零細の場合、産業保健スタッフ自体がいないという事業場も少なくない。また、産業医は内科を専門とする者が多く、精神疾患の対応にまで手が回らないこともある。これは従来の産業保健では身体的健康についての検診や診察が中心だったことに起因する。産業医は社内に常駐して頻繁に職場巡視をしていることもあれば、開業医が産業医として事業主と契約し、健康診断時にサインをするだけで有名無実化している場合もある。これにはコンプライアンスで産業医を置いていることだけが示せればそれで十分だとする企業側のスタンスが関係している[13]。

3-2. メンタルヘルスケアのフロンティア

E. フリードソンによれば、「医療の内部には、多様な仕事領域への統括権と支配権をめぐって互いに闘争を繰り広げる複数の党派が存在する」[14]。ビジネスパーソンのメンタルヘルスケアという近年開拓が進むフロンティアでは、複数のメンタルヘルスの専門職が存在している。なぜなら、産業医が十分に機能していない現状があるうえ、メンタルヘルスケアとして行われている内容には医学的処置の必要のないこと、医療とは異なる水準のことが数多く含まれており、様々な職種が参入する余地があるためである。

現状のメンタルヘルスケアにおいて、ケアの対象となるのは、鬱病などの精神疾患で医学的治療が必要なものから、職場や家庭などで日々感じるストレスをカウンセリングやセルフケアで軽減させれば対応可能なものまでが含まれる。それゆえ、比較的軽微な問題であればビジネスパーソン本人を対象として簡単な**ストレスマネジメント方法**や**アサーション・トレーニング**（人間関係に波風を立てない自己主張方法の訓練）について研修を行ったり、上司や管理職を対象として部下への対応についてコンサルテーションを行うこと、重篤な場合は専門

---

12 Freidson.E.,1970, *Professional Dominance: The Social Structure of Medical Care*, Atherton Press（=1992, 進藤雄三・宝月誠訳『医療と専門家支配』恒星社厚生閣）.
13 産業医やEAPの現状に関する詳細は、拙稿（山田陽子，2011,「『感情資本主義』の進展―ビジネスパーソンのメンタルヘルスケアにみる感情管理」『社会分析』第38号，pp.99-116）を参照いただきたい。
14 Freidson.E., op.cit.

医を紹介すること等で足りる。これらの行為は**医業**（医師法17条）に該当しないため、医師免許を保持する者によらずともかまわない。

医師以外のメンタルヘルス関連の専門職として、日本では一般に、精神科看護師、臨床心理士、精神保健福祉士、産業カウンセラー等がある。しかしながら、こと産業保健領域に限って言えば、どの職種も確たる地位を築いているわけではない。その隙間を縫うようにして、**EAP（Employee Assistance Programs, 従業員支援プログラム）**を商品として事業主に提供する民間会社が首都圏や関西圏などの大都市圏を中心に広まっている。事業主を主たる購買層とし、メンタルヘルスケアのプログラムを商材とする新たなマーケットが開拓されている。

3-3. 経営コストとしての鬱病と自殺——EAP

EAPとは、職場の人間関係や職場環境のストレス、パワハラ、セクハラなど、職務の遂行を阻害するような何らかの問題を抱える従業員に対するアセスメント、短期カウンセリング、専門医への紹介サービス等を行うプログラムである[15]。EAPは心理療法とは異なり、職場の生産性の維持・向上を第一の目的とする。そのため、従業員個人からの相談に応じるほか、組織の活性化や人的管理について管理職や人事部を対象にコンサルテーションを行う点に特徴がある[16]。

EAPは、1980年代のアメリカで開発・設計され、1990年代半ばに日本に輸入された。公的社会保障制度の脆弱なアメリカでは大半の企業がEAPを導入しており、メンタルヘルスケアのアウトソーシングが一つの産業として確立している。EAPの専門家はEAコンサルタントと呼ばれ、カウンセリングやソーシャルワークの専門知と人事や組織戦略の専門知をあわせもつ専門職として認知されている。日本ではまだ知名度が高くなく、専門職としての自律性も確保されていないが、そのぶん新規参入の壁が低く、玉石混交のまま数を増やしている。

P. コンラッドによれば、「医療化」は医療関係者の策略というよりも、市場の力によって推進される[17]。EAPの料金は、従業員一人あたり年間2,000円から4,000円である。一方、仮に鬱病による休職や自殺・労働災害が生じると、事業主には医療費や傷病手当金、休職者の賃金、補充人員の人件費や教育費、休職

---

15 Masi A.D., 2007, "Employee Assistance Programs(EAPs)"『職場のメンタルヘルス対策講演会—日本におけるこれからのメンタルヘルス対策のあり方を考える』pp.5-11
16 市川佳居,2004,『従業員支援プログラム EAP導入の手順と運用』かんき出版.
17 Conrad,P., 2005, Shifting Engine of Medicalization, *Journal of Health and Social Behavior*,vol.46,pp.3-14.（=2006, 進藤雄三・松本訓枝訳「医療化の推進力の変容」森田洋司監修『医療化のポリティクス—近代医療の地平を問う』学文社）.

者が離職した場合の新規採用費用、対応に当たる管理職の時間的・物理的な費用、他の従業員のモラールの低下、風評被害、訴訟の経費や損害賠償金の支払いなどが発生する。事業主は、これらの有象無象のコストの総額とEAPを導入するコストを天秤にかける。特に日本では、労災の発生実績が保険料負担に反映されるメリット制を採用している。そのため、労災を未然に防ぎ、多額の社会保険料や賠償金や風評被害を避けることができるなら、EAPの導入費用など高くないと考える事業主は少なくない。事業主にとって、従業員のメンタルヘルスケアは経営上のリスク＝コストを抑制するための投資である[18]。

4 人的資源管理の医療化

4-1.「怠慢社員」から「鬱病患者」へ

E. ゴフマンやA. ホックシールドによれば、近代社会には「**状況適合性の規則**」[19]や「**感情規則**」[20]が張り巡らされており、人々はそれに合致するようにふるまい、「**感情管理**」[21]を行なう。その時その場に「適切な」ふるまいや感情の範ちゅうが社会的に決められており、人々はそれに従って行為することで自らが尊重されるに値する存在であることを相互に確認し、「**神聖な自己**」[22]のイメージを維持しあっている。それゆえ、規則に違反した行為者は、その場に居合わせた人々の「**カオ**」[23]を立てず、「**集まり**」[24]にも敬意を表さない者として白眼視・危険視され、排除される[25]。精神病院はそうした人物を「精神病患者」というレッテルのもとに隔離収容する施設として機能してきた。

「医療化」は「逸脱＝道徳的悪」という図式を「逸脱＝病気」という図式に書き換え、逸脱を治療対象として医学的統制下に置く。ある状態を病や疾患であると定義づけることは、その状態を望ましくないものとみなすことを意味して

---

18 産業保健行政や産業医の中には、EAPが生産性に貢献しない従業員を排除する可能性が否めないとして、その導入に対する慎重論がある。
19 Goffman,E., 1963, *Behavior in Public Place: Notes on the Social Organization of Gatherings*, Glencoe: The Free Press (=1980, 丸木恵佑・本名信行訳『集まりの構造—新しい日常行動論を求めて』誠信書房).
20 Hochschild, A. R., 1983, *The Managed Heart : Commercialization of Human Feeling*, Berkeley, University of California Press (=2000, 石川准・室伏亜希 訳『管理される心—感情が商品になるとき』世界思想社).
21 ibid.
22 Goffman,E.,1967,*Interaction Ritual:Essays on Face to Face Behavior*, New York: Doubleday Anchor(=1986, 広瀬英彦・安江孝司訳『儀礼としての相互行為—対面行動の社会学』法政大学出版局).
23 ibid.
24 Goffman, E., op.cit.
25 拙著(山田陽子,2007,『「心」をめぐる知のグローバル化と自律的個人像—「心」の聖化とマネジメント』学文社)では、ゴフマンの儀礼的行為論とホックシールドの感情管理論をE.デュルケームの「人格崇拝」との関連で再構成し、その観点からメンタルケアについて考察している。

いる[26]。これは職場の鬱病や自殺にも該当する。鬱病や自殺のリスク・コントロールというと科学的で中立的だと考える人も多いだろうが、そうではない。鬱病や自殺のリスク・コントロールは職場の逸脱コントロールでもあり、道徳的次元に係る営為である。

職場では勤勉に働き、嫌なことがあっても耐え、最善を尽くすべきだという規範が人々に共有されている。かつて、気持ちがふさいで仕事の効率の上がらない従業員は、やる気がなく、会社への忠誠心が疑われる「怠慢社員」「ダメ社員」として道徳的に批判された。精神の弱さ、甘え、人格の未熟さが問題視され、周囲は叱責するか精神論で叱咤激励した。

一方、職場にメンタルケアのプログラムが導入され、**人的資源管理の「医療化」**がなされたことで、かつての「怠慢社員」には新たに「ハイリスク保有者」、「鬱病患者」という役割が与えられる。「**病人役割**」[27]を引き受けることによって、当人は休暇を取りやすくなり、仕事ができない原因を病気に帰属させることで免責される一方、「一人前の社会人」とみなされなくなる危険にさらされる。「鬱病患者」は勤労の義務から一時的に解放される代わりに、病気を治療する義務、「一人前の社会人」としてのふるまいや感情管理を身につける義務を課せられる。裏返して言えば、職場という社会的場面においては、ふるまいや感情を一定の枠内におさめ、滞りなく職務を遂行可能な人物が「健康」で「正常」とみなされている。

それでは、ビジネスパーソンのメンタルヘルスケアでは、どのような感情がケアの対象となるのだろうか。産業医やEAコンサルタントによる面接やストレス研修会等で広く用いられる「職業性ストレス簡易調査票」や「ベックの鬱病評価尺度」を見ると、怒りやイライラ、不安、焦燥、憂鬱などの精神状態、不眠や疲れやすさなどの身体状況が心身の健康リスクとして列挙されている。

これらの「**不適切な感情**」[28]は、セルフケア、管理職や社内の専門家によるケアといった幾重ものメンタルヘルスケアの網の目の中で「適切な感情」――明るく快活に、何事もポジティブに捉え、前向きに仕事をする――へと変化するよう働きかけられる。それでも十分でない場合は社外のクリニックが紹介され、治療を受けることになる。N. ローズによれば、1990年代までに精神医療従事者の職務は治療的なもの（therapeutic）よりも管理運営的なもの（administrative）

---

26 Conrad,P. & Schneider,J.W., op,cit.
27 Parsons, T.,1951, *The Social System*, The Free Press (= 1974, 佐藤勉訳『社会体系論』青木書店).
28 Hochschild. A. R. op. cit.

へと変化した。ケアとコントロールはリスクという概念を通じて結び付く[29]。

4-2. インフォーマル・グループの空洞化とメンタルヘルスケア

　一般に、職場では積極的に仕事に取り組むことが求められるが、誰しもいつもポジティブでいられるわけではない。そんな時、上司や同僚の前では真摯に仕事をしているふりをして、体面を保とうとするのが「**表層演技**」である。また、上辺を取り繕うばかりでなく、ふさぐ気持ちに鞭打ってやる気を奮い立たせ、元気に働こうと努力するのが「**深層演技**」である[30]。このような感情管理は、通常、医療の手を借りずに行われる。感情管理は特別なことではなく、日常生活の中で誰しもが遂行していることである。

　内因性の重篤な大鬱病は別として、職場で感じる様々な不満や不安、緊張、怒り、やる気のなさなどは上司や同僚との交流で多少なりとも解消できる。残業が続いたり過酷な仕事が割り振られても、同僚や友人にぼやきながら何とか業務をこなしてきた職業人は多いだろう。役職や部課の垣根を超えた「**インフォーマル・グループ**」は職場における負の感情を吸収する緩衝材となりえたし、社会人としてのふるまい方や感情の持って生き方が自然と身に付く場でもあった。インフォーマル・グループの存在は職場のモラールの維持や生産性の向上に正の影響を及ぼす。

　終身雇用制度や家族的経営のもとではインフォーマル・グループが複数存在し、持続的で安定的な人間関係が築かれていた（むろん、インフォーマル・グループ内での人間関係がストレッサーになることもあるが）。しかしながら現在は、雇用形態や働き方、仕事に関するビジョンや価値観が多様化し、境遇を理解しあえる仲間を見つけることが難しくなっている。流動性が高い職場では、メンバーの安定的な関係が構築されにくい。その上、人員削減のために一人当たりの業務量は増えている。縦にも横にもつながりが生まれにくい現状で、かつてのインフォーマル・グループが果たした機能が宙に浮き、専門的なメンタルヘルスケアが代替物として登場する。そこでは、労働問題は個々人の健康問題、医療的介入が可能な個人的問題へと加工される。

29　Rose, N., 2002, "At Risk of Madness", Baker, T. and Simon J. ed,. *Embracing RISK: The Changing Culture of Insurance and Responsibility*, The University of Chicago Press, pp.209-237.
30　Hochschild.A.R.,op.cit.

4-3. 「仕事＝自己実現」の文化とメンタルヘルスケア

E. イルーズによれば、「感情資本主義」社会では、自分の感情をコントロールすること、他者の感情について共感的に理解しつつ、それに振り回されない態度を持つことが精神的にも社会的にも強き者・成功者の証となる。コミュニケーション能力が重要視される職場では、怒ったり泣いたりするような生々しい感情表出はプロフェッショナリズムの欠如とみなされる。それゆえ、自他の感情について感情的でない形で吟味し、感情を自制することが他者の感情や反応を操作することになり、ひいては他者を支配する力になる[31]。

このような社会的潮流の中、感情やふるまいを管理するための知が消費される。仕事を自己実現とみなす「自己実現至上主義」[32]の文化において、その傾向は一層強まるだろう。現代のビジネスパーソンにとって自らの感情やふるまいをコントロールできず、「適切な」パフォーマンスを遂行できないことは職務遂行の失敗を意味する。そして、それは自己実現の阻害であり、許容できない事態だと認識される。こうした点に鬱病や自殺の予防とは異なるフェーズでメンタルヘルスに関する知が普及する文化的土壌が確認できる[33]。

読者の中には、気分が沈んだり、思い悩んだ末に死にたくなったりするのは個人の問題と考える人もいるかもしれない。しかしながら、何について悩むのかということは当人が生きている社会や時代、周囲との関係性によって規定される。さらに、情緒が安定しない人に対して周囲がどのような反応をし、どのような措置を講じるのかはすぐれて社会的な事柄である。「正常／異常」の区別は恣意性を免れず、そこには当該社会の道徳規範やあるべき人格像が如実に反映される。感情や自己は個人の内部で完結するものではない。メンタルヘルスケアは、感情や自己をめぐる政治や医療、産業、文化を映し出す社会現象である。

---

31 Illouz,E., *Saving the Modern Soul; Therapy, Emotions, and the Culture of self-help*, University of California Press.
32 渡辺聰子 , 2008, 「ポストモダンの仕事意識」渡辺聰子／アンソニー・ギデンズ／今田高俊 , 『グローバル時代の人的資源論―モティベーション・エンパワーメント・仕事の未来』東京大学出版会 , pp.65-93.
33 山田陽子 , 2011, 「『感情資本主義』社会の分析に向けて―メンタル不全＝リスク＝コスト」『現代思想』vol. 39-2, 青土社 , pp, 214-227.

不登校という経験

朝倉景樹

　不登校は、概ね、小学校から高校までの年齢で、身体的、経済的な理由ではなく学校に行っていない子ども達をいう。文部科学省は毎年不登校の児童・生徒の統計を出しており、小中学生が12万人から13万人の間、高校生が5万人強となっている。

　不登校の子ども達が通うところは90年代以降、多様化した。教育委員会が運営する教育支援センター（適応指導教室）、フリースクール、不登校経験者を受け入れる様々な高校(不登校対策校、通信制、単位制、広域通信制、通信制サポート校、等)、児童精神科のデイケアなどがある。一方、家にいる子ども達も多い。

　不登校の理由原因は、いじめなどの人間関係、教師とのトラブル、本人も説明できない場合など多岐にわたる。そして、ほとんどの子どもは学校に行くのは当然と思っていながら、朝、体が動かなくて行けなくなったり、「もうこれ以上行けない」と感じたりして不登校を始めている。90年代半ば迄のように、何が何でも子どもを学校に連れて行かなくてはという風潮は薄い。しかし、学校に行かなくなった子ども達の多くは、自己否定感を持つ。「みんな行っているのに、自分は学校に行くことができない」「学校に行けない自分は、普通に生きていく能力がない」「学校に行っていない自分には将来がない」など否定感の持ち方は一様ではない。

　不登校の子ども達への対応も一様ではない。フリースクールや親の会と通称される不登校の子どもを持つ親の学びあいの会などでは、不登校や不登校をしている子どもを否定的に捉えず、「今、あるがままの自分を受入れ、そこから始める」というような視点を持っている。不登校自体も、「痛んだ食べ物を食べると下痢をするように、合わない環境に出会って心身が行かない・行けないと反応しているのを不登校」というように捉えているところが多い。

　適応指導教室などでの指導は、学校に戻ることを目的にしていることが多い。近年はその指導もソフトになっており、中学生で不登校している場合、無理に中学校に戻るように指導するのでなく、中学校に戻れないのであれば、高校に進学すれば良いというようになってきた。ここでも、「不登校していることを責めなくても良い」とされるが、やはり不登校から、登校できるようになるべきだという視点がある。

　従来の不登校対策は、学校復帰か、就職をゴールとしてきた。しかし、進学したり、就職したりしても不登校経験が長きに渡ってその若者を苦しめることは少なくない。不登校経験をある種のスティグマのように感じ、友人や、同僚などに言わなければ何かを隠しているかのように感じる場合も多い。不登校経験のカミングアウトは、不登校を否定的に捉えているかどうかでその性質が変わってくる。不登校を経験し、自分とは何者かをじっくり考えることができたことで、自分の価値観を持って生きていくことができるようになったという若者達も少なからずいることを付け加えておきたい。

【関連文献】
・森田洋司, 1991,『不登校現象の社会学』学文社.
・シューレ大学, 2010,『閉塞感のある社会で生きたいように生きる』東京シューレ出版.

III

体験を生きる

第 14 章

戦争体験の社会史

野上 元
Gen Nogami

1............はじめに

戦争体験は、非日常的で強烈な体験であり、人間や社会の探究にとって興味深い材料を提供する。「いのちとライフコースの社会学」にとっても重要なテーマとなることはまず間違いないだろう。何よりも、理不尽なかたちで「いのち」のやりとりがなされるのが戦争の現場（戦場）だし、戦場をかりに運良く生き延びたとしても、「戦後」の社会において、そうした体験を経たことによって、人生の軌跡は大きく変化し、その理解もまた大きな影響を被るからだ。いくつかの戦争体験記、戦争体験文学を読めば、その内容が提起する「いのち」の問題に気づかされることだろう。戦争体験は、「いのちとライフコースの社会学」の探究の対象として、重要な論点をいくつも孕んだ、いわば「魅力的」なものだといえる。

けれどもその「魅力」に惹かれ対象に飛びつく前に、しばし社会学的な見地から「戦争体験とは何か？」という問いについて掘り下げておく必要があるだろう。こと「戦争体験」研究やその継承を問う「戦争の記憶」研究においては、対象の「魅力」に惹かれるあまり、諸概念・観念の検討を始めとする方法的準備を飛ばして無造作に始められた探究が多いようにみえる。またもちろん、深い人間理解が必要だが、社会学は文学ではない。だから以下の記述は、探究に入る前に最低限これぐらいのことは知り、考えておいてほしいということで書かれたものであり、もし社会学の事典に「戦争体験」なる項目が設けられるとしたら、このようなかたちで標準化されて共有されなければならないというようなものである（第2節）。

逆にいえば、そうした標準化を許さないものが、個々の具体的な戦争体験には必ず含まれている。それを取りこぼさないためには、戦争体験の歴史性の検討が必要だろう。私たちが「戦争体験」というとき、そこには何か無意識に前

提されたもの、想定されるものがある。それを意識化すること、すなわち「戦争体験」をめぐる歴史的条件（具体的な社会のあり方や戦争の形態による規定）を剔出することが必要になる。それが本章の題名にも掲げられた「戦争体験の社会史」である（第3節）。

またさらに、そうした「戦争体験の社会史」を踏まえ、今後も考えて行く必要のある課題について——特に、ポスト冷戦の現代におけるいわゆる「新しい戦争」との関係で——述べておきたいことがある（第4節）。最終的には、「戦争体験の社会史」と「戦争体験の社会学」との関連においてみえてくる課題も、ここで述べることになるだろう。

さて、次節に進む前に、ここで少し、社会学的な探究にとっての「**体験**」とはいかなるものなのか、という補助線を用意しておくことにしたい。

まず本章では、「体験」と「経験」とを次のように区別する。両者はともに、過去自らに起こったできごとを受け止め、理解し、自らの人生の物語のなかでなんらかのかたちで整序され記憶されることで生じる想念であるというところに共通点を持つ。人間の体験や経験はそれぞれ複雑かつ固有のものである一方で、他者とのコミュニケーションの可能性にさらされることによって整理され、ある程度までは共有可能なものになる。そうした共有が人間の集合性・共同性にとって重要であることはいうまでもない。

ただ「経験」に比べ、「体験」はそのなかでも特に、まさに身体的な感覚を伴うようなものといえるだろう。（もちろん厳密な区別が難しいことは承知のうえで区別しようとしているのだが）受け止めたできごとに「体」の関与が決定的であるとき（そう当人に感受されているとき、あるいはそう強調したいとき）、それは「経験」ではなく、むしろ「体験」と呼ばれる。もちろん、本章で扱おうとしている「戦争体験」は、まさに身体的な水準を無視してはならないような種類のものである。

このように、「体験」という表現には、「経験」とは異なる独特のニュアンスが加わっている。例えば「初体験」という表現には、できごとをその当人が実存の水準で深く受け止めてしまったという・しるし・が刻まれている。ライフコースのなかで、心身に起こった戻ることのできない変化を察知し、それを受け止め、他者に説明しようというときに使われる表現であるといえよう。

あるいはまた、「追体験」「疑似体験」という表現には、人の体験というものがその人にとって固有なものであり、他者と入れ替え可能なものではないという前提のうえ、それになんとか接近しようというニュアンスが含まれている。例外はあっても、あくまでも「追体験」「疑似体験」であって「追経験」「疑似経験」

第14章 戦争体験の社会史

とあまりいわないのは、それら入れ替え不可能性を越えようとする営みが、まさに「体」の個別性を前提にしたうえで行われようとしていることを表している。「追体験」というのは、個別であるという前提を認めつつ、先行する他者とのあいだに共感を生もうとする試みであるし、「疑似体験」は、実際に体験したかのような記憶を与え、ヒトの身体による制約を越えて別様の可能性を指し示そうとする。

　哲学的な思考の系譜（認識論）に従っていえば[1]、「体験」とは、個々の主観性を重視し、その意識内容に直接に注目したときに見いだされるものであり、知性の働きによって概念的に整理され統一性や単位性、普遍性を得る前の（いわば生の）認識として位置づけられるものである。この具体性を保証するものこそ、まさに「身体」なるものであろう。忘れがたく、あるいは自由に変えようがなく刻み込まれ、自らにとってすら時に理解不能な「体験」なるものは、知性が及ばない固有の領域を自らの身体のなかに見いだす契機なのである。

　そしてひとつ付け加えれば、「体験」の語は、そうした個別性や固有性を主張するが故に、共有や継承の困難を同時に生じさせてしまう。逆にいえば、共有や継承が容易にできるということは、体験のもっとも重要な部分をこぼれ落としてしまっているということになるのである。だから定義上、体験はいつでも共有・継承困難なものだということになる。こうした傾向については、本章において留意されてよいだろう。

2　戦争体験とは何か？

2-1．ライフコースと戦争体験

　戦争のように、身体性の関与が決定的に重要であるできごとを受け止める場合、やはりそれはまず「経験」ではなく、「体験」として表現されることになる。何よりも、戦争の場（戦場）は、殺し合い（身体の破壊による活動能力の損傷）を強制されるという、「いのち」のやりとりの現場である。そしてそれだけでなく、耐え難い緊張や恐怖、言葉にならない感情（怒りや哀しみ）、忘れがたい音や声や匂い、我慢の限界を越えた飢えなど、戦争とは、何らかの「体」の関与をはらみ、個々人にとって、その存在を脅かされ、あるいはその存在を賭けて対処しなけ

---

[1] 「体験」と「経験」とは、英語（experience）では区別されないが、ドイツ哲学の伝統では（例えば「生の哲学」を主張したディルタイなど）、「経験（Erfahrung）」に対して、それと重なりつつ、直接性や生々しさ、強い感情や非日常性を強調するときに「体験（Erlebnis）」の概念が主張されることがある。

ればならないような巨大なできごとである。

　戦争体験は、人生のなかで人がそう何度も経験するようなものではない強烈な体験である。ライフコースという視点からすれば、戦争の体験は、人生の物語の理解のなかで、その全体像に影響を及ぼす、いわば特異点となっている。

　というのも、戦争を体験する者の多くは、まだ自らの人生の全貌が明らかになる以前にある若者だからだ。戦争は、兵士として若者の活発な身体を必要とするのである。そして特に、戦争が不自然でない社会にあっては、きな臭い時代の空気を吸いながら、徴兵される以前から既にかれらは何年も出征を意識した（そして、兵士として戦場で死ぬことを意識した）日々を送っている。そのことがその人間形成にとって大きな影響を与えることはいうまでもないし、将来像のイメージ（そのできなさも含めた）にも深く影響を与えていることになる。そして実際に、新婚であったり、子供が生まれていたりという、別の重要なライフイベントが徴兵・出征の時期に絡んでくることも多く、ライフコースのなかで戦争体験を更にいっそう印象深いものにしてゆく。（それゆえ、世代論的な枠組みや、それに基づく学歴・教養＝文化資本論的な枠組みが有効ということがあった[2]。）

　徴兵された彼らが入る軍隊は、一般社会と異なる価値観を強制される特殊社会である。動員された兵士たちは、一般社会での属性・個性を外され、多様なあり方を否定され、そこで新たに「階級」を与えられる。その意味でそこは（きわめて限られた意味で）「平等な」社会だ。そして軍隊は、「いのち」のやりとりをめぐる、非常に緊密で残酷な共同体である。それゆえ、軍隊の内部でしか通用しない固有の用語（スラング）が使われ、人間的な価値を転倒させる独特の文化を持っている。その入口にあり、戦場で殺すこと、死ぬことを受け入れさせるいわゆる「新兵教育」は、軍隊という特殊な社会への適応を目的としているために、特に強烈な印象を伴うものになる。たんに肉体的に厳しい訓練が待ち受けているというだけでなく、一般社会の常識の通用しない密室で、人間の尊厳を否定されるような酷いめにあうことも少なくない。入営する若者は、若さゆえに簡単に順応してしまうことも可能である一方で、人生の意味などを深く考える青年期であるということからは、不適応を起こすことも少なくない。いずれにせよ、軍隊生活もまた、ライフコース全体の理解に大きな影響を及ぼすことになるような体験である。

---

[2] 森岡清美, 1993,『決死の世代と遺書―太平洋戦争末期の若者の生と死（補訂版）』吉川弘文館. 福間良明, 2009,『「戦争体験」の戦後史―世代・教養・イデオロギー』中公新書. 髙田里惠子, 2008,『学歴・階級・軍隊―高学歴兵士たちの憂鬱な日常』中公新書.

そしていったん兵士となれば、人を恐怖させ、簡単に人を殺すことのできる武器を手中にしている。従軍中の戦闘に伴う敵兵の殺傷は、殺人として処罰されることのない行為である。殺すか殺されるかという激しい戦闘において、一般的な倫理は通用しなくなる。さらに戦場では、通常の社会ではありえないようなできごとがその身や周りに次々と起こり、理性が麻痺してゆく。あるいは抑え込まれていた攻撃性・破壊衝動が解放される、というべきか（そのための新兵教育であった）。いずれにせよ、通常の社会と兵営・戦場の落差によって、戦争体験は人生のなかのきわめて特異な体験として印象づけられるのである。

2-2. 生き延びた者による語り

　戦争体験とは、そうした軍隊生活や戦場を生き延びた者による語りである。そのことに関して注意しておかなければならないことがいくつかある。第一に、それらは死に接近した者たちの語りではあるが、（当然のことながら）死んだ者の体験ではないということである。それゆえその語りは、意識的であれ、無意識的であれ、「生き残ったこと」を中心に構成される傾向を持つ。その意味づけを求めて、宿命・運命論や虚無感によって体験が構成されることも少なくないし、特定の宗教観がそれらを束ねて意味づけることもある。いずれにせよ、自己の存在を肯定する何らかの「物語」が必要とされるだろう。また、より強烈な体験であった場合、安易な物語化に抵抗したり、**トラウマ**的な「非・物語」となったりすることもある。（その場合、その理解には、通常以上の丁寧さが求められることになるだろう。）

　第二に、「生き残ったこと」は、死んだ者との関係で理解されることが多いということである。ここで戦争の体験は、彼一人のものとしてではなく、共に戦った戦友、とりわけ戦死した「戦友」との関連で構成・理解されるものとなる。生き残ったことには後ろめたさがあり、それゆえ戦死者の思いを代弁するという面を持つ。一種の**死別体験**として、心の内側の何かに突き動かされるようにして、その語りはなされるのである。

　そして第三に、戦争体験は、家族や地域といった親密な共同体からの離脱と帰還という構造を持っているということがある。「いのちとライフコースの社会学」という視点にとって、軽視することのできない論点である。ただし、その体験があまりに強烈なものである場合には、帰還した共同体への不適応が生じる。その結果、程度の差こそあれ、一般社会のなかに元兵士の親密な空間を作ろうとし（例えば戦友会[3]）、共同体や社会のなかでの孤立感を強めれば、戦争体

験を語ること自体が少なくなることにもなる。戦争体験の語りは、どのような関係者と何を共有するかということによって条件付けられている。

　関連して第四に、戦争体験が語られるのは、早い遅いは多少あるものの、多くの場合、戦争が終わってからであるということである。出征中・戦時中に比べれば死の可能性は遙かに低く、これからも生き続けることを前提に、「戦後」の社会、すなわち敗亡からの復興、あるいは戦争が結果として生んだ繁栄のなかで語られる。前述の諸点と関係し、戦後社会を批判的に観察したり、その繁栄の礎を作り上げたという思いを抱いたりしながら戦争体験は語られるのである。

　以上のことを考えたとき、戦争体験は、戦場におけるできごとを単に再現しただけのものではないことがわかるだろう。人生の全貌が明らかでない青年期の体験ではあるものの、あるいはそれゆえにこそ、戦争体験は、強烈な印象を伴う「生／死」を焦点としつつ、ライフコースのなかでトータルに考察されるべきものとなる。とすれば重要なことは、そうしたライフコース（の理解）を条件付けている歴史・社会的な文脈を、その検討や分析のなかで常に意識することである。つまり戦争体験は、戦争を記憶する「戦後」の社会を彼らがどう観察していたのか、どのような居場所をえたのかという視点ぬきには考察することはできない。

2-3. 国家という共同体と個人の戦争体験

　そのなかには、戦争と個人の「いのち」をめぐる、少し原理的な問題が含まれている。つまり、戦争及びそれを遂行する**国家**なるものがいかに個人に解釈され、ライフコースの理解に影響を及ぼしているかということが考慮される必要がある。

　戦争体験は、国家が個人の人生に大きな存在感を示す瞬間である。われわれはなぜ何のためにいのちを賭けて戦わなければならないのか？──その巨大な強制力ゆえに、天災や大きな病、各種の事故との遭遇とはまた違ったかたちで、人生や「いのち」の問題が浮かび上がってくるともいえるだろう。

　そもそも、そうした国家の強制力や存在感は、国家がある種の共同体であることから生じている。人間が単独では生きられない動物である以上、何らかの共同性はその存在にとって必然である。そうした根本条件に形式を借りるかた

3　高橋三郎編, 2005, 『共同研究　戦友会（新装版）』インパクト出版会.

ちで、国家は「国民の共同体」として存在している。それは少なからず人工的な共同体（「想像された共同体」）なのだが、そこで国家の一員である国民は、共同体の独立や繁栄のために身を賭して働かなければならない、とされるのである。人は様々な共同性のあり方のなかで生きているが、なかでも国民としてのアイデンティティが彼のなかでどのように意味付けられているかということ、つまり、国家という共同体が個人の人生においてどうみえるかということに、戦争体験の語りは強く影響されるということである。

　そこでもう少し、戦争と国家、そしてその個人との関係をまとめておこう。

　戦争とは、（少なくともその当事者の一方以上をなす）国家による暴力（物理的強制力）の発動である。近代以降の社会では、個人は自らの私的な利害のために公然と暴力をふるうことは許されておらず、私たちは、対内的には警察、対外的には軍隊にそれを仮託し集約させることで、ひとまずの秩序・安寧をえている。そしてまた、近代以降の社会において国家は、暴力を公然と保有し、国内法及び国際法の定める所定の手続きのもと自由に行使することのできる唯一の主体となっている。ほぼ全ての国家において、例えば市民の義務としての徴兵制や非常事態において市民権を制限する戒厳令を、原理的な可能性として排除することはできない。また、すでに述べているように、戦場における敵兵の殺傷は承認されており、それゆえ、例えば「勝った戦争」として社会から支持を受けている戦争の戦闘行為に「殺人」などの否定的意味づけがされることは少ない。逆に「負けた戦争」は不名誉なものとされ、その戦争体験は非難されがちであり、表現することがためらわれることも少なくない。つまり、戦闘に伴う殺人の体験は、戦後の社会が戦争をどのように価値づけているかに大きな影響を受けるのである。

　国家にとって戦争（の可能性）は、その存立条件ともいえるほど本質的なものであり、多くの個人はそこに従属するしかない。だからいってみれば、戦争とは、社会全体で経験される一種の「公共事業」なのだともいえるだろう。「事業」からえられる「利益」は共同体の「全体」に帰属し、あるいはその成員に「等しく」還元されるとされるために、人々の自己犠牲（無私の貢献）が調達されうる。外敵との関係で、国民が拠ってたつ共同性を「全体」として自明視してしまうのが、国家なのである。そうした「全体」の圧力に対し、人々の「いのち」はときに激しく衝突し、両者の葛藤のなかで戦争体験がかたちづくられることになる。逆にいえば、戦争体験には、普段は明示されることの少ない、個人と国家の関係を表す意味論を読み取ることができるのである。

2-4. 戦争体験の共有・継承と社会／国家

　それゆえに、戦争体験が語られることの社会的な機能や効果は、その語りが次の戦争に対してどのような媒介になるかによって大きく分かれることになる。戦争体験が語られる社会は「戦後」の社会になるが、見方を変えればそれはまた、次の戦争にとっての「戦前」ともいえる社会である。

　そう考えたとき、戦争体験の語りは、まず一方で、「戦争反対・恒久平和」の思想に結びつく。人々の幸福を破壊しかねない悲惨な戦争の結果は、このようなことを繰り返すまいという意志として表される。戦争体験は反戦・平和運動の基盤となり、国家に対する批判意識や軍備への監視の必要性と繋がってゆく。もちろんその一方で、戦争の体験は（特に戦争を政治外交上の手段から排除しない社会では）、いわゆる「武功話」として、次の戦争で積極的に生かされるべき体験談として語られる場合も少なくはない。スリリングな戦争の体験談は、日常生活とかけ離れた戦場や軍隊の見聞として、いずれ戦わなければならないとされる次の世代の若者や子供を熱心な聞き手としてもっていたし、そうした語りで強調される、世代間の継承関係が共同体の「縦」の紐帯とされることもある。近代国家の起源を語る「神話」の多くに、戦争の集合的記憶が深く刻み込まれていることが多いのも、そうしたことと関連している。

　戦争に反対するにせよ賛成するにせよ、戦争体験は兄弟や親子、夫婦などの家族や友人などとの親密圏や地域共同体で語られるだけでなく、**マス・コミュニケーション**の場においても表現される。国家の領域と一致する外延を持つマス・コミュニケーションの媒介作用が、国民の体験・国民の物語としての「戦争の記憶」を形成してゆく。国民を構成する人々の多くが戦争体験に関心を持ち、関与している。それは、戦争が産み出した圧倒的な社会統合力の残響でもある。

　換言すれば、戦争体験を語ることには、共同体の輪郭や構成、その「目標」や「価値」に関連した、何らかの政治性が付随している。党派的立場が露骨に表現されることもあるが、一方で、それは当人たちにおいても曖昧にされていることもある。戦争体験や「戦争の記憶」をめぐる「文化の政治学」的な分析は、そうした多様な広がりを踏まえてなされているといえる。それゆえ、戦争体験は極めて個別的なものでありながら、同時に、全体的なものに支えられてもいるのである。だから注意しなければならないのは、「体験」や「記憶」の語りは、以上みてきたように、国家の成立をめぐる共同意識（**ナショナリズム**）の結果であるとともに、その源泉でもあるということである。その両面性を理解したうえで、丁寧な探究がなされるべきであろう。

3……… 戦争体験の「社会史」

3-1. 言説としての「戦争体験」

　以上のような一般論を踏まえたうえで、「戦争体験の社会史」を概説してゆくことにしよう。とはいうものの、それは、世界史や日本史の時系列に沿って戦争体験の歴史を順に語ってゆくということではなく（そのようなことが可能であるかは別にして）、戦争体験の〈現在〉を正確に理解するために、その歴史的な位置づけや条件を明らかにしてゆくということである。

　そもそも歴史の教科書には戦争が溢れているし、それに応じて様々な体験がなされ語られ記録されてきた。その意味では有史以来、戦争は体験されてきたといえる。けれどもその一方で、現在この社会で「戦争体験」といえば、ある特定の戦争の体験を指すことになる。その戦争とは、今（2011年）から80年前から65年ほど前にかけて続いた、いわゆる「アジア太平洋戦争(1931年～1945年)」である。私たちが特に限定をかけずに「戦争体験」というとき、この戦争の体験のことが意味されている。この戦争では、軍人・民間人あわせて歴史上比較することができないほど数多くの者が死に、あるいは理不尽に残虐に殺されたが、この戦争の「戦争体験」が特異であるのはそのことだけによるものではない。

　その特異性の第一には、この社会がその戦争終結後より少なくとも現在まで、「次の戦争」を明確には体験していないということがある。その限りにおいてアジア太平洋戦争は、最も現在に近い戦争であり続けている。特に、戦争を国際紛争解決の政治的手段から外したこの国の社会において、アジア太平洋戦争の体験は、現在のところ、「最後の」戦争体験となっているのである。何らかの「次の戦争」による上書きがされない限り、この社会で「戦争体験」といえば、アジア太平洋戦争のそれということになる。

　そして、そのことにも関連して第二に、「戦争の放棄」を国民の合意にするにあたって、悲惨な戦争体験の共有こそが、合意の基礎にある反戦意識の涵養や維持にとって重要であるとされてきたということがある。「最後の」戦争体験として語られることで、最後の戦争であることを願う——だから「敗戦」ではなく「終戦」なのである——。言葉の自己参照的な循環がここにはみられる。

　第三に、「戦争体験」という言葉は、戦争が終わり、20年ほどが経過した1960年代半ば以降しきりに表現され始めたということがある。敗戦後の混乱が収まり、その後、単に「元に戻る」という意味での「復興」という以上の経済的繁栄がはっきり予想され、過去の悲惨な戦争に運命を翻弄された人々の体験

が忘れられようとしたとき、そうした社会の風潮への反発や警鐘として表明されたのが「戦争体験」だったのである。私たちは「戦争体験を風化させてはならない」「戦争体験を継承しなければならない」とよく耳にするけれども、同時に重要なのは、大体においてそもそも、「風化」への危機意識や、「継承」への意志とともに観念づけられてきたのが「戦争体験」であったということだ。例えば敗戦直後、戦争を体験した人は数多くいて──というよりも、社会を構成する人々のほぼ全員だったけれども──、誰も「戦争体験」などという表現を使うことはなかった。誰もが戦争の体験者であるような時代においては、わざわざ「戦争体験」が観念として表明される必要がなかったのである。その後の日本社会の経済的繁栄、それに伴う過去への無関心が、それらへの反発や警鐘として、「戦争体験」という観念を生んだわけである[4]。

　繰り返すように、戦争の体験は、戦争の数だけ、その時代の人々の数だけ存在するだろう。けれども、以上で述べたように、「戦争体験」とは、1960年代日本社会という特定の時代的な条件が刻み込まれ、戦争に巻きこまれた人々の歴史意識を顕示／暗示させる「**言説**」でもあるのである。

3-2. 総力戦と「戦争体験」

　1960年代に集中的に表現されてより以降、上記の歴史的条件を借りるかたちで、戦後社会のなかで、「戦争体験」はその言及する範囲を広げていった。「戦争体験」とは、徴兵され出征した兵士たちのそれだけでなく、銃後にあって、例えば戦争を支える経済のなかで軍需生産に動員された一般市民のそれを含めるようになったのである。「戦争体験」には、無差別空襲や地上戦といった、市民が巻き込まれた戦闘の体験、さらには疎開、軍需工場での労働、耐乏生活など、戦時中の生活体験一般が含まれるようになる。

　その背景には、アジア太平洋戦争が、戦場の兵士たちだけではなく、後方の一般市民、国民の全体を巻き込んだ**総力戦**であったという歴史的条件が働いていた。戦争末期の都市空襲では、始めから攻撃目標になっていた軍需工場だけでなく、次いですべての生産設備、最終的には人々の生活の全てが破壊の対象になった。狭義の軍事力の破壊だけでなく、国力のすべて、例えば国民の戦争遂行の意志（戦意）といった精神的な要素も破壊の対象へと含まれてゆく。

　このように、市民の戦時中の生活体験一般が「戦争体験」に組み込まれてゆ

4　安田武, 1963, 『戦争体験─1970年への遺書』未來社.

くには、その歴史的前提として、総力戦という社会生活全体が取り込まれるような戦争があった。総力戦とは、社会からあらゆるエネルギーを最大限引き出そうとする戦争なのである。

それゆえ総力戦は、ある意味「民主的」で「福祉的」な側面を持っている。総力戦体制は、国家の軍事力・生産力の増強のために、国民の体格の向上、健康の増進、単なる救貧という以上の国民生活の向上、教育水準の向上、不平等の解消による社会的統合の強化などを試みたし、それらは強権的で収奪的な政治権力モデルでは説明できないものである（例えば「欲しがりません　勝つまでは」という戦時中のスローガンは、消費社会的な欲望を全面的に禁止するのではなく、一時的に抑制することを求めている）。戦力＝国力のため、厚生・福祉行政はむしろ戦争遂行のために積極的に計画されたのであった。そしてまた、社会から最大限のエネルギーを引き出すためにも、戦争への国民の同意は不可欠なものであった。戦争の大義名分や敵国の不正義を唱える大衆宣伝が組織され、大衆説得による民意暢達は国策の重要な柱となる。この意味で、総力戦は（ある特殊なかたちで）「民主化された」戦争なのである。

このようにして、1960年代の言説としての「戦争体験」の成立以降、余り間を置かずにして、市民の「戦争体験」も急激に風景を変えてゆく日本社会を背景に積極的に語られ、（一種のノスタルジーとしても（？））記述・記録されるようになる。戦時中の大衆説得が生んだ熱狂・支持の記憶は、彼ら彼女らを戦争の**当事者**（時には加害者）であったことを意識させるだろう。ここでは、兵士と一般市民の「戦争体験」の区別はもはや意味をなさなくなっている。

3-3.「市民の戦争体験」の卓越

それこそ人々を根こそぎ参加＝動員させるという総力戦の効果なのだが、そこにはさらに、次の二つの条件が作用していた。その第一は、既に述べているような戦後日本社会の経済的繁栄である。

人々の生活が豊かになるにつれて、アジア太平洋戦争の「戦争体験」の語りがはらんでいる戦後社会への批判はいっそう先鋭化することになるが、それゆえその一方で、社会的に孤立することにもなる。「戦争体験」の語りは、豊かな社会を自明なものとする次の世代に対しては、ときに「説教」や「警句」のようなものになるからである。次の戦争を意識し出征を覚悟する青春を送らなければならなかったというかつての若者のライフコースによって構造化されている「戦争体験」は、追体験が困難なものとなってゆく。

第二に、そうした経済的な繁栄をいわば「人質」にするかたちで、冷戦というまた新しい種類の戦争がいわば「見えない戦争」として実は始まっていたということがある。冷戦は、核弾頭を搭載した大陸間弾道ミサイルが豊かな市民生活を一挙に破壊してしまう可能性によって生まれた、「恐怖の均衡」による戦争（戦争寸前の緊張状態の持続）だからである。兵士の「戦争体験」が孤立し、あるいはリアリティを失ってゆく一方で、冷戦を背景に、空襲などの市民の「戦争体験」が、都市壊滅、とりわけ核兵器の被爆を語るものとしてリアリティを増してゆく。冷戦は、総力戦の「戦争体験」を共有して、あたかも全社会を運命共同体にしてしまうのである。

4………「戦争体験の社会学」の課題と可能性

　以上、本章で述べてきたのは、まず戦争の体験について普遍的にあてはまることがらであり（第2節）、次いでそのなかでも特に、私たちの戦後社会における言説としての「戦争体験」をめぐる特定の歴史的条件の意識化としての「戦争体験の社会史」であった（第3節）。「体験」というかたちで個別性にこだわりながらも、多くの人々が言及し、社会全体を意識し、社会全体に言及されることを望む――。繰り返すように、それらはそれ自体、総力戦という戦争の形態による効果なのであった。そして、冷戦を背景に、「兵士」であるか「市民（非戦闘員）」であるかはもはや重要な意味は持たない。

　そう考えたとき、戦争に動員＝参加させられた人々の多様な「いのち」のあり方に対応して、「戦争体験」の検討も、様々な論点を抱え込むことになるだろう。兵士として動員された若者のライフコースを念頭に、世代と階級・階層（例えば学歴や教養）とを中心的な分析枠組みにしてきた「戦争体験」の検討ではあったが、さらにエスニシティやジェンダーといった要素を無視することはできないし[5]、それ以外の様々な属性や社会性に対する配慮がむしろ分析の主軸となることもありうるだろう。「いのちとライフコースの社会学」の対象としての「戦争体験」でも、以上のような多様な論点や要素を交えながら、今後いっそう慎重に研究が進められていく必要がある。

　ただし、そういった「総力戦の時代」は、実は終わりつつある。
　1989年に冷戦が終結して以降の戦争が「新しい戦争」として再定義されつつ

---

[5] 佐々木陽子, 2001,『総力戦と女性兵士』青弓社. 姜徳相, 1997,『朝鮮人学徒出陣――もう一つのわだつみのこえ』岩波書店.

ある。その戦争は、①国民の大量徴兵や大規模軍を不要とし、比較的少数の軍事的エキスパートが局所的に作戦行動を行うようなものであり、②敵国と正面決戦を交えるようなものではなく、世界秩序・国際世論を背景とした警察行動（治安維持・平和維持活動）のようなものである[6]（戦争の目標は、敵国の犯罪的指導者の「逮捕」であり、「裁判」または「処刑」となる）。そして③大部分の国民・市民の役割は、少数が素早く遂行する戦争の表象を「見て」、支持／不支持を決めることになる。それゆえ④その戦争は、軍人と非戦闘員とを精確に区別することができるとされる（それが可能かどうかはともかく）「きれいな」兵器によって遂行される（その一方で、低開発地域における「安く汚い」兵器による大量殺戮は放置されているけれども）。

表1

	近代(冷戦以前) 1900-1945	近代後期(冷戦期) 1945-1990	ポスト近代(ポスト冷戦期) 1990-
認識される脅威	敵の侵入	核戦争	国家内部 (例：民族暴動、テロリズム)
軍の構成	大衆軍、徴兵	大規模な職業軍	小規模な職業軍
主要な任務領域	国土の防衛	同盟の支援	新しい任務 (例：平和維持、人道支援)
有力な軍事的専門家像	戦闘指揮者	マネージャーまたは技術者	政治家的軍人、学者的軍人
軍に対する市民の態度	支持	両義的	無関心
メディアの軍との関係	編入される	操作される	機嫌を取られる
文官	マイナーな構成要素	中程度の構成要素	主要な構成要素
女性の役割	隔離された部隊あるいは排除	部分的に統合	完全に統合
配偶と軍	不可欠な要素	部分的な関係	別種の問題
軍における同性愛	処罰	除隊	許容
良心的兵役拒否	限定的または禁止	ごく普通に許可	文民分野に含める

---

6 Moskos, C., et al.(eds.), 2000, *The Postmodern Military: Armed Forces after the Cold War*, Oxford University Press. p.15（表1）参照．

今や私たちの「戦争」への関与は、「戦争体験」ではなく、いわば戦争を「見る」ことを媒介に構成されている。そのことをどのように考えたらいいのだろうか[7]。換言すれば、「見ること」によって私たち「新しい戦争」の時代に生きる人々の当事者性はどのように構成されるのだろうか。そして、このような戦争の〈現在〉にあって、今後「戦争体験」の研究は、これまでの歴史性を踏まえ、いかなる課題（「戦争体験の社会学」[8]）を設定することができるだろうか。

　「総力戦」の時代、「冷戦」の時代、そして「新しい戦争」の時代へと進むにつれ、それまでの戦争の体験の形式を一部受け継ぐかたちで、次の戦争の体験の形式が作られてきた。逆にいえば、戦場の兵士の体験のみを「戦争体験」とするような素朴な想像力を維持するだけでは、今後、少なくとも〈現在〉と関連する問題意識において、戦争体験を考える意味がないということである。いってみれば、私たちの多様な「いのち」や「ライフコース」のあり方、共同性・集合性のあり方のそれぞれに対応したかたちで、現在、戦争（体験）は多様なかたちに分散して存在しているということだ。「戦争」の姿が明確にはみえにくくなったちょうどその分だけ、私たちの「いのち」の様々な局面に戦争体験はその影をみせている。

　様々な大衆文化の消費、学校教育の現場、政治的な諸実践、コミュニケーションの微細な作用など、多様な現場に「戦争」や「戦争体験」の影を探すことができるだろうか？[9]——いっそうの方法的な工夫が求められることにはなるだろうが、個別的にある「いのち」と集合的にある共同体や社会、国家との衝突や葛藤をめぐる意味論を検討するにあたって、「戦争体験」は今後も重要なテーマとなり続けることだろう[10]。

7　和田伸一郎, 2004,「戦争報道を見る―テレビ視聴者の「責任」について」青弓社編集部編『従軍のポリティクス』青弓社.
8　野上元, 2006,『戦争体験の社会学―「兵士」という文体』弘文堂.
9　中久郎編, 2004,『戦後日本のなかの「戦争」』世界思想社. 好井裕明, 2007,『ゴジラ・モスラ・原水爆　特撮映画の社会学』せりか書房.
10　野上元, 2011,「テーマ別研究動向（戦争・記憶・メディア）―課題設定の時代被拘束性を越えられるか？」『社会学評論』62（2）に近年の多様な試みを紹介してある。

歴史と記憶

翁川景子

　学校の教科書で習う「歴史」が唯一の真実とはいえないこと、それらは国民国家という統一体を表象するために政治性を含みながら創られた虚構の歴史でもあるという見解は、今日、多くの領域で共有されてきている。「記憶」についても、それが他者との対話の中で構築されるという側面が了解されてきているといえる。2009年に冤罪であったことが判明した足利事件は、不動の証拠であるはずの記憶が、作られる可変的なものでもあることが示された象徴的な事件でもあった。「歴史」も「記憶」もそのニュートラルな装いとは裏腹に、政治性や虚構性と結びついた力関係を孕んでいる。

　「歴史」や「記憶」という過去の領域に属する対象は、人びとがそれを語るまさにそのとき、現在の観点から再構成されることで、意味づけをもつようになるものである。研究者が「歴史」や「記憶」を研究対象とする場合にも、研究者が基づいている認識フレームによって、未来に存続するべき出来事が取捨選択されストーリーが再構成され、過去の表象として形成されていくという側面がある。

　社会学の古典では、E.デュルケムが『社会学と哲学』（1924年）の個人表象と集合表象の箇所で記憶の問題を考察しており、G.ジンメルも『社会学』（1908年）の中に道徳的記憶としての感謝と誠実について、補説ではあるが興味深い論考を寄せている。ただし、「記憶が現在の観点から構築される」という考え方は、M.アルヴァックスの『集合的記憶』（1950年）など一連の記憶に関する研究における視角を、L.A.コーザーが1992年に現在主義と呼んだところに由来している。コーザーによるアルヴァックスの解釈が、1970年代以降の言語論的転回を経て、1990年代以降の構築主義の隆盛と呼応しながらなされていることは、注意しておいてもよいだろう。

　20世紀の終りに、集合的記憶論が改めて注目されたのにはいくつか理由がある。一つは、J.F.リオタールが論じたように、近代を特徴づけてきたマルクス主義や科学主義や啓蒙主義などの大きな物語の終焉である。大きな物語の終焉は、小さな多数の物語としての集団の記憶への注目を促した。もう一つは、経済資本の脱国家的拡大を中心とするグローバリゼーションと国民国家への疑義である。マイノリティや地域がもっている記憶の掘り起こしも、国民国家という社会システムへの疑義と平行しながらなされてきたといえる。そして、社会システムの解体は、人びとを「個」の歴史の創造へと向かわせた。オーラルヒストリーや自分史への注目と流行は、自分の存在を証明する歴史を自分で創り上げなければならなくなった、現代社会に生きる人びとのアイデンティティ模索行動だといえる。このように、「歴史」や「記憶」といったタームは、社会システムとの関係で捉えていく必要がある問題なのである。

　「歴史」と「記憶」の大きな相違のひとつは、歴史が言語で書かれたものであるのに対して、記憶には非言語的なものが含まれるということだ。例えば、場における身体のふるまいや嗅覚・味覚などの感覚は、非言語的な記憶の代表ともいえるものである。非言語的な記憶は、その性質上、議論の遡上には挙げにくい。だが、例えば、かつて日本が欧米から見て劣っているとみなされた要因に匂いがあったように、非言語的なものの記憶が社会システムの構成に関わる分類図式を脈々と形成してきているのである。

第 15 章

低成長時代を生きる若者たち
―― 〈満足する若者〉の可能性とその行方

岩田 考
Koh Iwata

1 ………… はじめに――不幸な日本人と幸福な若者？

　平成19年度版『国民生活白書――つながりが築く豊かな国民生活』では、人々の**生活満足度**が低下していることが指摘された（内閣府 2007）。確かに、図1のように、内閣府の「国民生活選好度調査」の結果をみると、「満足している」や「まあ満足している」と回答している人が減少し、「どちらかといえば不満である」や「不満である」と回答した者の割合は高まっている。

　ただし、2008年の調査では、「満足している」や「まあ満足している」と回答した者が増え、満足度は高まっている。また、内閣府の「国民生活に関する世論調査」やNHK放送文化研究所の「日本人の意識調査」など、生活満足度を長期にわたって把握しているその他の調査では、明確な低下傾向は必ずしもみられない。しかしながら、人々の生活満足度が年々高まるという傾向がみられるわけでもない。我われの住む日本社会は、人々を幸福にする方向には向かっていないのだろうか。

　このような生活満足度の推移をみて、あなたはどのように感じただろうか。自らの実感に近いと感じただろうか。それとも、違和感をおぼえたであろうか。

　読者のみなさんの多くは、大学生など若者と呼ばれる年齢層にあたる人たちであろう。若者とは何歳くらいの者を指すのか。社会学において統一的な見解・定義あるわけではないが、15歳から29歳くらいまでの者を若者と呼ぶことが多い。ただし、近年では、厚生労働省のフリーターの定義にみられるように[1]、30代の半ばくらいまでの者も含めて、より広く使われることも少なくない。2011（平成23）年現在、15歳～34歳くらいまでの者を若者とすると、1977（昭和52）年から1996（平成8）年頃に生まれた者たちということになる。

---

[1] 厚生労働省の定義では、フリーターの年齢を15歳から34歳までの者としている。

図1　生活全般に対する満足度

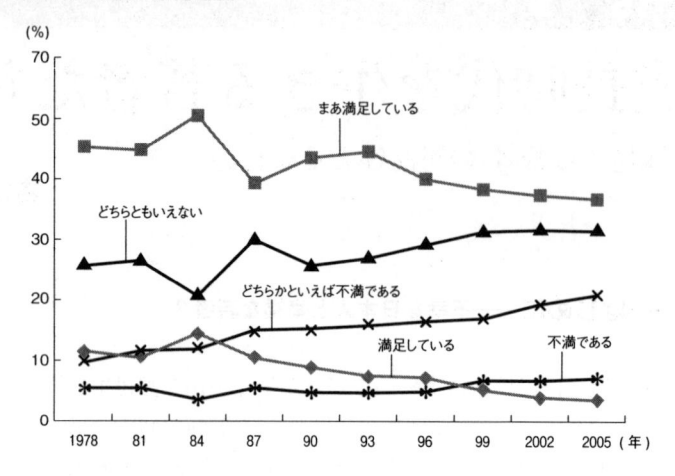

(グラフ：1978年から2005年までの生活全般に対する満足度の推移。「まあ満足している」「どちらともいえない」「どちらかといえば不満である」「満足している」「不満である」の各項目の割合を示す折れ線グラフ)

資料）内閣府「国民生活選好度調査」より。
出典）内閣府『平成19年度版 国民生活白書―つながりが築く豊かな国民生活』p.3より。
注）「あなたは生活全般に満足していますか。それとも不満ですか。（○は一つ）」との問いに対する回答者の割合。「わからない・無回答」の割合は省略されている。

　この現在の若者たちは、どのような時代に育ってきたのであろうか。社会学者の見田宗介（1995，2006）は、戦後の日本社会を三つの時期に区分している。第一に、1945年の敗戦と戦後改革から1960年代に至る時期を〈プレ高度成長期〉。第二に、1960年代と第一次石油ショックの1973年頃までの〈**高度経済成長期**〉。そして、第三に、70年代後半からを〈ポスト高度成長期〉としている。さらに、それぞれの時期を「現実」という言葉の反対語によって特徴づける。〈プレ高度成長期〉は、人々が「理想」に生きようとした「理想の時代」。そして、〈高度経済成長期〉は「夢の時代」、〈ポスト高度成長期〉は「虚構の時代」である、と。見田は、〈高度経済成長期〉を、農村共同体や大家族制などの社会構造が根底から変革された時期ととらえている。そして、この時代にみられた「幸福感」の構成要素として、「第一に、『衣・食・住』という、動物としての人間の基本的な要素が一応の充足を見たこと」（見田 2006, p.84）をあげている。つまり、現在の若者は、「基本的要素が一応の充足を見た」高度成長後の社会に生まれ育った者たちということになる。

　しかしながら、現在の若者が、恵まれた環境の中で成長してきたというわけでは必ずしもない。生徒や学生である者を除けば、現在の若者は、1991（平成3）年のいわゆるバブル崩壊後に学校を卒業し、社会にでた者たちである。一般に、

図2 若者の完全失業率の推移

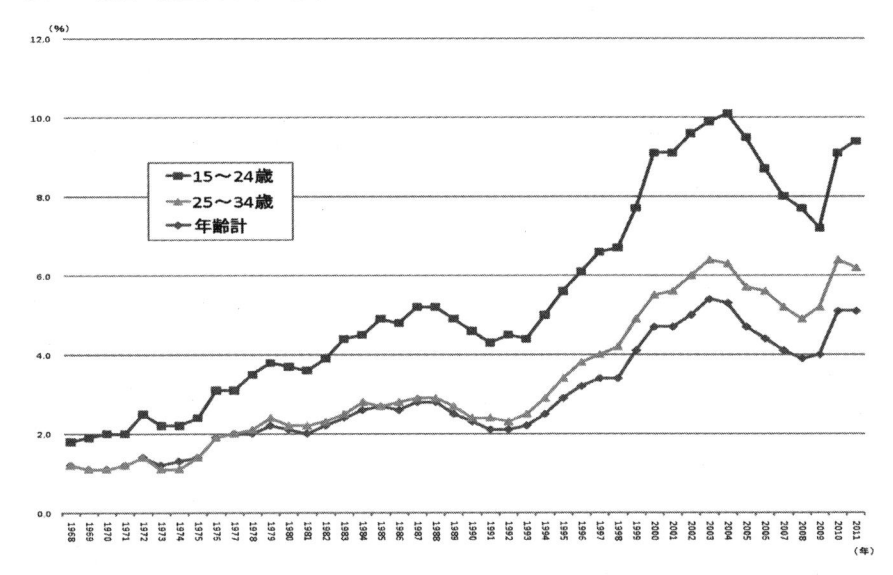

資料）総務省「労働力調査」より作成。
注）1968年から1973年には、沖縄県は含まれていない。

　この世代の若者は、「（就職）氷河期世代」あるいは「ロス・ジェネ（ロスト・ジェネレーション＝失われた世代）」と呼ばれている。図2は、若者の失業率の推移を示している。景気による変動はあるものの、バブル崩壊後の1990年代以降、他の世代と比較して、若者が特に厳しい雇用環境におかれてきたことがわかる。
　このような状況のもとで、若者の生活満足度は低下してもおかしくないだろう。しかしながら、図3に示したように、内閣府の「国民生活に関する世論調査」における生活満足度の近年の推移を年齢別にみると、必ずしもそのような傾向はみられない。同様に、幸福感についても、明らかな低下傾向をみいだすことはできない。内閣府の「世界青年意識調査」では、1988年に「幸せ」と答えた者は30.8％であったが、1998年には49.0％と20ポイント近く増加している。2003年には46.4％とやや低下したものの、「どちらかといえば幸せだ」もあわせると90％以上の者が幸せと答えており、高い水準となっている。生活満足度や**主観的幸福度**が上昇しているとまではいえないが、高い水準で保たれている。非常に厳しい環境におかれているようにみえる若者だが、なぜ生活満足度や主観的幸福度は低下していないのであろうか。

第15章　低成長時代を生きる若者たち　213

図3 若者の生活満足度の近年の推移

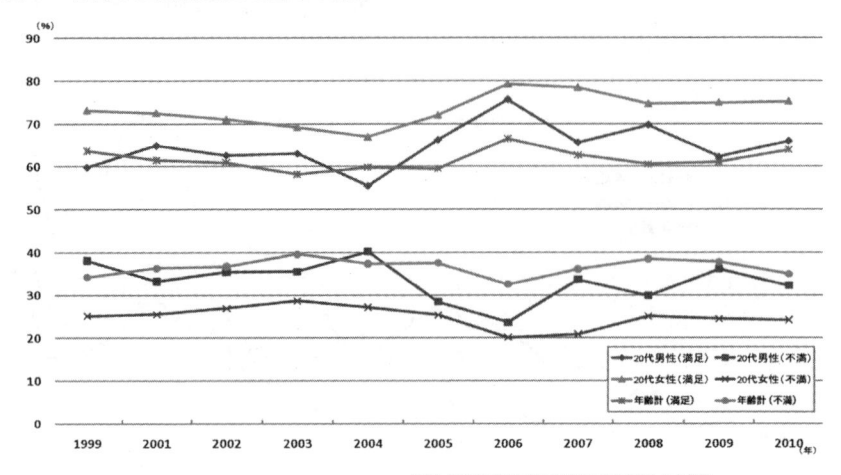

資料）内閣府「国民生活に関する世論調査」より作成。
注）満足は「満足している」と「まあ満足している」の合計の割合（％）。
不満は「やや不満だ」と「不満だ」の合計の割合（％）。

2............若者は何に満足しているのか？──生活満足度の規定要因

　前節でみたように、雇用情勢など厳しい環境にかれている若者だが、なぜ生活満足度は低下していないのであろうか。本節では、先行研究における幸福感や生活満足度に関する議論をふまえ、その規定要因をみてみることにしよう。

2-1. 経済的豊かさと幸福感

　社会学者のジグムント・バウマン（Bauman 2008 = 2009）は、物質的豊かさと幸福の関係について、次のように述べている。

　「国民総生産」という指標だけが、私たちの幸福の度合いを適切に示し、責任を負えるとみせかけることは、たいてい、間違いを引き起こす。「国民総生産」の数値だけが、人間の幸福を管理できると考えるならば、そのようなみせかけは、意図したことや達成しようとしこととは反対の結果をもたらし、害をもたらすかもしれない（Bauman 2008 = 2009, p.19）。

つまり、物質的な豊かさだけが人々の幸福感を決めるものではないということである。このような指摘は、もちろんバウマン独自のものというわけではない。日常的に我々が語ることと大差はない。

　このような指摘の根拠として、しばしば持ち出されるのが、「イースタリンの逆説」あるいは「幸福のパラドックス」と呼ばれるものである。経済学者のリチャード・イースタリン（Easterlin 1974）は、一つの国において、一時点でみたときには、収入と幸福度に相関がみられるが、時系列にみた場合や、多国間で比較を行うと相関関係がみられないことを指摘した[2]。日本においても、生活満足度と一人あたりのGDPとの関係を時系列にみると、相関関係は消滅する。しかし、イースタリンの指摘は、あくまで時系列にみた場合や多国間で比較を行った場合についての指摘である。物質的な豊かさと人々の幸福感や生活満足度が無関係ということではない。

　ところで、なぜこのような逆説が生じるのであろうか。この点に関して、いくつかの仮説がだされている（大竹他編 2010）。一つは、順応仮説である。つまり、所得が増えて生活水準が上がると、その時点では幸福度は上昇するが、すぐにその状況になれてしまうということである。また、最も有力とされる仮説として、相対所得仮説がある。これは、まわりとの比較によって、幸福度が決定されるというものである。つまり、自らの所得が増えてもまわりも同じように所得が増えていれば、主観的幸福度は高まらないというわけである。社会学における**相対的剥奪**の概念と同様な考え方である。このように、幸福感や生活満足度をみていく際には、単純に時系列にみたその増減だけを問題にすることは注意を要する。

2-2. 多くを望まない若者たち？

　また、近年の若者の幸福感や生活満足度に関しては、次のような指摘がなされることもある。低経済成長のもとで生活してきた若者は、そもそも期待水準が低いために、達成水準が低くても満足度が低下しないのだ、と。つまり、今の若者は、多くを望まないというのだ。

　このような期待水準の低下という指摘は、「**嫌消費**」をめぐる議論に典型的にみられる。「嫌消費」とは、「収入に見合った支出をしないこと」（松田 2009, p.1）を意味する。「嫌消費」という言葉を用いるかどうかは別にして、若者が以前ほ

---

[2] 近年の研究では、この逆説に対して否定的な見解も示されている（例えば、Stevenson and Wolfers 2008など）。

表1　期待水準と生活満足度

		現在の生活に満足している				
		あてはまる	ややあてはまる	あまりあてはまらない	あてはまらない	合計
将来、社会的に高い地位につきたい	あてはまる	22.2%	38.4%	26.9%	12.6%	100.0% (581)
	ややあてはまる	12.1%	53.6%	28.9%	5.4%	100.0% (959)
	あまりあてはまらない	12.9%	50.9%	30.2%	5.9%	100.0% (950)
	あてはまらない	22.1%	42.9%	19.9%	15.0%	100.0% (326)
	合計	15.6%	48.3%	27.9%	8.2%	100.0% (2816)

資料）青少年研究会 2010「大学生の生活と意識に関する調査」より。
注）数値は、割合（％）。（　）は実数。χ^2=114.7　d.f.=9　p=.000。

　ど消費しなくったという指摘は他にもみられる（例えば、山岡2009など）。それらの議論では低経済成長の中で育つことによって、生活に関わる様々な面で期待水準が低下していることが示唆されている[3]。消費欲求があまりないことだけなく、上昇志向がないことや恋愛に消極的であることなども一連の傾向として指摘されている。

　残念ながら、期待水準の低下と生活満足度の関係を十分に検討するだけのデータを示すことはできないのだが、表1は期待水準の低下のみから生活満足度の高止まりが説明されるわけではないことを示唆している。表1は、「将来、社会的に高い地位につきたい」かどうかと生活満足度との関係をみたものである。確かに、社会的に高い地位につくことを強く否定している者のほうが、中間的な回答をしている者よりも生活満足度が高くなっている。しかし、社会的に高い地位につくことを積極的に肯定する者でも、同じように生活満足度が高くなっているのだ。

　このように、期待水準の低下が生活満足度の低下を押しとどめているという側面も否定はできないが、それだけで十分に説明されるわけでもない。若者が何に期待しているのか、生活満足度の基準にも目を向けてみよう。

2-3. 若者は何に満足しているのか？――人間関係に満足する若者

　若者の生活満足度は、どのような要因によって規定されているのであろうか。

---

[3]　松田（2009）は、「嫌消費」世代の特徴として、「上昇志向」をあげるなど、期待水準が低下していると指摘しているわけではない。

表2をみると、確かに、現在の暮らし向きや将来への見通しの悪さなど経済的な要因は満足度に影響をおよぼしていることがわかる。経済的に余裕があるほど、将来への不安が少ないほど、生活満足度は高くなる傾向がある。しかし、それと同程度に、恋人や友人との関係など人間関係の良好さが、重要な規定要因となっている。

生活満足度を規定する要因として、人間関係に関する要素が重要なことは、他の年齢層を含めた分析でも指摘されている（例えば、内閣府2007）。しかし、若者においては、特にその影響が大きいと考えられる。平成21年度「国民生活選好度調査」では、主観的幸福度だけではなく、その判断基準もたずねており、15歳〜29歳の約6割が友人関係と回答している。ライフステージによる周囲の環境の違いを差し引いて考える必要があるとはいえ、他の世代では高くても4割程度となっており、若者の主観的幸福度の基準として友人関係が重要なことがわかる。

このように、現在の若者にとって、友人関係など人間関係の良好さが、生活満足度の高さを規定する重要な要因となっている。すなわち、雇用環境の厳しさや経済的な見通しの悪化によって押し下げられた生活満足度を、人間関係の良好さが押し上げ返すことによって、若者の生活満足度が維持されている、と考えることができる。

無論、生活満足度が高いからといって、若者たちが問題を抱えていないわけではない。内閣府の「世界青年意識調査」によれば、1999年代後半あたりを境として、若者の悩みごとや心配ごとは増加傾向にある。特に、増加が著しいのは「就職のこと」である。1993年には21.5％であったが、2007年には33.4％となり、10ポイント以上増加している。その他、高い割合となっているのは、「お金のこと」（2007年34.9％）や「仕事のこと」（2007年31.7％）であり、経済的な悩みを抱える若者が増えている。他方、「友人や仲間のこと」と回答している者も、近年若干増加傾向にあるが、その割合は低い（2007年10.4％）。雇用や経済的な側面のマイナスを良好な人間関係が補完するような形で生活満足度が保たれているとしても、雇用などの問題それ自体が改善されるわけではない。むしろ、若年雇用の問題などが隠蔽されてしまう可能性も否定できない。

このような点には注意を要するが、生活満足度の高さが、若者たちのおかれている状況を改善していくことにもつながり得ることを次節ではみていくことにしよう。

表2 若者の生活満足度の規定要因（重回帰分析）

	β
性別（男性 =1、女性 =0）	-.051 *
年齢	-.007
偏差値	.021
大学が第一志望か（はい =1、いいえ =0）	.070 **
現在の暮らし向き（余裕がある =5〜苦しい =1）	.152 **
父学歴（大学・短大・高専卒 =1、それ以外 =0）	.006
母学歴（大学・短大・高専卒 =1、それ以外 =0）	-.007
自由に使えるお金	-.016
将来についての不安（あてはまる =1、あてはまらない =0）	-.133 **
他の人にない特技・才能がある（あてはまる =1、あてはまらない =0）	.044 *
ルックスは人並み以上だ（あてはまる =1、あてはまらない =0）	-.001
恋愛交際相手の有無（いる =1、いない =0）	.100 **
親友の数	.051 *
仲のよい友だちの数	.041 †
知り合い程度の友だちの数	-.004
ソーシャル・スキル得点	.166 **
現在の居住地に住み続けたいか（あてはまる =4〜あてはまらない =1）	.113 **
調整済み R^2	.140
N	2365

資料）青少年研究会, 2010,「大学生の生活と意識に関する調査」より。
注）青少年研究会の有志が全国の大学生を対象に行ったもの。* がついている数値が統計的に有意な効果をもっている変数。数値の大きさは影響の強さを、プラスの値は正の関係、マイナスの値は負の関係があることを示している。**: $p<.01$, *$p<.05$ † $p<.10$。

3 〈つながり〉の可能性——〈満足する若者〉の友人関係と公共性

　雇用環境や経済的な側面には不安や不満を抱きつつも、身近な人々との良好な関係から満足感を得る若者たち。このような若者たちに対しては、次のような批判が向けられるかもしれない。すなわち、身近な人間関係に引きこもって、その狭い世界の中で充足し、外部にある社会への関心を欠いている、と。そのような指摘は本当に妥当なものなのだろうか。本節では、このような点を若者の友人関係の特質という観点から考えてみることにしよう。

3-1．若者は内閉化しているのか？——濃密化する友人関係

　若者の人間関係については、しばしばその希薄化が問題とされてきた。友人の数は多いが、その関係が表層的なものになっている、と。しかし、近年、希薄化しているというよりもむしろ、濃密化が進行しているのではないかと指摘されるようになっている（浅野 2011）。例えば、社会学者の土井隆義（2008）は、

今日の若者の人間関係の特質ついて、次のように述べている。

　昨今のマスメディアでは、コミュニケーション能力の未熟さから若者たちの人間関係が希薄化し、いじめをはじめとする諸問題の背景になっているとよく批判される。しかし、…（中略）…実態はやや異なっていることがわかる。彼らは、複雑化した今日の人間関係をスムーズに営んでいくために、彼らなりのコミュニケーション能力を駆使して、絶妙な対人距離をそこに作り出している。現代の若者たちは、互いに傷つく危険を避けるためにコミュニケーションへ没入しあい、その過同調にも似た相互協力によって、人間関係をいわば儀礼的に希薄な状態に保っているのである。（土井 2008, p.47）

　土井の指摘では、希薄という言葉が用いられているものの、「コミュニケーションへ没入しあい」や「過同調にも似た相互協力」という表現からは、むしろ濃密な関係と呼ぶほうがふさわしい。マーケッターの原田曜平 (2010) が「新村社会」と呼ぶ若者の人間関係も、同様な濃密化を表すものである。こうした**友人関係の濃密化**を促進するものとして、携帯電話の普及をあげることができる。携帯電話の利用にともなって、友人関係が24時間化したためである。学校や職場を離れてもつながり続ける、こうした関係は、フルタイム・インティメイト・コミュニティと呼ばれる（吉井 2000）。
　友人関係のこのような濃密化が進行しているとすれば、土井が指摘するように、身近な人間関係へ配慮することに意識が集中し、狭い世界だけに目を向けるような内閉化が生じる可能性はあるだろう。例えば、日本の若者にかなりの程度普及しているSNSであるmixiの利用に関わって、友人との交流に負担を感じる「mixi疲れ」という現象が指摘されている。この「mixi疲れ」という言葉のように、身近な人間関係の対応に追われ、その結果として、その外部へ関心を向けることが難しくなる可能性は確かにある。
　しかしながら、様々な調査データをみる限り、友人関係の濃密化に苦しむ若者よりも、満足している者のほうが多いようである。内閣府の「世界青年意識調査」で、友人関係に関する満足度は1983年には54.0%であったが、2003年では72.0%となっており、20ポイント近く増加している。また、同調査には、普段の生活で充実していると感じるのはどのような時かという質問がある。「友人や仲間といるとき」充実していると感じる若者は1977年には6割程度であったが、2007年には約75%となっている。

第15章　低成長時代を生きる若者たち　　219

表3 若者の公共性や政治・社会参加に関する規定要因

		一般的信頼	意見表明型政治参加	支払経由型政治参加	政治的関心	政治的有効性感覚	政治的会話の相手数	寛容度1（職場の他者）	寛容度2（身近な他者）
趣味縁	趣味集団			＋					
	集団所属の多元性		＋	＋			＋		
	高校部活経験								
	趣味友人								
パーソナルネットワーク	仲のよい友人数		＋	＋				＋	
	恋人交際経験			＋			＋		
生活意識	愛国心	＋						－	－
	生活満足度	＋			＋	＋			
メディア	テレビ視聴時間					－			
	携帯メール送受信数					－			

出典）浅野智彦，2011，『趣味縁からはじまる社会参加』p.111より。
注）青少年研究会の有志が2007年に杉並区の16歳から29歳までを対象に実施した「若者の文化と社会意識に関する調査」に基づく。重回帰分析の結果を要約したものであり、「＋」は統計学的にみて正の有意な関係があること、「－」は負の関係があることを示している。

　しばしば、若者の**コミュニケーション能力**が低下していると指摘されるが、このような若者の友人関係の良好さをみる限り、むしろ友人との関係を処理する能力は非常に高いと言えそうだ。社会学者の浅野智彦（1999）は、場面や相手によって関係の取り方を柔軟に変化させるような友人関係のあり方を**状況志向**と名づけている。そして、このような志向が、若者に強くみられることを指摘している。このような状況に応じた関係を形成する能力は、一つの重要なコミュニケーション能力と言えよう。そのような意味では、現在の若者のコミュニケーション能力が一概に低いということはできない（岩田 2006）。そして、実は、このような状況に応じた関係を形成する能力によって維持されている人間関係の良好さは、社会に関心を向ける経路ともなるのだ。この点を次項でみてみることにしよう。

3-2. 重層化する〈つながり〉の可能性──友人関係の重層化と公共性

　友人関係が濃密化するとき、親しい者との関係にのみ関心が集中し、その外側にあるより大きな社会へ意識が向かうことが本当に少なくなるのであろうか。

図4　ケータイやSNSで重層化し多元化する友人関係

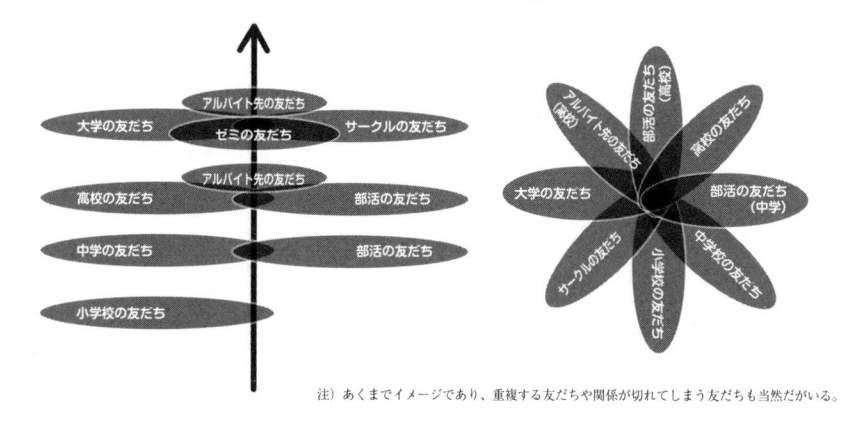

注）あくまでイメージであり、重複する友だちや関係が切れてしまう友だちも当然だがいる。

調査データからみる限り、そのような傾向は必ずしも確認できない。表3は、若者の**公共性**や**社会参加**にどのような要因が影響を与えているかをみたものである（浅野 2011, p.111）。分析結果をみると、仲のよい友人数は、デモのような意見表明型の政治参加や寄付のなどの支払経由型の政治参加、そして公共性の基礎となるような**異質な他者に対する寛容性**を高める効果があることが示されている。生活満足度も、異質な他者に対する寛容性と同様、公共性の基礎となるような見知らぬ他者に対する信頼や政治的有効感を高める。また、生活満足度が高い方が、政治的な内容について会話する頻度も高くなっている。

　つまり、良好な人間関係は、社会への参加を促す可能性がある。そして、良好な人間関係によって高められた生活満足度が公共性に関する感覚を高める可能性があることも示唆されている。生活に不満を持つ者のほうが、社会のあり方に関心を持つようにも思われるが、そのような関係にはなっていない。むしろ、逆の関係にある。このような生活満足度と公共性に関わる意識の関係は、他の調査でも確認されている。ある程度の生活における余裕が社会への関心に結びつくということであろうか。

　それでは、なぜ良好な人間関係は社会への関心を高めるのであろうか。この両者の関係は十分に解明されているとはいえないのだが、政治学者のロバート・パットナム（Putnam 2000=2006）の**社会関係資本**に関する議論が参考になる。

　パットナムは、社会関係資本、つまり人々のつながりである社会的ネットワークと、そこから生じる**一般的信頼**と**互酬性**の規範が、民主的な社会の運営にとっ

図5　大学生の Web 日記にみる若者の友人関係

```
「ジレンマ」
 最近な、大学でおったら            でも、地元の子とおったら         で、将来どうしようって考えたとき
                                                           あたしはとてつもなく悩むのです🤚

１年留学行った子やら              めーっちゃ楽しいし               いろんなとこ飛び回ってバリバリ働く
半年留学行った子やら              やっぱり地元 LOVE やし            人生を送るのか
海外一人で旅しちゃう子やら         こんな友達他にいてへんし           ずーっと泉州にいれるような人生を送
異国の友達いてる子やら            上の人ら見ても小学生から変わらん人   るのか
海外にボランティア行っちゃう子やら   間関係で いつまでもみんなでアホして  両極端やけどどっちも憧れる😊
日本中旅しちゃう子やら            めっちゃいいと思うねん。           出来るものならどっちもしたい !!!
関西圏以外出身の子やら            ほんまええ人らとええ町に
                              囲まれてるなぁって実感する。
グローバルで行動的でいろんな価値観
の友達が 周りにいっぱいいてて      すごーく狭い世界に愛着を感じるねん。  就活が始まるまでに
                              んで一生泉州から出ない!!って思う    あなたの人生観をはっきりさせときなさ
話聞いたらすごいなぁと思うし       ねん。                         い
憧れるし負けてられへんと思うし                                   って言われたことあるけど
自分の視野の狭さを思い知らされて    とか言いながら今日腹立ちすぎて      あたしの人生観って???
あたしももっともっといろんな       青年団辞めかけたけどな😠笑
人とか文化とふれあいたいと思うねん。
                                                           悩む〜〜〜😢💭💭💭
```

注）ある大学2年生の mixi における日記（2010年8月）。本人に掲載の許諾を得ている。

て重要であると指摘している。一般的信頼とは、身近ではないような他者に対する信頼であり、互酬性とは人を助ければ他人も助けてくれると期待できるということを指している。つまり、異質な者たちが集まった社会が民主的に運営されていくためには、そのような他者に対する信頼が必要になるということだ。そして、このような一般的信頼や互酬性は、仲間集団のような同質的なネットワーク（結束型社会関係資本）よりも、労働組合やPTA（二次的結社）のような異質な者を結びつけるネットワーク（架橋型社会関係資本）において、よりよく形成されると指摘している。すなわち、公共性の構築にとって、仲間集団のような結束型のネットワークよりも架橋型のネットワークが重要ということになる。

　しかしながら、ある個人の友人関係が常に同質的なものとはかぎらないだろう。携帯電話やSNSなどの普及によって、ただ単に数が多くなっただけのようにみえる友人だが、それだけではない。その多様性をも高めていると考えられる。図4に示したように、これまでよりも関係が長期間にわたって継続されることが多くなり、友人関係の多様性が高まることが予想されるからだ。図5の大学生の日記にみられるように、一見同質的にみえる友人関係も、積み重なることによっ

てその多様性を増している。このような**友人関係の重層化**に基づく多元化が、身近な関係を越えた社会への関心を生み出す源になっている側面があるのではないだろうか。

　無論、すべての若者の友人関係が多様化・多元化しているわけではないだろう。近年、地元志向の強まりが指摘されているが、そのような中で同質的な狭い関係が築かれる可能性も否定できない。このことは、図5の大学生の日記からも読み取ることができる。しかし、上述したような相手や場面によって関係をうまく使い分ける若者のコミュニケーション能力は、多元的な友人関係を形成する可能性が高まっていることを示唆している。

4 おわりに——〈満足する若者〉の行方

　1990年代以降、若者はしばしば批判の対象とされてきた（浅野編 2006）。例えば、身近な人間関係に引きこもって、その狭い世界の中で充足し、より広い社会への関心を欠いている、などと。しかしながら、本章でみてきた低成長時代を生きる若者たちの意識は、必ずしもそのようなイメージとは一致しない。むしろ、その意識は逆の方向を指し示している。

　確かに、若者たちは、雇用環境や経済的な側面で不安や不満を感じつつも、身近な人々との関係に満足し生活を送っている。しかし、だからと言って、親しい人々との狭い関係に閉じこもっているわけではない。友人や恋人など身近な人々との良好な人間関係を築いている者ほど、社会参加への積極性がみられる。さらに、良好な人間関係によって高められた生活満足度も、公共的な感覚を高める可能性を秘めていた。

　見田宗介（2008）は、1973年以来行われているNHK放送文化研究所の「日本人の意識」調査の30年間の変化を総括し、次のように述べている。すなわち、「『高度成長期』の生産主義的な生の合理化という『インストゥルメンタル』な精神の基本志向から、『高度成長』の成就の局面の、現在の生を享受する『コンサマトリー』な精神の基本志向へ」（見田 2008, p.289）の転換がみられる、と。本章でみた、低成長時代を生きる若者の意識の生活満足度の基準は、まさにこのような転換と符合しているように思われる。

　少々楽観的にすぎるであろうか。確かに、生活満足度の高さや人間関係の良好さと公共性の高さには、正の相関がみられるだけであり、若者が雇用のあり方など社会的な問題を改善していく積極性を常に発揮することを保証するもの

ではない。しかしながら、これまでみてきた低成長時代を生きる現在の若者たちの意識うちに、新たな公共性が築かれていく萌芽をみいだすことも不可能ではないだろう。

【参考文献】

- 浅野智彦，1999，「親密性の新しい形へ」富田英典・藤村正之編『みんなぼっちの世界——若者たちの東京・神戸 90's・展開編』恒星社厚生閣，pp.41-57.
- 浅野智彦，2011，『趣味縁からはじまる社会参加』岩波新書．
- 浅野智彦編，2006，『検証・若者の変貌——失われた 10 年の後に』勁草書房．
- Bauman, Zygmunt, 2008, The Art of Life, Polity Press（= 2009, 高橋良輔・開内文乃訳『幸福論——"生きづらい"時代の社会学』).
- 土井隆義，2008，『友だち地獄——「空気を読む」世代のサバイバル』筑摩書房．
- Easterlin, Richard A., 1974, "Does Economic Growth Improve the Human Lot? Some Empirical Evidence," in Paul A. David and Melvin W. Reder (eds.). Nations and Households in Economic Growth: Essays in Honor of Moses Abramowitz, Academic Press, pp.89-125.
- Frey, Bruno S. and Stutzer, Alois, 2002, Happiness and Economics: How the Economy and Institutions Affect Human Well-Being, Princeton University Press（= 2005, 佐和隆光監訳『幸福の政治経済学——人々の幸せを促進するものは何か』ダイヤモンド社).
- 原田曜平，2010，『近頃の若者はなぜダメなのか——携帯世代と「新村社会」』光文社．
- 岩田考，2006，「多元化する自己のコミュニケーション——動物化とコミュニケーション・サバイバル」岩田考・羽渕一代・菊池祐生・苫米地伸編『若者たちのコミュニケーション・サバイバル——親密さのゆくえ』恒星社厚生閣, pp.3-16.
- 松田久一，2009，『「嫌消費」世代の研究』東洋経済新報社．
- 見田宗介，1995，『現代日本の感覚と思想』講談社．
- 見田宗介，2006，『社会学入門』岩波書店．
- 見田宗介，2008，「日本人の意識の未来」, NHK 放送文化研究所編『現代社会とメディア・家族・世代』新曜社．
- 見田宗介・大澤真幸，2009，「名づけられない革命をめぐって——新しい公共性の論理」『atプラス』(02), pp.6-31.
- 内閣府，『平成 19 年度版 国民生活白書——つながりが築く豊かな国民生活』時事画報社．
- NHK 放送文化研究所編，2004，『現代日本人の意識構造〔第六版〕』日本放送出版協会．
- NHK 放送文化研究所編，2010，『現代日本人の意識構造〔第七版〕』日本放送出版協会．
- 大竹文雄・白石小百合・筒井義郎編，2010，『日本の幸福度——格差・労働・家族』日本評論社．
- Putnam, Robert D., 2000, Bowling Alone: The collapse and revival of American community, Simon & Schuster（= 2006 柴内康文訳『孤独なボウリング——米国コミュニティの崩壊と再生』柏書房).
- Stevenson, Betsey, and Wolfers, Justin, 2008, Economic Growth and Subjective Well-Being: Reassessing the Easterlin Paradox, Brookings Papers on Economic Activity, Spring, pp.1-102.
- 田中理恵子，2011，『平成幸福論ノート——変容する社会と「安定志向の罠」』光文社．
- 山田昌弘・電通チームハピネス（袖川芳之），2009，『幸福の方程式——新しい消費のカタチを探る』ディスカバー・トゥエンティワン．
- 山岡拓，2009，『欲しがらない若者たち』日本経済新聞社．
- 吉井博明，2000，『情報のエコロジー——情報社会のダイナミズム』北樹出版．

震災体験

遠藤惠子

　1995年1月17日午前5時46分、阪神・淡路大震災によって6,434人のいのちがうしなわれた。家屋・家具倒壊による圧死・窒息死がほとんどであり、ほかに焼死、震災から日数を経ての突然死などがある。あしなが育英会の震災遺児家庭調査によれば、震災体験は、大事な家族との死別体験と重なる。古い木造家屋・家具の倒れ方や居場所のちがいによって、早朝、家族の生死は分かれた。偶然による死は、遺された家族の臨死、接死体験でもある。一緒に倒壊家屋のがれきの下敷きになり、死にゆく妻のうめき声が消えるのを感じていた夫がいた。地震の瞬間、子をかばい、覆いかぶさり、死にゆく親もいた。

　リフトンは、広島の原爆被爆者調査から、極限の臨死体験が生存者にサバイバーズ・ギルト（生き残り罪悪感）をもたらすと指摘した。震災遺児家庭の生存者の多くにおいても、家族の死への怒りの感情や自責の念がみられる。怒りは、家族を死なせた地震に向かおうとするが、怒る対象の不在は、ときに他者や自己に怒りを向かわせる。自己への怒りから、死の経緯、死者の美点、生前の死者への対応を想い、自責の念をもつ人も多い。

　阪神・淡路大震災から10年をむかえる2004年秋の震災遺児家庭調査において、もっとも印象強い点は、遺族のライフコースにおける震災、死者の存在感の大きさである。隣に寝ていた夫を梁の落下で亡くした女性は、震災から10年、仕事、子の受験に専心する一方、亡夫と共にいる死後の生を想い、震災後の生を「浮き草のごとく」と語った。「浮き草」は、住所を転々とした放浪を表す、人生像への意味付与である。また、地震を「昨日のごとく」思うとも語る。その間、亡夫の友人と再婚している。再婚に反対した子には、震災から定まらない進路が定まるまで、子と女性だけの生活を続けると約束した。女性は、現在の夫との新たな生活、人生に移行しようと思いつつ、亡夫と共にいる死後の世界を想い、将来が定まらず留年を続ける子を見守り、自らの仕事継続を望んでおり、新たな生活、人生をためらっているようでもある。家屋の倒壊で妻と娘を亡くした男性は、赤ん坊の息子と生き残った。震災後、全てがリセットされ、ちがう世界にポーンと放りだされたように思い、仕事に身が入らなくなり、我慢せずに意見を主張し、転職を数回している。震災後の人生は内容が薄いと思っており、空虚さを感じている。そして、震災前の夫婦の不仲について自責の念を生じ、亡き妻や娘の思い出を反すうし、息子が成長し会話できる日を待ち望んでいる。プラースによれば、ライフコースは「道づれ」を伴って歩む行路である。副田義也は、遺族のライフコースを、「重要な他者」として死者が存在する社会化過程ととらえる。死者は、遺族の、現在から未来に向かうライフコースやパーソナリティの形成、現在から過去に向かう記憶やライフコース像の再組織化の双方に、大きな影響をおよぼしている。

【参考文献】
あしなが育英会編，1996，『黒い虹』廣済堂.
副田義也，2007，「震災体験の癒しの過程における『重要な他者』と『一般的他者』」樽川典子編『喪失と生存の社会学——大震災のライフ・ヒストリー』有信堂，pp.25-51.

第 16 章

わたしが「あなたと〈ある〉」ために
―― 認知症の人の「語り」

出口泰靖
Yasunobu Deguchi

1 ……… はじめに

　本章では、「認知症」とされる人たちの「本人による認知症体験の語り」が何を意味するのか、考察している。まず、「語り」というのは一見すると、他者を介さずとも自己から発せられるものだととらえがちだが、「認知症」とされる本人たちの「語り」に出会うと、自己と他者との、語り手と聴き手との**相互行為達成**だということに気づかされる。そして、「**自己**」そしてその自己を成り立たせるとみなされている「**記憶**」もまた、他者との相互行為達成に他ならないことに思い知らされる。認知症とされる人たちの「語り」は、私たちの「自己のとらえ方」、「記憶のあり方」、「生き死にのありよう」について、とらえ直しを求め、「認知症」を忌避する私たちの心性に対峙して迫ってくるのである。

2 ……… 「認知症」とされる人が「語る」

2-1. 本人が「つぶやく」

　　最近物忘れをするように成った。物忘れは悪い事です。なさけない事です。物忘は人にめいはくかける事はない。だけどいやです。思ふように言われないから。思う事が言われぬのが悪い事です。早く死にたいです。それほど物忘れはつらいです。物忘れするのはもうどうしようもないがどうする事も出来ない。どうする事も出来ない自分は早く死にたいと思います。思う事が出来ないから。物忘れする以前は思う事が出来た。畑仕事その他なんでも出来た。田麦ほり、あでぬりシロかきその他。何かしたくてもやる気があっても何をして良いかわからない。する事を言ってもらえたらまだやれる。何もする事がないから死んでも良いと思ふ。する事が有ればまだまだ長いきしても良い。

これは、私があるケアの場にフィールドワークをした際にいただいた新保さん（仮名）の手記である。この手記をそのケアの場では"つぶやき"と言っていた。この手記"つぶやき"は、「今がいつで、ここはどこで、あなたがだれか」がおぼろげになっていく「認知症」とされる本人[1]が、自らの「もの忘れ」に対する思いや気もち——つらさや苦しみ、不安や焦燥感など——を直筆で書いたものである。

この"つぶやき"を書いた新保さんは、そのケアの場に通うようになる一年ほど前から、「もの忘れ」することが多くなり、住んでいる自分の家があるにもかかわらず、近所のスーパーへ自分の家を求めて歩き回ること——それを以前の認知症ケアでは「問題行動」[2]の一つの「徘徊」と言われてきた—が何回もみられたという。そんな「認知症が中・高レベルに進んだ」「自分や周囲の状況などわからない、ましてやそれを語ることなど無理だ」と言われてきた本人自らが、自ら筆をとって自分の気持ちをつづっている。この"つぶやき"から察するに、「もの忘れ」あるいは「呆けゆく」事態は、「本人にとっては幸せ」だなんてことはなく、「本人は何も分からない」わけでもなく、本人にはつらく苦しく、不安なことなのだ。だが、つらいのは本人の身心の状態変化だけであるのだろうか。

2-2.「語り」はじめた「認知症の本人」

私はその後、別のケアの場で「認知症の本人」として語る人たちから話しを聞くことができた。その一人に、木梨さん（仮名）という80歳代の男性がいた。以下の文章は、木梨さんが講演会で語った話より抜粋したものである。

　　3年前、くも膜下出血で妻があっけなくこの世を去りました。妻の死は「晴天のへきれき」、精神的にかなりあわててしまいました。私は何もする気になれず、1日、1日が過ぎ去っていきました。今、思えば自分の前途に失望してばかりいたように思います。
　　いつから物忘れが始まったのか、自分自身ではこの時期は空白の状態で思い出すことはできません。娘たちに聞くところによると、妻が亡くなって一年目頃から、鍵の置き忘れや、引き出したばかりのお金を失くしたり、同じ

---

[1] 厚生労働省は、2004年「『痴呆』に替わる用語に関する検討会」の報告を踏まえ、「痴呆」に替わる新たな"行政用語"として「認知症」を用いることに決定した
[2] 妄想や徘徊、失禁、弄便、暴力行為などを以前は「問題行動」と呼んでいたが、これらは本人にとって「問題」ではなく意味ある言動であり、周囲の者が勝手に「問題」だと決めつけていたと認識が変わりつつある。

ものを何度も買ってきたりしていたようです。3回忌を済ませた頃、つじつまの合わない話や、妄想があり、トイレに行こうとして外に出てしまい、1時間ほどさまよっている所を娘が見つけてくれたこともあります。
　記憶の中で自分自身が、これが物忘れと関連があるのではないか、と思うことがいくつかあります。それは、家の前にあるスーパーの看板は毎日、朝夕、見ているのに、そのあるはずの看板の文字が消えていたりします。また、一番困ったことが歩いていて路面が浮くことでした。それは道路、部屋の中、廊下でも起こります。歩いていて、ぽっと浮き上がってくるのです。すると、こちらが慌ててしまう。
　その様なときは前に進まず立ち止まっていました。ここは浮くはずのない所、その路面がこちらの方に押し寄せてきて私は無意識のうちに手すりを握りしめていました。特に階段を下りる時は、下の方から押し寄せてくるので怖くて外出することがおっくうになってきました。
　最近では、自分の住所、氏名について記憶が定かではなくなってきています。その大切な生活必需の自分の名前を書こうとしても、木梨の木の字が書けず、横に線を一本引いたまま、どう書けばよいのか、一瞬、文字が消えてしまい書けないのです。
　この記憶の部分喪失が発生すると信用に決定的な打撃を与えることになり、自分に対する信用の崩壊をもたらす事態が予測されることになります。

　精神科医の小澤勲も、「認知症」の人の不自由さとして、「身体的不調」、「疲れやすさ」、「身体反応の遅れ」、「記憶再生の遅れ」、「奥行き知覚の障害」、「状況のなかの自分が把握できない」「同時進行人間の崩れ」、「人の手を借りることができない」などといったことをあげている[3]。「床が浮いてくる」と言う木梨さんの体験は、小澤が言うところの「奥行き知覚の障害」という不自由さを体験しているのだろう。木梨さんの自らの体験についての語りは、〈認知症としての身体〉をもつとどのような「身体のままならなさ」が生じるか、その異変がどう普段の生活に影響を与えるものであるのか、私たちに教えてくれる。

2-3. 本人が「もの忘れ」を恥じる──「そういうことがあったんですか、格好悪いですね」

　木梨さんは、公の場で自らの「もの忘れ」や「認知症」の体験を発表する際、「発

---

[3] 小澤勲, 2005,『認知症とは何か』岩波新書.

表するときに、私を見た人は、私がもの忘れがある人って見ないでしょう。なので、自分のもの忘れの状態についても言わねばならないと思っています。そのことをみんなに伝えなければ、いくら発表したとしても誰も信じてくれないでしょう。ですが、どういうもの忘れだったか、それは私は覚えていないので、それを娘たちに聞いてみてください」とスタッフに頼んだという。

木梨さんは、もの忘れをしたということはわかっている。だが、彼も言っているように、もの忘れをしたことの細かな出来事の中身はもう自分ではわからない。そこで、スタッフが彼の娘たちに聞いてみた。すると、トイレに行こうとして外に出てしまい、1時間ほどさまよっているところを娘が見つけてくれたり、銀行に行って通帳を紛失していたり、様々なことがあったという。

その後、木梨さんはスタッフから娘たちの話を聞いた。そのとき彼は「ああ、私って格好悪いですね」と言ったという。彼のように、自分のもの忘れの内容をあらためて他の人から教えてもらい、それを自ら認識するというのは、今まで認知症の人でなかったことだと、スタッフは語っていた。

3 「語れなくさせられてきた」人たち
──記憶する能力を重んじ、認知症を忌避する社会

3-1.「語ることができない」とみなされてきた人たち

「認知症」とされる本人自らが書いた手記"つぶやき"や「認知症当事者としての語り」は、人びとから驚きと反省の声が上がった。「自分や周囲の状況などわからない、ましてやそれを語ることなど」という今までの「認知症観」をくつがえすものとなった。

「認知症」とされる人の声や「語り」に触れてみてはじめて気づかされたことがある。それは、本人たちは、「語れない」のではなく、「語れなくさせられてきた」人たちではなかったか、ということである。本人たちは、「認知症ゆえに」自分自身の「認知症」あるいは「もの忘れ」体験について「語ることができない」わけでは決してない。そうであるのならば、なぜ、今まで本人は「語れなくさせられてきた」のであろうか。なぜ本人は自らの体験、経験について「語れなくさせられてきた」のか、その理由は三つある。

まずその理由の一つめは、私たちの認知症の人に対するステレオタイプ（固定観念）からくるものがある。私たちは「どうせ本人は何もわからない」「自分が認知症であることやもの忘れをしていることを自覚、認識していない」と思い込

んで決めつけていた。今まで私たちは、「認知症の人」といえば何を思っており、何を考えているか、その内実は知り得ない人たちと思い込んできた。そんな私たちの「認知症観」によって、認知症の本人は「語れなくさせられてきた」のだろう。「ぼけているからどうせわからないだろう」とか「どうせ忘れてしまうだろうから聞いても無駄」とばかりに、耳を傾け、耳を澄ませて聴こうとしない私たちの態度、構えというものが今までにあって、それがそのまま相手の「認知症」の人たちにうつしとられて、「聴いてはくれない」と彼らに「語ること」へのあきらめというのをもたらしてしまったのではないか。

3-2. 認知症フォビア――認知症を忌避する社会

　「語れなくさせられてきた」理由の二つめとして、私たちのなかにある「**認知症フォビア**（dementia phobia）」という認知症に対する忌避感があげられる。「認知症」とされる本人の声や「語り」に触れた時、彼らを苦悩させているのは認知症そのものだけではないことに気づかされる。私たちの心の奥底には、「ぼけたら人間おしまいだ」「認知症だけにはなりたくない」という、認知症に対する忌避感が根強くはりついている。「認知症」というのは「人格がすっかり変質してしまい、果ては心を失なう」といったような「人格変容」「自己喪失」イメージが定着してしまったためか、「ひどいもの忘れのために何もかもわからなくなって、おかしな言動を示す悲惨な病」「認知症になることは恥ずかしいことであり、他人にも迷惑をかける」「何とかして認知症にだけはならないように」といった「ぼけたら終わり」という、自分がぼけてしまうことを恐怖し、忌避し、自分がぼけたら羞恥を感じてしまうであろう「認知症フォビア」という心性が私たちに根づいている。

　今現在における"能力至上主義"ともいうべき私たちの社会では、記憶や認知、判断力といった能力が低下した人は「人間失格」という烙印を押されるともいうべき思潮がはびこっている。自らの認知症体験を語っている木梨さんも、「記憶の部分喪失が発生すると信用に決定的な打撃を与えることになり、自分に対する信用の崩壊をもたらす事態」となる、と語っている。そんな社会では、もの忘れが激しくなっていること、さらには認知症であるかもしれないことを周囲に語ることは、「自分に対する信用の崩壊」であり、自分で自分の身を危険にさらすことになる。そんな危険があるなかで、認知症とされる人たちは、あえて語ろうとしなかったし、語るわけなどないだろう。

3-3.「病識の欠如」という思い込み

確かに今までは、「認知症」とされる本人は、一般的に「病識がない」、つまり「自分がぼけていること、もの忘れをしていることがわかっていない、自覚がない」と言われてきた。しかし、この本人における「病識の欠如」について私たちは果たして深く考えを向けてきただろうか。この「病識」のことについて、正高信男は以下のように述べている。

> 周囲にこの「病識」の存在が伝わらないのは、ひとえに当事者が自分の思いを素直に言い出さないからではないか。あるいは切り出しにくい雰囲気が今日の社会全般にただよっているからもしれない。日本では多くのがん患者が、自分の病気について実態に即した告知を受けずに死んでいくが、だからといってみんながんにかかっていることを認識していなかったとは、とうてい思いがたい。あえて「私はがんなのか」と切り出さないという事情と相通ずる気持ちに、老人ぼけ初期の高齢者も陥るのではと推測される。[4]

本人が周囲に言い出せない、語り出せない雰囲気や空気というのは、認知症を忌避する私たち周囲の側がつくりだしている。今まで本人が語れなかったのは、私たちの方こそが、「ぼけゆく事態」を忌避してしまい、対峙し向かい合おうとしなかったといえるだろう。

3-4.「語り」と「同一性のある自己」と「記憶」

「認知症」とされる人たちが「語れなくさせられてきた」理由の三つめには、自らのことを「語る」には「同一性のある自己」とそれを成り立たせるための「記憶」が必要不可欠だと私たちが信じ込んでいることがある。私たちは今まで「過去の行為や出来事と現在のそれとを関連づけるためには、物語ることが不可欠で、そのことによって自己の同一性が確保されると考えられ」[5]てきた。そして昨日の自分も今の自分も疑いのない自分であるという同一性のある自己が確保されるには、一つには「記憶」が頼りとみなされている。

「同一性のある自己」、そしてその自己の語りは記憶によって成り立っている、そう考えると、過去の自分の言動を思い出せない認知症の人は、持続的で同一性のある自己を保てない、だから自己について語れるわけない、ということに

---

[4] 正高信男, 2001,『ボケの前兆をつかまえた』紀伊國屋書店, pp.82-83.
[5] 片桐雅隆, 2003,『過去と記憶の社会学』世界思想社.

なる。しかしながら、はたして、「記憶がはっきりしていなければ自己の同一性が確保されず、自己の語りは成り立ち得ない」のだろうか。前述した"つぶやき"や木梨さんの「語り」でみる限り、そうだとは言い切れないだろう。「語る」には「同一性のある自己」と「記憶」が必要不可欠とみなしてきた私たちの認識の根深さが、「認知症」とされる人たちを「自己の喪失」と決めつけ、さらに彼らを「語れなくさせてきた」のではないだろうか。

4 ………… 聴き手の存在 ── 「語る」こととは「聴く」こと

4-1. 〈聴き手〉という存在の切実さ

　「認知症」とされる人の「語り」に触れてみて気づかされたことがもう一つある。それは、「語る」ためには〈聴き手〉という存在が切実に必要であるということだ。

　前述した木梨さんが公の場に出て自らの認知症体験を人前で語るようになったのは、一つのきっかけがあった。彼は、当時通っていたデイサービスで「もの忘れで困ったことは？」「何か不安なことがありますか？」といった〈聴き取り〉をスタッフから受けていた。この〈聴き取り〉は、そのデイサービスで独自に取り組まれていた。その〈聴き取り〉は、体調に無理のない範囲でデイの場所とは違う別室で緊張をさせず30分ほど、本人と向かい合って行う。また、一回だけで〈聴き取り〉を終えず、日をおいて再度、同じ内容を聴く。それは、一回の〈聴き取り〉だけでは、思ったことが十分に言えないと考えたからだ。そうすると、どの人も、語る内容がますます深みをまし、今の自分への不安、自分の今後の不安、家族への思いなどをどんどん語るようになったという。

　その〈聴き取り〉では、例えば「もの忘れで困ったことは？」と認知症の本人から「もの忘れなんかない」「特になし」という言葉が発せられる場合もある。だとしても、〈聴き手〉は、その言葉のなかに込められたものについて考えていく。「もの忘れなんかない」「特になし」と言ったとしても、そのまま通り過ぎず、この言葉の中にどんなに思いが詰まっているのかと〈聴き手〉は感じていく。ただ、〈聴き手〉は、「もの忘れなんかない」と言っている本人に対して、「あなたも、もの忘れしていることをわかっている」と強要するわけではない。

　〈聴き取り〉をするスタッフは次のように言う。「ただその言葉だけを、鵜呑みにするんじゃなくて、その下に何があるんだろうというのを、考えるようにしたんです。『そう言うのは何なのかな』って、『なぜそう思うの？』みたいな。でも、それを強要するのでもなく、『なぜでしょうね』とか『そう思うのはなん

でかな』というふうに、聞きたくなるんですよね。すると、本人も意外とそれを話してくれて、私たちも『そうだったんですか』ってなるんです。本人の方も『そうだったんですね』って」。

こうしてみると、〈聴き手〉となる人が、相手の発する言葉を「受けとめ」、「読みとろう」としてくれて、なおかつさらに「語りかけ」「呼びかけ」てこそ、はじめて「認知症」とされる人は「語り」はじめる。

認知症の本人の「語り」は近年めだって目にし耳にするものとなってきている。だが、その場合「本人が語ること、語ることができること」自体に対して着目されがちだ。しかしながら、「語ることができる」のはやはり、この人になら、この場でなら、この雰囲気なら語ってもいいかもしれない、という〈聴き手〉の存在が必要であることが切実さをもって伝わってくる。〈聴き手〉は、誰でもいいというわけではない。やみくもに聴けばいい、というわけでもない。「受けとめ」、「読みとろう」としてくれる〈聴き手〉の存在がいる。「呼びかけ」てくれ、「語りかけ」てくれる〈聴き手〉の存在がいる。そうしてはじめて、「語り」は吐息のようにもれ出てくるのだろう。

4-2. 相手との相互行為で生成される「記憶」「自己」そして「語り」

「認知症」とされる人の「語り」と〈聴き取り〉は、私たちの「記憶」や「自己」のあり方を今一度あらためて深くとらえ直す必要に迫られるように感じる。すなわち、「記憶」は個人に貯蔵・貯蓄されるものではなく、「自己」そして「自己の語り」も個人に内在するものではなく、他者との相互行為によって成り立つものであると、あらためて深く認識させられるのだ。

認知と記憶の社会学を研究する片桐は、あるドキュメンタリーを見て「記憶は他者に依存している」ことに気づかされた、と述べる。そのドキュメンタリーは、ある手術がきっかけでそれ以降の出来事の記憶を失ってしまう30代の男性Sさんの生活を追ったものである。Sさんは、胃の摘出手術のため入院し、手術後の濃栄養のIVHという点滴を受けたが、その中にビタミン剤が欠けていたために、栄養のバランスが失われてウェルニッケ脳症と診断された。ウェルニッケ脳症とは、一般には強度のアルコール依存などによって引き起こされる記憶の喪失の病である。そのためにSさんは、朝何を食べたか、子供と何をしたかなどが、二、三時間もするとわからなくなった。自分が何をしたかだけではなく、妻や子どもと自分とが何をしたかを忘れるという「自己の同一性を確保できない」という重い不安をもたらす。彼のように、以前の自分について物語る素材

としての出来事の記憶を失うと、自己の時間的な連続性を実感できず、自己の同一性は確保されにくい。こうしてみると、自己について物語るには記憶に依存しているといえなくもない。

しかしながら、片桐はSさんの事例は「記憶の喪失」の問題をとおして「記憶が他者によって維持される」「記憶は他者によって付与されるという事態」という示唆を与えると論じる。というのも、「自分が覚えていなくても、Sさんは妻や子ども、あるいはその他の回りの人々の記憶の中で、自分が誰であり、何をしてきたかを理解でき、そして、そのことによって、不安を抱えながらも自己の同一性を維持することができる」からだという。そして、「他者が覚えているから、自分が何をしたのか、その他者との関係で自分が何者なのかを確認できる」のである。

つまり、Sさんの記憶の信憑性は完全に他者に依存している、と片桐は述べる。さらに重ねて、彼の事態をふまえて考えると、私たちの「健常」とされる想起も自分一人の営みではなく、他者によって確認されたり、あるいは他者によって付与されたりして成立することが推測されると片桐は述べる。この片桐の示唆は、認知症とされる人たちの「記憶の喪失」の問題、そして彼らの「記憶」「自己」、そして「語り」に関してもあてはまることだろう。すなわち認知症とされる人たちでなくとも、誰でさえも、記憶、そして自己の同一性や自己を物語るということは他者との相互行為で達成されるのだ。「語る」自己は、他者との相互行為達成に他ならない。そして、語りや自己を成り立たせるとみなされる「記憶」もまた、他者との相互行為達成に他ならない。

4-3. 本人と聴き手との共同作業である"つぶやき"

上述した"つぶやき"もまた、「認知症」とされる本人たちが独白をしているわけではない。聴き手との相互行為によって生まれ出たものである。"つぶやき"は、彼らのその日の気分やご機嫌を見計らって別室で書いていただくという。彼らから、今の気持ち、思いについて聞いていくなかで、スタッフが「これは」と思ったものを「それそれ、それについて書いてみて」という、いわばスタッフが彼らの「補助自我」(スタッフの言い方)という関わり方で、「共同作業」をへて出されたものが、この手記"つぶやき"である。

「補助自我」というのは、例えば本人が今やっていることがわからなくなっているようであったり、手記を書いている間にすでに書いたことの内容を忘れているようだったなら、「○○さん、先ほどこんなこと書いていたよ。この続きに

ついて書いたら？」と、本人のやりとりの際の「補助具」としての関わり方のことをいう。確かに、本人たちは、何度も何度も読み返しながら次を書いていかないと、さっき書いたことを忘れてしまうほどの記憶の障害をもつ人たちである。だが、書き上げた時の満足感は皆、輝いているという。

　こんな"つぶやき"が出るのは、つぶやいてもかまわない、信頼のおける相手が存在し、本人がつぶやく気持ちにならないと、出てこない。このケアの場では、「認知症」とされる人たちは、言葉が定まらない、自分を出せない、どう表現すればよいか定まらない、なかなか伝えたくても伝えられないしんどさ、つらさがあると考える。スタッフは、本人それぞれのペースにあわせ、言葉が出るのをじっと「待つ」。耳を澄まして待つ人の前で、本人ははじめて、吐息がもれるかのように「もの忘れ」に対する気持ちをつぶやく。

　この"つぶやき"は"つぶやく"本人と、「補助自我」という黒子役をつとめる聴き手との共同作業である。スタッフは"つぶやき"を「瞬間瞬間をつなぐ」とか「ほころびだけを繕う」という。それは〈聴き手〉の側が「補助自我」として、「認知症」とされる人ののことばや振る舞いの断片を繕い、つないでつむぎ出す役割をすることで両者が共同で"つぶやく"作業なのだともいえるだろう。このように、"つぶやき"や〈聴き取り〉で引き出される「語り」は、自己と他者との、語り手と聴き手との相互行為達成である。

5 わたしが〈わたしである〉ために
──「認知症」と〈なる〉、〈される〉ことによる存在証明の危機

5-1. 身心状態の変化に対する不安と恐怖──「花に話しかけていた」

　「認知症」とされる人たちの「語り」に気づかされたことは、まだ他にもある。それは、彼らが認知症であるかどうかハッキリしない時期から身心の状態が変化してきていることに不安や焦燥感、恐怖を抱き、「わたしが〈わたしである〉ために」さまざまな葛藤を体験し、認知症を忌避する社会と対峙しようとしていることだ。

　59歳の時に「若年性認知症」と診断された江口さん（仮名、60歳代、男性）は、「認知症体験の語り」を通して社会に関わっていこうとする人であった。江口さんは「若年性認知症」と診断される前、「うつ病」と診断され、うつ病の治療薬を飲み始めたら、薬の影響からか、彼は何もする気にならなくなり、一日中家の中でゴロゴロ寝ている日が続いた。もともと江口さんは地域で青少年の育成

活動を活動するなど「人のお世話をするのが好き」な人であった。彼の妻は、「薬を飲み始めたらぼうっとして、人が変わったような状態になったんですよ。寝てるばっかりの状態になった。ほんとにぶらーっと出ていって、帰ってきたら『ああ疲れた。寝る』って言うし」と話していた。

その後、病院で検査を受けたところ、「若年性アルツハイマー病」の告知を受けた。江口さん自身が告知を受け、そのショックはとても大きかった。その後、紹介してもらったデイサービスに「若年性認知症の会」があることを知り、参加してみることになった。参加した時の気持ちについて、江口さんは「その時に久しぶりに人と話をすることができた。話すことが楽しく、心から笑える自分がいた」と言っていた。彼は、それ以前まで何年間も人と話すのが怖かったのだという。「話す人がいないので、花に話しかけていた」とも言っていた。

5-2.「社会」とつながりたい——「認知症」とされる人が「語る」理由の一つ

江口さんは「若年性認知症の本人の会」で行われている研修会に、自らの認知症の体験を発表する機会を何回か行うようになった。彼は、自分のことを語りたい、自らの認知症の体験を発表したい、と強く思っていた。それは、認知症になっても、いやまた認知症になった自分にならできることがあるのではないか、という思いからだった。それはまた、認知症になってもまた「働きたい」、「社会に役に立ちたい」、何らかの形で社会に貢献したいという「社会」とつながっていたい彼の思いでもあった。

若年性認知症での発症年齢は、まだまだ働き盛りの40歳代、50歳代の壮年期である。そのため、認知症のために仕事でのトラブルが頻繁に生じてしまうと、退職をよぎなくされてしまう場合がある。高齢で発症した場合は、すでに定年退職した場合が多いが、若年性認知症の場合、「納得のいく形での退職ではなく、無念な思いで職場を去らなければならない」[6]場合が少なくない。江口さんも、認知症ゆえに仕事に支障が生じ、定年を前に退職をよぎなくされた。だが、「働きたい」という意思、希望をもっている。彼の妻は「よく新聞に求人案内が載ってあると、『俺だって、こういうとこやったらできるんじゃないかなあ』とか言っていた」と、彼の「働きたい願望」の強さについて語っていた。

まだ働き盛りの時期に認知症になる若年性認知症の人たちのなかには、「自分は働いていない」「働くことができない」ことへの辛さ、葛藤をかかえている人

---

6 認知症介護研究・研修大府センター・認知症介護研究・研修東京センター・認知症介護研究・研修仙台センター編, 2008,『若年認知症支援ハンドブック』.

たちがいる。退職したことで、同僚に迷惑をかけてしまうなど仕事でのつらい状況から解放され、安堵すると同時に、働きたいのに働くことができないことに負い目を感じ、今後の生活のことを考えると「家族に対して申し訳ない」気持ちが交じりあう。

江口さんは、もともと、認知症になる以前から、青少年教育に関する地域活動を熱心に行ってきた。それゆえに社会に出て働きたいし、社会に貢献、参加していきたい思いも人一倍に強い。江口さんが「認知症」を受け容れて語ろうとする理由には、江口さんは「語る」ことで「社会」とのつながりをつなぎとめたい、とりもどしたい、そんな思いの強さがあるのかもしれない。

5-3.「語る」ことではじめて「当事者」となる

認知症の本人の思いの語りについて研究している井口は、「本人の語り」が「一定の形に収斂してきた」として、語りのストーリーの特徴を三つあげている。まず一つは、告知を前提に疾患の「進行」に対して戦うストーリー（その語りは「認知症を治せる方向へもっていこう、認知症の進行をできるだけ遅らせよう」という医療の展開とも共振している）、二つめに、何かできることを通じて社会に残る、社会的な活動、参加への熱望のストーリー、三つめに、家族へ感謝の「思い」を伝えるストーリー、である。井口は、「本人の『意思』と言われるものが、本人から言語的に表現されたものというイメージで捉えられるようになってきた。それまでも、『意思』の存在がさまざまな形で表現されていたが、本人の語りが最も明確な『意思』として認知されるようになってきた」[7]と述べる。

こうしてみると、「認知症」とされる本人たちが語るようになって、彼らの意思やニーズなどの〈望み〉が明らかにされ、はじめて彼らは「当事者」となったといえるのではないだろうか。それまで彼らは、「ケアサービスの利用者」であったとしても、「認知症」という呼称を自らが引き受け、介護を必要とする者としての「当事者」ではなかったのではないだろうか。しかも、「認知症（それ以前の痴呆症）」「認知症（痴呆症）の人」は、あくまでも「他者による、外側の人による呼称」であった。認知症の人たちは、「利用者」「ケアされる人」としてではなく、「当事者」として自ら認知症体験を語り出し声を発するようになった。私たちは、そこであらためて、いやむしろ、はじめて「認知症」の人を、意思やニーズなど〈望み〉をもつ者として、「当事者」としてみる（認識する）

---

[7] 井口高志, 2010,「認知症をめぐる排除と包摂—老い衰えといかに生きるか？」, 藤村正之編著『差別と排除の〔いま〕④　福祉・医療における排除の多層性』明石書店, pp.87-122.

ようになったのではないだろうか。

5-4.「認知症」と〈なる〉ことによる存在証明の危機

　「認知症」とされる人たちの「語り」に触れると、自身の身心の状態変化に対する苦しみや不安、焦燥感に出会う。それは言い換えれば、「認知症」と〈なる〉ことによる**存在証明の危機**というものである。「認知症」となることで、わが身の状態が以前と、今までとは異なっていく、変わってしていく。今までの「わたし」というもの、私の「存在証明」が失われ、薄れかかっていく。「わたしが〈わたしである〉ために」はどうすればいいのか、自分でもわからないまま、わが身の状態が変化していく、その手応えのなさにさいなまれていくのだろう。

　また、認知症の場合、注意しなければならないことは、認知症の状態は個人差こそあれ進行していく場合が多い。たとえ当事者が認知症のある状態を受け容れたとしても、心身の状態は変化し、進行することでまた変化した状態を受け容れていかねばならない、といったように、受け容れていくありようも変化せねばならないだろう。そうした状態にその都度、受け容れていかなければならないことは、本人にとって、そしてその家族や介護職にとって、かなりの苦悩や葛藤をもたらすことだろう。

5-5.「認知症」と〈される〉ことによる存在証明の危機

　しかし、「認知症」とされる人にとっての苦しみは、もう一つあるのではないだろうか。それは、「認知症」と〈なる〉ことによる存在証明の危機だけではなく、「認知症」と〈される〉ことによって、「人間扱いしてくれない」「仕事を辞めさせられたり、介護を受ける者として社会から引き離されてしまう」といったような存在証明の危機である。それは背景に、認知症を忌避する私たちの心性がまだまだ深々と根をはっているからであるといえるだろう。

　江口さんと同じデイサービスに通っていた時田さん（仮名、50代男性）は、自分がもの忘れをするようになったこと、認知症であることを受けとめたくない、受けとめようとすることができないでいた。彼の中では、「アルコール依存があったからもの忘れになった」と思いたい自分がいた。その後、時田さんはケアスタッフにだけはもの忘れをアルコールのせいだとは言わなくなり、認知症であることを受けとめようとしはじめた。ただ、彼は以前の勤め先の人たちとも会ったりするのだが、彼らの前では自分が認知症であることを言うことができないでいた。

江口さんは「語る」ことで「社会」とのつながりをつなぎとめ、とりもどそうとしていた。だが、時田さんは、自らが認知症であることを受け容れて「語る」ことによって、逆に、以前の勤め先の人たちとのつきあいなどの「社会」とのつながりが切れてしまうという不安と怖れを抱いていた。

　「認知症」とされる人たちは、認知症を忌避する社会のなか、私たち周囲の側によって「語れなく」させられてきた人たちではなかったか、ということを前に述べた。もちろん、こうした「語らない」「語れない」状況というのは、病体失認的態度[8]など、身体的な状態によるものもある。また、それだけではなく、本人自身が「呆けゆく」事態を否認して「語りたくない」状況にあったり、本人は自分の「呆けゆく」事態を自覚し認識していても周囲との人間関係の軋轢などさまざまな事情ゆえに「語るに語れない」「語ることができにくい」状況にあったりすることは見過ごされてはならない。「認知症」と〈される〉ことによる存在証明の危機を回避しようとするあまり、もの忘れをするのは認知症のせいではなくアルコールのせいだという時田さんの「語り」が"騙り"になってしまうのは、そんな背景があってのことなのだろう。

6………わたしが〈あなたとある〉ために

6-1. 最期まで活かそうとする「語り」

　認知症の本人が自らの体験について語りはじめ、日本でも、本人による独自の活動が生まれてきている。この認知症に関する新潮流は、従来まで認知症の人は自らの状態に自覚的でないことを想定して介護してきた家族、介護職に根本からの問い直しを突きつける。ただ、「本人が語ること」それ自体が注目されてしまい、「語り」がどのように活かされるのか十分に考えられていない。

　家族や介護職の人たちのなかには、自ら意思表示をすることが困難になった「重度」と言われる認知症の介護をしている人たちがいる。彼らは、木梨さんや江口さんのように「認知症の本人」として自らの体験を語る人たちと、彼らが身近で介護する認知症の人たちとに大きなギャップを感じ、戸惑いを隠しきれないでいる。彼らが言うには、認知症体験を語ることができる人は、若年性であれ高齢者であれ認知症初期の人たちであって、「体験の語り」をケアに生かしていく方向性は、「語ることができなくなっていく」、深まり重くなってゆく時

8　小澤勲, 2003,『痴呆を生きるということ』岩波書店.

期にある人たちを取りこぼすことになるのではないか、と危惧を抱いていた。

　認知症体験の〈聴き取り〉をしているスタッフは言う。「今後、末期になったとしても〈聴き取り〉で語ってくれたものは『宝物』『糧』になるんだと思うんです。こういう宝物や糧をね、私たちは作っていかないといけないなと思うんです。本人が今書けるうち、今言えるうちに。そのことが家族の、やっぱり将来の、介護の励みっていうか。木梨さんや彼の娘さんたちのように、『ああいうふうにしてお父さん思ってたよね』って、常に語られるような」。

　家族にとっても、介護職の人たちにとっても、本人の語りは認知症が深まっていく時にも（時にまで）、ケアに生かすこともできるのではないだろうか。井口は、〈聴き取り〉からえられた本人の語りが介護する家族にとって、どのような意味をもつのか考察を行っている。井口の考察では、本人の思いの聴き取りを〈媒介〉という語で家族との関係づくりの一つとしてとらえ、これまで生み出されてきた家族外の実践（デイサービスなど）と地続きのものであり、重度になってからの介護とも十分つながっていける、と指摘する[9]。

　〈聴き取り〉でえられた本人の「語り」は、後々まで残る。それは、高齢期認知症や若年性の認知症の人たちが、初期の頃から、深まっていき「重度」と呼ばれる時期まで「その人らしい」暮らしをしつづけていくためのヒントになるかもしれない。

6-2.「語りえぬ」時 ── 「ある」という〈存在そのもの〉

　「語りたい」と思い、自らの思いを語ってきた人たち。その彼らも、認知症がさらに深まり、本人の意思が確認できなくなくなり、「看取り期」にいたり、「語ることができなくなる」時がくる。本人から声を聴き出すことができなくなる時がやってくる。本人から声を出すことができなくなる、「語ることができなくなる」時を私たちはどう意味づければいいのだろうか。

　独自の養育論を展開している芹沢は、「老い」について次のように言及している[10]。彼によると、私たちは自分の人生をつねにできること、しうること、すなわち「する」を基準にして考え、私たちの社会もまた「する」を基準にして成り立っている、という。そして、「する」を基準にして「老い」をみると、「老い」はひたすら「できなくなる」こととしてだけ捉えてしまい、「する」の世界が縮

9　井口高志, 2007,「本人の「思い」の発見がもたらすもの─認知症の人の「思い」を聞き取る実践の考察を中心に」, 三井さよ・鈴木智之編,『ケアとサポートの社会学』法政大学出版局.
10　芹沢俊介, 2003,「実感的〈向老期〉論」, 芹沢俊介・三好春樹『老人介護とエロス　子育てとケアを通底するもの』雲母書房.

小していくという認識から離れられなくなってしまうという。

　ここで芹沢は、老いることをたんに「できなくなる」(=「する」の不能化)という見方で把握するだけで足りるのか、と疑問を投げかける。彼はそこで、「する」という基準を相対化する言葉として「ある」をあげる。「ある」とは〈存在そのもの〉であり、それは例えば胎児や生まれて間もない新生児であり、人間の出発点だ、という。彼によると、子どもというのは、〈存在そのもの〉として生まれてきて、やがて何ができるか、何を成しうるのかということを問われ、自分自身に対しても何ができるのかということを問いかけながら成長する。「ある」から「する」へ、これが自然なプロセスだという。

　しかし、人間は一方通行ではない。もう一つ、「する」からまた「ある」へ戻るというプロセスがあると芹沢はいう。「ある」に始まって「する」という段階を経て、もう一度「ある」という段階に戻っていく、これが人生のプロセスの原理的な把握だというのだ。であるなら、人間というのは、「ある」に原形があって、「する」というところに原形はない、というのである。ここから芹沢は「老い」の過程を、「する」のくびきから脱し、「ある」という段階に戻れる状態に入ったことを意味すると論じる。「する」を視点にしている限り、老いの過程は、「する」の後退や縮小といったマイナスなものとみなされる。しかし、「ある」に視点を置いてみると、後退・縮小とみなされることは、「ある」への着地・回帰ととらえなおすことができるというのだ。まさに、認知症の人の「語りえぬ」時というのは、「看取り期」と言われるものは、ある意味、〈ある〉という存在にあるといえるだろう。それでは、認知症とされる人たち、そして私たちは、〈ある〉という存在にどう向き合えばいいのだろうか。

6-3. わたしが〈あなたとある〉ために

　芹沢は、介護に関しても次のようにも言っている。現実社会の中では「する」を基盤に秩序づけられ、そこに日常生活がある。だとすれば、それは仕方がないことなのだが、人間のあり方というのは「ある」から「する」の段階を経て、もう一度「ある」へ回帰していく、この道もまた避けられない、そういう認識をもてるかどうかで、介護の仕方、介護する者のあり方というのはずいぶん違ってくるのではないか、と。

　歳をとり、腕や脚にマヒなどの障害が生じ、食べる、歩く、寝る、排泄する、入浴など、暮らしのさまざまな場面で介護が必要になった人は、「する」という眼差しからは価値がないとみなされてしまう。介護する側も、その人のために

介護や世話や見守りや気遣いなど、いろいろなことをしなくてはいけない、「する」を強いられる。こうして、介護する者の価値観も、「する」というところに意図せずしてしばられてしまう。

　人が「認知症」をもって暮らすことになると、他の人に「介護される」ことが必要となってくる。「介護される」とはどういうことかについて考えた場合、「他者に自分の生と身体をゆだねる、あずける」ということが一つにはあるだろう。そして、自らでは「語りえぬ」時がきて「他者に自分の生と身体をゆだねる、あずける」者にとって、他者とどう生きていくのか、「わたしがあなたと〈ある〉」ために、他者とどう関係を築いていけばいいのかが切実な問題となる。

　そのためにも、「ある」という視点から「介護され」、自らで「語りえぬ」時がきて「他者に自分の生と身体をゆだねる、あずける」こととはどういうことなのか、私たちは学んでいく必要があるのだろう。さらに、その前に「ある」という〈存在そのもの〉としての人間の事態を身をもって学ぶ必要もあるのだろう。

　ここにきて、私たちがこれだけ「認知症になること、認知症とされること」を忌避するのは、もの忘れすることを怖れているだけでなく、また「語りえぬ」時を怖れているよりむしろ、「する」のくびきから脱する術を見出し得ず、「ある」ことのみの〈存在そのもの〉になる怖れが私たちにあるのではないだろうか。そしてなりよりも、自分の生と身体を他者にゆだねる、あずけるといったような、「わたしがあなたと〈ある〉」関係性というのを想像だにできない、しようとしない、忌避していることにあるのではないだろうか。そこから、なるべく目を背けようとし、自分だけはそのようなことにならない、なるわけがないと思い込もうとする私たちの心根が垣間見えてくる。認知症とされる人たちの「語り」は、「自己のとらえ方」、「記憶のあり方」、「生き死にのありよう」について、私たちにとらえ直しを求めているのではないだろうか。

中途障害

玉置佑介

「中途障害」とは、人生半ばに何らかの障害を経験することをいう。その経緯は、慢性疾患の悪化や先天性疾患に起因して徐々に身体機能を喪失する場合や、自然災害や交通事故によって突然もたらされることもある。いずれにせよ、その個人の身体的・精神的困難に単独で焦点化するのではなく、社会的な諸制度やさまざまな人々との相互行為との関連に起因する社会的な不利益として障害をとらえることが重要である。このような障害理解は、障害そのものを学問対象とし、障害者の生（生命・生活・生涯）に関連するさまざまな現象に焦点をあてる**障害学**の着想である。主に障害学では、物理的・機能的な心身の損傷（個人の属性としての障害）を**インペアメント impairment** と呼び、社会環境や社会制度に起因する社会的な不利益を**ディスアビリティ disability** ととらえ、区別する。つまり、個人を**無能力化 disablement** するのは社会であり、障害学における障害者とは「社会によって無能力化された人々」と位置づけられている（杉野 2007, pp.5-6）。

以上の視点から考えると、中途障害者とは「ディスアビリティによる無能力化を人生の半ばにして経験する人々」となり、「元健常者」として障害がある現在となかった過去との双方の生を生きる両義的な存在である。例えば、22歳のときに交通事故によって脊髄を損傷した52歳の男性は、ある日突然車椅子生活の障害者になった経験を「じゃあ俺の生き方は人の2倍、健常者の自分と車椅子の自分と二つの生き方を得た…（中略）…人間一生1回きりの人生やろ、二つ手に入れた、二股に掛けて生きれた。」（田垣 2007, p.35）と語る。このように、健常者の頃の人生こそが自分の本来の人生であると認識し、現状の自分から障害という事実を「差し引くこと」を追求しながら肯定的な自己像を再獲得しようとする。これは**障害受容**と呼ばれ、自身の障害にたいする羞恥感情や自己否定感をおしとどめることや、積極的意味を模索するなかで独自の価値規範や生活様式を追い求めるプロセスでもある。しかし、中途障害者として生きようとする社会は健常者中心の社会であり、その圧倒的影響力に脅かされることにもなる（田垣 2007, pp.31-33）。また、経験する障害の種別やタイミング、周囲の他者との社会関係によっても影響を受けることになる。

このように、「中途障害」という事象には障害が社会環境との関係で決まるというディスアビリティ経験への視点が重要であるとともに、両義的な生を生きる中途障害者個人のインペアメント経験（羞恥感情や自己否定感）にも焦点をあて、両者を複眼的にとらえる必要がある。ただし、問われるべきは「他者による障害への否定的な価値づけという契機」や「他者や社会が有する『障害の否定観（感）』」（田島 2009, p.58）であり、決して中途障害者個人ではないことに再び注意が必要である。

【関連文献】
・杉野昭博，2007,『障害学　理論形成と射程』東京大学出版会.
・田垣正晋，2007,『中途肢体障害者における「障害の意味」の生涯発達的変化　脊髄損傷者が語るライフストーリーから』ナカニシヤ出版.
・田島明子，2009,『障害受容再考　「障害受容」から「障害との自由」へ』三輪書店.

第 17 章

ハンセン病者の半生
——ある盲人の経験に見る身体と共同性

坂田勝彦
Katsuhiko Sakata

1 ………… はじめに

1-1．ハンセン病療養所で盲人として生きるということ

　現在、日本全国には国立・私立あわせて 15 カ所の**ハンセン病療養所**が点在している。社会から隔絶されたその場所で、入所者たちは様々な活動によって他者との接点を模索し、無数の詩や短歌、俳句、小説を綴ってきた。その代表的な作品の一つに、改造社から戦前に出版されベストセラーとなった歌集『白描』がある。

　　癩は天刑である　加はる笞の一つ一つに、嗚咽し慟哭し、あるひは呻吟しながら、私は苦患の闇をかき捜って一縷の光を渇き求めた。——深海に生きる魚族のように、自らが燃えなければ何処にも光はない——そう感じ得たのは病がすでに膏盲に入ってからであった。齢三十を超えて短歌を学び、あらためて己れを見、人を見、山川草木を見るに及んで、己が棲む大地の如何に美しく、また厳しいかを身をもって感じ、積年の苦渋をその一首一首に放射して時には流涕し時には抃舞しながら、肉身に生きる己れを祝福した。人の世を脱れて人の世を知り、骨肉と離れて愛を信じ、明を失っては内にひらく青山白雲をも見た。癩はまた天啓でもあった（明石 1939, 序文）。

　上記の序文で始まるこの作品の作者「明石海人」は、様々な言葉でハンセン病を患う苦しみを綴ったが、そのなかには晩年に自らを襲った失明に関する記述も存在する。彼と同様に、療養所では多くの人々が主に病状の悪化から生じた失明の苦しみと闘ってきた[1]。

　かつて、失明はハンセン病療養所において「発病の何倍もの衝撃をもって人びとを打ちのめす」出来事として理解された。例えば、ある入所者は失明の恐

怖をこう綴る。「希望を宿し輝いた日もあったはずの瞳が、焼けただれた色ガラスのように溶け崩れゆくと、あとはもううつろな窪みだけとなり、その表情はいよいよ頭蓋の原型へと近づいてゆくしかなかった」と（大竹 1996, p.207）。ハンセン病に対する有効な治療法が確立されていなかった戦前・戦中の時代、入所者にとって失明は、病状が進行し、自身の身体が病み崩れていくことの象徴として恐れられた。

　他方で、ハンセン病療養所の盲人たちはそうした状況のなか、自分たちにも何かできるのではないかと考え、様々な試みを行った。以下で見るように、彼らは各園で「盲人会」組織を結成し、多岐に渡る政治・文化活動を展開した。それら療養所の盲人たちの活動に積極的に関わった人物の一人に、近藤宏一氏がいる。氏は、1938年に11歳でハンセン病療養所「**長島愛生園**」（岡山県瀬戸内市）に入所し、2009年に83歳で亡くなるまでその地で過ごした。近代以降の日本においては国民国家の形成過程を通して、ハンセン病患者を他の健康者と弁別し療養所へ隔離するハンセン病政策が形成され近年（1996年）まで継続された。その状況下、発病により最愛の家族との絆を引き裂かれた氏は、満足な治療を受けられなかったために病状が悪化、四肢に障害を負い、失明を余儀なくされた。だが、彼は「自らが燃えなければ何処にも光はない」という先の「明石海人」の言葉を胸に、わずかに知覚が残された唇と舌で点字を学び、仲間とともにハーモニカバンド「青い鳥楽団」を結成、晩年までハンセン病問題の啓発に尽した。

　氏によると、ハンセン病療養所でも身体や精神の障害に対する差別や偏見が一般社会と同様に根強かったという。しかし、氏は自らの人生をこう綴った。

　　全てを奪い取ろうとしたはずの病気が、実は一方で、生き甲斐への道を開いていたという、それは一遍のドラマにも似ていると私には思えてもなりません（近藤 2010, p.91）。

彼が自らの人生を振り返る中で綴ったこの「ドラマ」という言葉は、いったい何を示唆しているのだろうか。

1　ハンセン病はらい菌を病原菌として感染・発症する病気であり、皮膚と末梢神経が侵される。本稿は療養所の盲人の経験を検討するが、失明は多くの場合、病状の進行により視神経等が損なわれることに起因する。戦前・戦中の療養所では有効な治療法が確立されておらず、顔面や手足に重い後遺症を抱える入所者が跡をたたなかった（国立感染症研究所　感染症情報センターのHP http://idsc.nih.go.jp/disease/leprosy/page01.html より。2011年6月20日閲覧）。

1-2. 身体から開かれる共同性

　前節でみたように、ハンセン病療養所で失明は、入所者の間で発病と並ぶ喪失体験として恐れられた。それは、入所者の生活状況が入所後の病状の進行によって大きく変化したことを示している。ハンセン病療養所の盲人たちは、ハンセン病という病いの苦しみと重ねて、失明による身体的不自由と、失明に対する**差別**や**排除**の只中を生きてきた[2]。

　だが、失明を巡る様々な困難を振り返る一方で、近藤氏は自分たちの「足跡」を「眼で聴き、耳で見つめながら、ひたすらに生き抜こうとした」経験だったと語る（近藤 1979, p.91）。

　こうしたハンセン病療養所の盲人たちの足跡を示す具体的な実践の一つに、**点字習得活動**がある。各園では戦後、点字の講習が開かれ、盲人たちは積極的に習得に取り組んだ。ハンセン病の後遺症により、彼らの多くは手足の指が使えなかったため、唇や舌先で点字を読むことを模索したが、その過程は「唇が破れ、紙面をしばしば血に染め」るなど、困難に満ちたものだった。しかし、彼らは点筆を手足に括り付けるといった様々な工夫を凝らし、文字を読める可能性に賭けた。近藤氏の場合、点字には「聖書を読」み、「自分の手で自分の気持ちを表現したい」という願いが託されていた（同上 2010, pp.46-89）。

　さらに点字は、彼らに「広い世界」を開いた。近藤氏は点字活動について、何よりうれしかったのが、点字奉仕者や療養所外の人々と文通し、「遠く肉親と別れ孤独におちいりがちな私達の心に人間的な温かい交わり」を手にしたことだったと続ける（近藤 2010, p.87）。

　M.メルロ・ポンティはかつて、私たちが他者とともに〈いま・ここ〉で取り交わす直接的なつながりの構造を考察する中で、身体とは様々な知覚が根付く場であり、身体を介して人間はこの世界に〈つねに・すでに〉住み込んでいると指摘した（Merleau-Ponty 1945=1967）。この指摘を踏まえると、点字とは直接に身体全体を通じて他者と繋がることを図る試みであり、身体感覚を世界へ開いていく実践だったと考えることができる。

　そこで本稿は、近藤宏一氏の足跡を通して、ハンセン病療養所の盲人たちによる諸実践を検討する[3]。そこからは、病いによって身体が蝕まれ、また施設内

---

[2] 国立ハンセン病資料館では2011年4月から7月にかけて企画展「かすかな光をもとめて―療養所の中の盲人たち」が開催された。企画を担当した学芸員は準備の過程で、盲人たちの様々な営為は、それぞれの人の「失明の衝撃や絶望をくぐり抜け、受容する」経験を経て生み出されたものであることに気付かされたと語る（国立ハンセン病資料館 2011, p.5）。企画展では、盲人たちの生活の有様とその辛苦・受容の重さ、必死に生きた姿が丹念に取り上げられた。

外の社会関係から疎外されてきた盲人たちの状況とともに、その病んだ身体を通じて彼らが再度他者とのつながりを模索してきた「ドラマ」が明らかになる。

2............二重の疎外──ハンセン病療養所における「失明」の負荷

近藤氏の失明を巡って外すことのできない問題の一つに、戦前・戦後を通じてハンセン病療養所に存在した「作業」制度がある。病者の社会からの排除を目的としたハンセン病療養所では長く、予算や職員等が不足する時代が続いた。そのなかで、農作物の生産から服飾、住居の建設まで、衣食住全般が入所者の「作業」によって確保された。いわば、「作業」は**隔離政策下**の施設運営の根幹をなす制度であり、それを半ば強いられた入所者にとって、「作業」は生活を維持する縁だった。幼少期に入所した氏も「精米部」をはじめ、様々な「作業」についた。

だが、多くの肉体労働を含む「作業」は、満足な治療を受けられず、劣悪な生活環境であった戦前・戦中の療養所で、病身の入所者が病状を悪化させる大きな要因となった。とりわけ、医師や看護師の不足を背景に重症患者の看護を軽症な入所者が行うことを制度化した「付き添い」(看護)は、過酷な「作業」だった。当時病状の軽かった氏は「赤痢病棟」での「付き添い」に従事したが、そこで氏は赤痢に罹患し病状が悪化、視力を失い「典型的な重症患者の道」へ落ちていった（近藤 2010, p.43）。

当時、ハンセン病療養所で失明することとは「すべてを失う」状況を意味した。具体的に敷衍すると、ハンセン病は四肢の神経を侵食し知覚の麻痺を起こすため、視力は入所者が日常生活を営む上で非常に重要だった。また、入所過程で社会関係や生業を失った入所者にとって、身の回りの日常生活を自分の力で維持することは自己の大きな支えとなっていた。そうであったがゆえに、失明は彼らに特有の負荷を持って経験された。

例えば、療養所ではいくつかの局面で「さがる」という言葉が、入所者の状況の変化を示す慣用句として用いられる（大竹 1996, pp.295-296）。病状が悪化し、園内の治療病棟に入ることには「病室にさがる」という言葉が、心身に渡る病気の後遺症が深刻化し、日常生活が不自由になり介護が必要になると「不自由者棟へさがる」といった言葉が、それぞれ使われる。戦前から戦後にかけて療養所では、不自由者棟入居者に自治組織での選挙権が認められないこともあっ

---

3 本稿は主に近藤宏一氏の二冊の自伝（近藤 1979, 2010）および入所者の手記等の文書資料をもとにしている。なお、引用資料には今日差別語とされる表現もあるが、資料が示す意味を表すためにそのまま用いた。

た（長島愛生園入園者自治会編 1986）。近藤氏の言葉をかりれば、失明はその当人たちに「人間的劣等感」をもたらしたのであり（近藤 2010, p.75-76）、失明を機に、彼らは「社会」と療養所のそれぞれから疎外される状況に置かれたのである。

さらに、ハンセン病療養所に訪れた様々な「戦後の変化」は、盲人に深刻な問題を顕在化させた。

基本的人権の尊重を標榜する日本国憲法が新たに公布され、療養所入所者にも選挙権をはじめ公民権が認められるようになり、前後して、新薬プロミンの登場などを背景に、それまで「不治の病」と恐れられていたハンセン病が医学的に可治の疾患であることが明確になった[4]。これらの変化は戦後間もない頃の療養所で、「社会復帰」の可能性など、ある種の「解放」として経験された。だが、行政の不作為から療養所の有様が旧態依然としたままだった当時、そうした変化は盲人たちにとって、介護の担い手の不足をはじめ、日常生活の深刻な問題として現れた。近藤氏自身、「盲人だけが取り残されていたような時代」だったと語るように、ハンセン病が治る疾患であることが明らかになったにもかかわらず、重度の後遺症等のために療養所にとどまらざるをえない状況は、彼らに園の内外の変化から取り残される危機感として経験されたのである（近藤 2010, p.48）。

盲人たちが直面したこうした葛藤は、「〈可治の病〉となったがゆえの複雑さを内包しながら推移」（廣川 2011, p.321）した戦後日本のハンセン病問題の一端を映し出している。

3………療養所の内外で生起する共同性

3-1. 障害を起点とした繋がりを模索する試み ── 「盲人会」の活動から

「療養所の最底辺」に置かれた盲人たちは、しかしながら、自然と集まり、お互いの生活上の悩みや不安を語りあうようになる。長島愛生園では、「盲人同士愚痴をこぼし合い、要求の一つも聞いてもらう」ため、彼らの日常生活に不可欠な杖を一つのシンボルとした「杖の会」と呼ばれる仲間集団が結成された（長島愛生園入園者自治会編 1986, p.159）。自らの可能性を模索するなかで、彼らは本稿の冒頭でふれた点字といった形で再び言葉を手にし、「盲人会」の組織化など、主体的な活動を展開した。

---

[4] プロミンは1941年にアメリカのカーヴィル療養所でハンセン病への効用が発見され、戦後、日本でも使用されるようになった（全国ハンセン氏病患者協議会編 1977, pp.34-36）

「民主主義思想」がハンセン病療養所でも「台頭する」なか（近藤 2010, pp.114-120）、盲人たちの活動は広がり、1955年には全国の療養所を横断する盲人組織「**全国ハンセン氏病盲人連絡協議会**」が発足する[5]。その活動は、メガネや杖、点字器の要求にはじまり、園内に盲導柵や盲導鈴などの盲人設備の整備要求、生きるのに最低限必要な収入を確保するための「不自由者慰安金」の増額や国民年金の獲得要望など、多岐に渡った。

　盲人たちのこれらの活動は当初、療養所内の他の入所者や自治組織から、「めくらになにができるか」と冷ややかな目でみられたという（長島愛生園入園者自治会 1986, pp.159-160）。だが、戦前から入所者を苦しめた「付き添い」の改廃や「福祉年金」の獲得といった課題が、精力的な活動を通して次々に実現された。

　介助者として長年に渡り盲人たちの活動を支えた大竹章は、彼らの活動の基底に、自分たちは「めくらではなく盲人」だと訴える気概があったと指摘する（大竹 1996, p.296）。その後、ハンセン病療養所では障害やエスニシティをもとに、様々な仲間集団が形成されるが、彼らの活動はその先駆けとして大きな意味をもった（長島愛生園入園者自治会編　1986, p.160）。無理解や障害の克服を通じて展開されたこれらの活動は、盲人といえば他の入所者に気兼ねして「押入れを背に」「おとなしく座っているものといわれた」姿から、彼ら自身も驚くほどの変化だった（同上 1986, p.160）。その軌跡からは、「めくら」という他者から向けられるネガティブな存在規定に対して、自らを自律的な行為主体として立ち上げていこうとする彼らの姿が明らかになる。それは近藤氏をして、「どのような障害があっても、互いに団結する」可能性（近藤 2010, pp.116-117）を探求した実践であり、ハンセン病療養所において障害を基点とした新たな繋がりを模索する試みだった。

3-2. 共鳴する身体 ──「青い鳥楽団」の活動を中心に

3-2-1.「青い鳥楽団」の活動と試行錯誤

　こうした状況のなか、様々なサークル活動が盲人たちの手で始まった。近藤氏が長らくバンドマスターを務めた「青い鳥楽団」は、代表的な団体の一つである（当楽団の呼称は文献や媒体により「楽団あおいとり」と「青い鳥楽団」の二つがある。本稿は主題的に考察する近藤2010での主たる表記にならい後者を採用する）。

---

[5] 1955年に発足した「全国ハンセン氏病盲人連絡協議会（全盲連）」やその加盟団体である各園の「盲人会」について考える上で、それに先立つ各園の入所者自治会や「全国ハンセン氏病患者協議会」(1951年) の結成、一般社会における「日本盲人連合会」の誕生 (1948年) は重要な背景である。全盲連や盲人会の活動はそれらの影響を強く受けていた。

「青い鳥楽団」は1953年11月、盲人を主とする重症患者12名によって誕生した。そのほとんどが病気の後遺症で手指の感覚を喪失していたため、楽器は主にハーモニカを採用した。他にも、幸い手指の感覚がおかされていない者がギターを持ち、足首の丈夫な者がドラムをたたき、氏は「たまたまスコアを読むことができるというだけ」でバンドマスターを担当した。多くのメンバーは「ドレミ」を知らず、なかには楽団ではじめてハーモニカを手にする者さえいた（近藤2010）。

当初、知人から楽団へ誘われた際、氏は「これではだめだ」と前途に悲観的な見方しかできなかったという。「楽器はどうする」「不自由な者ばかり」でそもそも演奏は可能なのか。不安が尽きなかったからである（近藤1979, p.4）。

だが、氏によると、「皆の心は少年のように弾んでやまなかった」という（近藤2010, pp.46-50）。メンバーはそれぞれ、指のない者はハーモニカを両手で囲むようにして演奏し、唇の力の弱い者は舌先を用いて息がもれるのを防ぎ、ドラムなどの楽器は園内の廃物を組み立てて作成した。いつの間にか、氏も楽団活動にのめり込んでいく。例えば彼は、点字楽譜の習得に励み、楽団の編曲・作曲に取り組んだ。それは楽曲を、「点字を読める者」には点字で楽譜に落とし、少し視力のある者には数字楽譜でスコアを作り、全盲の者にはすべてを暗譜指導するといった、非常に独創的な試みだった（近藤1979, 2010）。

はじめ参加を躊躇っていた近藤氏に対して、楽団へ誘った入所者はこう語ったという。プロミンは私たちを肉体的な苦痛から解き放った。入所者の政治的な権利主張も次第に確かなものになりつつある。だが、「政治や医学だけで、わしらの全てが」、「心の底にある」「生きるということ」が全て解決するだろうかと（近藤1979, p.12）。病いや障害を理由に社会的な存在であることから疎外されるなかで、いかにしてその状況を受け止め、生きる方法を探るか。氏は楽団活動の発端に、「おれたちの楽しみは、おれたちの手でつくろう」という気概があったと振り返る。その経緯からは、病いや障害を巡る疎外の苦しみを「楽しみ」へと変えていこうとする療養所の盲人たちの意思が窺われる。

こうして、楽団は毎年数カ月に及ぶ厳しい練習の結果、演奏会を定期的に園内で行うようになった。「青い鳥楽団」の活動について詳細な検討を行った有薗真代は、「表現と創作を強く希求する生の必然性に突き動かされた」その活動が、楽団のメンバーにとどまらず、自らの状況を絶望し孤独に苦しむ療養所の若者たちにも「生きる支えを模索する重要な場」となっていったことを指摘している（有薗2007, p.62）。その後、活動は療養所の外へと広がり、大阪をはじめ岡山、

京都、名古屋、1975年には東京有楽町の第一生命ホールで満場の観衆の中、コンサートを開くことになる。

「青い鳥楽団」によるこれらの活動は、後述するように、園内の若者を中心とした入所者や介助を買って出た園の職員、園外の活動に尽力した施設外の支援者など、多くの人々の協力に支えられていた。隔離政策下の当時、療養所内外に広がるこれらの人間関係はそれ自体、非常に画期的なものだった。ここで注目したいのが、近藤氏が楽団活動を振り返る際、たびたびある出来事を楽団の重要な転機として口にしていたことである。それは、楽団が療養所外で初めて行った演奏会での出来事だった。

3-2-2. 園外で初めて行われた演奏会でのある出来事

「青い鳥楽団」の一行が「初めて本土の土を踏んだ」のは1967年5月のことだった。当時、長島愛生園に診察に来ていた高橋幸彦医師が園内で楽団の演奏会を聴き、自身の勤める大阪の茨木病院へ彼らを招いたのがきっかけだった[6]。前例のない試みに反対した園長も、高橋医師や職員、楽団員たちの熱意におれ、彼らは園外の舞台に初めて臨んだ。

バスは東へ、兵庫県を横切り茨木市北部の田園地帯の目的地に到着したのはその日の昼ごろだった。周囲の病棟の壁には紅白の幔幕が張り巡らされ、広場の片隅にしつらえた特設ステージに彼らが着席すると、広場は大勢の観衆でいっぱいだったという。歓迎を前に、「白樺に涙あり」の独奏や看護師との「バラが咲いた」のデュエット、メンバー十八番の浪曲なども交えながら、彼らは練習の成果を次々と吹き込んでいった（近藤 2010, pp.156-160）。

演奏会は、病院の患者や職員による「高校三年生」や「東京の灯さようなら」等の合唱や、観衆の中にいた療養所の元職員たちによる演奏なども加わり、和やかに進んだ。やがて一時間あまりが経過し、演奏会の終わりが近づいた頃、司会者の発案で「幸せなら手を叩こう」の合奏が始まった。会場の約300名の中には障害のため歌うことのできない人もいたはずだが、大方の人々は手を打ち上げ歌うなか、そのどよめきは周囲の病棟の壁に反響し、みるみるうちに会場全体へと広がっていったという。

次第に会場全体が興奮に包まれるなか、近藤氏はふとこう思ったと述懐する。

---

[6] 「青い鳥」楽団の活動は様々な人々に支えられたが、療養所関係者、特に神谷美恵子や高橋幸彦といった人々との関係は非常に重要な意味を持つ。詳細は近藤（1979, 2010）や有薗(2007)を参照のこと。

演奏しながら私はふと思った。この歌の言葉のように、幸せなら手をたたこうと呼びかけられて、はい幸せですと答えうる者が、この中に私たちを含んで何人いるだろうか。一人もいないはずだ。ハンセン病を病む者に対しても、精神病を病む者に対しても、世間の目はあまりにも冷たい。幸せなどどこにもないはずだ。それだのにこの歌声この手拍子は、いったい何だというのだろうか（近藤 2010, p.159）。

　隔離政策の下、ハンセン病に罹患した者に対しては、時に家屋の消毒などの手段を伴いながら、療養所への収容が進められた。その過程で、彼らの多くは家族をはじめ、それまで築き上げてきた社会関係を手放さざるを得ない状況を経験した。近藤氏も例外ではなかった。彼自身、発病後、以前から付き合いのあった近隣の人々から様々な形で差別を受け、家族までもが自らの病いを理由に差別に晒される姿を目の当たりにした。そうであるがゆえに、上記の近藤氏の言葉からは、合唱の中で「幸せ」と声を上げ、手拍子を叩いている自らの行動に対して、彼が疑問を抱いている様子が窺われる。
　だが一方で、先の回想において近藤氏は、「幸せなど、どこにもないはずだ」と思いつつも、合唱が会場全体を包む中、自らの身体がその歌声に反応し、心地よく手拍子を打っていることに驚きを覚えている。近藤氏のこの当惑は、何を示唆しているのだろうか。
　近藤氏はまずこの合唱という出来事について、「それは愛生園と茨木病院が結んだ心の絆であり」、社会から排除されてきた者たち同士の「友情のハーモニー」であったと語っている。しかし同時に、それは間違いないのだが、あの出来事は、その場にいた他の人々にも広く共有されたものであったと言葉を続ける（近藤 1979, p.190）。なぜなら、あの演奏会には療養所や病院の関係者に加え、元療養所の職員や社会復帰した元入所者、ボランティアやハンセン病問題に関心を持つ多くの人々が駆けつけてくれていたからである。そうであったがゆえに、氏にとってあの「幸せなら手を叩こう」の合唱は、ハンセン病や精神病などのスティグマを持つ病いを患う者だけでなく、広く彼らとも自らが繋がっていることを体験した出来事だったと推察できる。
　近藤氏はあわせて、「幸せなら手を叩こう」の合唱について、あの会場で出会った人々が互いに「この単純な行為を通し」て「人間として、もっと深いところにある共通の悩みや苦しみ」について理解し合った出来事だったと綴った（近藤 1979, p.190）。演劇というフィールドから「人間と人間とがふれあう」可能性

について考察した竹内敏晴は、「ことば」と「からだ」の密接不可分な構造を精緻に検討している（竹内 1975=1988）。分野を問わず多くの人々に影響を与えた竹内の思索について、社会学の立場から宮原浩二郎はこう評している。「ことば」とは情報伝達の手段である以前に、「この世界で生きているからだ同士の、ほとんど動物的といってよいほどの、相互運動である」と（宮原 2010）。こうした言語と身体にまつわる議論を踏まえると、先に見た「幸せなら手を叩こう」の合唱の只中で彼が覚えた当惑とは、他者から疎外されてきた自らが、蔑視の対象とされてきたその身体を通してまぎれもなく他者と繋がっていることに対して向けられたものだったのではないだろうか。

　以上、本節では「青い鳥楽団」と近藤氏の活動について検討した。ハンセン病療養所の盲人たちの足跡をたどること、それはハンセン病という病いの苦しみに加えて、失明に起因する身体的な不自由、そして、障害を巡る排除や差別の只中を生きてきた彼らの多様な営為を辿ることであった。

　ハンセン病療養所において、失明はハンセン病の宣告に打ちひしがれた人々をさらなる苦しみへと突き落した。知覚の麻痺を抱え、手足の感覚に頼ることができないハンセン病者にとって、失明は「自分の力では何もできない」「人の世話にならなければ生きてゆけない」存在になることを意味していた（国立ハンセン病資料館 2011）。周囲の世界から疎外されることへの恐怖は、近藤氏の言葉を借りるならば、「人間的劣等感」という形で、彼らの自己を侵襲した。

　だが、近藤氏をはじめ、ハンセン病療養所の盲人たちは、施設内外において疎外の対象と名指されたその身体を通じて、再度他者と繋がることを試みた。

　楽団の活動を振り返る中で、近藤氏はあの演奏会に参加した施設外の人々こそ「後年、毎年園外に私達を導き出してくれ」ることになったと綴っている。そして、「一重に」この全員合唱『幸せなら手を叩こう』が楽団活動の「原点になっ」たと続ける（近藤 2010, p.159）。「青い鳥楽団」は先の演奏会以降も、様々な活動を施設内外で展開した。彼らの活動を突き動かしてきたものとは、たとえどれほど孤独であったとしても、人は自らの身体を通じて他者と繋がる可能性へと開かれていることにたいする希望だったのかもしれない。

4……… おわりに

　現在、長島愛生園の「ライトハウス」（「盲人会館」）脇には、「念ずれば花開く」という言葉が彫られた石碑がある。それは1976年に楽団活動を記念して建立さ

れたものだった。

　大阪での園外初の演奏会以後、「青い鳥楽団」は10回を超える公演を全国で行った。その過程で、園外の支援者たちは「念ずれば花開くの会」という協力組織を立ち上げ、活動を支えてきた[7]。先の石碑の言葉は、この組織の名に由来する。近藤氏自身、楽団活動を振り返る中で、彼ら支援者が自分たちを「社会」へと導きだしてくれたと綴るが、こうした楽団と支援者との関係は、かつて「救らい」の名のもとでなされた為政者による「片道だけの交流の欺瞞」とは異なる、戦後の新しい時代を象徴するものだったことが窺われる（長島愛生園入園者自治会編 1986, p.282）。

　新薬の登場や様々な社会的権利の保障などを背景に、戦後、ハンセン病療養所と入所者を取り巻く状況は大きく変化した。だが、それは「社会復帰」の可能性をはじめ、入所者に療養所の外へ出られる「希望」をもたらした一方で、隔離政策が近年まで続けられた状況下、盲人たちをはじめ多くの入所者にとっては、依然としてその場所にとどまらざるをえないジレンマとして様々な困難を顕在化させた。ハンセン病者に対する隔離とは、医学・法制度上のものにとどまらない社会的排除として現れてきたのである。

　盲人たちの行ってきた諸実践は、ゆえに、大きな意味を持っていた。隔離政策下において、「療養所の最底辺」に置かれた者たちが実は「社会」との接点を作り上げてきたこと、その繋がりが蔑視の対象とされてきた彼らの身体を基点として開かれてきたこと。こうした足跡からは、ハンセン病療養所で盲人たちが生きてきた二重の「ドラマ」が浮き彫りになるからである。そして、氏の歩みから私たちは、ハンセン病を巡る過酷な人権侵害の歴史とともに、この世界を生きる生の豊かさと、はたして他者といかなる繋がりを模索できるかという課題に出会うことになる。

---

[7] 「念ずれば花開くの会」の発起人である北野資子は、「盲人会のお母さん」と呼ばれた人物である。彼女やその仲間と療養所の盲人たちの関係については近藤（2010）に詳しいが、彼らが社会福祉や医療の専門家ではなく一般の市民だったことは、ハンセン病問題の「戦後」を考える際、非常に示唆的である。

【参考文献】
・明石海人,1939,『白描』改造社.
・蘭由岐子,2004,『「病いの経験」を聞き取る―ハンセン病者のライフヒストリー』皓星社.
・有薗真代,2007,「国立ハンセン病療養所における文化的実践の諸相―長島愛生園・楽団『あおいとり』を事例として」『京都社会学年報』(15), pp.43-63.
・国立ハンセン病資料館,2011,『かすかな光をもとめて―療養所の中の盲人たち』(春季企画展 図録).
・近藤宏一,1979,『ハーモニカの歌―楽団あおいとりと共に』私家版.
・―――,2010,『闇を光に―ハンセン病を生きて』みすず書房.
・廣川和花,2011,『近代日本のハンセン病問題と地域社会』大阪大学出版会.
・Maurice Merleau-Ponty, Phenomenologie de la perception, Gallimard,1945（=1967,竹内芳郎・小木貞孝[訳]『知覚の現象学』Ⅰ・Ⅱ, みすず書房）.
・宮原浩二郎, 2010,「ことばとからだ―竹内敏晴『ことばが劈かれるとき』(1975)」, 井上俊・伊藤公雄編『社会学ベーシックス8―身体・セクシュアリティ・スポーツ』世界思想社.
・長島愛生園入園者自治会編,1986,『隔絶の里程―長島愛生園入園者五十年史』日本文教出版.
・竹内敏晴,1975＝1988,『ことばが劈かれるとき』ちくま書房.
・大竹章,1996,『無菌地帯』草土文化.
・全国ハンセン氏病患者協議会編,1977,『全患協運動史―ハンセン氏病患者の戦いの記録』一光社.

IV

社会背景

第 18 章

少子高齢化社会

岩澤美帆
Miho Iwasawa

1……………当たり前ではない私たちの「生」

　子どもの数が減り、高齢者の割合が増加し、人口が減少する——このいわゆる**少子高齢化**、その帰結としての**人口減少社会**は、日本社会がこれまでに経験したことのない現象であり、21世紀に立ちはだかる難問の1つと認識されている。しかしながら、子どもが減り、人口が減るという脅威自体は、目新しいものではない。むしろ人類の誕生以来、我々を不断に苦しめてきた問題であった。人類史における死亡率の高さは、今日の先進国に生きる我々にとっては想像を絶するものである。たとえ女性1人あたりが子どもを5人、6人産んでいたとしても、多くの子どもは産まれた直後か成人になる前に亡くなり、その社会の人口を維持できるのがやっとであるか、場合によっては減少することも珍しくなかった。そのように死が極めて身近な時代を生きていた人々にとっては、子どもをいかに多く産むか、その子どもをいかに死から救うかということが最優先課題であったに違いない。そのためにあらゆる努力を重ねてきたことが、今日の衛生的な豊かな社会をもたらしたとも言えるのである。我々は、少子高齢化の問題を考えるとき、現在の社会を所与と考えがちであるが、こうして培われてきた豊かな社会がひとたび崩れれば、とたんに子どもを5人も6人も産まなければたちまち社会が消滅するような世界、50歳まで生き残ることがまったくの幸運であるような社会に投げ出されることになる（災害などで、そうした基盤が突然失われることは、現在でもしばしば経験される）。我々が当たり前だと思っている生命力、それを前提とした死生観は、実はこうした社会のインフラや技術、資源に大きく依存していることを認識する必要がある。

2………死の脅威から人口爆発、そして少子化へ

　さて、子どもを死なせたくない、少しでも長生きをしたいという人々の願いと努力は、産業革命期前後から少しずつ実を結び始めた。若年の死の脅威から解放され始めたのである。この頃から人類は人口に関する新たなステージを迎えることとなった。それまでは、高い**出生率**（子どもの生まれる頻度）が高い**死亡率**（死亡が発生する頻度）と均衡しており、人口の規模はほとんど変わらないか、緩やかな増加にとどまっていた。しかし死亡率だけが低下したことで、出生率が死亡率を上回るようになり、人口の急増が始まったのである。多くの場合、死亡率の低下が始まった社会では、ある期間を経ると、出生率も下がりはじめ、人口の増加が再び緩やかになる。この一連の現象は「**人口転換 demographic transition**」と呼ばれる。この過程は近代化を経験したほぼすべての社会が経験している。ヨーロッパ諸国における人口転換は比較的時間をかけて進み、18世紀初頭から始まり20世紀初頭までに完了した（Coale and Watkins 1986）。一部の欧州諸国では、1930年代にむしろ極めて低い出生率を記録し、人口減少が懸念されるほどであった。しかしながら、世界大戦が終わった1940年代以降、多くの国でベビーブームが起こり、人口減少の脅威は忘れ去られることになる。むしろ、1950年代以降、発展途上国が人口転換過程に入り「低死亡率・高出生率」の状態がはじまると、急激な人口増加を招くことになった。1960年代、70年代に認識された、この際限のない人口増加の脅威（**人口爆発**と表現されていた）は、世界が全力を挙げて取り組むべき最優先課題と認識された。転換過程にある国の出生率を低下させるために、家族計画の普及や意識改革の支援など、あらゆる対策が集中投入されることになる。こうした取り組みには**世界人口会議**（人口問題に関する政府間会合で1974年にブカレスト、1984年にメキシコ、1994年にカイロにて開催された）が大きな役割を果たした。

　人口爆発に対する各国の取り組みは、その手法の中には女性の人権への配慮に欠けたものが含まれていたといった問題はあったものの（現在では子どもを産む／産まないといった決断は、国家がなすべきものではなく、個人の**エンパワーメント**を通じて個人がなすべきとの認識が強調されている）、総じて見れば人類が協力して世界規模の問題に取り組み、ある程度の成功を収めた希有な例となった。今日では一部のアフリカ諸国を除いてほとんどの途上国が出生率の低下過程に入っており、20世紀後半に懸念された際限のない人口爆発への脅威はほぼ回避されたと考えられている。

図1 普通死亡率と普通出生率の推移

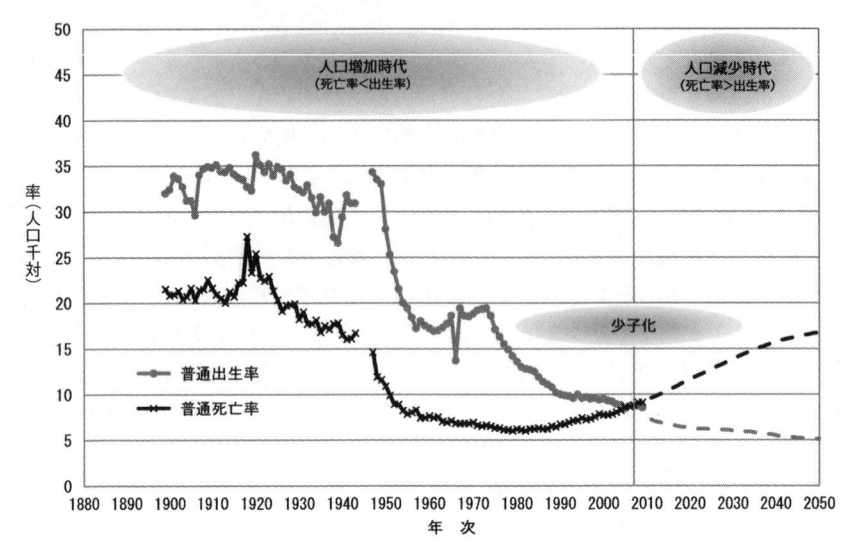

厚生労働省統計情報部『人口動態統計』による。2010年以降は国立社会保障・人口問題研究所『日本の将来推計人口』（平成18年12月推計）の出生率中位・死亡率中位仮定に基づく。

　しかしながら、それに代わって浮上してきたのが、少子高齢化と人口減少の問題である。人口減少時代の問題は、人口爆発時代の写し鏡である。短期間で倍増する人口への脅威は、短期間で半減する人口への脅威となっている。雇用機会や資源を上回る人口への脅威は、労働力不足とマーケットの縮小として懸念されている。若者の暴動に対する懸念は、若者による文化の創造や技術革新の停滞への心配に変わった。望まない出生を抑制するための努力は、望んでも産めない環境の改善や、不妊治療の進展に向けられるようになっている。このように我々の社会における人口問題は数十年という短い間に、その方向性が180度転換したのである。日本の普通出生率と普通死亡率（人口千人あたりの出生数と死亡数）の推移を1800年末から見てみると、図1のようになる。2005年頃までは、出生率が死亡率を上回っており人口が増加していたが、今後は高齢人口が増えることによって死亡率が上昇する一方で、出生率の低迷が予想されるため、本格的な人口減少社会を迎えることになる。

3............少子化の定義、経過、要因

　少子化とは、一般に出生力が人口の規模を維持するのに必要な水準を長期にわたって下回ることを意味する。より専門的には、**合計出生率 Total fertility rate**（年齢標準化した、ある1年間の出生力指標で、仮に女性が当該年次の年齢別出生率にしたがって生涯にわたって子どもを生んだ場合に実現する子ども数に相当する）が**人口置換水準**（死亡率の低い先進国では概ね2.1前後）を下回る状態であり、英語では very low fertility あるいは sub-replacement fertility と呼ばれている。日本の合計出生率は1973年以降一貫してこの人口置換水準を下回っていることから、少子化は今なお進展しているとみなせる。2009年の日本の合計出生率は1.37であり、2.1の約65％である。これは親の世代が子どもの世代によって置き換わるとき、およそ65％に人口が縮小していることを意味する。孫の世代になると、65％×65％＝42％の縮小である。今後日本社会は、数十年で急激な人口減少を経験することになる。さらに、人口の変動は、巨大なタンカーのような性質をもっており、急いで舵をきっても直ちに方向転換はできない。すでに数十年続いた低出生率のために、現在の人口そのものに人口を減少させる構造が埋め込まれている。したがって、仮に来年から合計出生率が人口置換水準にまで回復したとしても、人口減少が止まり、人口が一定となるのは、21世紀後半を待たなければならない（石井 2005）。つまり、今後多少出生率が上昇することがあっても、数十年の間は間違いなく人口減少が続くことになる。

　少子化は当初、欧州や日本といった先進国の問題と考えられていた。しかし今日では東欧、東アジアなど多くの国に広がり、国連の推計によれば、2007年現在、世界人口の43％を占める45の先進国と28の途上国が少子化状態にあると見られている。さらに21世紀中頃には、4分の3の途上国が少子化状態に突入すると見られており、もはや人口爆発の危機は過去のものになり、一転して少子化とそれがもたらす諸問題——高齢者の社会保障、労働市場の変化など——が世界に共通する問題として関心が寄せられている。

　少子化はなぜ起こったのだろうか。少子化は産業化の過程において不可避であるという見方がある。産業化は子育てと労働の両立を難しくし、子育てのコストを上昇させる。同時に産業化は、個人は自己の利益を最大化するよう行動すべき、という価値観の普及を伴っており、このような価値観が後退する可能性は少ない（Bumpass 1990）。ただし、このことは、人々が完全に子どもを持つことを放棄していることを意味しない。子どもにコストがかかるなら、子ども

など一切もたないことが合理的であると考えられるはずである。しかし実際には、子どもはいらないと考えている人が増えているわけではない。むしろ、子どもを持つこと、育てること、親になることに対して、以前よりも関心が寄せられ、多くの資源が投入されている側面もある。

　モーガンは、少子化を理解するためには出生順位による子どもを持つ意味の違いを理解する必要があると主張する (Morgan 2003)。ブラタオらによる子どもの価値に関する古典的な研究によれば、各国の文化的差異に関わらず、1人目の子どもは愛情をかける対象、家名を引き継ぐ者、夫婦のきずなを強めるものとして望まれ、2人目（や3人目）の子どもは、すでにいる子どもにキョウダイを与えるためやすでにいる子どもと異なる性別の子どもを育てたい、といった理由で望まれていた。そして3人以上といった高順位の子どもは、家計を助ける労働力として期待されることが多かった (Bulatao 1981)。社会事情が変わり、労働力としての子どもの役割が薄れるにつれ、3人以上の子どもをもつ理由自体が薄れていくということを意味している。つまり今日の社会では1人か2人の子どもを持つ合理性しか存在せず、平均で2人の子どもが生まれるという状況が現実的ではなくなっていることがわかる。

　さらにモーガンは、価値観の変化にも着目している。子どもには投資をすべきという考え方が普及するにつれ、親は少ない子どもにより多くの投資をすることを選ぶようになった。よき親であるためには、子どもの多い大家族は不利となる。つまり、子どもが少ない社会とは、親役割に対する期待水準が高い社会であり、子どもに親の時間や関心を含む多くの資源が注がれている社会であると解釈しなければならない。親になることに特別な意味を見いだす傾向も強まっている。先進国の女性、とくに高学歴女性は、かつてないほどに人生の選択肢を広げ、結婚や出産以外に生きがいを見いだすようになったが、そうした選択肢を獲得できた女性ほど、今や、家族や子どもを持てないことに大きな痛みを感じているという報告もある (Hewlett 2002)。実際、アメリカでは数年前、キャリア女性が、30代や40代になって突然仕事から戦線離脱し家庭を求める opting out が話題になった。他方、10代で妊娠し親になる層では、就学や家族に問題を抱えているケースが少なくなく、親になることは周囲に認められ、充実感を味わうことのできる貴重な行動と受け止められている (Edin and Kefalas 2005)。

　このように少子化を経験している国では、決して出産や子育てに関心が失われているわけではなく、自己実現や自尊心と矛盾しない形で1人か2人の少ない

子どもをもつことが目指されていることが分かる。

4……… 超低出生力

　出生力転換を終えた国の中にも、その到達レベルには差があり、合計出生率が人口置換水準近傍の北米や北欧、フランスなどの地域がある一方で、1.5を下回るような南欧、東欧、日本を含む東アジアのような**超低出生力**地域もある。2010年現在ではやや持ち直してはいるものの、後者の国々は1990年代から2000年代初頭にかけて1.3を下回るような合計出生率を記録し、その要因についてはいくつかの説明がなされている（超低出生力登場の背景についてはKohler et al. 2002に詳しい）。

　まずこうした超低出生力地域に共通するのが、出産の著しい先送り現象である。南欧や日本、シンガポールのように、結婚や第1子が先送りされるパターンもあれば、東欧や韓国のように2子、3子が先送りされている場合もある。出生意欲そのものは下がっていないことから、いずれ生み戻される可能性はある。ただし、こうした国では、生み戻す機会を逸したまま少ない子ども数にとどまってしまうケースが次第に増えており、最終的なレベルは、北欧やフランスなどに比べて相当低くなることが予測されている。

　このような結婚・出産を先送りさせている要因としては、高まる子育ての機会費用と経済の低成長が指摘されている。機会費用とは、子どもを産んでいなければ得られていたであろう所得を意味する。超低出生力地域では女性の高学歴化が進んでおり、そうした女性が働き続ければある程度の所得を得ることができる。しかしながら、出産した場合には仕事をやめざるを得ないケースが多く、失う所得が大きいとみなされる。このように出産の機会費用が高いと、出産を先送りする傾向が強まるのである。

　加えて、経済事情も若者に不利な状況が続いている。結婚や出産は長期的なコミットメントを要するため、経済的な見通しがきかない中では踏み切らない。日本では1992年前後、1998年前後、2001年前後、そして2008年以降と、少なくとも4回の不況期を経験しており、いずれも20代の若者の失業率と非正規就業の割合を押し上げている。南欧でも若者の労働市場は芳しくなく、若者が自立できない要因とされている。東欧では社会主義時代の安定的な雇用システムや手厚い福利厚生が体制の崩壊とともに消滅し、若者の家族形成に打撃を与えたと言われている。

こうした社会経済的事情の影響に文化的な特性が拍車をかけているとの見方もある。ドイツ語圏、南欧、東欧、東アジアといった地域では、歴史的に直系家族制や男性長子相続制、権威主義的家族システムを有している。こうした地域では、家庭内でのジェンダー役割分業が強固だという特徴や、福祉や子育てを家族ネットワークに頼ってきたため、公的サービスの発達が遅れているといった事情のため、出産・子育てに関して女性に過剰な負担がかかりやすい。これが結婚離れの一因と見られている。

　現在、超低出生力地域では、子育て世代をサポートする様々な対策が講じられている。以上のような要因を考慮すれば、出産によって生じる経済的なマイナスをいかに減らすか（子育てと就業の両立をいかに図るか）、若者に不利な経済事情をいかに改善するか、子育てに母親だけでなく父親も参加できる環境を整えるとともに、公的なサービスへのアクセスをいかに高めるかといったことが課題であると言える。ただし、このような明示的なサービスや制度が必ずしも充実していなくても、アメリカの出生率は高い。これについては、歴史的に個々人の交渉などを重視する柔軟性と適応性に富むシステムの存在や、教会やNPOなどの中間組織の活動が下支えしているとの見方もある。こうした点も、超低出生力地域のしくみづくりの参考にすべきであろう。

5………人口転換・少子化による高齢化

　続いて、世界に広がるもう一つの人口現象である**高齢化**と**長寿化**について話題を移したい。死亡率と出生率は、その社会の年齢構造を決める。死亡率が高く、出生率が高い社会では、年齢を縦軸、人口を横軸（男性人口を左側、女性人口を右側に対称に配置）にとったグラフを描くと、裾の広いピラミッドの形を示す（図2a）。このグラフがしばしば「**人口ピラミッド**」と呼ばれるのは、この状態がかつては一般的であったからである。さて、死亡率が低く、出生率が人口置換水準を下回るような社会（少子化）では、どのような形状になるのだろうか。死亡率が低い社会では、生まれた人は、ほとんど亡くなることなく高齢まで生きる。もし生まれてから100歳になるまで誰も死なずに、100歳で全員が亡くなれば、人口ピラミッドは、四角形になる。しかし現実には同時には亡くならず、70歳頃から徐々に亡くなる人が現れるので、70歳以上がピラミッドの形をした、切妻屋根の家のような五角形になるはずである（図2b）。さらに、出生率が人口置換水準を下回るということは、後に生まれる世代ほど出生数が少なくなること

を意味する。したがって、70歳以下では徐々に裾がしぼむような形状になる（壺型）（図2c）。裾が広いピラミッド型と70代前後が最も張り出している壺型の人口を比べると、高年齢の人口が全体に占める割合が大きく異なることがわかる。これが人口の高齢化であり、21世紀はこのような人口構造をもつ国が主流となると見られている。

図2　死亡率・出生率で変わる人口ピラミッド

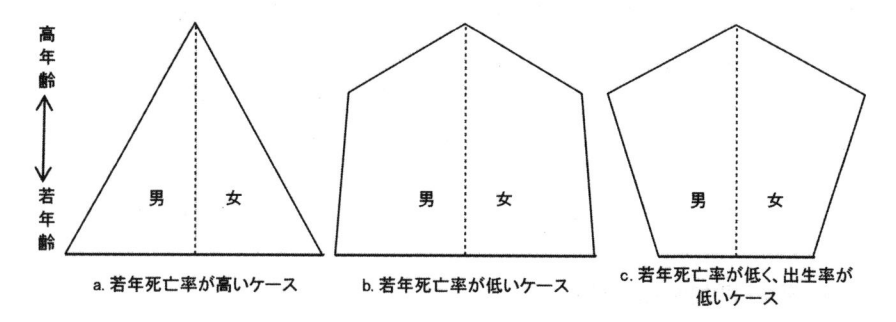

a. 若年死亡率が高いケース　　b. 若年死亡率が低いケース　　c. 若年死亡率が低く、出生率が低いケース

　高齢化は先進国、途上国のいずれでも進展しているが、変化の早さ、インパクトの大きさという意味では、アジアやラテンアメリカなどの途上国のほうが深刻であるとも言える。途上国では20世紀半ばに感染症や寄生虫による疾病が減少し、乳児死亡率が大幅に低下した。それにより、当時の高い出生率のもと、かつてない規模の若年層が生まれることとなった。その世代が2020年頃から徐々に高齢期を迎える。2050年時点では、20億人と見込まれている60歳以上の世界人口のうち、16億人が現在の途上国に住んでいると考えられている（UN 2008）。途上国では高齢者の規模だけでなく、その構成比の変化も著しい。アジアやラテンアメリカでは、死亡率の低下に続き、1960年代から1990年代にかけて、合計出生率が6から3程度に半減する低下が起こり、その後、人口置換水準を下回る地域も現れている。ベビーブーム世代は、その規模の大きさによって、ある程度の規模の子ども世代を再生産するものの（エコー効果と呼ばれる）、かつてほどは裾がひろがらないため、高齢者の割合は相対的に増えていくことになる（Kinsella and Phillips 2005）。このような中で、相対的に規模が小さくなる若年層のニーズが社会の中で埋没しやすくなることが懸念される。若年層の活躍の場を積極的に確保し立場に配慮することがこれまで以上に必要になってくるであろう。こうした問題にいち早く関心を寄せた人口学者のDemenyは、将来の

世代の利益が損なわれないようにするために、親（親権者）に子どもの分の投票権を与えるといった方法を提案し（ディメイン投票と呼ばれる）、高齢化社会の民主主義のあり方に関する議論に一石を投じてきた（Demeny 2011）。

6　死亡率の改善と長寿化

　高齢化は死亡率の低下によっても影響される。近代化過程における死亡率の低下は、乳児死亡率や妊産婦死亡率の低下として表れ、**平均寿命**（その年の年齢別死亡率にしたがって集団が生涯を生きた場合、平均的に何年生きるかを示した指標）を飛躍的にのばす。ちなみに、1920年代の日本における乳児死亡率は、当時の75歳の死亡率に匹敵するほど高かった。しかし、こうした乳児死亡率の低下は直ちには高齢化につながらず、むしろ先ほど述べたように、一時的には人口を若年化させる。やがて、乳児死亡率や妊産婦死亡率の低下が一段落す

図3　男女別平均寿命の推移

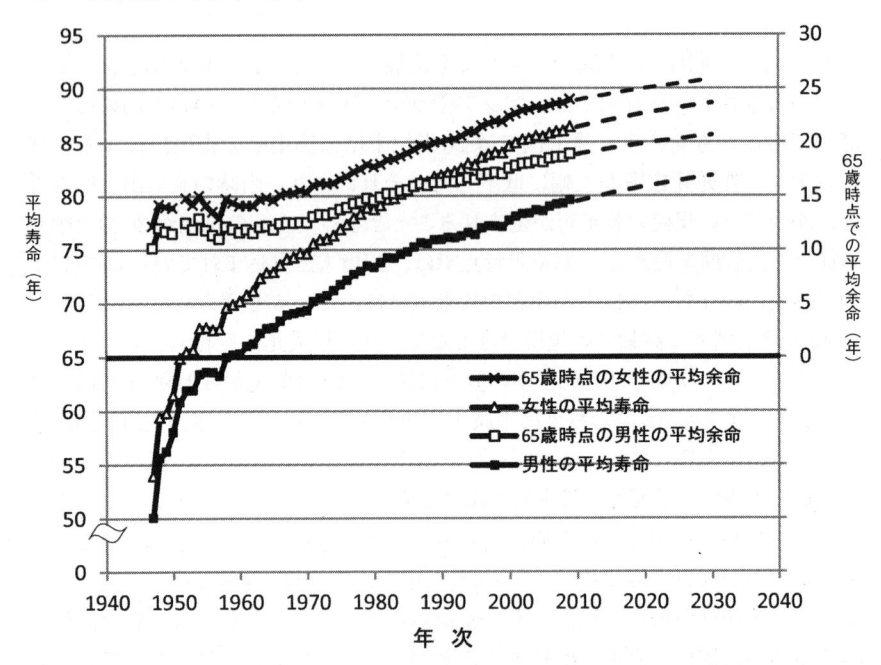

厚生労働省統計情報部『完全生命表』および『簡易生命表』による。2010年以降は国立社会保障・人口問題研究所『日本の将来推計人口』（平成18年12月推計）の出生率中位・死亡率中位仮定に基づく。

ると、より高い年齢での死亡率の改善が平均寿命の伸長に貢献するようになる。今日の高齢者割合の上昇は、基本的には出生率の低下によってもたらされていることは先に述べた。しかし、高年齢、とくに80歳以上といった長寿者の数そのものについては、高年齢での死亡率がどの程度改善するかにかかっている。とくに近年の先進国では、高齢者の死亡率の低下、死亡の遅延といった現象が見られており、今後その傾向がどの程度進展するのかが注目されている。

日本の平均寿命は、1947年に男性50.1年、女性54.0年であったが、2009年にはそれぞれ79.6年、86.4年にまで伸長している。また、65歳まで生きた人が、平均であと何年生きるかを示す平均余命も、1947年には男性10.2年、女性12.2年であったが、2009年にはそれぞれ18.9年、24.0年とほぼ倍の長さとなっている（図3）。かつては平均寿命の伸長には限界があり、その水準に近づくにつれ伸びが減速するとの予想が主流であった。しかしながら、日本を含め、多くの先進国で寿命が直線的に伸長していること、寿命研究の専門家であるウィルモスが「課題と挑戦」仮説と呼ぶところの、困難に挑戦しそれを克服してきた人間の特徴から、寿命の限界はあるにしても、今まで考えられてきた水準よりもかなり高い年齢であろう、という見方が主流となってきている。

ただし、先進国は今後も死から解放される一方かといえば、必ずしもそうでない。堀内（2001）によれば、近代化した社会だからこそ直面する新たな死亡率上昇の脅威があるという。例えば産業革命のような急激な技術発展は、同時に都市部での劣悪な環境を生み、死亡率を上昇させた。今後、我々の社会でも利便性を追求した結果、生活環境が却って悪化することもあり得る。また、ある程度の豊かになった社会ほど、運動不足や高カロリー・高脂肪食品の過剰摂取により**生活習慣病**や肥満のリスクが高まるといった問題がある。さらに、**感染症**の新発生・再発生がかつてない規模で広がることも懸念されている。交易や旅行など人の移動が激化していることに加え、都市部での人口密度の高さや薬に耐性をもった病原菌の存在、森林伐採などによる生態系の攪乱が予測不能な影響をもたらす可能性などが背景にある。有毒物質による環境汚染にも注意を払う必要があろう。これらに加え、前世紀とは殺戮能力が比べものにならないほど強力化した武器・兵器の発達と拡散、テロリズムによる攻撃も新たな脅威となっている。そして、堀内が最後に挙げているのが「**生きがいの喪失**」という問題である。複雑化する先進社会では、精神的なバランスを保つことが意外に難しい。建設的な目標や理想、社会への帰属感などを喪失することによって、自己統制が不十分になり、自己破壊的な態度が外的傷害（殺人、自殺、事故）を

招いたり、不健康な生活習慣（麻薬、飲酒、喫煙、栄養の不均衡、不摂生、非衛生）が健康を損なわせたりすることがある。こうした生きがいの喪失は、社会内の格差が著しい場合、資源を多く持たない層に強く表れる。実際、米国のスラムや、体制の変化によって従来の生活を失った人が多かった旧ソ連・東欧諸国における高い死亡率は、この生きがいの喪失に関連していると考えられる。

　このように考えると、平均寿命の高さは、単なる経済水準や医療技術の良好さだけでは達成することができず、いかに多くの人が生きがいを持ち、社会とのつながりを維持できるかにもかかっていると言える。寿命の伸長には総合的な社会発展が不可欠なのである。さらに近年では、「長く生きる」だけでなく「健康に生きる」ことの重要性が認識され、寿命のみならず疾病期間や身体機能低下期間の短縮、身体的疼痛や精神的苦痛の軽減といった側面が、長寿社会研究の重要なテーマとなっている。

　死亡率の低下と出生率の低下の帰結としての少子高齢化は、基本的には生まれた子どもが天寿を全うできるよう、より多くの資源を与えてきた人々の努力が実った結果である。また、日本の高い平均寿命は、世界の関心の的であり、経済や医療技術といった側面だけでなく、社会のインフラや人間関係といった側面でどのようなプラス要素があるのかをわれわれ自身が把握し、世界に伝える役割を担えるはずである。そのような長寿社会では、高齢者がこれまで以上に社会に貢献することが期待される。実際に、これからの高齢者には、高度な知識・経験を身につけた健康な人が数多く含まれ、これまでに想定されていなかった新たな人材の宝庫となるはずである。こうした高齢者が活躍できる社会を創ることこそが21世紀に生きる我々の課題であろう。

【文献】

- Bulatao, R.A., 1981, "Values and Disvalues of Children in Successive Childbearing Decisions," *Demography*, 18（1）,pp. 1-25.
- Bumpass, L.L., 1990, "What's Happening to the Family? Interactions between Demographic and Institutional Change," *Demography*, 27（4）,pp. 483-498.
- Coale, A. J. and S. C. Watkins, 1986, *The Decline of Fertility in Europe: The Revised Proceedings of a Conference on the Princeton European Fertility Project*, Princeton University Press.
- Demeny, P., 2011, "Population Policy and the Demographic Transition: Performance, Prospects, and Options," *Population and Development Review* 37,pp.249-274.
- Edin, K. and M. Kefalas, 2005, *Promises I Can Keep: Why Poor Women Put Motherhood before Marriage*, University of California Press.
- Hewlett, S.A., 2002, *Baby Hunger: The New Battle for Motherhood*, Atlantic.
- 石井太, 2005, 「1を割った人口モメンタム 少子化解消でも人口は減少：人口減少を巡る統計・分析の本当の読み方 4」『週刊社会保障』法研59（2333）,pp.54-57.
- Kinsella, K.G. and D.R. Phillips, 2005, *Global Aging: The Challenge of Success*, Population Reference Bureau.
- Kohler, H.-P., F. C. Billari, and J. A. Ortega, 2002, "The Emergence of Lowest-low Fertility in Europe during the 1990s," *Population and Development Review*, 28（4）,pp. 641-680.
- Morgan, S.P., 2003, "Is Low Fertility a Twenty-First-Century Demographic Crisis?," *Demography*, 40(4),pp. 589-603.
- United Nations, 2008, *World Population Prospects: The 2008 Revision*.
- 堀内四郎, 2001, 「死亡パターンの歴史的変遷」『人口問題研究』57（4）,pp.3-30.

福祉国家

金　成垣

　福祉国家は、資本主義と切り離して考えることはできない。というより、かつて K. ポランニーが資本主義の歴史を、19 世紀の自由放任体制から 20 世紀の福祉国家体制への「大転換」と捉えたように、福祉国家は、資本主義の歴史のなかの一形態といえる。20 世紀以降の資本主義が「福祉資本主義」あるいは「福祉国家資本主義」と呼ばれる理由はそこにある。

　とすれば、20 世紀の資本主義がそれ以前と何が違うかということが、福祉国家を捉える核心ポイントとなる。20 世紀前半に先進諸国においては、戦争や大恐慌により、社会の安定を脅かすほどの大量の失業者や貧困者が発生した。この失業・貧困問題は、資本主義の根幹をなす「労働力の商品化」の矛盾を露呈するものであったが、そこで国家はその解決のために、以前とは異なり経済過程に全面的に介入せざるを得なかった。現に失業して貧困に陥っている者に対しては、一方では、公共事業などを実施して雇用の機会を提供し（①）、他方では、それでも生活を維持できない場合には公的扶助や失業扶助制度などを通じて直接所得を保障した（②）。同時に雇用されている者に対しては、一方では、大量の失業者の存在による労働条件の悪化を防ぐために労働基本権の承認、最低賃金法や労働基準法の制定などを通じて労働条件を確保し（③）、他方では、企業の倒産や解雇などにより起こりうる貧困に備えるために各種社会保険制度を整備した（④）。これら諸政策のうち、①と③が「雇用保障政策」として、②と④が「社会保障政策」として 1 つのセットとなり、「労働力の商品化」の矛盾を是正する機能を果たしたのである。これが、以前にはみられなかった 20 世紀以降における資本主義の新しさである。

　要するに、福祉国家というのは、国民の生活あるいは生存を、「労働力の商品化」に任せるのではなく、雇用・社会保障政策を通じて直接保障することをめざす国家体制と定義することができる。

　ただし福祉国家は一様ではなく、各国あるいは各時代によってそのあり方が異なってくる。例えば、雇用保障と社会保障との密接な連携がみられる国もあれば、社会保障は全ての国民を対象としながらも積極的な雇用保障はみられない国もあり、雇用保障は徹底されず、社会保障も経済過程からこぼれ落ちる者のみに限定して運営される国もある。またこのような各国の相違を前提としながら、両政策の主な対象が、当初の生産年齢人口の失業・貧困問題から高齢者などの従属人口の生活問題へと変わってきているという時代的な変化もみられる。

　このような福祉国家の多様なあり方を捉える研究分野を、比較福祉国家論あるいは福祉国家類型論という。かつては、H. ウィレンスキーの「福祉国家収斂論」に代表されるように、諸政策の量的相違に着目する単線的な類型論が主流であった。しかし 1990 年代以降になると、各政策やその組み合わせの質的相違を強調する G. エスピン‐アンデルセンの「福祉レジーム論」が登場し、それに政策の背後にある生産・雇用構造の相違に着目する視点、また政策によって再生産されるジェンダー関係の相違に着目する視点などが加わり、多様な福祉国家類型論が展開されている。

第 19 章

健康化社会と不安

柄本三代子
Miyoko Enomoto

1 ……… 不安な社会を生きている

　2010年6月に実施された内閣府の「国民生活に関する世論調査」によると、日頃の生活の中で悩みや**不安**を感じている人が約7割を占めている[1]。その悩みや不安の内訳の上位は「老後の生活設計について」(52.4％)、「自分の健康について」(49.2％)、「家族の健康について」(42.6％)、「今後の収入や資産の見通しについて」(39.7％)であった（複数回答）。これらは別種の不安のように思えるかもしれない。はたしてそうだろうか。この問いについてはまたあとで考えることにしよう。

　この章では、未来に対して漠然とした不安を抱えながら現在を生きていかざるをえないこの時代について考えてみよう。その典型的な事例として、健康を目ざす（正確に言うと、目ざさざるをえなくなってしまっている）社会について考えることから始めたい。「健康的」あるいは「ヘルシー」とされる何かについて見聞したり考えたりしたことがない人はいないだろう。まずは、あまりにもあたり前になっている日常を解体してみよう。そこに見出しうるロジック（あるいは**社会構造**といってもいいだろう）が、「エコ」や「老後」といった他の問題といかに通底しているのか考えることがここで重要なのだ。この章では、ライフコース全般にわたって「不安な未来が現実となることを回避しようとする配慮」に対する関心が高まってきていることについて考える。つまり、平凡な日常生活が不確実となりリスクをはらんだものとして認識されるようになってきていることに注目する[2]。

　これから述べるような、私たちにとって個別の事象として自明となっている具体的現象の、そのつながりを考える上で、多くの社会学者たちが、近代、後

1　内閣府, 2010,「国民生活に関する世論調査」, (2011年4月14日取得, www8.cao.go.jp/survey/h22/h22-life/index.html).
2　より詳細については、柄本三代子, 2010,『リスクと日常生活』学文社を参照のこと。

期近代あるいはポスト近代の議論をとおして示唆を与えてくれる。平凡な日常を生きる私たちにとっての自明を自明でないものにするために、「近代社会とは何か？　どのようなものとして観察可能なのか？」という社会学の存在意義ともかかわる重要な議論のエッセンスを拾うことにしよう。

この章であつかう重要なキーワードである「**不安**」や「**不確実性**」は、近代といわれてきた私たちが生きるこの社会の変容を特徴づける言葉であることを確認したい。

2…………健康化する社会について考えてみよう

健康に配慮するということが私たちにとっていかに日常的であるかあらためて言うまでもないだろう。私たちの身の回りに「メタボ」「コレステロール」「脂肪」「ヘルシー」「ノンオイル」「ゼロカロリー」「ノンシュガー」「燃焼（系）」[3]という言葉はあふれかえっている。大学生に「健康な食生活とは？」「何か健康に気をつけていることありますか？」などと聞くと、どこかで聞いたことのあるフレーズをすらすらと語ることができる。

冒頭でふれた調査にあったように、多くの人たちが健康不安を抱えながら生きている。ではそもそも「健康」とは何だろうか。それは「あたりまえに目ざすもの」になってはいないだろうか。つまり健康でなくなるかもしれないといった不安が常にちらつき、そのために何らかの行動をとることが**社会規範**にすらなっていないだろうか。しかし「健康でなくなる」とはいったいどのような状態を意味しているのだろうか。健康を求めることが自明となっている健康化社会について考えてみよう。

さて、健康であることは願いである、といわれる場合がある。仕事をするにせよ何するにせよ、健康であることは基本的かつ重要な条件となるかもしれない。この意味において、1946年に公布された日本国憲法第25条でも「すべて国民は、健康で文化的な最低限度の生活を営む権利を有する」とあり、健康は国民の権利として明記されている。「現在のこの身体」が健康な状態におかれているか、ということが重要な条件になっている。この意味での健康な身体とは何

---

[3] 燃える物といえばあまたある。にもかかわらず、清涼飲料水のパッケージに「燃焼」とあれば、何が燃えるのか明示されていなくても「あれ」が燃えると私たちは自動的に考える。詳細については柄本三代子、2007、「『的確な誤読』への依存—テレビ・コマーシャルに見る健康の科学」、山田奨治編『文化としてのテレビ・コマーシャル』世界思想社、pp.80-94を参照のこと。

であろうか。すなわち、何かをなすために必要な健康であり、不都合無く何かがなされるのであればその身体の健康が問題視されることはないだろう。

しかし、2002年に制定された**健康増進法**では、第一章「総則」、第二条「国民の責務」で以下のように明記されている。「国民は、健康な生活習慣の重要性に対する関心と理解を深め、生涯にわたって、自らの健康状態を自覚するとともに、健康の増進に努めなければならない」。このように健康とは、もはや単に個人的な願いにとどまるものではなく、現在においてどのような身体であるかに関係なく、生涯にわたっての自覚と努めが必要なものとなっているのである。私たちは国民として健康な身体を求めなければならない。責務としての健康とは常に希求状態にある健康であって、何かをなすための手段ではなく目標としなければならないものなのだ。くだんの生活習慣や食がこの身体にとって善きことか悪しきことか逐一判断しなければならない（現に私たちはすでに従順にそうしている）という意味において、それはもはや「**道徳的身体**」を生きることにほかならない。

2005年に成立した**食育基本法**もまた、道徳的身体の制度化にほかならない。その前文には「心身の健康を増進する健全な食生活を実践するために、今こそ、家庭、学校、保育所、地域等を中心に、国民運動として、食育の推進に取り組んでいくことが、我々に課せられている課題である」とあり、食をとおして健康な身体ならびに健全なる精神をも培うことが目的とされている。健康を増進する健全な食を行うために、私たちは訓育されることになる。それを行わない場合、叱責される。善と悪を意識しながら食さざるをえない。何をどう食べているかで、その人の道徳的価値が判断されるというわけだ[4]。

しかし法律というのはひとつの言説にすぎず、日常生活において私たちは道徳的身体へのメッセージに取り囲まれている。そのメッセージとは、もはや誰かの声である必要はなく、私自身の声として私自身に向かって発せられるものとなっている[5]。したがって私たちは、「燃焼」と聞けば「あれ」が燃えるに決まっているというあたり前の（しかしあたり前ではない）想起も可能にしているのだ。

常にすべての人が求めるべきとされている「健康」は、永遠にたどり着けない楽園のようなフィクションであり、内実をともなった何かを意味するものではもはやない。常にすべての身体が、未来において病いの可能性をはらんだも

---

[4] 詳細については、柄本三代子, 2010, 前掲書 pp.78-94参照のこと。
[5] 自己を監視するよう訓育され飼い慣らされた従順な身体の詳細については、Foucault, M., 1975, *Surveiller et Punir: Naissance de la Prison*, Gallimard (= 1977, 田村俶訳『監獄の誕生―監視と処罰』新潮社) を参照のこと。

のとして先ず認識され善の遂行が奨励されるのである。言い方をかえるなら、健康な身体とは病いになる可能性としての**リスク**を常に抱える身体として認識される、という意味において、病気と健康は対立的に存在するものではない。つまり、リスクを回避しようとしてなされる選択には、常に不確実性が内包されている、という意味においても完全なリスク回避は不可能なのである。となると、現在における善や悪の区別自体が意味をなさなくなってくる。

さて、何が善であって何が悪であるかについての決定はもっぱら科学によってなされる。何が安全であるか何が危険であるかの決定も同様である。このような決定を**ルーマン**は**第一の観察**(first-order observation)とよんだ[6]。科学的決定が法律の制定や道徳的価値におよぶことについては先述したとおりであるが、科学が科学的問いの領域を超えて判断（決定）を下していくことを**トランス・サイエンス**という[7]。第一の観察とは実は「きわめて人間的な判断」でもあるのだが、科学の決定が未来におけるリスク管理に関して、きわめて人間的な判断にゆだねられていく契機は科学技術の進歩と共にますます増大してきている。

健康や食を通じても、専門家の科学的言説のみで善悪が形成されるのではなく、健康増進法や食育基本法、あるいは燃焼系飲料といった形で結実していく。科学的営為がそもそも「きわめて人間的なこと」であるのに加えて、「科学」を超えて個々人に対し行為選択についての判断が迫られることになり、さらに直接的に道徳が語られていくことになる。

そこで私たちにとってルーマンの言うところの**第二の観察**(second-order observation)が重要になってくる。善と悪そのものではなく、善と悪の間の線の引かれ方をつぶさに観察しなければならない。言葉をかえて言うならこのことは、正しいとして広く受け入れられている言説（たとえば専門家による科学的言説）の構築性について考えてみるということにもなる。考えてもなお、善や悪と無縁に生きていくことはほとんどの場合不可能だろう。ただし、絶対的なものとして服従するほどのものでもないかもしれない、と道徳的身体に対する善や悪について考えたことがあるかどうかは、この不安が蔓延する社会を生きる上で必要なことではないだろうか。

---

6 Luhmann, N., 1986, *Öklogische Kommunikation*, Westdeutscher Verlag (= 2007, 庄司信訳『エコロジーのコミュニケーション―現代社会はエコロジーの危機に対応できるか?』新泉社)、Luhmann, N., 1992, *Beobachtungen der Moderne*, Westdeutscher Verlag (= 2003, 馬場靖雄訳『近代の観察』法政大学出版局), Luhmann, N., 1993, *Risk: A Sociological Theory*, Aldine Transaction.
7 小林傳司, 2004,『誰が科学技術について考えるのか―コンセンサス会議という実験』名古屋大学出版会.

3............ライフコース全般に広がる不安感

　健康に代表されるような、不安とそれに対する正しい配慮を善とする規範があまねく広がっていく社会を健康化社会というなら、それは不安と欲望が表裏一体となって増幅していく社会を意味する。そして健康化社会は「健康」の枠を超えてあらゆる局面に浸透してきている。健康リスクは「よりヘルシーなモノを選択する」といったように、私たちの消費行動と結びつきやすく資本主義のシステムと親密な関係にあるのだが、同様に環境リスクもまた日常の細部にわたって未来のことや地球のことや人類のことについて善と悪を判断させることにより、道徳的身体をつくりあげていき、「エコ」という大義名分によってさまざまな消費が奨励されている。地球温暖化などの気候変動が顕著な例であるが、これは人の一生どころのタイムスパンでは語られない。私のいない世界、私の知らない人たち（それは人類とよばれることが多い）そういった人たちや「地球社会」[8]のために、現在において「この私」が配慮するのである。
　健康リスクも一部の環境リスク[9]も同じように、欲望を喚起する装置としてうまく機能していることについて注意しておかねばならない。つまり、健康リスクも環境リスクも私たちのさらなる欲望を増大させることに寄与している。さらなる豊かさへの欲望や消費の欲望、快楽の追求、利便性の追求は、リスク要因として語られると同時に、解決の糸口としても提示される。
　私たちはしかし、健康のためエコのため地球のためという現代社会において善なるものとして奨励されている消費行動を、消費を行っているという自覚すらないまま行うこともする。欲望が喚起されていることにも気づきにくい。私たちはもはやすでに徹底的に「健康」や「エコ」という言葉に対し従順になっており、「いいことをしている」という認識をわざわざ疑うことすらできなくなっている。
　「健康」や「エコ」と同じようなことが、他にも私たちの身近で経験されることはないだろうか。「将来の人生」に対してもまた、漠然とした不安のために現

---

[8] 「地球社会」というのはもちろん私の造語ではない。2005年に開催された「愛・地球博」のオフィシャルHPの中で私はその言葉に遭遇した。そのような社会が果たしてありうるのか、という疑問はさておき、そのようなものとして社会を語ることでいったい私たちに何を啓蒙しようとしているのか（どのようにして善と悪の新たな規準を注入しようとしているのか）以下の引用文から考えてみたい。「地球上の総ての『いのち』の持続可能な共生を、全地球的視野で追求することが、21世紀における地球社会の構成員総ての課題となった。」「地球の総ての"いのちと未来のために"!!」（愛・地球博公式ウェブサイト，「愛・地球博とは」，2011年4月15日取得，www.expo2005.or.jp/jp/A0/A1/A1.1/index.html）．
[9] 環境リスクのすべてが資本主義経済システムと親和性を保っているわけではない。まったくテレビコマーシャルに使われ得ない環境問題はないだろうか。企業や商品の宣伝に使われるはずのない環境問題はないだろうか。

在において配慮し、その際の判断材料として「正しい」あるいは「科学的」「専門的」とされる何らかの知識や情報を頼りにしてはいないか。マスメディアを通じて見聞したことが我が身にも起こるかもしれない、と感じることもあるだろう。

近年「**ひきこもり**」や「**ワーキングプア**」、また「孤族」[10]なる語がマスメディアに登場し、時代の雰囲気を切り取ってきた。冒頭で引用した「国民生活に関する世論調査」で、悩みや不安を感じている多くの人がその内容として選んでいたのが健康を除くと「老後の生活設計について」であり、4番めが「今後の収入や資産の見通しについて」であった。この結果は主として経済的不安や雇用不安を意味するものであるが、「私はいったい何のために生きているのか」「私はいったい何者なのか」といった存在論的不安につながるかもしれないし、「世の中がおかしくなってきている」「人を思いやり助け合う気持ちがなくなってきている」などといった道徳的不安につながるかもしれないし、孤独に対する不安などさまざまな不安が連鎖していると考えられる。

将来という未来に対する漠然とした不安はもちろん「老後」だけではない。そもそも「老後」に至るまでに私たちは、進学、就職、結婚、子どもを産むか産まないか……などといった選択をライフコースのさまざまな局面で実践していくことになる。どの選択においてもあいまいな不安感がぬぐえないのではないだろうか。未来のことは誰にもわからない、これまで先人たちのやってきたことの結果をみればある程度わかる、とも思えない現代社会なのである。

このような状況は、日本にのみあてはまるのではないことについては、先進諸国の詳細なデータをもとにファーロングとカートメルによる『若者と社会変容』[11]で知ることができる。「後期近代の生活は、心地悪さや不安といった主観的意識を内包している」[12]と彼らは述べ、学校教育や労働市場、家族との関係、余暇のすごし方、アイデンティティの危機などについて具体的に議論する。その際に「**リスクの個人化**」という言葉で、さまざまな状況を説明しようとしている。個人化とは生き方の自由を意味する可能性もあるが、そこには常に「個人的説明責任」や「個人的達成の価値」をともなって自己の責任が負わされることになる。このような事態がリスクと不安の感覚を強めているのだ[13]。自分で

---

10 2010年12月26日から朝日新聞紙上で「孤族の国」として連載された。単身世帯の増加と高齢化社会とを背景に、誰とも接点を持たず孤独のままに生活し死んでいく人びとのことを指している。
11 Furlong, A. & Cartmel, F., 1997, *Young People and Social Change*, Second edition, Open University (= 2009, 乾彰夫他訳『若者と社会変容――リスク社会を生きる』大月書店).
12 前掲書、p.263.
13 前掲書、p.26.

探す部分、新たに切り開くべきとされる領域……そういった不確実性が確実に増してきている。未来のことは誰にもわからない、けれど何とか自分で不確実性に立ち向かっていかなければならないという「善」も不安やストレスとなってはね返ってくる可能性がある。

またファーロングらは「現代世界における人生とは、地球規模の不安定な生き方を意味」するとの説明を用いている[14]。少なくとも「先進諸国」というおおざっぱな括り方で言われる地に生きる若者たちには同様の傾向が見受けられるということだ。しかし、地球上にはそのように括られることのない地もあれば、「漠然とした未来に対する不安な現在」というあいまいを生きるということすらできない人びとがいる。彼女たちの「現在」とはどのようなものであるか考えることは、自分たちの「現在」について考えるということでもある。

4 ……… 社会学者たちはこのあいまいな不安と不確実性をどうとらえたか

この時代をどうとらえるか、ということは社会学にとって重要な課題であり、「漠然とした不安を抱える私たち」もその一部として考察の対象になっている。そういった議論のいくつかについてみてみよう。私にとって(すでに)素朴(となってしまっているよう)な、どうでもよさそうな善悪の判断が、社会といったものといかにつながっているのか、社会学理論はいったいどのように説明してくれるのか。

社会学において「近代とはいかなる時代であるか」という命題は、ポスト近代、高度近代、後期近代、モダニティの徹底化といった新しい局面についての議論へと転換してきている[15]。そのように名づけることで近代の何らかの変容を意味づけようとしている。当然のことながら、それについて何という名が付せられているかということだけでなく、いかなるものとして論じられているのかということが重要である。

そこでは、近代社会からの転換とそれにともなう様々な変化が議論されている。ライフスタイル、人間関係、労働、教育、家庭といったあらゆる生活局面についての議論がそこに含まれている。**ギデンズはライフ・ポリティクスに深く**かかわる時代であると言い、「この私」にとって個人的でローカルな文脈にお

---

14 前掲書, p.71.
15 Giddens, A., 1990, *The Consequences of Modernity*, Polity Press (= 1993, 松尾精文・小幡正敏訳『近代とはいかなる時代か？―モダニティの帰結』而立書房)、Luhmann, N., 1992, 前掲書など。

いて未来が絶えず現在に引き込まれ、結果としてグローバルな社会的影響の一部をなしていると説明する[16]。また**ヤング**は、後期近代社会について「**包摂型社会**（inclusive society）」から「**排除型社会**（exclusive society）」への移行として説明する[17]。それは、同化と結合を基調とする社会から、分離と排除を基調とする社会への移行であり、「これまでの確信と価値に支えられた世界が、リスクと不確実性に満ちた世界、個人的選択と多元性にあふれた世界、経済的にも存在論的にも不安定な世界へ置き換えられ」[18]、「それまで安全圏にいると思っていた人々も、不安定性の感覚に悩まされるようになった」[19]ともいう。

さらにまた、**バウマン**はその著『**リキッド・モダニティ**』において、「深刻な不確実性は、個人生活のあらゆる断面、たとえば、生活費の獲得や恋愛・交友関係、職業的・文化的アイデンティティ、公共の場における自己表現や健康・体力、価値の追求やその手段に浸透している」と述べる[20]。これはギデンズの言うところの「**再帰的近代化**」とも関連する[21]。またバウマンは「いまの生活状況のもっとも普遍的な（と同時に、もっとも苦しい）特質は、不安定、不確実性、危険性だといえよう。（中略）地球上いたるところで、多様なかたちで経験され、さまざまな名称をあたえられた人間的苦悩の共通部分、わけても、先進富裕地域で深刻な（新しく、前例がないから）苦悩の共通部分であるにちがいない」[22]と述べている。

ギデンズによる近代社会そのものが再帰的なものとなってきたという指摘に従うなら、リスク社会とは近代社会システムの必然であるとの見方も可能だ。となると、「正確な情報」「科学的に正しい情報」というものは、リスク社会（あるいはポスト近代社会）においてほとんど意味をなさず、更新される可能性を含むことが常にその正しさの前提となっている。

リスク化するということは、危険を回避するための予防技術が進歩したということでもある。予防するための科学技術が高まればそれだけ回避可能になるではないか、と思うのは自然だ。しかし実際にはそのようにはなっていない。

16　Giddens, A., 1991, *Modernity and Self-Identity: Self and Society in the Late Modern Age*, Blackwell Publishing.（＝2005, 秋吉美都他訳『モダニティと自己アイデンティティ―後期近代における自己と社会』ハーベスト社）.
17　Young, J., 1999, *The Exclusive Society: Social Exclusion, Crime and Difference in Late Modernity*, SAGE Publications.（＝2007, 青木秀男他訳『排除型社会―後期近代における犯罪・雇用・差異』洛北出版）.
18　前掲書、p.16.
19　前掲書、p.33.
20　Bauman, Z., 2000, *Liquid Modernity*, Polity Press Limited.（＝2001, 森田典正訳『リキッド・モダニティ―液状化する社会』大月書店, p.176）.
21　Giddens, A., 1990＝1993, 前掲書.
22　Bauman, Z., 2000, 前掲書, p.208.

予防技術が高度になればなるほど私たちにとって、危険は回避可能かもしれないこととして（通常、それぞれの個人の能力によって回避可能であるとされることが多い）立ち現われてくる。これはまさに先に言及した健康化社会にあてはまる。

目の前の「この子ども」あるいは「この他者」「この身体」「この私」に関する、もろもろの状態の観察と対処、ライフスタイルの選択、日常的な消費物の選択、などといった具体的行為選択の局面において「普遍」および「圧倒的正当性」「善なるもの」が介入してくる。このような介入について**ハートとネグリ**は「さまざまな価値を私的かつ個人的に把握するための諸手段が解体してしまったのである。（中略）もはや私たちは普遍を間接的に表すローカルな媒介と向き合っているのではなく、具体的な普遍そのものと向き合っているのだ」と説明する[23]。ギデンズは同様のことを「脱埋め込み」とよんで説明しようとしている[24]。
以上のように、「この私」の何とも言えない不安感や、それにまつわる個人的判断、そういったものが大きな世界といかにつながっているか、ということについて社会学はさまざまな視点から示唆を与えようとしている。

5 ……………合理的判断の錯綜

道徳的身体へ向かうような意思決定が働くようになればなるほど、先述した「第二の観察」が必要かつ重要になる。それは「善」や「悪」を否定することでは必ずしもない。線引きをしていくことそのものがきわめて人間的なことであるということを確認しておくことが重要なのだ。「きわめて人間的なこと」の中には、価値観や感情や人生経験といったいろいろな要素が含まれている。したがって、線引きの際に深くかかわる「きわめて人間的なこと」に関して、実はあらゆる決定が各人にとっての「合理性」がせめぎあう場にもなりうる。しかし、複数の合理性の間に上下関係を見出すのは難しい。科学者の合理性と対立するものとして、そこで日常を生きる「私の合理性」があるなら、前者に説得力があるのと同様に後者にも説得力のある論理が成立する可能性は残されている。

このような視点は、私たちが社会学を探求する者だから獲得しうるものである、とは考えにくい。専門家の判断をずらして考えるやり方は実は誰でもやっていることではないだろうか。しかし、それは「科学的に正しくない」「独断」「不

---
23 Hardt, M., & Negri, A., 2001, *Empire*, Harvard University Press（= 2003, 水嶋一憲他訳『〈帝国〉—グローバル化の世界秩序とマルチチュードの可能性』以文社, p.36）.
24 Giddens, A., 1990 = 1993, 前掲書.

道徳」「よくないこと」として切り捨てられてきた。ただ、意識的に第二の観察を行うことがますます重要になってきているということはあるだろうし、複数の合理性の存在を常に確認することも重要だ。どんなに安全安心だと言われようとも、どうしても不安な思いを払拭できない状況を、「非科学的」「妄信」「無知」と決めつけることの難しさについて自覚的であることは重要だろう。

　ところで、いまここでいのちの危機に直面している時、道徳的身体はいかなるものとして眺められるだろうか。いのちをつなげるのに精一杯のところでぎりぎりの攻防を行わざるをえない人びとにとって、漠然とした未来の道徳的身体のための善や悪など何の意味もないだろう。仮にそこになんらかの意味を見出したとしても、ぎりぎりの状況下において、つまりさまざまな選択肢が与えられかつ選択可能な状況ではない場合、その善や悪は実践不可能なのである。つまり、道徳的身体を目指すということは（つまり「健康のために」「環境のために」「地球のために」「将来のために」「人類のために」何かを選択するということは）、ある一定の条件下（たとえば高度な消費が可能な場合）においてのみ可能なのだ。

　とにもかくにも私たちは、漠然とした不安を抱えながら生きていかざるを得ない。2011年3月11日に生起した圧倒的な壊滅と多くの死とその後の苦難、および原子力発電所事故とその安全神話の崩壊をまのあたりにし、私たちの不安の様相はまた新たな局面を迎えている。

3・11以後の身体の社会学に向けて

山本敦久

　いま、とりわけ日本語圏において身体を語り、思考するとき、大地や空気、水や農作物、そして食べ物等の放射能汚染とそのはかりしれない広範で長期的な影響を無視することはもはやできない。東電福島原発事故は、戦後の日本社会とそれを牽引してきた産業構造、消費システム、生の再生産、それらを下支えする電力エネルギー依存のあり方を根底から揺るがしている。

　そして何より、私たちが営む日常生活それ自体が大きく変わり始めている。スーパーで手に取った野菜や牛肉、飲料水の産地はどこなのか？　加工地のみが記載される牛乳の産地はいったいどこなのか？　今日の風はどちらの方角から来るのか？　今日の放射線量はどのくらいなのか？　日常のなかで積み重なるいくつもの問いは、私たちのこの身体がまずもって空気、水、食べ物といった外的自然を内側に取り込むことで成り立つもうひとつの自然でもあることに、実感をともなって気付かせてくれる。こうしたことから、3・11以後の身体の社会学は、身体が問題にされなければならない場所の問い直しが要求されることになる。

　これまで身体の社会学を構想する際の重要な出発点となってきたモースやフーコー、ブルデュー、バフチン、バトラーといった偉大な思想家たちの身体への眼差しは、私たちの身体が諸力の闘争の場であること、また様々な役割や期待、規範が刻まれ、あるいはそれらに抗い、ずらし、侵犯ながら、社会という存在が書き込まれる構築物であることを教えてくれる。しかし同時に、私たちはそうした理論や言説を学び、吸収しつつも、どこかで「身体の社会学の定型化」に寄与してきたようにも思う。その代わりに、こんにち求められるのは、身体という自然が、大地や空気、水や食べ物（動物や植物）といった自然を内側に取り組んで成り立つ仕組みそれ自体が、生産と消費、流通、エネルギー需給の構造と直結したものであること、そしてそれが資本主義の下部構造に深くかかわる問題であることを強くふまえた視座からの身体の社会学である。それは「生活」から離れることのない身体の社会学ということになるだろう。

　例えば、60年代の都市型社会運動の一部は、その後、山村へと向かい、有機農業やエコロジー運動、それらに基づくライフスタイルの変革を展開していく軸と、高度に産業社会化・消費社会化された身体を反省的に組み替えていくボディ・ワークのムーヴメントに向かう軸をもって批判的実践を重ねてきた。そうした実践の流れを汲みながら、信州などの山村で密かに醸成されてきたパーマカルチャーやコミュニティが、3・11以後、急速に脚光を浴び始めている。

　こうした実践やコミュニティとの交流や対話は、〈身体 - 生活 - ライフスタイル〉を3・11以後の批判の準拠点としていくための知や術へと繋がるだろう。身体の社会学は、放射能汚染時代にこそ生活圏からの批判的思考・実践の武器になりえなければならない。

索引

あ

愛情……109
青い鳥楽団……250
アクティブバース……36
アサーション・トレーニング……188
集まり……190
阿部謹也……177
安全衛生法……188
安全配慮義務……185
EAP (Employee Assistance Programs)……189
生きがいの喪失……267
医業……189
医原病……45
異質な他者に対する寛容性……221
意志的な死……187
逸脱……54
逸脱行動……42
一般的信頼……221
移転……162
遺物としての写真……132
医療化 (medicalization)……32, 44, 186
医療保険……59
イルーズ, E.……193
胃瘻……15
インテリゲンチア……166
インフォーマル・グループ……192
インペアメント impairment……243
ウツ……183
鬱病……183
エイジズム……170
エイジング……54
A-P-C 空間……118
エルダー, グレン……115
演歌……148
エンパワーメント……259
老い衰えゆく期間……109
お産難民……35

か

介護の社会化論……109
階層……163
カオ……190
画一化……38
格差社会……2
隔離政策……247
掛金建て (確定拠出)……158
過重労働……185
仮設住宅……5
家族時間……116
家族写真の物語の制度性……130
家族葬……85
貨幣……109
カラオケ……149
加齢 → エイジング
過労死……186
過労自殺……185
環境リスク……275
看護職……101
患者家族……14
患者調査……184
感情……109
感情管理……190
感情規則……190
感情資本主義……193
感染症……267
完全専門職 full-profession……103
記憶……226
企業時間……117
ギデンズ……277
キュア cure……105
給付建て (確定給付)……158
近代化……54
近代的制度としての家族写真……131
グローバル……1
ケア care……102
ケア責任……109
健康格差……43

さ

健康化社会……275
健康増進法……19, 273
嫌消費……215
言説……205
公共性……221
合計出生率 Total fertility rate……261
公的年金制度……154
高度経済成長期……4, 212
紅白歌合戦……143
公平……155
合理化……54
高齢化……20, 264
子返し……29
国民皆年金制……157
心の健康……186
互酬性……221
個人化……2
個人時間……116
国家……201
古典的な生命保険像……68
孤独死……86
ゴフマン, E.……190
コーホート……118, 158
コミュニケーション(の)能力……220
コント, オーギュスト……174

さ

再帰的近代化……278
再生医療……61
在宅医療……14
再分配……154
サウンドのテイスト……151
サバイバーズ・ギルト……6
差別……54, 246
産業医……187
産業革命……175
産業時間……117
三段階の法則……175
産婆……31
Jポップ……145
ジェンダー……163

時空間上の位置……117
自己……226
自己決定……19, 96
自殺の医療化……187
私事化 privatization……37
システム……13
施設化……32
自宅出産……36
疾病構造……20
指定代理請求人制度……77
ジニ係数……159
死別体験……200
死亡告知……14
死亡率……259
清水幾太郎……174
社会関係資本……221
社会規範……272
社会構造……271
社会参加……221
社会史……177
社会的死……14
社会的秩序……16
社会のマクドナルド化……114
社会変動……25
社会保険……157
従業員支援プログラム → EAP
縦断データ……121
主観的幸福度・幸福感……213
出産……28
出生率……259
障害学……243
生涯時間が長期化……112
障害受容……243
状況志向……220
状況適合性の規則……190
少子化……261
少子高齢化……154, 258
少子高齢社会……112
消費化……37
食育基本法……273
褥瘡……15
助産婦（助産師）……31
所得格差……159

所得保障……157
自律性……187
人口減少社会……258
人口置換水準……261
人口転換 demographic transition……259
人口爆発……259
人口ピラミッド……264
神聖な自己……190
人生のノスタルジックな物語化装置……128
人生の予測可能性……113
深層演技……192
身体性……151
人的資源管理の「医療化」……191
人類教……175
スティグマ……47
ストレスマネジメント……188
スミス, アダム……170
生活実践の社会学……26
生活習慣病……267
生活不活発病……5
生活満足度……211
生前給付型生命保険……73
制度規範……113
制度的アプローチ……115
生物医学的モデル……42
性別役割分業……109
生命保険の買い取り業……69
世界システム論……4
世界人口会議……259
世間……177
世代……155
世代会計……155
世代間格差……154
世代間関係……154
世代間衡平性……155
世代間不均衡……160
世代間連帯……163
積極的雇用政策……109
全国ハンセン氏病盲人連絡協議会……249

戦後知識人……167
戦争体験……196
先端医療……55
先端医療の「先端性」……59
専門家の拒絶……14
専門職 profession……19, 102
専門分化……113
葬儀……84
臓器移植……62
葬儀社……87
相互行為達成……226
葬送……84
相対的剥奪……215
総力戦……205
存在証明……238
存在被拘束性……185

た

第一次医療技術革新……57
第一の観察……274
体外受精……60
体験……197
代替補完医療……18
第二次医療技術革新……57
第二の観察……274
太平洋戦争……4
タイミング……117
多元的時間枠組み……116
脱埋め込み……279
団塊世代……149
地域時間……117
知識社会学……185
知識人……166
長寿化……264
超低出生力……263
追跡パネル方法……121
津波てんでんこ……5
積立方式……158
ディスアビリティ disability……243
ディメイン投票……266
テクノクラート……166
デジタル化……141

283

索引

点字習得活動……246
電通事件……185
伝統的アプローチ……115
統計を経由した自己認識……21
当時者……206
道徳的身体……273
闘病記……49
東洋医学……18
トラウマ……200
トランス・サイエンス……274
取り上げ婆さん……30

な
長島愛生園……245
ナショナリズム……203
ナチュラル・バース……36
乳児死亡率……265
人間行為力……120
認知症……16, 228
認知症フォビア……230
ネグリ……279
年齢……54, 118
年齢意識……54
年齢階級……54
年齢階層性……118
年齢規範……54, 118
年齢差別……54
脳死……62

は
バーガー, P.L.……185
ハート……279
バイオエシックス(生命倫理学)
……65
排除……246
排除型社会……278
バウマン……278
発達……54
発達段階……151
パブリック・リレーションズ……94
パラサイト・シングル……162
ハンセン病療養所……244
半専門職 semi-profession

……103
東日本大震災……2
ひきこもり……276
非日常……13
非日常化……34
表層演技……192
病人役割……41, 191
不安……271
フィールドワーク……12
不確実性……272
賦課方式……158
仏教的生命観……29
不適切な感情……191
不妊治療……60
フランス革命……175
フリードソン, E.……187
文化資本……40
平均寿命……266
ペイドワーク……109
偏見……54
包摂型社会……278
母子健康手帳……31
母子保健法……31
ホックシールド, A.……190

ま
マクロ社会学的射程……114
マス・コミュニケーション……203
間引き……29
マンハイム, K.……185
見えない死……64
ミクロ社会学的射程……114
無縁死……86
結び合わされる人生……120
無能力化 disablement……243
明治維新……4
メタボリックシンドローム……21
物語……51
物語の記号化……134
物語の個人化……133

や
ヤング……278

友人関係の重層化・友人関係の
　多元化……223
友人関係の濃密化……219
ユースカルチャー……143
ゆたかな社会……8
ゆたかな生……8
ゆりかごから墓場まで……157
要介護度……16

ら
ライフイベント……143
ライフエンド調査……85
ライフコース……115, 155
ライフコースの個人化……121
ライフコースの制度化……121
ライフコースの標準化……121
ライフコース論……156
ライフサイクル……158
ライフサイクル仮説……156
ライフスタイル……109
ライフステージ……156
ライフセトルメント……82
ライフ・ポリティクス……277
ラマーズ法……36
リキッド・モダニティ……278
リスク……159, 186
リスク・コンシャスな社会……97
リスク社会……6
リスクの個人化……276
リスボン大地震……4
リビングニーズ……75
良質な雇用……109
累積的な有利／不利……156
ルーマン……274
歴史時間……117
労働災害……185
ローズ, N.……192
ロックフェスティバル……151
ロボトミー手術……58

わ
ワーキングプア……276
私らしい死……96

著者紹介

【編者紹介】

藤村正之（ふじむら　まさゆき）

上智大学総合人間科学部教授。1957年岩手県生まれ。筑波大学大学院社会科学研究科社会学専攻博士課程単位取得退学。博士（社会学）。東京都立大学人文学部助手、武蔵大学人文学部専任講師・助教授などを経て、現職。専攻は、福祉社会学、文化社会学、社会学方法論。

主要業績に、『福祉国家の再編成』（東京大学出版会、1999年）、『〈生〉の社会学』（東京大学出版会、2008年）、『社会学』（長谷川公一・浜日出夫・町村敬志と共著：有斐閣、2007年）、『非日常を生み出す文化装置』（嶋根克己と共編著：北樹出版、2001年）、『福祉化と成熟社会』（編著：ミネルヴァ書房、2006年）など。

【本文執筆者紹介】

樫田美雄（かしだ　よしお）

徳島大学大学院ソシオ・アーツ・アンド・サイエンス研究部准教授。1961年和歌山県生まれ。筑波大学大学院博士課程社会科学研究科社会学専攻中途退学。修士（社会学）。筑波大学文部技官（社会科学系）、筑波大学助手（社会科学系）、徳島大学総合科学部助教授を経て現職。専門は、エスノメソドロジー、相互行為分析、医療と福祉の社会学。

主要業績に、『エスノメソドロジーを学ぶ人のために』（串田秀也・好井裕明編：世界思想社、2010年）、『新版　構築主義の社会学—実在論争を超えて』（平英美・中河伸俊編：世界思想社、2006年）、『実践エスノメソドロジー入門』（山崎敬一編：有斐閣、2004年）、訳書に、『医療現場の会話分析』（D.Maynard著・岡田光弘と共訳：勁草書房、2004年）など。

白井千晶（しらい　ちあき）

日本学術振興会特別研究員、大学非常勤講師（首都大学東京、聖母大学、東洋大学、早稲田大学）。1970年愛知県生まれ。早稲田大学大学院文学研究科社会学専攻博士課程単位取得満期退学。専門は、家族社会学、リプロダクションの社会学。

主要著書に、『テクノロジーとヘルスケア—女性身体へのポリティクス』（日比野由利・柳原良江編：生活書院、2011年）、『世界の出産』（松岡悦子・小浜正子編：勉誠出版、2011年）、『子育て支援—制度と現場』（編著：新泉社、2009年）、『不妊と男性』（青弓社、2004年）、『変容する人生—ライフコースにおける出会いと別れ』（大久保孝治編：コロナ社、2001年）など。

株本千鶴（かぶもと　ちづる）

椙山女学園大学人間関係学部准教授。1968年岡山県生まれ。筑波大学大学院地域研究研究科東アジア研究専攻。修士（地域研究）。東京都立大学人文学部助手などを経て、現職。専攻は、福祉社会学、韓国社会保障論。

主要業績に、「看病と死別の物語」（副田義也編『死の社会学』岩波書店、2001年）、「社会運動としての韓国ホスピス運動」（『参加と批評』創刊号、2006年）、「衛生局技術官僚の特性」（副田義也編『内務省の歴史社会学』東京大学出版会、2010年）など。

皆吉淳平（みなよし　じゅんぺい）

慶應義塾大学・芝浦工業大学他非常勤講師。1977年東京都生まれ。慶應義塾大学大学院社会学研究科社会学専攻博士課程単位取得退学。専攻は、生命倫理の社会学。

主要業績に、『メタバイオエシックスの構築へ—生命倫理を問いなおす』（小松美彦・香川知晶編：NTT出版、2010年）、『現代人の社会学・入門—グローバル化時代の生活世界』（西原和久・油井清光編：有斐閣、2010年）、「社会における脳死臓器移植—「2009年臓器移植法改正」論議における長期脳死と社会的合意」（『生命倫理』21巻1号、日本生命倫理学会、2011年）、「「生命倫理の社会学」はいかにして可能か？—R.C. フォックスとバイオエシックス」（『現代社会学理論研究』第2号、日本社会学理論学会、2008年）など。

久木元真吾（くきもと　しんご）

公益財団法人家計経済研究所次席研究員。1970年神奈川県生まれ。東京大学大学院総合文化研究科国際社会科学専攻博士課程単位修得退学。専攻は、比較社会学、現代社会論。

主要業績に、「「やりたいこと」という論理」（『ソシオロジ』48巻2号、2003年）、「若者の大人への移行と「働く」ということ」（小杉礼子編『若者の働きかた』ミネルヴァ書房、2009年）、「不安の中の若者と仕事」（『日本労働研究雑誌』612号、2011年）など。

玉川貴子（たまがわたかこ）

明治大学・専修大学兼任講師。1971年富山県生まれ。専修大学大学院文学研究科社会学専攻博士課程単位取得退学。博士（社会学）。専攻は、家族社会学、死の社会学。

主要業績に、「仏教的解釈枠組による家族の絆の再構築」（『ライフヒストリーの宗教社会学』所収、2006年）、「「死者の写真」にみる哀悼の停止」（『喪失と生存の社会学』所収、2007年）「死に商業的にかかわる事業の正当化の困難さ」（『年報社会学論集』所収、2009年）。

三井さよ（みつい　さよ）

法政大学社会学部准教授。1973年石川県生まれ。東京大学大学院人文社会系研究科博士課程修了。博士（社会学）。専攻は、臨床社会学、医療社会学など。

主要業績に、『ケアの社会学』（勁草書房、2004年）、『看護とケア』（角川学芸出版、2010年）、『ケアとサポートの社会学』（鈴木智之と共編著：法政大学出版局、2007年）、『〈支援〉の社会学』（崎山治男・佐藤恵・伊藤智樹と共編著：青弓社、2008年）、『支援 vol.1』（共編著：生活書院、2011年）など。

著者紹介

嶋﨑尚子（しまざき　なおこ）
　早稲田大学文学学術院教授。1963年東京都生まれ。早稲田大学大学院文学研究科社会学専攻博士後期課程単位取得退学。放送大学専任講師・助教授などを経て、現職。専攻は、ライフコース社会学、家族社会学。
　主要業績に、『ライフコースの社会学』（学文社、2008年）、『炭砿労働者の閉山離職とキャリアの再形成―旧常磐炭砿KK砿員の縦断調査研究 Part Ⅰ～Ⅹ』（正岡寛司らとの共編著、早稲田大学社会学研究室、1998～2007年）、『現代家族の構造と変容　全国家族調査 [NFRJ98] による計量分析』（渡辺秀樹・稲葉昭英との共編著：東京大学出版会、2004年）など。

角田隆一（つのだ　りゅういち）
　早稲田大学文化社会研究所研究員。横浜市立大学・日本女子大学・フェリス女学院大学他、兼任講師。1974年千葉県生まれ。東京都立大学大学院社会科学研究科社会学専攻博士課程単位取得退学。専攻は、文化社会学、情報・メディア論、映像文化論。
　主要業績に、『21世紀の現実―社会学の挑戦』（宮台真司・鈴木弘輝らと共著：ミネルヴァ書房、2004年）、『ライフストーリー・ガイドブック』（小林多寿子らと共著：嵯峨野書院、2010年）、『フラット・カルチャー―現代日本の社会学』（遠藤知巳らと共著：せりか書房、2010年）など。

南田勝也（みなみだ　かつや）
　武蔵大学社会学部教授。1967年尼崎生まれ。関西大学大学院社会学研究科博士後期課程修了。博士（社会学）。神戸山手大学現代社会学部准教授を経て、現職。専攻は、音楽社会学、情報社会論。
　主要業績に、『ロックミュージックの社会学』（青弓社、2001年）、『文化社会学の視座』（辻泉と共編著：ミネルヴァ書房、2008年）、『ゼミで学ぶスタディスキル』（矢田部圭介・山下玲子と共著：北樹出版、2011年）、『デジタルメディアの社会学』（土橋臣吾・辻泉と共編著：北樹出版、2011年）など。

田渕六郎（たぶち　ろくろう）
　上智大学総合人間科学部准教授。1968年東京都生まれ。東京大学大学院人文社会系研究科退学。修士（社会学）。東京都立大学人文学部助手、名古屋大学文学部専任講師・助教授などを経て、現職。専攻は、家族社会学、ライフコース論。
　主要業績に、『少子化時代の家族変容』（阿藤誠・西岡八郎・津谷典子・福田亘孝編：東京大学出版会、2011年）、『入門・社会調査法』（轟亮・杉野勇編：法律文化社、2010年）、『よくわかる現代家族』（神原文子・杉井潤子・竹田美知編：ミネルヴァ書房、2009年）、『現代日本人の家族：NFRJからみたその姿』（藤見純子・西野理子編：有斐閣、2009年）など。

山田陽子（やまだ　ようこ）
　広島国際大学専任講師。1976年大阪府生まれ。神戸大学大学院総合人間科学研究科人間文化学専攻博士課程後期課程修了。博士（学術）。専攻は、知識社会学、文化社会学、福祉社会学。
　主要業績に、『「心」をめぐる知のグローバル化と自律的個人像―「心」の聖化とマネジメント』（学文社、2007年。第7回日本社会学史学会奨励賞受賞）、「『心』をめぐるコミュニケーション―『心の教育』における心理学的技術」（中山浩司編『臨床文化の社会学』昭和堂、2005年）、「心理ブーム―人はなぜ感情をコントロールするのか」（小川伸彦・山泰幸編『現代文化の社会学　入門』ミネルヴァ書房、2007年）、「『感情資本主義』社会の分析に向けて」（『現代思想』VOL.39-2、青土社、2011年）など。

野上　元（のがみ　げん）
　筑波大学大学院人文社会科学研究科准教授。1971年東京都生まれ。東京大学大学院人文社会系研究科博士課程単位取得退学。博士（社会情報学）。日本学術振興会特別研究員、日本女子大学人間社会学部助手を経て、現職。専攻は、歴史社会学、社会情報学。
　主要業績に、『戦争体験の社会学』（弘文堂、2006年）、『カルチュラル・ポリティクス 1960/70』（北田暁大・水溜真由美との共編著：せりか書房、2005年）など。

岩田　考（いわた　こう）
　桃山学院大学社会学部准教授。1968年埼玉県生まれ。東京学芸大学連合学校教育学研究科学校教育学専攻博士課程単位修得満期退学。桃山学院大学助教授を経て、現職。専攻は教育社会学、青少年研究、社会意識論。
　主要業績に、『若者たちのコミュニケーション・サバイバル―親密さのゆくえ』（羽渕一代・菊池裕生・苫米地伸との共編著：恒星社厚生閣、2006年）、『検証・若者の変貌―失われた10年の後に』（分担執筆：勁草書房、2006年）、『進路選択の過程と構造―高校入学から卒業までの量的・質的アプローチ』（分担執筆：ミネルヴァ書房、2010年）『考える力が身につく社会学入門』（分担執筆：中経出版、2010年）など。

出口泰靖（でぐち　やすのぶ）
　千葉大学文学部准教授。1969年大阪府生まれ。東京学芸大学大学院教育学研究科教育専攻社会システム講座修士課程修了。武蔵大学大学院人文科学研究科社会学専攻博士後期課程中途退学。山梨県立大学人間福祉学部准教授などを経て、現職。専攻は、福祉社会学、医療社会学、臨床社会学。
　主要業績に、「『呆けゆく』体験をめぐって」『老いと障害の質的社会学―フィールドワークから』（山田富秋編：世界思想社、2004年）、「ウソつきは認知症ケアのはじまり、なのか？」『ケア　その思想と実践　第２巻　ケアすること』（上野千鶴子・大熊由紀子・大沢真理・神野直彦・副田義也編：岩波書店、2008年）、「その人らしさはどこにある？」雑誌『支援　特集：個別ニーズ』をこえて」（生活書院、2011年）など。

坂田勝彦（さかた　かつひこ）
　東日本国際大学福祉環境学部准教授。1978年千葉県生まれ。筑波大学大学院人文社会科学研究科社会学専攻博士課程修了。博士（社会学）。専攻は、福祉社会学、歴史社会学、社会問題論。
　主要業績に、『福祉・医療における排除の多層性』（共著、明石書店、2010年）、「戦後日本の社会変動とハンセン病者による現実の意味構成―ある都市部療養所における『ふるさとの森』作りの取り組みから」（『社会学評論』第59巻4号、2009年）など。

岩澤美帆（いわさわ　みほ）
　国立社会保障・人口問題研究所、人口動向研究部第1室長。1971年愛知県生まれ。東京大学大学院総合文化研究科国際社会科学専攻博士課程単位取得退学。博士（学術）。専攻は、社会人口学。
　主要業績に、『人口減少時代の日本社会』（共著、原書房、2007年）、『現代人口学の射程』（共著、ミネルヴァ書房、2007年）、『結婚の壁：非婚・晩婚の構造』（共著、勁草書房、2010年）、『世界主要国・地域の人口問題』（共著、原書房、2010年）など。

柄本三代子（えのもと　みよこ）
　東京国際大学人間社会学部准教授。宮崎県生まれ。早稲田大学大学院文学研究科社会学専攻博士後期課程単位取得満期退学。専攻は、文化社会学、現代社会論、身体論、メディア論、リスク論。
　主要業績に、『健康の語られ方』（青弓社、2002年）、『文化としてのテレビ・コマーシャル』（山田奨治編：世界思想社、2007年）、『リスクと日常生活』（学文社、2010年）など。

【コラム執筆者紹介】

片瀬一男（かたせ　かずお）
　東北学院大学教養学部教授。1956年長野県生まれ。東北大学大学院文学研究科単位取得退学。東北大学文学部助手、東北学院大学教養学部専任講師・助教授などを経て、現職。専攻は、教育社会学、社会階層論。
　主要業績に、『ライフイベントの社会学』（世界思想社、2003年）、『夢の行方』（東北大学出版会、2005年）、『失われた時代」の高校生の意識』（海野道郎との共編著：有斐閣、2008年）など。

小坂啓史（こさか　ひろし）
　愛知学泉大学現代マネジメント学部准教授。1971年生まれ。武蔵大学大学院人文科学研究科社会学専攻博士後期課程単位取得退学。日本社会事業大学社会福祉学部非常勤講師などを経て現職。専攻は福祉社会学、ソーシャルワーク理論、高齢者福祉論。
　主要業績に、「『発達障害』概念の政策対象化と問題構制」

（『現代と文化』第120号、日本福祉大学福祉社会開発研究所、2009年）、'The Dominance of Care-Management Approach for the Elderly in Japan : The Emergence of Bio-Politics under the 'Long-Term Care Insurance' Act'（『現代と文化』第123号、日本福祉大学福祉社会開発研究所、2011年）、P.スピッカー著『貧困の概念』（共訳：生活書院、2008年）など。

石田健太郎（いしだ　けんたろう）
　明星大学教育学部助教。1978年東京都生まれ。上智大学大学院文学研究科社会学専攻博士後期課程。修士（社会学）。明星大学人文学部実習指導員を経て、現職。専攻は、福祉社会学、ケア論、キャリア論。
　主要業績に、「ホームヘルプ労働の制度場面と相互行為場面について―実践の中で『熟練者になる』ことを学習する」『福祉社会学研究』（第3号、福祉社会学会、2006年）、「若年介護労働者のキャリア形成―地方都市の事例から」『若者問題と教育・雇用・社会保障』（法政大学出版局、2011年）など。

小林多寿子（こばやし　たずこ）
　一橋大学大学院社会学研究科教授。1956年東京都生まれ。大阪大学大学院人間科学研究科博士後期課程単位取得退学。博士（人間科学）。日本女子大学等を経て現職。専攻は、経験社会学、文化社会学、質的調査法、ライフストーリー論。
　主要業績に、『物語られる「人生」―自分史を書くということ』（学陽書房、1997年）、『ライフストーリー・インタビュー―質的研究入門』（桜井厚との共編著：せりか書房、2005年）、『ライフストーリー・ガイドブック―ひとがひとに会うために』（編著：嵯峨野書院、2010年）など。

小渕高志（おぶち　たかし）
　東北文化学園大学医療福祉学部准教授。1974年東京都生まれ。武蔵大学大学院人文科学研究科社会学専攻博士後期課程単位取得退学。修士（社会学）。青梅看護専門学校非常勤講師、NHK放送文化研究所契約スタッフ、明星大学実習指導員などを経て、現職。専攻は、計量社会学、社会政策論、公的扶助論。
　主要業績に、『福祉社会の価値意識』（武川正吾らと共著：東京大学出版会、2006年）、『社会福祉エッセンス（第2版）』（三浦文夫らと共著：自由国民社、2008年）など。

二方龍紀（ふたかた　りき）
　明星大学人文学部実習指導員。駒澤大学ほか非常勤講師。1976年東京都生まれ。上智大学大学院文学研究科社会学専攻博士後期課程。修士（社会学）。上智大学総合人間科学部研究補助員などを経て、現職。専攻は、福祉社会論、情報社会論。
　主要業績に、「メディアと若者の今日的つきあい方」『検証・若者の変貌―失われた十年の後に』（勁草書房、2006年）、「生活・情報・福祉―中高年における情報化の課題と展望」（『上智大学社会学論集』32号、2008年）など。

著者紹介

山本　馨（やまもと　かおる）
上智大学大学院総合人間科学研究科博士後期課程。1963 年群馬県生まれ。修士（政策科学）。専攻は、福祉社会学、政策科学。現職は、群馬県庁職員（行政職）。
主要業績に、「地域福祉実践の規範論的理解」（『福祉社会学研究』第 8 号、福祉社会学会、2011 年）、「地域福祉政策実践のパラダイム比較」（『ソシオロジ』第 55 巻 2 号、社会学研究会、2010 年）、「社会関係資本理論のパラダイムシフト」（『上智大学社会学論集』35 号、2011 年）など。

朝倉景樹（あさくらかげき）
シューレ大学専任スタッフ。1965 年京都生まれ、関西・関東育ち。東京都立大学社会科学研究科博士課程単位取得退学。日本学術振興会特別研究員を経て現職。専攻はエスノグラフィー、不登校・ひきこもりの社会学、フリースクール・居場所の社会学など。
主要業績に「登校拒否のエスノグラフィー」（彩流社、1995 年）、「フリースクールと子ども・若者の参画」（子どもの参画情報センター編『子ども・若者の参画―R. ハートの問題提起に応えて』萌文社、2002 年）、「自分ループを解き明かせ」（シューレ大学編『シューレ大学紀要第 7 号』シューレ大学、2010 年）など。

翁川景子（おいかわ　けいこ）
学習院女子大学・武蔵大学他非常勤講師。1977 年埼玉県生まれ。名古屋大学大学院環境学研究科社会環境学専攻社会学講座博士後期課程満了。専攻は、理論社会学、相互行為論、多文化共生論。
主要業績に、「記憶の社会学」「〈入門〉グローバル化時代の新しい社会学」（新泉社、2007 年）、「タイ日系企業に関する社会学的一考察―コンフリクトの克服プロセスに注目して」（『社会学論集』第 28 号（名古屋大学大学院社会学研究室、2008 年）、「感覚の記憶と〈内部・外部〉の境界―M. アルヴァックス音楽論からの示唆と展開」『社会学史研究』第 31 号（日本社会学史学会、2009 年）など。

遠藤恵子（えんどう　けいこ）
城西国際大学ジェンダー・女性学研究所助教。1971 年東京都生まれ。筑波大学大学院社会科学研究科社会学専攻博士課程単位取得退学。学校法人城西大学国際文化教育センター研究員を経て、現職。専攻は、歴史社会学、ジェンダー論。
主要業績に、「死別体験の博物ზ」（副田義也・加藤朋江と共著：副田義也編『死の社会学』岩波書店、2001 年）、「「浮き草のごとく」生きる」（樽川典子編『喪失と生存の社会学』有信堂、2007 年）など。

玉置佑介（たまおき　ゆうすけ）
武蔵大学ほか非常勤講師。1980 年東京都生まれ。上智大学大学院総合人間科学研究科社会学専攻博士後期課程単位取得退学。専攻は、福祉社会学、文化社会学。
主要業績に「障害当事者に対する水泳指導の社会過程―『ケア』の学びとしての指導」（『障害学研究』第 2 号、障害学会、2006 年）、「知的障害の身体をめぐる認識と社会関係」（『年報社会学論集』第 20 号、関東社会学会、2007 年）、「障害者水泳における当事者ニーズの定義の困難性と指導員のポジショナリティ―知的障害者家族成員の影響を中心に」（『福祉社会学研究』第 5 号、福祉社会学会、2008 年）など。

金　成垣（きむ　そんうぉん）
東京経済大学経済学部専任講師。1973 年韓国ソウル生まれ。東京大学大学院人文社会系研究科社会文化研究専門博士課程単位修得退学。博士（社会学）。東京大学社会科学研究所助教などを経て、現職。専門は社会保障論、比較福祉国家論。
主要著作に、『後発福祉国家論―比較のなかの韓国と東アジア』（東京大学出版会、2008 年）、『現代の比較福祉国家論―東アジア発の新しい理論構築に向けて』（編著：ミネルヴァ書房、2010 年）など。

山本敦久（やまもと　あつひさ）
筑波大学人間総合科学研究科研究員。1973 年長野県生まれ。筑波大学大学院人間総合科学研究科単位取得退学。上智大学文学部講師を経て、現職。専攻はカルチュラル・スタディーズ、スポーツ社会学。
主要業績に、『スポーツ観戦学―熱狂のステージの構造と意味』（橋本純一編：世界思想社、2010 年）、『よくわかるメディア・スタディーズ』（伊藤守編：ミネルヴァ書房、2009 年）、『オリンピック・スタディーズ―複数の経験、複数の政治』（清水諭編：せりか書房、2004 年）、『文化の実践、文化の研究―増殖するカルチュラル・スタディーズ』（伊藤守編：せりか書房、2004 年）、訳書に、『日本のヒップホップ―文化グローバリゼーションの〈現場〉』（イアン・コンドリー著・上野俊哉、田中東子と共訳：NTT 出版、2010 年）など。

いのちとライフコースの社会学

平成23年11月15日　初版1刷発行

編　　者	藤村　正之
発行者	鯉渕　友南
発行所	株式会社 弘文堂　〒101-0062　東京都千代田区神田駿河台1の7
	TEL 03(3294)4801　振替 00120-6-53909
	http://www.koubundou.co.jp
装　　丁	笠井　亞子
組　　版	スタジオトラミーケ
印　　刷	大盛印刷
製　　本	井上製本所

Ⓒ2011　Masayuki Fujimura. Printed in Japan

JCOPY　〈(社)出版者著作権管理機構 委託出版物〉

本書の無断複写は著作権法上での例外を除き禁じられています。複写される場合は、そのつど事前に、(社)出版者著作権管理機構（電話 03-3513-6969、FAX 03-3513-6979、e-mail: info@jcopy.or.jp)の許諾を得てください。
また本書を代行業者等の第三者に依頼してスキャンやデジタル化することは、たとえ個人や家庭内の利用であっても一切認められておりません。

ISBN978-4-335-55149-9